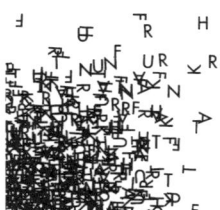

Friedrich K. Barabas

# Beratungsrecht

Ein Leitfaden für Beratung, Therapie
und Krisenintervention

© 2003  **Fachhochschulverlag**
DER VERLAG FÜR ANGEWANDTE WISSENSCHAFTEN

**Friedrich K. Barabas**
Beratungsrecht
Ein Leitfaden für Beratung, Therapie
und Krisenintervention

2., vollständig überarbeitete Auflage
2003

ISBN 3-931297-95-0

DTP:
Andreas Bauer, Michael Becker,
Tinka Kellermann, Monika Weiland
auf Apple Macintosh PowerPC

Druck:
ELEKTRA Reprografischer Betrieb GmbH
65527 Niedernhausen

Preis:
Das Buch kostet je Exemplar 17,40 €
(einschließlich Versandkosten)

Bestellungen:
Fachhochschulverlag
Kleiststraße 31
60318 Frankfurt am Main

Telefon (0 69) 15 33 – 28 20
Telefax (0 69) 15 33 – 28 40
bestellung@verlag.de
www.fhverlag.de

# INHALT

**Abkürzungsverzeichnis 11**

I **Einleitung 14**

II **Beratende Tätigkeiten in der Bundesrepublik Deutschland 19**

    1  Wachsender Beratungsbedarf **19**
    2  Nachfrage und Inanspruchnahme von Beratungsangeboten **23**
    3  Gesellschaftliche Ursachen der expandierenden Beratungssysteme **26**
        3.1    Ausdifferenzierungen **26**
        3.2    Werte- und Strukturwandel **27**
        3.3    Erosion der Familie **27**
        3.4    Stress- und Belastungssituationen **30**
        3.5    Prävention **31**
        3.6    Beratung als ökonomischer Wachstumsfaktor **32**

III **Rechtsansprüche auf Beratung 34**

    1  Die Verbindlichkeit und Einklagbarkeit von Beratungsansprüchen **35**
    2  Ansprüche auf Beratung nach dem Sozialgesetzbuch I **41**
    3  Beratungsansprüche nach dem Bundessozialhilfegesetz **46**
        3.1    Beratung in Fragen der Sozialhilfe und in sonstigen sozialen Angelegenheiten § 8 BSHG **46**
        3.2    Beratung zur Vermeidung oder Überwindung der Sozialhilfe § 17 BSHG **48**
        3.3    Beratung zur Überwindung besonderer sozialer Schwierigkeiten § 72 BSHG **50**
        Exkurs: Die Servicestellen SGB IX – Rehabilitation und Teilnahme behinderter Menschen **51**

## 4 Beratung nach dem Kinder- und Jugendhilfegesetz  53
- 4.1 Die Beratungsansprüche im KJHG: Ein kursorischer Überblick  54
- 4.2 Beratung und Familie  60
- 4.2.1 Beratung in allgemeinen Fragen der Erziehung § 16 KJHG  61
- 4.2.2 Beratung in Fragen der Partnerschaft, Trennung und Scheidung, § 17 KJHG  63
- Exkurs: Paarkonflikte, Trennung, Scheidung und Mediationsverfahren  69
- 4.2.3 Beratung und Unterstützung bei der Ausübung der Personensorge, § 18 KJHG  71
- 4.2.4 Erziehungsberatung, § 28 KJHG  75

## 5 Beratung von Kindern und Jugendlichen  80
- 5.1 Die Beratung nach den Sozialgesetzen  80
- 5.2 Die Besonderheiten nach dem Kinder- und Jugendhilfegesetz  82
- 5.2.1 Beratung in Konflikt- und Notlagen  85
- 5.2.2 Beratung bei der Ausübung der Personensorge § 18 Abs. 3 Satz 1 KJHG  87
- 5.2.3 Beratung bei der Inobhutnahme, § 42 KJHG  87
- 5.2.4 Beratung im Hilfeplanverfahren  88

## 6 Unfreiwillige Beratung und Therapie  89
- 6.1 Die Pflichtberatung nach § 219 StGB sowie dem Schwangerschaftskonfliktgesetz  89
- 6.2 Beratung und Therapie im Rahmen der Bewährungshilfe §§ 56 ff. StGB  93
- 6.3 Therapie statt Strafe, §§ 35 ff. Betäubungsmittelgesetz  94
- 6.4 Beratung in der Jugendgerichtshilfe  94
- 6.5 Schuldnerberatung nach der Insolvenzordnung  94

## IV Rechtsberatung in der sozialen Arbeit: Abgrenzung zur anwaltlichen Tätigkeit  97

### 1 Problemstellung  97
- 1.1 Beratungshilfe  99
- 1.2 Prozesskostenhilfe  99

### 2 Das Rechtsberatungsgesetz  102
- 2.1 Rechtsberatung durch Behörden und Körperschaften des öffentlichen Rechts  108
- 2.2 Rechtsberatung durch Verbände der nichtkirchlichen, freien Wohlfahrtspflege  115

|     | 2.3 | Rechtsberatung durch private Initiativen, Vereine und Selbsthilfegruppen **116** |
| --- | --- | --- |
|     | 2.4 | Rechtsberatung in einer privaten, selbständigen Beratungspraxis **118** |
|     | 2.5 | Altruistische Rechtsberatung durch Privatpersonen **118** |

3 Die Grenzen der Rechtsberatung in der sozialen Arbeit **119**

4 Zusammenfassung **120**

## V Psycho-soziale Beratung **122**

1 Abgrenzungen **122**

2 Psycho-soziale Versorgung und rechtliche Entwicklung **128**
    2.1 Beratung und Psychotherapeutengesetz **128**
    2.2 Beratung und Therapie im Kinder- und Jugendhilfegesetz **132**

3 Beratungsausbildung und Qualitätssicherung **136**

4 Masterstudiengang »Beratung und Sozialrecht« an der Fachhochschule Frankfurt am Main – University of Applied Sciences **138**
    4.1 Module **141**
    4.2 Integrationsworkshops und integrative Supervisionen **141**
    4.3 Kollegiale Gruppenarbeit **142**
    4.4 Lehrberatung **142**
    4.5 Master Thesis und Abschlussprüfung **142**

## VI Das Psychotherapeutengesetz (PsychThG) **143**

1 Die berufsrechtlichen Regelungen des Psychotherapeutengesetzes **144**
    1.1 Zwei neue Heilberufe **144**
    1.2 Approbation **145**
    1.3 Ausbildung und staatliche Prüfung **145**
    1.4 Wissenschaftliche Anerkennung **146**
    1.5 Titelschutz **148**
    1.6 Die Grenze der neuen Heilberufe **149**

2 Zum Krankenversicherungsrecht **150**

3 Übergangsrecht **152**

4 Psychotherapie und Heilpraktikergesetz **153**

## VII Fachliche und methodische Standards der Beratung  157

1 Fachberatung  157

2 Psycho-soziale Beratung: Fachliche Standards im KJHG  158
   2.1 Die Zielsetzung des KJHG  159
   2.2 Die fachlichen Standards  161
   2.3 Forderungen  162

3 Die Entwicklung und Sicherung der Qualität in der Beratung  164
   3.1 Steuerung der Beratungsqualität durch Konkurrenz  164
   3.2 Steuerung der Beratungsqualität durch Personalplanung  165
   3.3 Steuerung durch Qualitätsentwicklung  169
   3.4 Steuerung durch Kontrolle  173
   3.5 Zusammenfassung  174

4 Ehrenamtliche Tätigkeit und Beratung  174

5 Qualitätssicherung in der Beratung durch gesetzgeberische Aktivitäten  176
   5.1 Entwurf eines Gesetzes über Verträge auf dem Gebiet der gewerblichen Lebensbewältigungshilfe  176
   5.2 Beratergesetz  179

Exkurs: Der Lebens- und Sozialberater in Österreich  183

## VIII Beratung, Therapie und Haftung  185

1 Haftung für fehlerhafte und unvollständige Beratung in der sozialen Arbeit  187
   1.1 Die Amtshaftung  188
   1.1.1 Haftungsrechtlicher Beamtenbegriff  189
   1.1.2 Verletzung von Amtspflichten  190
   1.2 Der Herstellungsanspruch  193
   1.3 Die Haftung bei der Beratung durch Träger der freien Wohlfahrtsverbände  195
   1.4 Die Haftung bei psycho-sozialer Beratung  197

2 Haftung bei Bruch des Vertrauensverhältnisses  198
   2.1 Schutz der Privatsphäre  199
   2.2 Schutz der Intimsphäre  200
   2.3 Schadensersatzpflichten  201

3 Rechtliche Konsequenzen bei
  Verletzung ethischer Standards **203**
4 Sexueller Missbrauch in Beratungs-,
  Behandlungs- oder Betreuungsverhältnissen **205**

## IX Krisenintervention, Suizid und Unterbringung **209**

1 Juristische Grundlagen
  des Unterbringungsrechts **210**
2 Die zivilrechtliche Unterbringung **213**
  - 2.1 Die Gefahr der Selbsttötung
    § 1906 Abs. 1 Ziff. 1 BGB **214**
  - 2.2 Die Gefahr der erheblichen
    gesundheitlichen Selbstgefährdung
    § 1906 Abs. 1 Ziff. 1 BGB **215**
  - 2.3 Die Unterbringung wegen der Untersuchung
    des Gesundheitszustandes, einer Heil-
    behandlung oder eines ärztlichen Eingriffs
    § 1906 Abs. 1 Ziff. 2 BGB **217**
  - 2.4 Die konkrete Gefahr **218**
  - 2.5 Die »unzulässige« zivilrechtliche
    Unterbringung **219**
3 Die öffentlich-rechtliche Unterbringung **220**
  - 3.1 Die Selbstgefährdung **222**
  - 3.2 Die Gefährdung von Rechtsgütern Dritter **224**
4 Verfahrensfragen **225**
  - 4.1 Die vorläufige gerichtliche Unterbringung **226**
  - 4.2 Die vorläufige behördliche Unterbringung **228**
5 Schadensersatzansprüche bei unrichtigen
  Gutachten und rechtswidriger Unterbringung **230**
6 Aufsichtspflichten und Haftung
  in Psychiatrie und Therapie **231**

  Exkurs: Der Beitrag des Strafrechts
  zur Suizidprävention **235**
  1 Die Straflosigkeit der Teilnahme an einem
    Suizid bei einer freiverantwortlichen
    Willensentscheidung **238**
  2 Strafbare Teilnahme an einem Suizid **242**

## X Der Vertrauensschutz in der Beratung  248

1 Ausgangspunkt:
Schweigepflicht, Daten- und Vertrauensschutz  253

2 Die strafrechtliche Schweigepflicht nach § 203 StGB  257
  2.1 Wer ist zum Schweigen verpflichtet?  258
  2.2 Der Geheimnisbegriff  259
  2.3 Die Offenbarung des Geheimnisses  259
  2.4 Die Offenbarungsbefugnisse  261

Exkurs: Das Recht zur Anzeige  273

3 Datenschutz und Beratung  274

4 Der Datenschutz nach dem Kinder- und Jugendhilfegesetz  275

5 Der Vertrauensschutz bei privaten Trägern und in privaten Praxen  277

6 Zeugnisverweigerungsrechte und Beschlagnahmeverbote bei Beratung und Therapie  278
  6.1 Das Zeugnisverweigerungsrecht im Zivilprozess  279
  6.2 Das Zeugnisverweigerungsrecht im Strafprozess  282
    6.2.1 Ein Zeugnisverweigerungsrecht unmittelbar aus der Verfassung  285
    6.2.2 Zeugnisverweigerung wegen fehlender Aussagegenehmigung  286
    6.2.3 Zeugnisverweigerung als Hilfsperson  287
    6.2.4 Keine Beugehaft bei Verweigerung des Zeugnisses, wenn der Zeuge als Beweismittel völlig ungeeignet ist  288
  6.3 Beschlagnahmeverbote  289

**Literatur  292**

**Stichwortverzeichnis  312**

**Der Autor  320**

# ABKÜRZUNGSVERZEICHNIS

| | |
|---|---|
| a.A. | anderer Ansicht |
| Abs. | Absatz |
| a.F. | alte Fassung |
| AG | Amtsgericht |
| AGJ | Arbeitsgemeinschaft für Jugendhilfe |
| Anm. | Anmerkung(en) |
| AnwBl | Anwaltsblatt (Zeitschrift) |
| ArbG | Arbeitsgericht |
| ArbGG | Arbeitsgerichtsgesetz |
| ArchsozArb | Archiv für Wissenschaft und Praxis der sozialen Arbeit |
| Art. | Artikel |
| ASD | Allgemeiner Sozialdienst |
| AT | Allgemeiner Teil |
| Aufl. | Auflage |
| BAföG | Bundesausbildungsförderungsgesetz |
| BAG | Bundesarbeitsgericht |
| BAG LJÄ | Bundesarbeitsgemeinschaft der Landesjugendämter |
| BayObLG | Bayerisches Oberstes Landesgericht |
| BB | Der Betriebs-Berater (Zeitschrift) |
| BBG | Bundesbeamtengesetz |
| Bd. | Band |
| BDP | Berufsverband Deutscher Psychologen |
| Begr. | Begründung |
| BerHG | Beratungshilfegesetz |
| BeschSG | Beschäftigungsschutzgesetz |
| BGB | Bürgerliches Gesetzbuch |
| BGBl | Bundesgesetzblatt |
| BGH | Bundesgerichtshof |
| BGHSt | Entscheidungen des Bundesgerichtshofs in Strafsachen |
| BGHZ | Entscheidungen des Bundesgerichtshofs in Zivilsachen |
| bke | Bundeskonferenz für Erziehungsberatung e.V. |
| BRDrucks | Drucksachen des Bundesrates |
| BRAO | Bundesrechtsanwaltsordnung |
| BRRG | Beamtenrechtsrahmengesetz |
| BSG | Bundessozialgericht |
| BSGE | Entscheidungen des Bundessozialgerichts |
| BSHG | Bundessozialhilfegesetz |
| BTDrucks | Drucksachen des Deutschen Bundestages |
| BtBG | Betreuungsbehördengesetz |
| BtG | Betreuungsgesetz |
| BtMG | Betäubungsmittelgesetz |
| BtPrax | Betreuungsrechtliche Praxis (Zeitschrift) |
| BVBl | Bundesversorgungsblatt im Bundesarbeitsblatt |
| BVerfG | Bundesverfassungsgericht |
| BVerfGE | Entscheidungen des Bundesverfassungs-gerichts |
| BVerwG | Bundesverwaltungsgericht |
| BVerwGE | Entscheidungen des Bundesverwaltungsgerichts |
| DAJEB | Deutsche Arbeitsgemeinschaft für Jugend- und Eheberatung e.V. |
| DAK | Deutscher Arbeitskreis für Jugend-, Ehe- und Familienberatung |
| DAngVers | Die Angestellten-Versicherung (Zeitschrift) |
| DAVorm | Der Amtsvormund (Zeitschrift) |
| DIJuF | Das Deutsche Institut für Jugendhilfe und Familienrecht |
| DIV | Deutsches Institut für Vormundschaftswesen |
| DJT | Deutscher Juristentag |
| DÖV | Die Öffentliche Verwaltung (Zeitschrift) |
| DRiZ | Deutsche Richterzeitung (Zeitschrift) |

| | | | |
|---|---|---|---|
| DVBl | Deutsches Verwaltungsblatt (Zeitschrift) | JA | Juristische Arbeitsblätter (Zeitschrift) |
| DVJJ | Zeitschrift für Jugendkriminalität und Jugendhilfe | JAmt | Das Jugendamt (Zeitschrift) |
| DVO | Durchführungsverordnung | JGG | Jugendgerichtsgesetz |
| EAC | European Association for Counselling | JuS | Juristische Schulung (Zeitschrift) |
| Einf. | Einführung | JZ | Juristenzeitung |
| ErbGleichG | Erbrechtsgleichstellungsgesetz | Kap. | Kapitel |
| | | KG | Kammergericht |
| EuGHMR | Europäischer Gerichtshof für Menschenrechte | KGSt | Kommunale Gemeinschaftsstelle für Verwaltungsvereinfachung |
| e.V. | eingetragener Verein | | |
| | | KindRG | Kindschaftsrechtsreformgesetz |
| FamG | Familiengericht | | |
| FamRZ | Zeitschrift für das gesamte Familienrecht | KJ | Kritische Justiz (Zeitschrift) |
| | | KJHG | Kinder- und Jugendhilfegesetz |
| f., ff. | folgende | | |
| FGG | Gesetz über die Angelegenheiten der freiwilligen Gerichtsbarkeit | Kl. | Kläger(in) |
| | | LAG | Landesarbeitsgericht |
| FuR | Familie und Recht (Zeitschrift) | LG | Landgericht |
| | | LSG | Landessozialgericht |
| GA | Goltdammer's Archiv für Strafrecht | MDR | Monatsschrift für Deutsches Recht |
| GewO | Gewerbeordnung | MedR | Medizinrecht (Zeitschrift) |
| GG | Grundgesetz für die Bundesrepublik Deutschland | m.w.N. | mit weiteren Nachweisen |
| GRUR | Gewerblicher Rechtsschutz und Urheberrecht (Zeitschrift) | NDV | Nachrichtendienst des Deutschen Vereins für öffentliche und private Fürsorge (Zeitschrift) |
| GVBl | Gesetz- und Verordnungsblatt | | |
| GwG | Gesellschaft für wissenschaftliche Gesprächsführung | NDV-RD | NDV Rechtsprechungsdienst (Zeitschrift) |
| | | n.F. | neue Fassung |
| | | NJ | Neue Justiz (Zeitschrift) |
| h.M. | herrschende Meinung | NJW | Neue Juristische Wochenschrift |
| HPG | Heilpraktikergesetz | | |
| Hrsg. | Herausgeber | NJW-FER | NJW Entscheidungsdienst Familien- und Erbrecht |
| IfSG | Infektionsschutzgesetz | np | Neue Praxis (Zeitschrift) |
| info also | Informationen zum Arbeitslosenrecht und Sozialhilferecht (Zeitschrift) | NStZ | Neue Zeitschrift für Strafrecht |
| | | NVwZ | Neue Zeitschrift für Verwaltungsrecht |
| i.S. | im Sinne | NZS | Neue Zeitschrift für Sozialrecht |
| i.V.m. | in Verbindung mit | | |

| | | | |
|---|---|---|---|
| OLG | Oberlandesgericht | StVollzG | Strafvollzugsgesetz |
| OVG | Oberverwaltungsgericht | Urt. | Urteil |
| | | u.U. | unter Umständen |
| PrOVG | Entscheidungen des Preußischen Oberverwaltungsgerichts | UWG | Gesetz gegen den unlauteren Wettbewerb |
| PsychKG | Gesetz über Hilfen und Schutzmaßnahmen bei psychischen Krankheiten | VersR | Versicherungsrecht (Zeitschrift) |
| | | VG | Verwaltungsgericht |
| PsychThG | Psychotherapeutengesetz | VGH | Verwaltungsgerichtshof |
| | | vgl. | vergleiche |
| RBerG | Rechtsberatungsgesetz | VO | Verordnung |
| RdA | Recht der Arbeit (Zeitschrift) | Vorbem. | Vorbemerkung |
| RdJB | Recht der Jugend und des Bildungswesens (Zeitschrift) | VSSR | Vierteljahresschrift für Sozialrecht |
| | | VwGO | Verwaltungsgerichtsordnung |
| RsDE | Beiträge zum Recht der sozialen Dienste und Einrichtungen (Zeitschrift) | WHO | World Health Organization (Weltgesundheitsorganisation) |
| Rspr | Rechtsprechung | | |
| R & P | Recht und Psychiatrie (Zeitschrift) | ZAR | Zeitschrift für Ausländerrecht und Ausländerpolitik |
| SchKG | Schwangerschaftskonfliktgesetz | ZEvA | Zentrale Evaluations- und Akkreditierungsagentur Hannover |
| SGb | Die Sozialgerichtsbarkeit (Zeitschrift) | | |
| SGB I | Sozialgesetzbuch I. Buch – Allgemeiner Teil | ZfF | Zeitschrift für das Fürsorgewesen |
| SGB V | Sozialgesetzbuch V. Buch – Gesetzliche Krankenversicherung | ZfJ | Zentralblatt für Jugendrecht (Zeitschrift) |
| | | ZfSH | Zeitschrift für Sozialhilfe und Sozialgesetzbuch |
| SGB VIII | Sozialgesetzbuch VIII. Buch – Kinder- und Jugendhilfe | Ziff. | Ziffer |
| SGB X | Sozialgesetzbuch X. Buch – Verwaltungsverfahren | zit. | zitiert |
| | | ZPO | Zivilprozessordnung |
| SGG | Sozialgerichtsgesetz | ZRP | Zeitschrift für Rechtspolitik (Beilage zur NJW) |
| StGB | Strafgesetzbuch | | |
| StPO | Strafprozessordnung | ZStW | Zeitschrift für die gesamte Strafrechtswissenschaft |
| stRspr | ständige Rechtsprechung | | |
| StV | Strafverteidiger (Zeitschrift) | z.T. | zum Teil |

# I EINLEITUNG

Das Buch befasst sich mit den expandierenden Beratungssystemen in der Bundesrepublik Deutschland und dem Beratungsrecht. Es ist interessant zu beobachten, wie die Beratungssysteme ausgebaut und rechtlich abgesichert werden. Wenn es richtig ist, dass jeder Mensch im Laufe seines Lebens aus den unterschiedlichsten Gründen einer Beratung bedarf, dann muss dies auch rechtliche Konsequenzen haben. Die Antwort des Gesetzgebers auf die sich stetig verkomplizierenden Lebensverhältnisse mag man beklagen oder bedauern. Die allgemeine Unübersichtlichkeit, sei es im Recht, sei es in den persönlichen und beruflichen Lebenszusammenhängen, führt zu mehr Beratungsbedarf. Wenn es »einen faktischen Bedarf an Beratung gibt, der ein gewisses Maß an Qualität und Quantität erreicht, dann wächst diesem Umstand zugleich auch eine eigenständige rechtliche Dimension zu« (Schulin/ Gebler 1992, 33, 68).

In dem Maße, in dem Beratung juristischen Regularien unterworfen wird, sind rechtliche Kompetenzen der Beraterinnen und Berater erforderlich. Juristische Kenntnisse spielen in vielfältigen Beratungssituationen eine erhebliche Rolle. Man stelle sich vor: In einem Jugendamt spricht eine Familie vor, die völlig eingeschüchtert und verängstigt ist. Die Kinder haben Schulschwierigkeiten, eine Tochter droht in das Zuhältermilieu abzugleiten, die Wohnung wurde gekündigt und die Finanzprobleme sind erdrückend. Wenn die beratende Sozialpädagogin weder eine zulängliche Vorstellung davon hat, welche Rechtsansprüche das Bundessozialhilfegesetz einräumt, noch besonders bewandert im Kinder- und Jugendhilfegesetz ist, dann wird die Beratung zur Farce und endet zwangsläufig in einem Fiasko.

Bei Durchsicht der juristischen Literatur und der Rechtsprechung zu Fragen des »Beratungsrechts« fällt zunächst auf, dass es eine erhebliche *Rechtszersplitterung* gibt, die einen einfachen und schnellen Zugriff auf die Materie nicht erlaubt. Rechtliche Regelungen, die sich direkt oder mittelbar mit Beratung befassen, finden sich in fast allen Rechtsgebieten. Die Sozialgesetze, das bürgerliche Recht, das Strafrecht, strafrechtliche Nebengesetze, Verfahrensgesetze usw. enthalten Normen, die das Beratungswesen gestalten und strukturieren.

Die rechtlichen Schwerpunkte können je nach Blickwinkel folgendermaßen aufgeteilt werden: Rechtsnormen, die sich vornehmlich mit den berufsrechtlichen Problemen der professionellen Berater befassen, und andererseits Vorschriften, die für die Ratsuchenden von besonderer Bedeutung sind. Eine scharfe Trennung lässt sich freilich nicht vornehmen, da vielfältige Überschneidungen existieren.

Schon der *berufsrechtliche Komplex* – die strafrechtlich bewehrte Schweigepflicht, der Sozialdatenschutz sowie die Zeugnisverweigerungsrechte in der sozialen Arbeit – macht dies hinreichend deutlich. Der Schutz des Vertrauensverhältnisses zwischen Berater und Klient nützt nämlich beiden. Der Klient kann sich vertrauensvoll öffnen, während der Berater das ihm entgegengebrachte Vertrauen nicht zu enttäuschen braucht, weil er z.b. die Strafverfolgungsbehörden über Straftaten des Ratsuchenden nicht informieren muss. Hilfesuchende erwarten nämlich von ihren Beratern, dass sie ethische Standards einhalten.[1] Sie wollen nicht als Objekte für Experimente oder zur Befriedigung von Helferbedürfnissen missbraucht werden. Jedes Jahr werden in England und in den Vereinigten Staaten Berater verurteilt, weil sie das Gebot der Vertraulichkeit gebrochen haben.

»Die bei weitem am häufigsten ausgedrückte Befürchtung von Klienten bezieht sich auf die Vertraulichkeit ihrer Gespräche. Sie befürchten, dass ein Helfer die Tatsache, dass sie bei ihm Hilfe suchen, nicht für sich behält, und dass er die Details des Hilfeprozesses mit Dritten bespricht. Besondere Sorge gilt der Möglichkeit, dass ein Mitglied der eigenen Familie oder der Arbeitgeber informiert wird. Das gilt besonders, wenn Minderjährige sich an einen Berater wenden, der dann aus objektiv mehr oder weniger guten Gründen die Eltern informiert« (Murgatroyd 1994, 61).

Das *Vertrauensverhältnis* ist in den sozialen Berufen – wie in vielen anderen dienstleistenden Berufen – ein entscheidendes Indiz für professionalisierte Berufsvollzüge. Vertrauen ist ein Mechanismus zur Reduktion sozialer Komplexität. »Differenzierte und mobile Sozialordnungen stellen hier besonders hohe Anforderungen, die nur erfüllt werden können, wenn nicht nur das Vertrauen, sondern auch das Lernen des Vertrauens gelernt werden kann« (Luhmann 1989, 29). Der Stellenwert des Vertrauensverhältnisses zwischen Klient und den beruflich Tätigen in der sozialen Arbeit hat sich in den vergangenen 25 Jahren entscheidend verändert.[2] Es ist in wichtigen Berufsfeldern der sozialen Arbeit rechtlich anerkannt und abgesichert.

Der *Schutz des Sozialgeheimnisses* unterstreicht auch die bei der Schaffung des Sozialgesetzbuches getroffene Grundsatzentscheidung, wonach die Sozialdaten einem erhöhten, dem Steuergeheimnis vergleichbaren Schutz unterliegen sollen. Das Finanzamt kann vom begüterten Steuerpflichtigen eine of-

---

[1] Vgl. beispielsweise den Entwurf für ethische Richtlinien der GwG (1998). Die Richtlinien sollen u.a. dem »Schutz von Klientinnen und Klienten vor unethischer Anwendung der klientenzentrierten Psychotherapie und Beratung durch alle therapeutisch, beraterisch und in der Ausbildung tätigen Mitglieder des Verbandes« dienen; vgl. auch Schneider (2001).
[2] Zum Stellenwert des Vertrauens für das soziale Handeln vgl. Schweer (1997).

fene Darlegung seiner Verhältnisse nur verlangen, wenn es zugleich eine diskrete Handhabung dieser Information zusichert. Im sozialen Rechtsstaat muss diese Umgangsform auch für die Empfänger von Sozialleistungen gelten. Der bewusste Umgang mit personenbezogenen Daten und der Schweigepflicht hat deutlich zugenommen.

Eine andere Eigenschaft, die Hilfesuchende von ihren Beraterinnen fordern, ist *Kompetenz*. Die Klienten erwarten von den »Helfern«, dass sie wissen, was sie tun. Sie möchten sichergehen, dass diese ihr Handwerk im Umgang mit Problemen beherrschen und dass sie den Prozess der helfenden Beziehung einschätzen können. Berater, die dieses Zutrauen in ihre Qualifikationen nicht vermitteln können, werden im Beratungsprozess nur selten Erfolg haben (Murgatroyd 1994).

Aus der Fülle der Rechtsprobleme, die sich bei einer Beratung stellen können, werden folgende juristische Fragestellungen bearbeitet:[1]

- Vorab soll den gesellschaftlichen Ursachen nachgegangen werden, die zu dem erstaunlichen Beratungsboom geführt haben (Kap. II → S. 19).

- Alsdann werden die *Rechtsansprüche* auf Beratung im sozialen Bereich systematisiert dargestellt. Es erweist sich, dass zahlreiche Rechtsansprüche auf Beratung im Recht der Bundesrepublik Deutschland vorhanden sind, mit allerdings deutlich unterschiedlicher Qualität und Zielrichtung. Sie reichen von einer eher rechtlichen Beratung bis hin zu Rechtsansprüchen auf psychosoziale und psychologische Beratung sowie auf therapeutische Leistungen (Kap. III → S. 34).

- Ein schwieriges Problem der Sozialberatung ist *die Überschneidung mit verwandten Beratungsangeboten*. Es geht um Abgrenzung, Konkurrenz, aber auch um Zusammenarbeit mit den Angehörigen ärztlicher, anwaltlicher und psychologischer Berufe.

Die Fachkräfte in der sozialen Arbeit neigen dazu, ihre Kompetenzen herunterzuspielen, konkret: Es »vereinfacht« die Arbeit und verschiebt Verantwortlichkeit, wenn sich beispielsweise hinter der Behauptung versteckt wird, Rechtsberatung in der sozialen Arbeit sei ausgeschlossen und therapeutische Beratung den Fachärzten, den Psychologischen Psychotherapeuten sowie den Kinder- und Jugendlichenpsychotherapeuten vorbehalten. Auf diese Art und Weise kann man sich relativ komplikationslos einen »unangenehmen Fall

---

[1] Die Rechtsgebiete und die juristischen Probleme im Zusammenhang mit dem Beratungswesen sind vielfältig, vgl. hierzu die Veröffentlichungen der Bundeskonferenz für Erziehungsberatung, insbesondere »Rechtsfragen in der Beratung« (bke 1997a).

vom Halse schaffen«. Beide Behauptungen sind in dieser Form aber unrichtig. Sie dienen zwar der subjektiven Erleichterung, weichen aber fachliche Standards auf und wirken professionsschädigend.
- Die Analyse der juristischen Rahmenbedingungen – insbesondere des *Rechtsberatungsgesetzes* – ergibt, dass rechtliche Beratung durchaus eine Angelegenheit der sozialen Arbeit ist (Kap. IV → S. 97).
- Psycho-soziale Beratung (Kap. V → S. 122) – auch mit psychologischen Methoden – ist eine genuine Aufgabe der sozialen Arbeit. Die Grenzen bzw. Schnittstellen, die sich aus dem *Psychotherapeutengesetz* und dem *Heilpraktikergesetz* ergeben, werden näher beleuchtet (Kap. VI → S. 143).

▪ Mit der Feststellung, dass in der sozialen Arbeit in ganz erheblichem Umfang juristisch beraten wird und auch psychologische Methoden angewendet werden dürfen, stellt sich sogleich die Frage nach den *fachlichen Standards* und den erforderlichen Qualifikationen der Beraterinnen. Ist der Rechtsanspruch eines Bürgers auf – sagen wir einmal – Trennungs- und Scheidungsberatung erfüllt, wenn die Beraterin mit dem Hinweis –»bin auch schon einmal geschieden worden, alles halb so schlimm« – aufwartet? Ganz sicher nicht. Es soll genauer aufgearbeitet werden, welche fachlichen und methodischen Anforderungen das Recht an die Beratung stellt (Kap. VII → S. 157).

▪ Falsche, unvollständige und schlechte Beratung hat Konsequenzen im *Haftungsrecht*. Der Gesetzgeber und vor allen Dingen die Gerichte haben nach und nach anerkannt, dass für Fehl- und Falschberatung gehaftet wird. Das gilt zunehmend für Anwältinnen und Ärzte, aber auch für die Fachkräfte in der Beratung. Durch diese Entwicklung hat Beratung ihre Beliebigkeit verloren (Kap. VIII → S. 185).

▪ Ein Problem, mit dem Beraterinnen häufig konfrontiert werden, ist, wie sie sich in *Krisensituationen* gegenüber ihren Klienten verhalten oder mit suizidgefährdeten Menschen, die in Gefahr sind, ihre Gesundheit zu ruinieren, umgehen müssen. Es stellt sich die Frage nach ihrer »Aufsichtspflicht« und danach, in welcher Weise sie ihre Klienten vor sich selbst schützen müssen (Kap. IX → S. 209).

▪ Im abschließenden Kapitel wird nach dem rechtlichen Schutz des beraterischen *Vertrauensverhältnisses* durch den Sozialdatenschutz, die strafrechtlich bewehrte Schweigepflicht sowie durch die Zeugnisverweigerungsrechte gefragt (Kap. X → S. 248).

Insgesamt sind es juristische Fragestellungen, die in der Praxis immer wieder thematisch sind und die Beraterinnen in ihren konkreten Berufsvollzügen häufig verunsichern. Ihre Unsicherheit resultiert auch aus dem Umstand, dass der rechtliche Rahmen der Beratung weder besonders transparent, noch eine durchschaubare Gesamtsystematik vorhanden ist. Ein Weiteres: Die in diesem Buch bearbeiteten Rechtsprobleme decken nur einen Teil des »Beratungsrechtes« ab. Für die Schuldnerberatung z.B. gelten von der Sache her andere juristische Normen als für die Erziehungs- oder Drogenberatung. Die Darstellung beschränkt sich daher auf wichtige, gemeinsam für viele Arten und Formen der Beratung geltende rechtliche Regelungen.

Eine juristische Gesamtsystematik des »Beratungsrechts« würde die vorgelegte Publikation, den Rahmen einer Einführung sprengen. Die in den 70er-Jahren veröffentlichten Schriften zur Problematik »Recht und Beratung« von Giese/Melzer (1974) sowie von Schuschke (1979) haben sich ebenfalls auf bedeutsame Ausschnitte des Beratungsrechts beschränkt. Dies gilt auch für das von der Bundeskonferenz für Erziehungsberatung (bke 1997a) herausgegebene Buch »Rechtsfragen in der Beratung«.

Forderungen nach Professionalisierung der Ausbildung sowie nach Qualitätssicherung in der Beratung sind angesichts der Ausweitung der Beratungssysteme und ihrer wichtigen gesellschaftlichen Bedeutung dringend einzulösen. Beratung darf auch nicht im rechtsfreiem Raum stattfinden. Rechtsansprüche, Rechtssicherheit, rechtlich verbindliche Ausbildungsgänge, juristisch durchsetzbare methodische und fachliche Standards müssen im Interesse der Ratsuchenden, aber auch der Ratgeber, geschaffen werden. Befürchtungen, die juristischen Regelungen lähmten und blockierten die Eigeninitiative und Selbstverantwortung der Individuen, sind nicht stichhaltig. Es wird in diesem Zusammenhang vergessen, dass mit der Verrechtlichung erwartbare Leistungen und Standards im Beratungssektor durchgesetzt werden, ein wichtiger Beitrag, die Risiken moderner Gesellschaften abzupuffern (Barabas 1998a).

## II BERATENDE TÄTIGKEITEN IN DER BUNDESREPUBLIK DEUTSCHLAND

Beratung, wer wollte es bestreiten, bedarf heutzutage fast jeder. Nicht nur in Krisen- und Konfliktsituationen besteht die Notwendigkeit, Rat einzuholen, schon alltägliche, triviale Lebensereignisse überfordern häufig die Menschen in modernen Gesellschaften. Es hat den Anschein, als sei das Leben in einer Weise unübersichtlich geworden, dass es ohne fachlich-kompetente Beratung nicht mehr hinreichend steuerbar ist.

## 1 Wachsender Beratungsbedarf

Bereits ein Blick in die Rubrik »Rat und Hilfe« der Frankfurter Rundschau lässt die Dimensionen der beratenden Tätigkeit erkennen. Öffentliche und private Träger bieten zu zahlreichen Frage- und Problemstellungen fachlichen, professionellen Rat an. Ausmaß und Spektrum sind wirklich erstaunlich:[1]

- Frauenberatungsstelle;
- Beratungsstelle für Suchtgefährdete und Angehörige;
- Jugend- und Drogenberatung;
- Psychosoziale Gesprächs-, Kontakt- und Beratungsstelle;
- Lebenshilfe für geistig und mehrfach Behinderte: Beratung und Informationen für Jugendliche und Erwachsene;
- Kinder-Jugend-Elternberatungsstelle;
- Evangelisches Beratungszentrum: Psychologische Beratungsstelle;
- Sexualberatung/Familienplanung Pro Familia;
- Sozialberatung für Italiener;
- Beratung für Morbus-Bechterew-Erkrankte;
- Ehe-, Familien- und Lebensberatungsstelle des Caritasverbandes;
- Persönliche Beratung durch Telefonseelsorge;
- Beratung für Kriminalitätsopfer;
- Beratung durch die Deutsche Multiple-Sklerose-Gesellschaft;
- Beratung durch Aids-Hilfe;
- Verhütungsmittelberatung;
- Schwangerschaftskonfliktberatung;
- Beratung durch den Kinderschutzbund;
- Beratung gegen Ausgrenzung

---

[1] Im März 1999 teilte die Frankfurter Rundschau mit: »Unsere Rat- und Hilfeseite ist voll. Wir können zwar alte Einträge ändern, aber keine neuen aufnehmen, und das Platzangebot zu erweitern, ist derzeit nicht möglich, denn: Guter Rat und mehr Platz sind teuer.«

- Psychologische Beratung für Mobbing-Opfer;
- Krisenberatung im Internet;
- Konfliktberatung im Strafrecht;
- Beratung von Stieffamilien;
- Beratung durch »Sorgentelefon Scheidung«;
- Opfer- und Zeugenberatung;
- Beratung für vergewaltigte Frauen und Mädchen;
- Beratung durch den Club Behinderter und ihrer Freunde;
- Fachberatungsstelle für sexuell missbrauchte Frauen und Mädchen;
- Mieterberatung;
- Schuldnerberatung;
- Beratung für geistig Behinderte;
- Beratungsstelle »Frauen helfen Frauen«;
- Beratung durch die Jugendgerichtshilfe;
- Zeugnisberatung für Kinder- und Jugendliche;
- Beratung für Alkoholgefährdete und Angehörige;
- Beratung durch aufsuchende Drogenberatung;
- Beratung für Trauernde;
- Beratung für Frauen und Mädchen durch den Verein »Frauen helfen Frauen« bei Trennung, Scheidung, Beziehungs- und Partnerschaftsproblemen sowie bei psychischer und physischer Misshandlung;
- Beratung für Jugendliche in Berufsnot;
- Verbraucherberatung;
- Beratung für Herzkranke;
- Altenberatung;
- Rentenberatung;
- Beratung für Alzheimer-Kranke und Angehörige;
- Beratung für Homosexuelle;
- Sozialberatung;
- Erziehungsberatung;
- Allgemeine Lebensberatung;
- Beratung für Angehörige psychisch kranker Menschen;
- Beratung für Alleinerziehende;
- Jugendliche für Jugendliche: Ein Beratungsangebot am Telefon;
- Bei Anruf Rat;
- Beratung und Therapie für Migranten.

Dieser »Beratungskatalog« ist keineswegs vollständig und bezieht sich in erster Linie auf eher individuelle Problemkonstellationen. Er zeigt aber eindrucksvoll, dass Beratung heutzutage so vielschichtige Formen angenommen hat, dass von einem Massenphänomen die Rede sein muss: Für fast jedes Problem wird Beratung angeboten. Der Katalog lässt aber auch erkennen, dass das Beratungsangebot unübersichtlich geworden ist.[1] Aus diesem Grunde sind zahlreiche Praxisansätze entstanden, aber auch entsprechende gesetzliche

Regelungen verabschiedet worden, durch die ein integriertes und vernetztes Beratungsangebot zur Verfügung gestellt wird (vgl. im Detail Hoffmann 2002). Beispielhaft soll hier das Modellprojekt Sozialbüros genannt werden. Sieben dieser Sozialbüros sind in NRW eingerichtet worden. Es wurden Beratungsansätze für Menschen in prekären materiellen Lebenslagen erprobt (Bartelheimer/Reis 2001). Sie sollen die Transparenz des Beratungsangebotes gewährleisten. Den Ratsuchenden soll in Lebenssituationen, die durch »Mehrfachnotlagen« (Arbeitslosigkeit, verminderter Lebensstandard, Schulden, drohender Wohnungsverlust, Ehe- und Beziehungsprobleme, Schwierigkeiten in der Kindererziehung, körperliche und psychische Erkrankungen, Trauer usw.) charakterisiert sind, durch ein niederschwelliges Beratungsangebot in den Sozialbüros geholfen werden. Ziel dieser Einrichtungen ist es:

- die vorhandenen Ressourcen und Strukturen im Bereich sozialer Beratung und Information zu bündeln und zu vernetzen;
- den Zugang zu sozialen Informationen und zu einer Beratung zu erleichtern;
- eine Wegweiserfunktion durch die Hilfesysteme anzubieten;
- eine enge Kooperation der öffentlichen Jugendhilfe und Sozialhilfeverwaltung sowie der freien Träger sozialer Dienste aufzubauen;
- durch individuelle Beratung und Hilfeplanung die Chancen für die Betroffenen zu erhöhen, um unabhängig von Sozialhilfe leben zu können.

In einem Fazit wird festgehalten: »Die Erfahrungen des Modellprojekts bestätigen, dass auch Erwerbspersonen in materiellen Notlagen einen umfassenden Beratungsbedarf haben, der von Verfahrensfragen im Zusammenhang mit verschiedenen Leistungsansprüchen über Schuldenregulierung, Sicherung der Wohnungsversorgung, Kinderbetreuung und Berufswegeplanung bis hin zur Bewältigung gesundheitlicher, familiärer und sonstiger psychosozialer Probleme reichen kann« (Bartelheimer/Reis 2001, 122, 127).
Durch die Errichtung gemeinsamer Servicestellen durch das Gesetz »Rehabilitation und Teilhabe behinderter Menschen« SGB IX aus dem Jahre 2001 sollen nach den §§ 22 ff. SGB IX ratsuchende Behinderte oder von Behinderung bedrohte Menschen trägerübergreifend beraten werden. Der Ratsuchende soll sich nicht mehr damit befassen müssen, wer für die medizinische, berufliche und soziale Rehabilitation zuständig ist.

---

[1] In einigen Großstädten existieren inzwischen Beratungsführer, die den Zugang zu den Beratungsangeboten erleichtern sollen. So ist im Fachhochschulverlag Frankfurt am Main ein Beratungsführer »Fremdsprachige psychosoziale Beratung in Frankfurt am Main« und Umgebung erschienen (Caritasverband 2001). Er enthält weit über 100 Beraterinnen und Berater sowie Dolmetscherinnen und Übersetzerinnen, die in 30 verschiedenen Sprachen psycho-soziale Hilfen, Beratungen und Unterstützungen anbieten.

Systematisiert lassen sich Beratungsangebote nach Problem-Erfahrungsfeldern und nach den jeweiligen spezifischen Lösungsangeboten darstellen:

| Lösungsangebote | Lebenswelterfahrung | Beziehungserfahrung | Selbsterfahrung |
|---|---|---|---|
| Information und Orientierung | **Typ 1** Sachberatung in den Gebieten Beruf, Arbeit, Recht, Verwaltung, Institutionen, Gesundheit | **Typ 2** Ehevorbereitungsberatung, Sexualberatung, klassische Erziehungsberatung … | **Typ 3** Berufsberatung, Begabungsberatung, diagnostische Beratung, Gesundheitsberatung, Eignungsberatung … |
| Klärung und Deutung | **Typ 4** Klärende Beratung in Politik, Verwaltung, Gemeinwesen, Wirtschaft … | **Typ 5** Paarberatung, Familienberatung, Personalberatung, Organisationsberatung, Institutionsberatung … | **Typ 6** Psychotherapeutische Beratung, Krisenberatung, Sterbeberatung, Selbstklärung, existentielle Beratung … |
| Handlung und Bewältigung | **Typ 7** Schuldnerberatung, Beratung über effektiven Umgang mit Institutionen, Behörden, Verwaltung … | **Typ 8** Mediationsberatung, Trennungsberatung, lösungsorientierte Familienberatung, Verhaltensmodifikationen bei Paaren und Familien … | **Typ 9** Gesundheitsberatung, Stressberatung, Mediationstechniken, Verhaltensmodifikationen bei seelischen und körperlichen Störungen … |

1 Diese Zusammenstellung der Problem-Erfahrungsfelder sowie der Lösungsangebote wurde aus SANDER (1998) übernommen.

Diese Übersicht verdeutlicht, dass das Spektrum der Beratungstätigkeit von der Informationsvermittlung bis zur Bewältigung von seelischen und körperlichen Krisen reicht und auf Probleme reagiert, die durch Lebenswelt, Beziehungen und das Individuum selbst bedingt sind. Es wird auch klar, dass die beruflichen Einsatzfelder für Beratung ausweitbar sind und Probleme der Politik, Verwaltung, Wirtschaft usw. implizieren sowie die Individuen mit ihren vielfältigen Beziehungs- und Selbsterfahrungen umfassen.

Beratung ist zu einem unverzichtbaren Handlungskonzept sozialer Arbeit geworden und beschränkt sich längst nicht mehr auf Randgruppen, sondern erfasst prinzipiell alle gesellschaftlichen Bevölkerungsschichten (zur Beratung im Wandel vgl. Marschner 1999).

Auch ein Oberlandesgerichtsrat, dessen Ehe in die Brüche zu gehen droht, ist klug beraten, wenn er sich an entsprechende Institutionen wendet, um möglicherweise einem familiären Desaster zu entgehen. Renten-, Frauen-, Schuldner-, Alten-, Sozial-, Schwangerschaftskonflikt-, Familien-, Erziehungsberatung richten sich prinzipiell an alle Bürgerinnen und Bürger und werden nicht nur von sog. gesellschaftlichen Risikogruppen in Anspruch genommen.

## 2 Nachfrage und Inanspruchnahme von Beratungsangeboten

Es sind in der Bundesrepublik Deutschland keine Statistiken vorhanden, die die Beratungsangebote, den Beratungsbedarf oder die tatsächliche Nachfrage insgesamt dokumentieren (Paritätischer Wohlfahrtsverband 1996). Allerdings gibt es für bestimmte Beratungstätigkeiten zuverlässige Angaben über Art und Umfang der Beratung. Das gilt insbesondere für die Jugendhilfe.

Nach dem Kinder- und Jugendhilfegesetz werden neben anderen Daten jährlich die erzieherischen Hilfen statistisch erfasst. In dieser Bundesstatistik werden auch die Daten zur *institutionellen Beratung* aufbereitet. Darunter fallen alle von Beratungsstellen während eines Jahres abgeschlossenen Fälle von Erziehungs-, Familien-, Jugend- und Suchtberatung in der Jugendhilfe.

Mit diesen Erhebungen über den Umfang der Inanspruchnahme von Erziehungsberatungsstellen und anderen Beratungsdiensten soll ein Überblick gewonnen werden, in welchem Umfang diese Dienste zur Bewältigung individueller und familiärer Probleme beitragen. Die Statistik erfasst die persönlichen Merkmale der jungen Menschen, die beraten werden. Sie enthält Hinweise auf die Familiensituation und Anhaltspunkte über *die durchgeführten Beratungen*.

## II Beratende Tätigkeiten in der Bundesrepublik Deutschland

- 1992 wurden insgesamt 177.482 junge Menschen institutionell beraten (Statistisches Bundesamt 1994).
- 1996 ist die Anzahl der Beratungen bereits auf 239.546 gestiegen, eine Zunahme von über 60.000 Beratungen in nur vier Jahren.
- 1997 ist die Zahl der Jugendlichen, die professionellen Rat in Anspruch genommen haben, nochmals um 4% auf 248.100 gestiegen (Frankfurter Rundschau vom 6.3.1999).
- Im Jahre 2000 erhielten insgesamt 274.573 junge Menschen institutionelle Beratung, nochmals eine erhebliche Steigerung. 8% der Jugendlichen nahmen aus eigener Initiative Beratung in Anspruch (vgl. ZfJ 2002, 198).

Aufgeschlüsselt nach der *Art der Beratung* ergibt sich 1996 folgendes Bild (Statistisches Bundesamt 1998):

| Art der Beratung | Anzahl der Fälle |
| --- | --- |
| Erziehungs- und Familienberatung | 203.300 |
| Jugendberatung | 34.019 |
| Suchtberatung | 2.227 |

Eine Aufschlüsselung nach *Anlässen und Schwerpunkten* aller drei Beratungsformen, wobei jeder junge Mensch bis zu zwei Anlässe für die Beratung angeben konnte, zeigt eindeutige Schwerpunkte:

| Anlässe und Schwerpunkte der Beratungsformen | Anzahl |
| --- | --- |
| Entwicklungsauffälligkeiten | 72.160 |
| Beziehungsprobleme | 91.696 |
| Schul- und Ausbildungsprobleme | 59.531 |
| Straftaten von Jugendlichen und jungen Volljährigen | 6.482 |
| Suchtprobleme | 6.088 |
| Anzeichen von Kindesmisshandlung | 2.495 |
| Anzeichen für sexuellen Missbrauch | 9.885 |
| Trennung und Scheidung der Eltern | 47.818 |
| Wohnungsprobleme | 4.083 |
| sonstige Probleme mit und in der Familie | 48.716 |

Auch im Jahr 2000 wurden Erziehungsprobleme (40%), Schul- und Ausbildungsprobleme (28%) sowie Scheidung oder Trennung der Eltern als Ursache genannt (vgl. ZfJ 2002, 198).

Diese Zahlen lassen für die Jugendhilfe eine signifikante Steigerung des Umfangs institutioneller Beratung erkennen.[1] 1992 gab es in der BRD ungefähr 1.000 Erziehungsberatungsstellen, davon entfielen etwa 830 auf die alten Bundesländer. Auf eine Erziehungsberatungsstelle kamen ca. 75.000 Einwohner (Menne 1996a).

Ein Hinweis auf den wachsenden Beratungsbedarf geben auch die steigenden Zahlen in der telefonischen Beratung. Die Telefonseelsorge Berlin hat allein von 1997 bis 1998 26% mehr Menschen in akuten Lebenskrisen beraten. Insgesamt waren es ca. 25.500 Anrufer (Franke 2001).

Auch die Beratung im Internet hat einen ungeahnten Aufschwung genommen. Dabei geht es keineswegs nur um fachspezifische Ratschläge durch Ärzte, Anwältinnen, Steuerberater via Internet, sondern auch um psycho-soziale Beratungen, um Krisenintervention in prekären Lebenslagen usw.

»Die rasante Entwicklung der Kommunikationstechnologie führt dazu, dass für zunehmend mehr Menschen die Benutzung des Internets zu einer selbstverständlichen Form der Informationsbeschaffung und des Austausches wird. Dies gilt für Personen, die in ihrem Berufsleben mit den elektronischen Techniken konfrontiert werden; mehr noch aber für Kinder und Jugendliche, die mit diesen Möglichkeiten aufwachsen. Dieser Entwicklung muss sich auch die Erziehungs- und Familienberatung stellen« (bke 2001, 3, 12).

Mit dieser Begründung begann für die Bundeskonferenz für Erziehungsberatung im Jahr 2000 das Internetzeitalter. Das Internet könnte für die psychosoziale Beratung hervorragend geeignet sein, insbesondere für Jugendliche. In einem ersten Fazit wurde angemerkt, dass die Zahl der Ratsuchenden erheblich ist und bereits im ersten Jahr 70.000 Besucher gezählt werden konnten (bke 2001).

In einem Erfahrungsbericht wurde der psychologischen und sozialpädagogischen Beratung nach dem Kinder- und Jugendhilfegesetz attestiert, ideale Bedingungen im Internet vorzufinden. In Erziehungsberatungsstellen sind es in über 90% der Fälle die Eltern, die ihre Kinder zur Beratung anmelden. In der Internetberatung, ein äußerst niederschwellig organisiertes Angebot, in dem der Berater zum jungen Klienten kommt, ist die Situation umgekehrt. Das Internet trägt dazu bei, dass Jugendliche von sich aus und offensichtlich auch ohne Wissen der Eltern Beratung suchen (Culemann/Maaß 2002).

---

[1] In der Schuldnerberatung wird davon ausgegangen, dass ca. 2,77 Mio. Haushalte in der BRD überschuldet sind, sodass etwa 4 Mio. Einwohner direkt betroffen sind (vgl. Korczak 2001 sowie Thien 1998).

## 3 Gesellschaftliche Ursachen der expandierenden Beratungssysteme

### 3.1 Ausdifferenzierungen

Der drastisch expandierende Beratungsbedarf in modernen Gesellschaften hat vielfältige Bedingungen und Voraussetzungen. Eine wichtige Ursache ist die Ausdifferenzierung der Gesellschaft in hochspezialisierte Teilsysteme. Die gewaltige Transformation von vorindustriellen Gesellschaften – mit ihren geschlossenen, überschaubaren, an die Zyklen der Natur gebundenen Lebensläufen und unhinterfragten Deutungsmustern – in hochkomplexe, unüberschaubare Gesellschaften hat zu Unsicherheit und Ratlosigkeit geführt.

Die ausdifferenzierten Teilbereiche moderner Gesellschaften, die Wirtschaft, das kulturelle, politische sowie das ausbildende System, die Familie und nicht zuletzt das komplexe Rechtssystem sind eine Voraussetzung für das hohe Maß der Individualisierung. Die Kategorie des Privaten wurde aufgewertet, Freiheit wurde in der Form individueller Freiheit als Rechtsposition formulierbar (Habermas 1992). Die Entscheidung über die Wahl des Glaubens oder des Ehepartners, der Ehepartnerin, der Ausbildung und des Berufs wird prinzipiell dem Einzelnen überlassen. Die Auswirkungen der Einzelentscheidungen für die Gesellschaft werden in den jeweiligen Teilsystemen bearbeitet (Barabas/Erler 2002).

> Die Ausdifferenzierung gesellschaftlicher Teilbereiche begründete die exklusive Zuständigkeit von Spezialisten für die Lösung bestimmter Probleme. Ärzte, Wirtschafts- und Naturwissenschaftler, Anwältinnen, Psychologinnen haben für ihre Fachrichtungen Problemlösungskonzepte entwickelt und beraten entsprechend ihre Mandanten, Klienten und Patienten.

Unter dem Gesichtspunkt der Differenzierung ist es auch einleuchtend, dass die traditionellen Lebensentwürfe nur noch bedingt gelingen. An die Stelle relativ festgefügter, planbarer und überschaubarer Lebensgestaltung, die Tochter wird Hausfrau und Mutter, der Sohn tritt in die Fußstapfen des Vaters, ist eine Vielfalt von Entscheidungsmöglichkeiten getreten. Diese optionale Erweiterung, wie das bislang nicht bekannte Maß an Entscheidungsfreiheit, bergen aber auch die Gefahr des individuellen Scheiterns in sich. An diesem Punkt setzt Beratung an.

## 3.2 Werte- und Strukturwandel

Wichtig für den Ausbau der Beratungssysteme ist der nicht zu übersehende Werte- und Strukturwandel in modernen Gesellschaften. Während früher die Eingebundenheit des Individuums in Kirche, weltanschauliche Gruppen, Verbände, Verwandtschaften, in Nachbarschaften und Familien Sicherheit und Schutz bot, freilich zuweilen auch Unfreiheit nach sich zog, haben wir es heute eher mit individualisierten Lebensläufen zu tun. Ökonomische Entwicklung und sozialer Wandel haben nicht nur die bundesrepublikanische Gesellschaft individualisiert und pluralisiert. Die vormaligen Solidaritätsstrukturen sind aufgebrochen und verweisen das Individuum auf sich zurück. An die Stelle der früheren Solidarität in den unterschiedlichen Bezugssystemen – insbesondere im kirchlichen Sozialmilieu und den Arbeiterorganisationen – ist nichts Vergleichbares auf privater Ebene getreten.

Vielmehr wurde die Lücke durch personenbezogene soziale Dienstleistungen geschlossen, die von staatlichen Institutionen, durch die Verbände der Wohlfahrtspflege oder durch Selbsthilfegruppen der unterschiedlichsten Art angeboten werden. »Dieser eigentümliche Prozess wohlfahrtsstaatlicher Transformation, in dem Geld zu sozialen Dienstleistungen, zu Pflege, Beratung, Betreuung, Erziehung und Kontrolle wird, muss eigens organisiert werden. Er braucht eigene Konzepte, Institutionen und Organisationen« (Olk/Rauschenbach/Sachße 1995, 11, 12).

Nun soll mit diesen Überlegungen nicht etwa die gute alte Zeit beschworen, die Solidarität der kleineren Einheiten glorifiziert, sondern lediglich die Notwendigkeit der Beratung plausibel gemacht werden.

## 3.3 Erosion der Familie

Das System Familie, um einen weiteren Aspekt anzusprechen, unterliegt einem rasanten Umgestaltungsprozess. Das zeigen die familienrechtlichen Reformen der vergangenen 30 Jahre. Das rechtliche Verhältnis der Eheleute zueinander war streng patriarchalisch geregelt: Dem Mann stand die Entscheidung in allen das gemeinschaftliche Leben betreffenden Angelegenheiten zu. Vermögen und Sexualität der Frau waren weitgehend der männlichen Verfügungsgewalt unterstellt. Von Gleichheit der Geschlechter war keine Rede. Auch das Verhältnis minderjähriger Kinder insbesondere zu ihrem Vater war nach dem Prinzip: »Autorität, Familie und Gehorsam« geformt.

Die juristisch abgesicherte *väterliche Autorität*, nach der Generationen, die ihre Füße unter Vaters Tisch stellten, kuschen mussten, war rechtlich und gesellschaftlich nicht mehr haltbar. Im Recht des Eltern-Kind-Verhältnisses fiel zunächst das väterliche Alleinentscheidungsrecht. Außerdem gilt nach einer Entscheidung des Bundesverfassungsgerichts aus dem Jahre 1968 das Kind auch innerhalb der Familie als Träger von verfassungsmäßig gesicherten Grundrechten (BVerfGE 24, 119). Die rechtliche Pflichtgebundenheit des Elternrechts wird auf das Wohl des Kindes bezogen, das zugleich den Richtpunkt für staatliches Handeln in diesem Bereich darstellt.

Mit dem Sorgerechtsgesetz 1980 ist die »elterliche Gewalt« der »elterlichen Sorge« gewichen. Die rechtlichen Beziehungen zwischen Eltern und ihren Kindern wurden grundsätzlich umgestaltet. Die Eltern müssen bei der Pflege und Erziehung die wachsenden Bedürfnisse des Kindes zu selbständigem, verantwortungsbewusstem Handeln berücksichtigen. Schließlich wurde durch die Kindschaftsrechtsreform 1998 der Statusunterschied zwischen ehelichen und nichtehelichen Kindern im Prinzip aufgehoben und die gemeinsame elterliche Sorge bei allen Kindern ermöglicht. Die Ehe hat im Kindschaftsrecht ihre bislang dominante Rolle verloren. Die gemeinsame Elternschaft, unabhängig ob mit einer Ehe, einer Lebensgemeinschaft oder keiner Gemeinschaft verbunden, ist nunmehr der entscheidende Anknüpfungspunkt für rechtliche Konsequenzen.

Die Reform des Verhältnisses zwischen Kindern und Eltern wurde vorläufig durch das Gesetz zur Ächtung der Gewalt in der Erziehung vom 2.11.2000 abgeschlossen. Danach haben Kinder ein Recht auf gewaltfreie Erziehung. Nach § 1631 Abs. 2 BGB sind körperliche Bestrafungen, seelische Verletzungen und andere entwürdigende Maßnahmen unzulässig.

Die rechtlichen Beziehungen zwischen Eltern und ihren Kindern wurden also grundsätzlich umgestaltet: Aus einem rein patriarchalischen Hierarchieverhältnis wurde durch *Verrechtlichung der familialen Binnenstruktur* die Emanzipation der Kinder eingeleitet. Damit wurde juristischer Flankenschutz für die gesellschaftlichen Individualisierungsprozesse geliefert, d.h., die vom Einzelnen gesellschaftlich abgeforderte Konstruktion einer eigenen Biografie als »Bastelbiografie« und die damit geforderten sozio-ökonomischen Qualifikationsanforderungen moderner Gesellschaften sind rechtlich garantiert (Barabas/ Erler 2002; Erler 1996 sowie Erler 2003).

Auch die *rechtlichen Spielregeln zwischen Mann und Frau* wurden tiefgreifend geändert. Die Eheleute können entscheiden, ob der Name der Frau oder des Mannes Ehename wird. Beide Ehepartner haben das Recht, erwerbstätig zu sein, und die Ehegatten können die Haushaltsführung im gegenseitigen Einvernehmen regeln. Damit ist das Modell der »Hausfrauenehe« endgültig zugunsten einer vertraglichen Konstruktion verabschiedet. Wie die Eheleute ihr Zusammenleben organisieren, wer arbeitet oder die Kinder erzieht, können sie ohne gesetzliche Zielvorgaben partnerschaftlich selbst entscheiden. Das Scheidungs- und Scheidungsfolgenrecht hat bereits 1976 die prinzipielle Unauflöslichkeit der Ehe beseitigt. Durch die seit 1998 geltende Strafbarkeit der erzwungenen Sexualität in der Ehe als Vergewaltigung oder sexuelle Nötigung wurden weitere rechtliche Restbestände männlicher Vorherrschaft beseitigt. Durch das Gewaltschutzgesetz aus dem Jahre 2001 sollen die zivilrechtlichen Möglichkeiten des präventiven Gewaltschutzes vor allem im Familien- und sonstigen Nahbereich verbessert werden.

Gesetzlich werden keine hierarchischen Strukturen mehr gestützt. Dem entspricht die soziale Entwicklung zu einer Vielfalt familialer Lebensformen und die Relativierung der unduldsamen kulturellen Vorherrschaft der Kleinfamilie. Durch das Lebenspartnerschaftsgesetz 2001 wurde die gesellschaftliche Entwicklung zu immer größerer Akzeptanz alternativer Lebensformen juristisch untermauert. Gleichgeschlechtlichen Paaren wird im Prinzip die Ehe mit fast allen Rechten und Pflichten eröffnet.

Die modifizierten gesellschaftlichen Anforderungen an die Familien haben also ihren Niederschlag im Recht gefunden. Zugleich haben die Rechtsreformen wiederum entschieden auf das System Familie verändernd zurückgewirkt. Die neuartigen rechtlichen Rahmenbedingungen führen zu einer Herauslösung der Individuen aus den Fesseln der Gemeinschaftsbindungen (Derleder 2000) und zu sehr hohen und neuartigen Verhaltensanforderungen. Bereits die Partnerwahl ist zu einem komplizierten Akt individueller Entscheidung geworden (Barabas/Erler 2002). Insgesamt: An die Stelle der »klassischen Familie« tritt immer mehr ein Netzwerk befristeter Sozialbeziehungen.

Liebe und Zuneigung, Dispositionen und Einstellungen, Wünsche und Zukunftsperspektiven, Berufsarbeit und Lebensart und nicht zuletzt die Sexualität der Beziehungspartner sind in Balance zu bringen. Partnerschaftlicher Umgang, Emanzipation von Frau und Mann, die vermehrten Rechte von Kindern und Jugendlichen, aber auch die Tolerierung alternativer Lebensformen stellen Verhaltensanforderungen an die Familien und ihre Mitglieder, die von vielen noch nicht erbracht werden können. Allein die Entstehung der Frauenhäuser verweist auf die Tatsache, dass Männer keineswegs immer bereit sind, das Prinzip der Partnerschaft zu akzeptieren. Das Ausmaß der Gewalt von Männern gegen Frauen und Kinder ist im Gegenteil erschreckend. Zahlreiche Untersuchungen haben den Umfang dieses Gewalthandelns zu Tage gefördert.

»Vor allem die Mitarbeiterinnen von Frauenhäusern, Notrufen für vergewaltigte Frauen, autonomen Frauenberatungsstellen und Frauenprojekten sowie weiteren Einrichtungen, die speziell Zuflucht und Hilfe für die Opfer anbieten, sind in ihrem Arbeitsalltag mit dieser Gewalt konfrontiert. (...) Unsere eigenen Erhebungen zeigten, dass ein nicht geringer Anteil sozialer Einrichtungen und Beratungsstellen (zum Beispiel jede dritte der von uns befragten Einrichtungen in Hamburg) mit einer Klientel zu tun hat, bei der es zu Gewalthandlungen in der Beziehung gekommen ist – wenn auch dieses Problem selten der Anlass dafür ist, die Beratungsstelle aufzusuchen« (BMFSFJ 1997, 9; vgl. auch Oberlies/Holler/Brückner 2002; Kohl/Landau 2001 sowie Sanders 2001). Vor diesem Hintergrund wird auch einsichtig, dass die Selbsthilfekompetenzen der Familien schwinden.

Neben den Schwierigkeiten, die neuen Umgangsformen im familiären Binnenraum zu respektieren, tragen massiv äußere Umstände – wie Armut, Arbeitslosigkeit, Verschuldung, Scheidung, Partnerschaftskonflikte, schlechte Wohnverhältnisse, soziale Isolierung, fehlende Kenntnisse und Fertigkeiten zur Bewältigung des Alltags – zur Destabilisierung der Familie bei. Daher gibt es in vielen Familien unbefriedigende und belastende interne Kommunikations- und Interaktionsmuster (Erler 1996), die einzelne Familienmitglieder an einer adäquaten, altersgemäßen, sozialen und persönlichen Entwicklung hindern.

Diese Entwicklung ist auch der Bundesregierung nicht verborgen geblieben. In dem 5. Familienbericht räumt sie bereits 1994 ein, dass viele Paare sich trennen, weil sie sehr hohe, stark idealisierte Erwartungen an eine Ehe oder Partnerschaft haben, deren Realisierung sie selbst überfordert. Beachtung verdiene vor allem die Tatsache, dass manche Familien durch besondere Lebensbelastungen – wie Arbeitslosigkeit, gesundheitliche und partnerschaftliche Probleme – und durch die Schwierigkeiten bei der Kinderbetreuung überfordert werden und mit Gewalt reagieren (BMFuS 1994).

### 3.4 Stress- und Belastungssituationen

Die Ursachen für individuelle krisenhafte Entwicklungen sind aber nicht ausschließlich und nicht überwiegend im familiären Rahmen zu suchen. Besondere Stress- und Belastungssituationen können dazu beitragen, dass Menschen ihr Leben nicht mehr in den gewohnten Bahnen weiterführen. Dazu zählen Menschen, die durch Vergewaltigung, Überschuldung, Misshandlungen durch den Ehepartner oder als Opfer von Straftaten plötzlich und unerwartet mit einer Situation konfrontiert sind, die sie vollends überfordert (Straumann 1992).
Darüber hinaus können persönliche Krisen durch den Tod einer nahestehenden Person, Mobbing am Arbeitsplatz, Krankheit, Schwangerschaft, Schulversagen, Unfälle und Verletzungen verursacht werden. In all diesen zugespitzten sozialen und persönlichen Krisen ist der Einzelne häufig überfordert, sieht keinen Ausweg mehr und bedarf der professionellen Hilfe.

## 3.5 Prävention

Ein weiterer Gesichtspunkt, der den zunehmenden Beratungsbedarf erklären hilft, ist die gestiegene gesellschaftliche, aber auch individuelle Sensibilisierung für Probleme wie Drogen, Aids, familiäre Gewaltanwendung, sexueller Missbrauch von Kindern usw. Vor einigen Jahren wäre noch niemand auf die Idee gekommen, spezielle Beratungsstellen für Opfer sexueller Gewalt einzurichten und zu unterhalten.

Eine erhöhte Sensibilität besteht aber auch für mögliche Spätfolgen traumatischer Lebensereignisse. Den Opfern von Gewalt, Katastrophen, Delinquenz, Mobbing muss geholfen werden. Wenn sie nicht rechtzeitig und kompetent beraten werden, können hohe Kosten zulasten der Versicherungssysteme entstehen. Je schneller und effektiver Krisen bewältigt werden, umso weniger wirken sie sich finanziell aus. Um ein Beispiel zu geben: Die institutionelle Erziehungsberatung weist spezifische Möglichkeiten zur fachlichen und kostenmäßigen Optimierung der Weichenstellung bei Entscheidungen im Jugendamt über die geeignete Hilfe zur Erziehung auf. In einem Berliner Projekt konnten die Einsparmöglichkeiten durch rechtzeitige kompetente Beratung nachgewiesen werden (Schultze 1998). Damit ist die präventive Wirkung von Beratung angesprochen.

Präventive Aspekte der Beratung enthält auch und gerade das Kinder- und Jugendhilfegesetz. Bei genauer Analyse dieses Gesetzes ist auffallend, dass Beratung und Unterstützung bei fast allen Leistungsbeschreibungen genannt werden.»Darin soll zum Ausdruck kommen, dass Beratung ein Wesenselement aller (sozial-)pädagogisch intendierten Leistungen ist, da der jeweilige Leistungserfolg nicht einseitig durch die Tätigkeit des Leistungsträgers ›Jugendhilfe‹ herbeigeführt werden kann, sondern nur im kommunikativen Zusammenwirken zwischen Leistungsträger (...) und dem Betroffenen, dessen Entwicklung gefördert wird, der neue Einsichten über sein Verhalten gewinnen soll, um so sein Verhalten auch ändern zu können« (Wiesner 1994, 109).

Präventive Elemente besitzt auch das Job-Aktiv-Gesetz 2002. Kernstück des Gesetzes ist die konzeptionelle Neuausrichtung der Arbeitsvermittlung und der Beratung als präventiver Ansatz bei den Arbeitsförderungsleistungen. Bei Beginn der Arbeitslosigkeit sollen umfassend die beruflichen Stärken und Chancen des Arbeitslosen festgestellt und frühzeitig geprüft werden, wie Hindernisse bei der Arbeitslosigkeit überwunden werden können.
Durch das Gesetz über »Rehabilitation und Teilhabe behinderter Menschen«, SGB IX, werden alle Rehabilitationsträger verpflichtet, örtliche gemeinsame Servicestellen einzurichten. Die Servicestellen begründen eine gemeinsame Verantwortung der Träger für qualifizierte, präventive Beratung und den zielgerichteten Zugang zu einer erfolgreichen Rehabilitation.

»Zu einer personenbezogenen Dienstleistung, die qualifiziert und kompetent fördert, gehören: Beratung, Erstellung einer problemorientierten Diagnose, Entwicklung und Aquise konkreter Hilfsangebote, Entwicklung einer von beiden Seiten getragene Hilfeplanung, Erstellung und Umsetzung maßgeschneiderter, passgenauer Problemlösungen, Vermittlung konkreter Hilfsangebote. Beratung als aktivierende Hilfe setzt auf Partizipation und nicht auf bürokratische Bevormundung. Der Hilfesuchende wird so zum Kooperationspartner, der aktiv in den Hilfeprozess einbezogen ist und daher auch für den Erfolg der Hilfe mit verantwortlich ist« (Hoffmann 2002, 86, 92).

In allen Tätigkeitsfeldern der Beratung wird offensichtlich, dass es sinnvoll ist, rechtzeitig zu handeln, bevor das »Kind in den Brunnen gefallen« ist.
»Erzieherische Hilfe und Beratung ist überall geboten, wo Menschen in Not geraten sind, von der Umwelt überfordert werden, den Umständen nicht angepasst leben, mit Belastungen nicht fertig werden. Erzieherischer Hilfe bedarf der junge, noch bildbare und daher stützungsbedürftige Mensch; Beratung braucht der alte Mensch, der seine Umwelt nicht mehr recht versteht; Beratung braucht in der Tendenz jeder Bürger in einer immer komplexeren Gesellschaft. Der Zugriff pädagogischer Beratung beschränkt sich nicht auf bereits eingetretene Notstände. Diese gilt es gerade zu verhindern, deshalb ist in besonderem Maße vorbeugendes Handeln geboten« (Blanke/Sachße 1987, 251, 260).

Um es auf den Begriff zu bringen: Kompetente, professionelle Beratung kann dazu beitragen, Kosten des gesellschaftlichen Umbruchs zu reduzieren. Diese Überlegung darf aber nicht zu dem Trugschluss führen, dass Beratung billig wäre. Der Volksmund weiß, »Guter Rat ist teuer«, und tatsächlich: in dem Maße, wie die Beratung Erfolge nachweisen kann, wird es selbstverständlich werden, dass professionelle Beratung nicht zum Nulltarif zu haben ist.

### 3.6 Beratung als ökonomischer Wachstumsfaktor

All diese Gründe, die eine weitere erhebliche Steigerung der Beratungstätigkeit erwarten lassen, werden von modernen Wachstumstheorien – allerdings unter anderen Aspekten – bestätigt. Bislang wurden Produktivitätssteigerungen in den vergangenen zwei Jahrhunderten durch Basisinnovationen wie Dampfmaschine, Elektrotechnik, Chemie oder Automobil ausgelöst. Sie wurden von Bodenschätzen, Stoffumwandlungsprozessen und Energie getragen. Die letzte große Innovation hing dagegen erstmals von der Verwertung eines geistigen Rohstoffes ab, von Informationen. Das Erfolgsmuster in den vergangenen Jahrzehnten ist der produktive Umgang mit Informationen.

# 3 Gesellschaftliche Ursachen der expandierenden Beratungssysteme

Weitere Produktivitätssteigerungen in der Wirtschaft werden in erster Linie durch verbesserte menschliche Fähigkeiten garantiert: bessere Ausbildung, bessere Gesundheit, bessere politische Entscheidungen. Die größten Produktivitätsreserven liegen heute im Gesundheitssektor. Dabei darf Gesundheit nicht nur als ein Zustand ohne Schmerzen definiert werden, sondern nach den Kriterien der WHO betrifft Gesundheit sieben Kriterien:

- Ein stabiles Selbstwertgefühl;
- ein positives Verhältnis zum eigenen Körper;
- die Fähigkeit zu Freundschaft und sozialen Beziehungen;
- eine intakte Umwelt;
- eine sinnvolle Arbeit und gesunde Arbeitsbedingungen;
- Gesundheitswissen und Zugang zur Gesundheitsvorsorge;
- eine lebenswerte Gegenwart und die begründete Hoffnung auf eine lebenswerte Zukunft.

Produktivitätsfortschritte in Gesellschaft und Wirtschaft werden in zunehmenden Maße von Faktoren wie Einsatzbereitschaft, positivem Denken, Kommunikation, Angstfreiheit, Verantwortungsbewusstsein, Kreativität abhängen, also von psycho-sozialen Fähigkeiten. Kognitive Leistungen allein reichen nicht mehr. Der Mensch mit seinen seelischen und sozialen Problemen rückt in das Zentrum des Wirtschaftsgeschehens (Nefiodow 1996). Um seine sozialen Kompetenzen zu sichern und produktiv einzusetzen, um eine wesentlich bessere Qualität im zwischenmenschlichem Umgang zu garantieren, sind in den unterschiedlichsten Bereichen Beratungsangebote und Beratungsansprüche geschaffen worden.

> Alles in allem: Beratungssysteme sind in modernen Gesellschaften nicht mehr wegzudenken. Alles spricht dafür, dass sie weiter ausgebaut werden.

## III  RECHTSANSPRÜCHE AUF BERATUNG

Es ist zurzeit modern, die Begrenztheit, wenn nicht sogar den Tod des Sozialstaates zu proklamieren. Der Wohlfahrtsstaat hat augenscheinlich seine Faszination verloren. Allenthalben wird der Umbau und auch der Abbau des Sozialstaates gefordert. Die Verteidiger des sozialen Ausgleichs werden als professionelle Armutsplärrer denunziert, die mit Blindheit geschlagen seien. Unter den harten Konkurrenzbedingungen der globalisierten Wirtschaft könne der Sozialstaat nicht mehr länger in der bisherigen Form finanziert werden. Alles andere sei Augenwischerei und wiege die Menschen in trügerischer Sicherheit. Private Vorsorge sei das Gebot der Stunde, die Solidargemeinschaft könne nicht mehr alle Lebensrisiken abfedern. Dies wird jeweils mit Beispielen untermauert, die die Auswüchse des Sozialstaates illustrieren. Es könne doch nicht angehen, dass durch die Allgemeinheit alles und jedes finanziert werde.

Derartige populistische, an den Stammtischen der Republik ausgerichtete Parolen können nicht darüber hinwegtäuschen: Die Marktwirtschaft mit ihrer eigenen Gesetzlichkeit und Rationalität hat es nicht geschafft, Mittel und Wege zu finden und bereitzustellen, die die soziale Not auf Dauer verhindern. Bereits aus diesem Grunde gibt es letztendlich zu der gesetzlich verordneten Solidargemeinschaft keine vernünftige Alternative.

Erstaunlich ist, dass in den Plädoyers für den radikalen Umbau und Abbau des Sozialstaates selten die möglichen Konsequenzen thematisiert werden: Bettelnde Rentner vor den Großbanken, trinkende Obdachlose in den innerstädtischen Einkaufszentren, demonstrierende arbeitslose Jugendliche, steigende Jugendkriminalität, erhöhter Drogenkonsum, Randale und Krawalle. Nur wenn von Skinheads Ausländer gejagt, verprügelt und erschlagen werden, deren Häuser in Flammen aufgehen, dann erinnern sich die Verantwortlichen jeweils daran, dass die Leistungen der sozialen Systeme – auch die präventiven Maßnahmen der Jugendhilfe – dazu beitragen, den sozialen Frieden zu erhalten.

Öffentliche Stimmungsmache, sozialstaatliche Leistungen seien gleichsam unverdient, trägt dazu bei, dass Betroffene die ihnen zustehenden Leistungen nicht in Anspruch nehmen. Darüber hinaus: Die Verschachtelungen des Sozialsystems, die Unübersichtlichkeit der Rechtslage, aber auch die teilweise hektischen Aktivitäten des Gesetzgebers bei der Veränderung der Sozialsysteme, die Unsicherheiten über die Leistungsvoraussetzungen und Leistungshemmnisse führen dazu, dass Leistungen häufig nicht oder nicht vollständig in Anspruch genommen werden.

Die Tatsache, dass das Sozialrecht im Verlauf der vergangenen Jahrzehnte eine hochkomplexe Materie wurde, ist auch dem Gesetzgeber bewusst. Er hat daher vielfältige Beratungsansprüche in den jeweiligen Systemen der sozialen Sicherung geschaffen, die dazu beitragen sollen, Zugangsbarrieren zu den Sozialsystemen abzubauen. Ansprüche auf Beratung sind nun aber keineswegs aus »purer Menschenfreundlichkeit« geschaffen worden, sondern sie haben ökonomische Vorteile, weil sie präventiv wirken.

Die Sozialgesetze kennen sehr unterschiedliche Formen der Sozialleistungen. Nach § 11 SGB I gehören zu den Sozialleistungen Dienst-, Sach- und Geldleistungen. § 11 SGB I stellt ausdrücklich heraus, dass auch die persönlichen und erzieherischen Hilfen zu den Dienstleistungen gehören. Das Sozialleistungssystem der BRD hat eindeutig eine »monetäre Schlagseite« (Grüner/Dalichau 1995, § 11 SGB I, 2). Durch die Hervorhebung der persönlichen und erzieherischen Hilfen im § 11 SGB I wird die einseitige finanzielle Ausrichtung des bundesrepublikanischen Sozialsystems vorsichtig korrigiert. Der Begriff Dienstleistungen ist nicht so konturierbar wie der der Sach- und Geldleistungen; er ist umfassend zu verstehen. Unter die Dienstleistungen fallen alle Formen der persönlichen Betreuung und Hilfe, so beispielsweise Auskunft und Beratung durch den Leistungsträger.

In den einzelnen Sozialleistungsbereichen findet sich ein differenziertes System von Beratungsformen. Je nach den gesetzlichen Vorgaben hat der Bürger Anspruch auf rechtliche Beratung oder aber auf eine Beratung in persönlichen Angelegenheiten. Im KJHG sind darüber hinaus Beratungsformen festgeschrieben worden, die eine umfassende Beratung und Betreuung vorsehen und bis hin zu therapeutischen Angeboten reichen. Wenn daher von Beratung die Rede ist, muss im Einzelnen geklärt werden, um welche Art der Beratung es sich handelt.

## 1 Die Verbindlichkeit und Einklagbarkeit von Beratungsansprüchen

Ob der Bürger gegen die Verwaltung, gegen die Sozialleistungsträger einen Anspruch auf Beratung besitzt, ist unterschiedlich geregelt. Je nach den gesetzgeberischen Formulierungen besteht für den Bürger ein Rechtsanspruch auf Leistung oder aber die Leistungsgewährung liegt im pflichtgemäßen Ermessen des Leistungsträgers. Das besagt § 38 SGB I.

> **§ 38 SGB I Rechtsanspruch**
> Auf Sozialleistungen besteht ein Anspruch, soweit nicht nach den besonderen Teilen dieses Gesetzbuchs die Leistungsträger ermächtigt sind, bei der Entscheidung über die Leistung nach ihrem Ermessen zu handeln.

## III Rechtsansprüche auf Beratung

Auch die Leistungen nach dem Kinder- und Jugendhilfegesetz zählen zu den Sozialleistungen im Sinne des § 11 SGB I (Mrozynski 1995, Anm. 10 zu § 11 SGB I).[1] § 38 SGB I bestimmt, dass auf Sozialleistungen im Zweifel ein Rechtsanspruch besteht und dass die Ermessensleistungen vom Gesetz gekennzeichnet sein müssen.
Besteht auf eine Leistung ein Rechtsanspruch, so bedeutet dies, dass der Bürger einen klagbaren Anspruch auf die Leistung hat, er kann sie gerichtlich gegenüber dem Leistungsträger durchsetzen. Das wäre der Fall, wenn ein Jugendamt keine Beratung nach § 17 Abs. 1 KJHG (Beratung in Fragen der Partnerschaft, Trennung und Scheidung) anbietet und eine Mutter, die für ein Kind sorgt, Beratung wünscht. Sie kann das Jugendamt zwingen, sie zu beraten oder ihr eine entsprechende, anderweitige Beratungsmöglichkeit anzubieten. Durch einen Rechtsanspruch auf eine Leistung hat der Bürger eine sicherere Stellung als bei einer nach Ermessen zu gewährenden Leistung.

Die Aufnahme der Jugendhilfe in das Sozialgesetzbuch war durchaus umstritten. Sie wurde in das Sozialgesetzbuch integriert, weil zu den Sozialleistungen »nicht nur die sozialen Geld- und Sachleistungen, sondern auch die in einer modernen Sozialpolitik mehr und mehr in den Vordergrund tretenden sozialen und erzieherischen Hilfen« (BTDrucks 7/868, 44) gehören. Das KJHG hat insofern eine nicht zu übersehende Wende in der deutschen Sozialpolitik gebracht. Sozialpädagogisches Handeln ist als ein gesetzlicher Leistungsanspruch in das KJHG aufgenommen worden. Auf diese Weise sind Pädagogik und Recht miteinander verbunden worden, eine radikale Reform des Sozialgesetzbuches. Die Verschränkung von Recht und Pädagogik bedeutet einen Verrechtlichungsschub in der sozialpädagogischen Arbeit (vgl. Kurz-Adam 1998) am Beispiel der Erziehungsberatungsstellen.

Das Problem ist nun, dass das KJHG die Leistungsverpflichtungen sehr unterschiedlich geregelt hat. Im Gegensatz zu den anderen Sozialgesetzen enthält das KJHG eine Gemengelage von hoheitlichen Aufgaben und Leistungen der Jugendhilfe. Die Leistungen unterfallen in Angebote der allgemeinen Förderung sowie der individuellen Hilfen. Schließlich sind die individuellen Leistungen der Jugendhilfe als persönliche und erzieherische Hilfe »in der Regel stärker als sonstige Sozialleistungen in einen umfassenden und oft kontinu-

---

[1] Nach § 27 SGB I kennt das KJHG die folgenden Leistungen:
- Angebote der Jugendarbeit, der Jugendsozialarbeit und des erzieherischen Jugendschutzes;
- Angebote zur Förderung der Erziehung in der Familie;
- Angebote zur Förderung von Kindern in Tageseinrichtungen und in Tagespflege und
- Hilfe zur Erziehung, Eingliederungshilfe für seelisch behinderte Kinder und Jugendliche sowie Hilfe für junge Volljährige.

ierlichen Beratungszusammenhang eingebettet. Dadurch wird die Bestimmung klarer Grenzen des eigentlichen Leistungsverhältnisses als einer rechtlich definierten Beziehung erschwert« (Maas 1993; NDV, 465, 466). Dies alles sind Besonderheiten des KJHG.

Ein Rechtsanspruch auf eine Leistung besteht dann, wenn in einer Norm der Anspruchsberechtigte, der Verpflichtete und der Inhalt des Anspruchs bestimmt sind (Kretschmer/von Maydell/Schellhorn 1996, Anm. 5 zu § 38 SGB I; Münder u.a. 1998, Anm. 6 ff. VorKap 2 KJHG).
»Anspruchsnormen sind nur solche, die Anspruchsvoraussetzungen enthalten und einen individualisierbaren Anspruchsinhaber nennen« (Kunkel 1997, 193, 198).
Das ist z.B. bei § 18 Abs. 1 KJHG der Fall. Er besagt, dass Mütter und Väter, die allein für ein Kind oder einen Jugendlichen zu sorgen haben, Anspruch auf Beratung und Unterstützung besitzen. Die Norm enthält den Anspruchsberechtigten (Mutter, Vater), den Inhalt des Anspruchs (Beratung) sowie den Verpflichteten (Jugendamt).
Ob im Einzelfall ein Anspruchs- oder Ermessenstatbestand vorliegt, bestimmt sich regelmäßig nach dem Wortlaut der anzuwendenden Leistungsnorm. Es ist daher zwischen den Formulierungen im Einzelnen zu unterscheiden: »ist zu gewähren«, »muss«, »soll«, »kann«, »darf« usw.

- Die Formulierungen *»muss«*, »ist zu gewähren«, »hat Anspruch«, »ist zu leisten«, »hat zu erbringen« bedeuten, dass der Bürger in der Regel einen *durchsetzbaren Anspruch* auf die Leistung besitzt; die Verwaltung hat keinen Spielraum. Derartige gesetzliche Vorgaben bedeuten für die Verwaltung: Sie ist gebunden, d.h., sie muss bei Vorliegen eines bestimmten Tatbestandes handeln. Aus der durch Gesetz begründeten Rechtsverpflichtung folgt jedoch nicht ohne weiteres ein subjektives Recht, also ein durchsetzbarer Anspruch. Dazu muss die Rechtsnorm dem Schutz der Interessen einzelner Bürger dienen. Ob dies zutrifft, ist der jeweiligen Norm zu entnehmen (Wiesner u.a. 2000, Vorbem. 7 vor § 11 KJHG). Das Kinder- und Jugendhilfegesetz enthält zahlreiche »Mussvorschriften« im Zusammenhang mit der Beratung.

In jüngster Zeit wird der Versuch unternommen, durch kommunale, fiskalische Entscheidungen Rechtsansprüche, die durch das KJHG gesetzlich fixiert sind, zu begrenzen. Unbestritten im Sozialrecht, also auch im Kinder- und Jugendhilferecht, ist indessen, dass die Erschöpfung der Haushaltsmittel kein Aspekt für eine ablehnende Entscheidung sein kann. In drei Beschlüssen hat das Verwaltungsgericht Hamburg die Praxis der Hamburger Bezirksämter für rechtswidrig erklärt, die die Bewilligung von Hilfen zur Erziehung nach den §§ 27 ff. KJHG lediglich auf Ausnahmefälle beschränkte. Die Bezirksämter gewährten Hilfe zur Erziehung nur noch bei Vorliegen besonderer Umstände, vor allen Dingen bei einer Kindeswohlgefährdung.

Das Verwaltungsgericht argumentierte dagegen, die ablehnenden Bescheide beruhten augenscheinlich nur darauf, dass die finanziellen Mittel ausgeschöpft seien.
»Diese Argumentation ist in Bezug auf gesetzlich geregelte Hilfeansprüche ersichtlich rechtswidrig. Es versteht sich von selbst, dass gesetzliche Ansprüche nicht unter dem Vorbehalt ihrer Finanzierbarkeit stehen« (VG Hamburg, ZfJ 2000, 276; vgl. auch VG Hamburg, ZfJ 2000, 274; VG Hamburg, ZfJ 2000, 277).

Dieser Grundsatz gilt selbstverständlich auch für alle anderen Rechtsansprüche nach dem KJHG. Die Erfüllung des Beratungsanspruchs nach § 17 KJHG ist aus diesem Grunde nicht von der Haushaltssituation einer Kommune abhängig (vgl. Barabas 2001a).

▪ Im KJHG existieren aber auch zahlreiche *Sollvorschriften*. So heißt es beispielsweise in § 16 Abs. 1 KJHG:»Müttern, Vätern, anderen Erziehungsberechtigten und jungen Menschen sollen Leistungen der allgemeinen Förderung der Erziehung in der Familie angeboten werden.« Gewährt ein »Sollen« der Behörde einen gewissen Spielraum, um Ansprüche der Betroffenen abzuwehren? Die Rechtslage ist eindeutig: nein.

Zwar könnte die hohe Anzahl der Sollvorschriften im Kinder- und Jugendhilferecht in der Praxis dazu verleiten, den normativen Gehalt der jeweiligen Vorschriften nur als unverbindliches Programm zu interpretieren, das umgesetzt werden kann oder aber auch nicht. Verwaltungsrechtliche Sollvorschriften sind jedoch, sofern sie nicht nur bloße Programmsätze darstellen, durch die Rechtsprechung des Bundesverwaltungsgerichtes klar definiert. Sollvorschriften bedeuten für die Behörde im Regelfall ein »Muss« (Münder u.a. 1998, Anm. 8 VorKap 2 KJHG; Fieseler/Schleicher 2002, Anm. 17 zu § 2 KJHG).

Eine Sollvorschrift »verpflichtet die Behörde, grundsätzlich so zu verfahren, wie es im Gesetz bestimmt ist; wenn keine Umstände vorliegen, die den Fall als atypisch erscheinen lassen, bedeutet das ›Soll‹ ein ›Muss‹ (vgl. BVerwGE 49, 16 [23] mit weiteren Nachweisen). Mangelnde Personalkapazitäten oder fehlende finanzielle Mittel dürfen nicht dafür herhalten, die Soll-Vorschriften nicht anzuwenden, da diese Begründungen allgemeiner Art sind und eben nicht einzelfallbedingt. Nur für atypische Fälle bleibt die Möglichkeit offen, anders zu entscheiden, wobei die materielle Beweislast für die hierfür maßgebenden Umstände die Behörde trifft« (BVerwGE 56, 221, 223). Beweispflichtig für den Ausnahmefall ist mithin die Behörde, der öffentliche Sozialleistungsträger.

Nur wenn derartige atypische Umstände im Einzelfall vorliegen, kann die Behörde bei einer Sollvorschrift vom Gesetzesbefehl abweichen (Erlenkämper/

Fichte 1999, 160). Anders gesagt: Der Leistungsträger muss im Regelfall die Leistung – hier die Beratung – erbringen und muss in atypischen Fällen nach Ermessensgesichtspunkten abwägen, ob eine Leistung zu erfolgen hat (Mrozynski 1995, Anm. 16 zu § 36). Durch eine Bezugnahme auf die christlichen Zehn Gebote kann dieser Gesichtspunkt präzisiert werden. Du *sollst* nicht Töten enthält im Regelfall *ein Muss*, kein Mensch ist berechtigt, einen anderen zu töten. Nur wenn atypische Ereignisse eintreten, kann es gerechtfertigt sein, davon abzuweichen. Das wäre bei einer Notwehrsituation der Fall.

- *»Kannvorschriften«* räumen den Behörden dagegen einen Ermessensspielraum ein. Dies gilt auch für die Formulierungen »darf«, »ist befugt«, »ist berechtigt« (Brühl 2002, 350 ff.). Ermessen bedeutet, dass das Gesetz der Verwaltung dem Leistungsträger mehrere Wege des Handelns und Entscheidens zubilligt. Der Gesetzgeber überlässt es der Verwaltung, ob sie eine gesetzlich zulässige Maßnahme trifft oder nicht. Ermessen gewährt der Verwaltung ein gewisses Maß an Flexibilität. Sie ist nicht strikt an einen Gesetzesbefehl gebunden und kann daher auf die jeweiligen konkreten Erfordernisse reagieren und entsprechend handeln. Die Verwaltung kann die Besonderheiten des einzelnen Falles berücksichtigen.

Allerdings ist der Leistungsträger, auch wenn durch Gesetz ein Ermessensspielraum eingeräumt wird, in seinen Entscheidungen nicht beliebig frei. Er muss jeweils nach dem Zweck der Ermächtigung fragen und pflichtgemäß den Ermessensspielraum ausüben. Das bestimmt § 39 Abs. 1 SGB I. Er lautet:

> **§ 39 SGB I Ermessensleistungen**
> (1) Sind die Leistungsträger ermächtigt, bei der Entscheidung über Sozialleistungen nach ihrem Ermessen zu handeln, haben sie ihr Ermessen entsprechend dem Zweck der Ermächtigung auszuüben und die gesetzlichen Grenzen des Ermessens einzuhalten. Auf pflichtgemäße Ausübung des Ermessens besteht ein Anspruch.

Die Verwaltung ist daher niemals bei ihren Entscheidungen gänzlich frei, die Ermessensausübung ist immer gebunden (Fieseler/Schleicher 2002, Anm. 18 zu § 2 KJHG). Die Grundsätze der Gesetzmäßigkeit der Verwaltung, der Gewaltenteilung und der Rechtsschutzgarantie gelten auch für die Ermessensausübung. Sie verbieten ein völlig freies Ermessen. Die verwaltungsgerichtliche Rechtsprechung hat den Begriff des Ermessens rechtsstaatlich eingebunden und die Ausübung des Ermessens durch eine Fülle von Richtlinien so geregelt, dass das Ermessen häufig dem Rechtsanspruch gleichkommt (Mrozynski 1995, Anm. 3 zu § 38 SGB I).
Besonders im Bereich der Sozialhilfe ist das Ermessen durch zahlreiche Verwaltungsrichtlinien begrenzt.

Diese Grundsätze zeigen sich vor allem darin, dass die Gerichte Ermessensentscheidungen dahin gehend überprüfen können, ob die Grenzen des Ermessens durch die Verwaltung beachtet worden sind. Ein Ermessensfehler[1] liegt beispielsweise vor, wenn unzureichende oder sachwidrige Erwägungen angestellt, vor allen Dingen aber auch, wenn die Grundrechte oder der Verhältnismäßigkeitsgrundsatz nicht beachtet und gegen das Sozialstaatsprinzip oder sonst zwingendes Recht verstoßen wird. Wichtig ist in diesem Zusammenhang der Gleichheitsgrundsatz. Hat sich bei der Leistungsgewährung eine bestimmte Praxis herausgebildet, z.b. jungen Menschen Hilfe durch Beratung zu gewähren, dann liegt eine Selbstbindung der Verwaltung vor, ihr Ermessen ist sozusagen auf null reduziert (Kretschmer/von Maydell/Schellhorn 1996, Anm. 15 zu § 39 SGB I; Fieseler 1997). Sie kann nicht dem Jugendlichen A helfen, dem Jugendlichen B aber – bei Vorliegen einer gleichen Problemlage – die Hilfe versagen. Das verstößt gegen den verfassungsrechtlich verbürgten Gleichheitsgrundsatz und ist rechtswidrig.

Finanzielle Überlegungen dürfen auch bei Ermessensentscheidungen keine ausschlaggebende Rolle spielen. Zwar sind fiskalische Erwägungen nicht ausgeschlossen. Das Bundesverfassungsgericht hat in einer viel beachteten Entscheidung zur Integration Behinderter in der Schule dem *Gesetzgeber* – nicht jedoch der Verwaltung – fiskalische Gründe zugebilligt.
»Es ist von Verfassungs wegen nicht zu beanstanden, dass die zielgleiche wie die zieldifferente integrative Erziehung und Unterrichtung unter den *Vorbehalt* des organisatorisch, personell und von den sächlichen Voraussetzungen her Möglichen gestellt ist. (...) Dieser Vorbehalt ist Ausdruck dessen, dass der Staat seine Aufgabe, ein begabungsgerechtes Schulsystem bereitzustellen, von vornherein nur im Rahmen seiner finanziellen und organisatorischen Möglichkeiten erfüllen kann (...) und erklärt sich daraus, dass der Gesetzgeber bei seinen Entscheidungen auch andere Gemeinschaftsbelange berücksichtigen und sich die Möglichkeit erhalten muss, die nur begrenzt verfügbaren öffentlichen Mittel für solche anderen Belange einzusetzen, wenn er dies für erforderlich hält« (BVerfG, FamRZ 1998, 21, 22).

Unbestritten im Sozialrecht ist indessen, dass die Erschöpfung der Haushaltsmittel kein Aspekt für eine ablehnende Entscheidung sein kann.
»Es ist vielmehr Sache des Sozialleistungsträgers, die Mittel im Haushalt so anzusetzen, dass die Inanspruchnahme der jeweiligen Sozialleistung durch die Sozialleistungsberechtigten ständig möglich ist« (Mrozynski 1995, Anm. 41 zu § 39 SGB I).

---

[1] Systematisch wird zwischen der Ermessensüberschreitung, der Ermessensunterschreitung und dem Ermessensfehlgebrauch, der gewissermaßen einen Sammelbegriff für alle möglichen Fehler der Verwaltung darstellt, unterschieden.

Die schlechte Haushaltslage darf im Ergebnis nicht zum Maßstab einer verwaltungsrechtlichen Entscheidung gemacht werden. Die Begründung: »Dafür gibt es bei uns kein Geld«, ist ermessensfehlerhaft, weil das Ermessen überhaupt nicht ausgeübt wird, sondern die Nichtleistung bereits feststeht (Fieseler/Schleicher 2002, Anm. 18 zu § 2 KJHG). Vielmehr muss die Verwaltung abwägen, ob gerade diese Entscheidung dem Zweck der Norm entspricht. Dies richtet sich eben nicht nach dem Haushalt, sondern ist nach Maßgabe der konkreten Rechtsnorm zu beurteilen.

▪ Fazit: Ablehnende Entscheidungen der Verwaltungen sind allesamt gerichtlich überprüfbar; sie brauchen nicht wie Schicksalsschläge hingenommen werden.

## 2 Ansprüche auf Beratung nach dem Sozialgesetzbuch I

§ 14 SGB I bestimmt, dass jede Bürgerin und jeder Bürger Anspruch auf Beratung über seine Rechte und Pflichten nach dem Sozialgesetzbuch hat.[1]

> **§ 14 SGB I Beratung**
> Jeder hat Anspruch auf Beratung über seine Rechte und Pflichten nach diesem Gesetzbuch. Zuständig für die Beratung sind die Leistungsträger, denen gegenüber die Rechte geltend zu machen oder die Pflichten zu erfüllen sind.

Der Anspruch auf individuelle und umfassende Beratung nach dem Sozialgesetzbuch ist Ausdruck der im Grundgesetz verbürgten Sozialstaatlichkeit. Die Beratung soll sicherstellen, dass möglichst jede Bürgerin und jeder Bürger die Sozialleistungen erhält, die der Gesetzgeber vorgesehen hat. Die Leis-

---

[1] Neben der Beratung kennt das SGB I auch noch die Verpflichtung der Sozialleistungsträger, aufzuklären oder Auskunft zu erteilen.
Die *Aufklärung* nach § 13 SGB I ist die allgemeine Information der Bevölkerung über Rechte und Pflichten nach den Sozialgesetzbüchern. Ansprüche des einzelnen Bürgers können aus dieser Vorschrift nicht hergeleitet werden (Schwede 1998; Maas 1998). Die Art und Weise der Aufklärung ist den jeweiligen Leistungsträgern überlassen.
Die *Auskunftspflicht* nach § 15 SGB I besteht im Wesentlichen darin, dem Bürger den zuständigen Sozialleistungsträger zu benennen (Mrozynski 1995, Anm. 1a zu § 15 SGB I); zum Verhältnis von Aufklärung, Auskunft, Beratung vgl. von Maydell (1986); Schwede (1998); ausführlich zu den Auskunfts- und Beratungspflichten vgl. Koch (2000).

tungsgewährung darf nicht aus Unkenntnis unterbleiben. Es geht um die Realisierung des Gedankens vom mündigen Bürger in einem freien Gemeinwesen. Die Achtung vor der Mündigkeit des Bürgers gebietet es, ihn in die Lage zu versetzen, in Kenntnis aller Zusammenhänge eine freie, selbstverantwortliche Entscheidung treffen zu können.

Dadurch soll sichergestellt werden, dass die Unübersichtlichkeit des Sozialsystems nicht zulasten des Bürgers geht. Es wäre »schlechthin unredlich und unsozial, wenn der Staat dem Bürger zwar ein perfektes Sozialleistungssystem mit einer reichen Palette von Sozialleistungen anbietet, ohne dem Bürger gleichzeitig dazu zu verhelfen, diese Ansprüche auch zu erkennen und zu nutzen. Deshalb ist § 14 als eine notwendige und unentbehrliche Ergänzung unseres Sozialleistungssystems anzusehen« (Kretschmer/von Maydell/Schellhorn 1996, Anm. 7 zu § 14 SGB I).

Die Pflicht zur Beratung ist von herausragender Bedeutung für das Funktionieren der sozialen Sicherung (BSGE 61,175). Bereits 1957 hat der Bundesgerichtshof festgestellt:
»In einem sozialen Rechtsstaat gehört es zu den Amtspflichten der mit der Betreuung der sozial schwachen Volkskreise betrauten Beamten, diesen zur Erlangung und Wahrung der ihnen vom Gesetz zugedachten Rechte und Vorteile nach Kräften beizustehen« (BGH, NJW 1957, 1873).

Der Anspruch auf Beratung richtet sich gegen die Leistungsträger. Gemäß § 12 SGB I sind die in den §§ 18 bis 29 SGB I genannten Körperschaften, Anstalten und Behörden die Leistungsträger nach dem Sozialgesetzbuch. Hierzu zählen u.a. die Ämter für Ausbildungsförderung, die Arbeitsämter, Orts-, Betriebs- und Innungskrankenkassen, die gewerblichen Berufsgenossenschaften, Gemeindeunfallversicherungsverbände, die Rentenversicherungsanstalten, Versorgungsämter, die Kreise und kreisfreien Städte.

Die Beratung im Sinne des § 14 SGB I wird im Allgemeinen durch ein individuelles Gespräch sichergestellt. Die Beratungspflicht bezieht sich auf die Rechte und Pflichten nach den Sozialgesetzbüchern, also primär auf Rechtsregelungen. Der Anspruch beinhaltet, in allen sozialrechtlichen Fragen, die zur Beurteilung der Rechte und Pflichten von Bedeutung sein können, beraten zu werden (Grüner/Dalichau 1995, § 14 SGB I, 14).
Der Anspruch umfasst nicht allgemeine Lebensberatung, wie sie beispielsweise das Kinder- und Jugendhilferecht enthält. Allerdings können persönliche Verhältnisse, die die rechtliche Bewertung beeinflussen, auch Gegenstand der Beratung sein (Kretschmer/von Maydell/Schellhorn 1996, Anm. 16 zu § 14 SGB I).

## 2 Ansprüche auf Beratung nach dem Sozialgesetzbuch I

*Dem Bürger muss im Prinzip eine Beratung geboten werden, die er von einem guten Anwalt erwarten kann:*
»Der Bürger muss also so beraten werden, dass er auf anderweitigen bezahlten Rechtsrat verzichten kann. Er soll seine Rechte optimal wahrnehmen können, über Alternativen, die sich ihm bieten, aufgeklärt und in die Lage versetzt werden, auch zulasten des Leistungsträger zu disponieren« (Rüfner 1996, Anm. 4 zu § 14 SGB I).
Diese Ansicht ist allerdings umstritten und findet ihre Grenze vermutlich in den personellen Möglichkeiten der meisten Leistungsträger (Kretschmer/von Maydell/Schellhorn 1996, Anm. 13 zu § 14 SGB I). Unbestritten dagegen ist, dass an die fachliche Qualität der Beratung nach § 14 SGB I hohe Anforderungen zu stellen sind.

Was die konkrete Ausgestaltung des Beratungsanspruchs nach § 14 SGB I angeht, hat die *Rechtsprechung* bestimmte Grundsätze entwickelt, die von den Sozialleistungsträgern zu beachten sind.

- An die Art und Weise, wie sich das Begehren des Bürgers nach Beratung artikuliert, dürfen keine überspannten Forderungen gestellt werden. Der Anspruchsberechtigte muss nicht in der Lage sein, bereits konkrete Fragen zu stellen. Dazu ist er häufig nicht fähig. Der Sozialleistungsträger muss den Berechtigten beraten, wenn ein konkreter, für den Träger erkennbarer Anlass besteht. »Das ist grundsätzlich dann der Fall, wenn sich in einem laufenden Verfahren klar zutage liegende Gestaltungsmöglichkeiten zeigen, deren Wahrnehmung offensichtlich so zweckmäßig ist, dass jeder verständige Sozialleistungsberechtigte sie nutzen würde« (Mrozynski 1995, Anm. 6 zu § 14 SGB I).

- Der Leistungsträger darf sich nicht darauf beschränken, nur die Fragen des Bürgers zu beantworten. Die gesamte Situation ist möglichst umfassend zu erörtern und zu klären (Kretschmer/von Maydell/Schellhorn 1996, Anm. 13 zu § 14 SGB I).

- Der bloße Hinweis auf den einschlägigen Gesetzestext und die anspruchsbegründenden Normen allein ist niemals ausreichend. Vielmehr ist der Sozialleistungsträger prinzipiell verpflichtet, auf sich verändernde Rechtslagen hinzuweisen, ja er muss auch darauf aufmerksam machen, dass ein Rechtsstreit anhängig ist, dessen Ergebnis möglicherweise für den Anspruchsberechtigten eine günstigere Rechtslage schafft (Mrozynski 1995, Anm. 10 zu § 14 SGB I). Gegebenenfalls muss der oft schwer verständliche Gesetzeswortlaut in eine für den Laien verständliche Sprache übersetzt und mit entsprechenden Erläuterungen und konkreten Einzelfallbezügen verbunden werden.

- Durch die Beratung müssen falsches Informiertsein bei dem Beratenen ausgeräumt und Wege aufgezeigt werden, wie er zu seinen Rechten kommt.

- Der Anspruch auf Beratung geht selbstredend auf Erteilung fehlerfreier Ratschläge und Auskünfte. Eine Auskunft ist dann fehlerfrei, wenn sie zutreffend, vollständig und unmissverständlich ist. Dies hat der BGH nochmals ausdrücklich im Jahre 2001 hervorgehoben (BGH, NJW 2002, 1646).

- Die Beratung darf niemals unter Vorbehalt oder etwa so erfolgen, dass der Berater mitteilt, für die Beratung könne er keine Gewähr übernehmen. Ein Verweis auf anderweitige Beratungsmöglichkeiten ist ebenfalls unzulässig (Kretschmer/von Maydell/Schellhorn 1996, Anm. 13 zu § 14 SGB I).

- In der Rspr des Bundesgerichtshofs ist ganz allgemein anerkannt, dass ein Beamter nicht »sehenden Auges« zulassen darf, dass ein Bürger einen Schaden erleidet, den der Beamte durch Hinweise oder Belehrungen gegenüber dem aufklärungsbedürftigen Bürger vermeiden kann (BGH, NJW 2000, 3783).

Zwar ist der Beratungsanspruch nach § 14 SGB I umfassend, er weist allerdings auch Grenzen auf:

- Die Beratungspflichten dienen dazu, den Bürger zu den – nach dem gesetzgeberischen Programm vorgesehenen – Sozialleistungen zu führen. Er soll in die Lage versetzt werden, seine Rechte zu realisieren. Das heißt indessen nicht, dass der Leistungsträger verpflichtet ist, den Bürger so zu beraten, dass er jeweils das Optimale erreicht. Der Leistungsträger ist im Hinblick auf seine Betreuungs- und Fürsorgepflichten nicht gehalten, den Bürger auf alle für ihn möglicherweise günstigen Lücken im Gesetz und auf rechtlich nicht gebotene Gestaltungsmöglichkeiten hinzuweisen. Das ist die Aufgabe von Rechtsanwälten und Steuerberatern (BGH, NJW 1998, 1221).

- Der Leistungsträger muss erst tätig werden, wenn ein konkreter Anlass vorliegt, der Bürger Beratung begehrt. Allerdings hat die höchstrichterliche Rechtsprechung entschieden, dass auch eine spontane Beratung durch den Leistungsträger notwendig ist, wenn bei der Bearbeitung eines Falles offensichtlich wird, dass es für den Bürger vorteilhaftere Gestaltungsmöglichkeiten gibt. So ist es pflichtwidrig, wenn es die Kindergeldkasse unterlassen hat, nach dem Tode des Bezugsberechtigten Elternteils den überlebenden Elternteil auf seine Anspruchsberechtigung und die Notwendigkeit einer entsprechenden Antragstellung hinzuweisen (BSGE 58, 283).

»In der Regel wird eine solche Pflicht erst durch ein entsprechendes Begehren ausgelöst. (...) Allerdings beschränkt sich die Beratungspflicht des Versicherungsträgers nicht allein auf die Fallgestaltung, dass der Versicherte selbst die Initiative ergreift und hinreichend deutlich zu erkennen gibt, dass er Beratung oder Auskunft wünscht. Der Versicherungsträger ist vielmehr, auch wenn ein Beratungsbegehren – wie hier – nicht vorliegt, gehalten, die Versicherten bei Vorliegen eines konkreten Anlasses von sich aus ›spontan‹ auf klar zutage liegende Gestaltungsmöglichkeiten hinzuweisen, deren Wahrnehmung offensichtlich so zweckmäßig ist, dass sie ein verständiger Versicherter mutmaßlich nützen würde (...)« (BSG, NZS 1995, 325, 326).

- Begrenzt ist der Beratungsanspruch dadurch, dass jeder Leistungsträger nur für seinen Bereich beraten muss. Er ist nicht verpflichtet, auch über die Leistungen anderer Leistungsträger zu informieren. Der Rentenversicherungsträger muss nicht über Leistungen nach dem KJHG beraten (Rüfner 1996, Anm. 5 zu § 14 SGB I; Mrozynski 1995, Anm. 12 zu § 14 SGB I). Erkennt jedoch ein unzuständiger Leistungsträger, dass ein anderer Leistungsträger zuständig ist, muss er den Versicherten zumindest auf die anderweitigen Beratungsmöglichkeiten hinweisen (BSG, NZS 1995, 183).

- Im Hinblick auf Rechtsfragen außerhalb des Sozialrechtes muss der Sozialleistungsträger nur beraten, wenn sie in einem unmittelbarem Zusammenhang mit dem Beratungsgegenstand stehen. Wenn sich ein Behinderter über seine Rechte nach den Sozialgesetzbüchern beraten lässt, muss nicht auch über mögliche steuerrechtliche Vorteile informiert werden.

- Nicht eingeschlossen in § 14 SGB I sind Formulierungshilfen bei Anträgen oder Schriftsätzen.

Die *Durchführung der Beratung* erfolgt in aller Regel mündlich. Schriftliche Beratung ist die Ausnahme. Die Beratung muss von Fachkräften, die gute Rechtskenntnisse besitzen und Methoden der Gesprächsführung beherrschen, durchgeführt werden (Kretschmer/von Maydell/Schellhorn 1996, Anm. 15 zu § 14 SGB I). Alles in allem: § 14 SGB I verpflichtet die Sozialleistungsträger, ein fachlich kompetentes Beratungsangebot zur Verfügung zu stellen.[1]

---

[1] Neben der Beratungspflicht der Leistungsträger nach § 14 SGB I enthalten die anderen Sozialgesetze weitere, spezielle Beratungsformen. § 3 und § 29 Arbeitsförderungsgesetz (SGB III) sehen die Berufsberatung vor. Nach § 1 Krankenversicherungsgesetz (SGB V) haben die Krankenkassen den Versicherten durch Aufklärung und Beratung zu helfen. In § 17 Unfallversicherungsgesetz (SGB VII) ist die Beratung durch die Unfallversicherungsträger geregelt. Gemäß § 7 Pflegeversicherungsgesetz (SGB XI) haben die Pflegekassen die Eigenverantwortung der Versicherten durch Aufklärung und Beratung zu unterstützen.

## 3 Beratungsansprüche nach dem Bundessozialhilfegesetz

Eine große Anzahl von Menschen, denen Ansprüche auf Leistungen nach dem Bundessozialhilfgesetz zustehen, nehmen ihre Rechte aus Unsicherheit, Scham, aber auch aus Unwissenheit nicht wahr. Ihnen ist auch häufig nicht klar, dass sie nach dem BSHG einen Anspruch auf Beratung besitzen.

### 3.1 Beratung in Fragen der Sozialhilfe und in sonstigen sozialen Angelegenheiten
~~§ 8 BSHG~~ § 10 SGB XII

§ 8 Abs. 1 BSHG legt fest, dass Formen der Sozialhilfe die ==persönlichen Hilfen, Geldleistungen oder Sachleistungen sind==.

> **§ 8 BSHG Formen der Sozialhilfe** / § 10 SGB XII
> (1) Formen der Sozialhilfe sind persönliche Hilfe, Geldleistung oder Sachleistung.
> (2) Zur persönlichen Hilfe gehört außer der Beratung in Fragen der Sozialhilfe (§ 14 des ersten Buches Sozialgesetzbuch) auch die Beratung in sonstigen sozialen Angelegenheiten, soweit Letztere nicht von anderen Stellen oder Personen wahrzunehmen ist. Wird Beratung in sonstigen sozialen Angelegenheiten auch von Verbänden der freien Wohlfahrtspflege wahrgenommen, ist der Ratsuchende zunächst hierauf hinzuweisen.

Nach § 8 Abs. 2 BSHG gehören zu den *persönlichen Hilfen* ==die Beratung in Fragen der Sozialhilfe und auch die Beratung in sonstigen sozialen Angelegenheiten, soweit== Letztere nicht von anderen Stellen oder Personen wahrzunehmen ist.

Die Hilfeform Beratung ist in der Sozialhilfe seit langem ein zentrales Element der persönlichen Hilfe. Sie zielt in erster Linie nach § 1 Abs. 2 BSHG darauf, ob mit oder ohne finanzielle Unterstützung, ein menschenwürdiges Leben zu ermöglichen. Zugleich soll aber auch die Beratung dazu befähigen, ein selbstverantwortetes Leben zu führen. In den Diskussionen um die »personenbezogenen Dienstleistungen als Element der Sozialhilfe« sind die folgenden Anforderungen an eine »Beratung in prekären materiellen Lebenslagen« herausgearbeitet worden:

- »Die Beratung ist offen für verschiedene Personengruppen und für unterschiedliche Problemstellungen;
- es gibt nur eine geringe Spezialisierung;

## 3 Beratungsansprüche nach dem Bundessozialhilfegesetz

- die Beratung ist niederschwellig und formlos;
- die Beratung ist kombiniert mit praktischen Hilfen;
- die Berater haben intensive Kontakte mit anderen Akteuren«
(Reis 2002, 284, 285; vgl. auch Bartelheimer 2001 sowie 2002).

Ein wesentliches Merkmal derartiger Beratungen – ein Unterschied zu anderen sozialen Dienstleistungen – ist zudem ihre Ergebnisoffenheit.

- Die Beratung in *Fragen der Sozialhilfe* ist in erster Linie eine gründliche juristische Beratung über Rechte und Pflichten nach dem Bundessozialhilfegesetz (Spindler 2002). Insofern konkretisiert § 8 BSHG nochmals die Beratungspflicht aus § 14 SGB I für die Sozialhilfe. Die Beratung nach § 8 Abs. 2 BSHG geht jedoch über eine reine Rechtsberatung hinaus und beinhaltet auch Hilfestellungen bei der Rechtsverwirklichung. Die Rechtsberatung ist nicht auf das Bundessozialhilferecht beschränkt, sondern muss sich – wegen der Verzahnung des gesamten Sozialrechts mit anderen Rechtsgebieten – auch auf solche Rechtsfragen erstrecken, die Auswirkungen auf die Gewährung der Sozialhilfe haben. Die Beratung umfasst Hilfestellungen beim Formulieren von Anfragen und Schriftsätzen, nicht jedoch das Führen eines Rechtsstreites oder das Auftreten vor Gericht (Birk/Brühl/Conradis/Hofmann u.a. 1998, Anm. 24 zu § 8 BSHG).

- In *sonstigen sozialen Angelegenheiten* hat der Träger der Sozialhilfe den Bürger bei allen Problemen der Lebensbewältigung zu beraten und zu unterstützen. Wenn es die fachlichen Kompetenzen des Sozialhilfeträgers übersteigt, muss er andere Fachkräfte, wie z.B. Psychologen, Ärzte, Pädagogen hinzuziehen (Schellhorn/Schellhorn 2002, Anm. 28 zu § 8 BSHG). Zu der Beratung in sonstigen sozialen Angelegenheiten zählt zum Beispiel die Schuldnerberatung. Damit ist die Beratung nach § 8 Abs. 2 BSHG wesentlich umfassender als die Beratung nach § 14 SGB I.

Es wird die Auffassung vertreten, die Gestaltung der persönlichen Hilfen, mithin auch die Beratung, entziehe sich »weitgehend einer gesetzlichen Normierung und gerichtlichen Nachprüfung; sie kann am besten im ›gesetzesfreien Raum‹ gedeihen« (Schellhorn/Schellhorn 2002, Anm. 7 zu § 8 BSHG).

Diese rechtliche Auffassung lässt sich schon angesichts des Sozialstaatsgebots des Grundgesetzes nicht halten. Wenn auch zuzugeben ist, dass die rechtliche Erfassung und Einordnung derartiger persönlicher Hilfen schwierig ist, so besteht andererseits kein Grund, sie in den gesetzesfreien Raum zu verbannen, sie letztendlich als Gnadenakt zu qualifizieren. Wenn ein Bürger aufgrund seiner individuellen Lage Hilfe und Beratung durch Sozialarbeiter, Sozialpädagoginnen oder andere Fachkräfte in der sozialen Arbeit bedarf, können sie »nur in dem engen rechtlichen Rahmen stattfinden, den vor allem das Grund-

# III Rechtsansprüche auf Beratung

gesetz vorgibt. Dies ist im Bereich der Sozialhilfe besonders wichtig, weil hier die Hilfe als staatliche bzw. als staatlich vermittelte, d.h. mit dem Gewaltmonopol im Hintergrund, stattfindet und der Einzelne in seiner Not praktisch auf andere Hilfen nicht ausweichen kann« (Birk/Brühl/Conradis/Hofmann u.a. 1998, Anm. 12 zu § 8 BSHG).

§ 8 Abs. 2 BSHG enthält auch eine Zuständigkeitsregel. Die Beratung in *Fragen der Sozialhilfe* gehört stets zu den Aufgaben des Trägers der Sozialhilfe. Der Hilfesuchende darf insoweit auf keinen Fall auf andere Beratungsmöglichkeiten verwiesen werden. Insbesondere ist es ausgeschlossen, die Hilfebedürftigen an die Beratungsstellen der Verbände der freien Wohlfahrtspflege zu verweisen. Bei der Beratung in *sonstigen sozialen Angelegenheiten* ist die Beratungsverpflichtung unter den Vorbehalt gestellt, dass nicht andere Personen oder Stellen die Beratung wahrzunehmen haben (Prinzip der Nachrangigkeit). Dadurch ist der Beratung nach § 8 Abs. 2 BSHG im Prinzip die Aufgabe zugewiesen, auch im Bereich der Beratung letztes Auffangnetz zu sein. In der Beratung müssen mit dem Hilfesuchenden die zur Hilfe verpflichteten zuständigen Stellen abgeklärt werden (Birk/Brühl/Conradis/Hofmann u.a. 1998, Anm. 25 zu § 8 BSHG).

## 3.2 Beratung zur Vermeidung oder Überwindung der Sozialhilfe § 17 BSHG

> **§ 17 BSHG Beratung und Unterstützung**
> (1) Die Vermeidung und Überwindung von Lebenslagen, in denen Leistungen der Hilfe zum Lebensunterhalt erforderlich oder zu erwarten sind, soll durch Beratung und Unterstützung gefördert werden; dazu gehört auch der Hinweis auf das Beratungsangebot von Verbänden der freien Wohlfahrtspflege, von Angehörigen der rechtsberatenden Berufe und von sonstigen Stellen. Ist die weitere Beratung durch eine Schuldnerberatungsstelle oder andere Fachberatungsstellen geboten, ist auf ihre Inanspruchnahme hinzuwirken. Angemessene Kosten einer Beratung nach Satz 2 sollen übernommen werden, wenn eine Lebenslage im Sinne des Satzes 1 sonst nicht überwunden werden kann; in anderen Fällen können Kosten übernommen werden. Die Kostenübernahme kann auch in Form einer pauschalierten Abgeltung der Leistung der Schuldnerberatungsstelle oder anderer Fachberatungsstellen erfolgen.

§ 17 Abs. 1 BSHG sieht eine umfassende Beratung und Unterstützung vor, um Lebenslagen, in denen Leistungen der Hilfe zum Lebensunterhalt erforderlich oder zu erwarten sind, zu vermeiden und zu überwinden. Ziel dieser Vorschrift ist es, durch Beratung und Unterstützung die Sozialhilfebedürftigkeit gar nicht erst entstehen zu lassen oder sie zu beseitigen. Solche Lebenslagen sind Überschuldung, Ehekrisen, Sucht, drohender Verlust des Arbeitsplatzes, Wohnungsverlust, Ehescheidungen (Sans 1995; zur Konkretisierung der lebenslageorientierten Beratung vgl. Reis 1997 sowie Reis 2002).

§ 17 Abs. 1 BSHG verstärkt den Auftrag zur Beratung und Unterstützung, wie er sich aus §§ 8 und 72 BSHG sowie 14 SGB I ergibt, bei der Hilfe zum Lebensunterhalt. § 17 BSHG ist weit gefasst und beinhaltet alle Arten der funktionellen und institutionellen Beratung und Unterstützung (Schellhorn/Schellhorn 2002, Anm. 7 zu § 17 BSHG).

Die Beratung ist gleichsam in zwei Stufen eingeteilt.
- Zunächst soll der Sozialhilfeträger selbst beraten oder Hinweise auf andere Beratungsangebote geben.
- Ist es jedoch mit einer einmaligen oder vorübergehenden Beratung nicht getan, sind die Probleme so komplex, ist auf die Inanspruchnahme einer Fachberatungsstelle, wie z.B. Familien- oder Verbraucherberatungsstelle, insbesondere aber auch einer Schuldnerberatungsstelle hinzuwirken.

Aktuell wird diskutiert, ob bei fehlender Mitwirkung an der Beratung Sanktionen verhängt werden können, die Beratung also erzwungen werden kann. Es gibt inzwischen bereits Überlegungen, die Zahlung von Geldleistungen davon abhängig zu machen, ob eine Beratung stattgefunden hat. In der Tat verlangt § 61 SGB I das persönliche Erscheinen desjenigen, der Sozialleistungen erhält oder beantragt, wenn es der zuständige Leistungsträger verlangt. Man könnte die Auffassung vertreten, auf ein wiederholtes Nichterscheinen gem. § 66 SGB I mit Kürzungen zu reagieren, damit der Betroffene überhaupt erst einmal das Beratungsangebot kennen lernt. Andererseits müsste es so sein, »dass eine echte Dienstleistung eine solche Form der ›Kundenbeschaffung‹ eigentlich nicht nötig haben sollte« (Spindler 2002, Teil 2, 386, 389). Zudem wird durch die Ausübung von Zwang nun ganz sicherlich keine vertrauensvolle Beratungssituation hergestellt.

*Zur Frage der Übernahme der Kosten:*
Was die erste Stufe angeht, sind die Kosten durch den Sozialhilfeträger zu tragen, der jedoch die Beratung meist selbst durchführen wird (Schellhorn/Schellhorn 2002, Anm. 12 zu § 17 BSHG).

Ist eine weitere Beratung durch Fachberatungsstellen geboten, sollen die angemessenen Kosten übernommen werden, wenn eine Lebensnotlage sonst nicht überwunden werden kann. Erforderlich ist eine Fachberatung dann, wenn unspezialisierte Beratung durch den ASD nicht aussichtsreich erscheint. Angemessen sind 100% der Kosten, die z.B. einer Schuldnerberatungsstelle entstehen (zur Finanzierung von Schuldnerberatungsstellen vgl. Sans 1995; zu den Rechtsbeziehungen in der Schuldnerberatung zwischen dem Sozialhilfeträger, dem Hilfesuchenden und dem Träger der Schuldnerberatung vgl. Deutscher Verein 1997).

### 3.3 Beratung zur Überwindung besonderer sozialer Schwierigkeiten
~~§ 72 BSHG~~ §67 S68 XII

> **§ 72 BSHG Hilfe zur Überwindung besonderer sozialer Schwierigkeiten**
>
> (...)
> (2) Die Hilfe umfasst alle Maßnahmen, die notwendig sind, um die Schwierigkeiten abzuwenden, zu beseitigen, zu mildern oder ihre Verschlimmerung zu verhüten, vor allem Beratung und persönliche Betreuung für den Hilfesuchenden und seine Angehörigen, Hilfen zur Ausbildung, Erlangung und Sicherung eines Arbeitsplatzes sowie Maßnahmen bei der Erhaltung und Beschaffung einer Wohnung. Zur Durchführung der erforderlichen Maßnahmen ist in geeigneten Fällen ein Gesamtplan zu erstellen.

§ 72 Abs. 2 BSHG sieht eine Beratung für Personen vor, bei denen besondere Lebensverhältnisse mit sozialen Schwierigkeiten verbunden sind. Das sind Personen, deren spezifische Lebensverhältnisse zu sozialen Schwierigkeiten in der Familie, in der Nachbarschaft oder am Arbeitsplatz geführt haben und die diese Probleme mit eigenen Kräften nicht überwinden können.[1] Besondere Lebensverhältnisse können bei Personen ohne ausreichende Unterkunft, bei Landfahrern, bei Nichtsesshaften, bei aus dem Freiheitsentzug Entlassenen oder verhaltensgestörten jungen Menschen bestehen, § 1 der VO zur Durchführung des § 72 BSHG.

Zur Beratung gehört vor allen Dingen, den Hilfeempfänger über die zur Überwindung seiner sozialen Schwierigkeiten in Betracht kommenden Maßnah-

---

[1] In Thesen zu einem fachpolitischen Leitbild der Hilfe zur Arbeit hat der Deutsche Verein die Bedeutung der Beratung für die Überwindung der Arbeitslosigkeit hervorgehoben. Hilfe zur Arbeit erfordert ein differenziertes Förderungsangebot. Hierzu zählen Beratung und Orientierung schon zu Beginn und während einer Maßnahme. Um die Wirksamkeit von Einzelmaßnahmen zu verbessern, ist es notwendig, Hilfen in einem Beratungsprozess gemeinsam mit dem Hilfeempfänger zu bestimmen und zu planen, Berlit/Fuchs/Schulze-Böing (1999).

men zu unterrichten, § 7 VO. Die Besonderheit dieser Hilfeart besteht darin, dass auch die Angehörigen in die Beratung mit einbezogen werden können, § 72 Abs. 1 Satz 1 BSHG.

> Das Bundessozialhilfegesetz kennt die folgenden *Beratungsansprüche*: Beratung in Fragen der Sozialhilfe und in sonstigen sozialen Angelegenheiten nach § 8 BSHG; Beratung, um Sozialhilfe zu vermeiden oder zu überwinden nach § 11 BSHG sowie eine Beratung nach § 67 BSHG in besonderen Lebensverhältnissen.

*SGB XII: § 10 Abs. 2, § 11; § 68 Abs. 1 Satz 1, § 71*

## Exkurs:
### Die Servicestellen SGB IX – Rehabilitation und Teilnahme behinderter Menschen

Das SGB IX ist am 1.7.2001 in Kraft getreten. Durch dieses Gesetz ist kein neuer, eigener Sozialleistungsbereich geschaffen worden. Die Zuständigkeiten und Leistungsvoraussetzungen für die jeweiligen Rehabilitationsträger gelten weiter. Der Leistungsanspruch richtet sich daher weiterhin nach den jeweiligen Sozialgesetzen, wie z.B. nach der gesetzlichen Krankenversicherung, der gesetzlichen Unfallversicherung, der gesetzlichen Rentenversicherung, der Arbeitsförderung, der Kinder- und Jugendhilfe sowie der Sozialhilfe.

Durch das Gesetz soll jedoch gewährleistet werden, dass durch Verfahrensregelungen der Zugang der Leistungsberechtigten zu den Rehabilitationsträgern vereinfacht wird (Wiesner 2001). Um dieses Ziel zu erreichen, sieht das Gesetz gemeinsame örtliche Servicestellen der Rehabilitationsträger vor, §§ 22 – 25 SGB IX. Sie sind nach § 23 Abs. 1 SGB IX in allen Landkreisen und kreisfreien Städten einzurichten.

§ 22 Abs. 1 SGB IX beschreibt die Aufgaben der Servicestellen. Sie haben behinderten oder von Behinderung bedrohten Menschen, deren Vertrauenspersonen und Personensorgeberechtigten Beratung und Unterstützung anzubieten. Hierzu zählt u.a.,
- über Leistungsvoraussetzungen und Leistungen der Rehabilitationsträger zu informieren,
- bei der Klärung des Rehabilitationsbedarfes und bei der Inanspruchnahme von Leistungen zu helfen und
- bis zur Entscheidung oder Leistung des Rehabilitationsträgers den behinderten oder von Behinderung bedrohten Menschen zu begleiten.

Neben dieser Beratung und Unterstützung hat die Servicestelle
- zu klären, welcher Rehabilitationsträger zuständig ist,
- die Entscheidung des zuständigen Rehabilitationsträgers umfassend vorzubereiten und
- für zeitnahe Entscheidungen und Leistungen zu sorgen.

Um diese hoch gesteckten Ziele zu erreichen, sollen die Servicestellen nach § 23 Abs. 1 SGB IX so ausgestattet werden, dass sie ihre Aufgaben umfassend und qualifiziert erfüllen können. Es sollen keine Zugangs- und Kommunikationsbarrieren bestehen und Wartezeiten in der Regel vermieden werden. Erforderlich ist daher, besonders qualifiziertes Personal mit breiten Fachkenntnissen insbesondere des Rehabilitationsrechts und der Praxis zu beschäftigen.[1] Das SGB IX enthält in den §§ 60 ff. Vorschriften, die die Beratung und Auskunft für Behinderte sicherstellen sollen. Ziel der Erfassung der Behinderten ist eine möglichst umfassende Rehabilitation. Das Gesetz kennt Vorstellungs- und Hinweispflichten.

§ 60 SGB IX bestimmt, dass Eltern, Vormunde, Pfleger und Betreuer behinderte Menschen, die sie erziehen oder betreuen, einer gemeinsamen Servicestelle, einer sonstigen Beratungsstelle für Rehabilitation oder einem Arzt zur Beratung über geeignete Leistungen zur Teilhabe vorstellen sollen.

§ 61 SGB IX enthält unterschiedliche Hinweispflichten bestimmter Berufsgruppen, um die Beratung behinderter Menschen zu garantieren:

- Ärzte müssen die Behinderten auf die Möglichkeit der Beratung durch eine gemeinsame Servicestelle oder eine sonstige Beratungsstelle für Rehabilitation hinweisen.

- Hebammen, Entbindungspfleger, Lehrer, Sozialarbeiter, Jugendleiter, Erzieher informieren die Personensorgeberechtigten über die Behinderung und zugleich über die Beratungsangebote nach diesem Gesetz.

Ob die Intentionen des Gesetzgebers realisiert werden können, hängt entscheidend davon ab, in welcher Geschwindigkeit und mit welcher personeller Ausstattung die Servicestellen eingerichtet werden.

---

[1] Die Bedeutung der Neuregelung für die Erziehungs- und Familienberatung behandelt bke (2002). Wiesner bezweifelt, dass die gemeinsamen Servicestellen den besonderen Bedürfnissen behinderter Kinder oder Jugendlicher gerecht werden (Wiesner 2001).

# 4 Beratung nach dem Kinder- und Jugendhilfegesetz

Das Kinder- und Jugendhilferecht enthält vielfältige Ansprüche auf Beratung. Sie werden durch das Sozialstaatsgebot und durch § 2 SGB I konkretisiert. § 2 Abs. 2 SGB I verlangt, dass die sozialen Rechte möglichst weitgehend zu verwirklichen sind. Im Zweifelsfall ist also zugunsten des antragstellenden Bürgers zu entscheiden. Es gilt der Grundsatz »in dubio pro Antragsteller«.

Die besonderen Beratungsverpflichtungen und -angebote des KJHG signalisieren den Perspektivenwandel in der Jugendhilfe (BMJFFG 1990; Pettinger 1998).[1] Der Wandel von einem eingreifenden staatlichen Instrument zu einem sozialstaatlichen Dienstleistungsangebot lässt sich recht gut an den vielfältigen Möglichkeiten des KJHG, sich beraten zu lassen, ablesen. Die hochgradig komplexen gesellschaftlichen und institutionellen Strukturen erfordern Beratung in allen Lebenslagen.

Folgerichtig werden durch das KJHG die ordnungsrechtlichen Elemente durch mannigfaltige Beratungs- und Unterstützungsangebote ergänzt und ersetzt. Das Gesetz sieht präventive und professionelle Beratung der Betroffenen für die unterschiedlichsten Lebens- und Krisensituationen vor. Das KJHG berücksichtigt daher die Tatsache, dass Familien ohne Hilfe durch Beratungs- und Unterstützungssysteme ihre Aufgaben nur noch schwerlich erfüllen können. Von Müttern und Vätern werden Verhaltens- und Umgangsformen erwartet, die sie häufig überfordern. Partnerschaftlicher Umgang mit ihren eigenen und auch fremden Kindern, kooperatives Verhalten zwischen Frau und Mann, die wechselseitige Respektierung der jeweils anderen Person in ihrer Individualität sind offenbar noch äußerst schwer zu bewältigende Anforderungen. Viele Erwachsene haben es ersichtlich noch nicht akzeptiert, dass das Wohl des Kindes, die Entwicklung seiner Persönlichkeit im Zentrum des Erziehungsprozesses zu stehen haben (Barabas/Erler 2002).

*Ein Beispiel:* Eine Ehe wird geschieden. Es sind zwei Kinder da, die Mutter war bis zum Zeitpunkt der Scheidung nicht berufstätig. Sie hat den Haushalt und die Kinder versorgt. Mittlerweile geht sie stundenweise einem Vertretungsjob in ihrem alten Beruf nach, da die Unterhaltszahlungen zur Lebensführung für sie und die beiden Kinder nicht ausreichen. Die Kinder haben auf die Scheidung der Eltern unterschiedlich reagiert: Die ältere Tochter ist mittlerweile sehr verschlossen und in ihren schulischen Leistungen zurückgefal-

---

[1] Ein Perspektivenwandel in der Jugendhilfe existiert nach Ansicht Kunkels nur in der Fantasie einiger Autoren. Er kommt zu dem Ergebnis:»Jugendhilfe ist heute nichts anderes als früher, nämlich Hilfe für das Kind durch Leistung *und* Eingriff« (FamRZ 1997, 193, 201).

len. Der jüngere Bruder nässt unregelmäßig das Bett ein. Für alle Betroffenen ist das Ganze eine mittlere Katastrophe. Dabei ist dies kein Horrorszenario, sondern Teil des bunten Flickenteppiches »Familie«. Der Vater hat bald eine neue Partnerin, mit der er zusammenlebt. (Dies ist nicht unwahrscheinlich; immerhin heiraten über zwei Drittel der Geschiedenen wieder oder gehen eine neue Lebensgemeinschaft ein.)

Die potenziellen Problemkonstellationen werden deutlich: Neben den leiblichen Eltern, die getrennt sind, aber ein gemeinsames Sorgerecht ausüben und daher zumindest miteinander reden sollten, haben die Kinder in der neuen Partnerin des Vaters eine weitere – ihnen fremde – weibliche Bezugsperson. Es ist einleuchtend, hier sind auf allen Ebenen für die Betroffenen Beratungsangebote nötig.

Mit der Reform des Kindschaftsrechts im Jahre 1998 sind an die Jugendhilfe neue Anforderungen gestellt. Die Jugendhilfe »erhält im Kontext familienrechtlicher Verfahren einen deutlich erweiterten und zudem eigenständigeren Auftrag als beratende, vermittelnde und Kinderinteressen vertretende Instanz. Der mit dem Kinder- und Jugendhilfegesetz 1990 vollzogene Perspektivenwechsel vom staatlichen Eingriff zur sozialen Dienstleistung wird im familienrechtlichen Kontext verstärkt. In einer auf mehr Dialog, Aushandlung, Toleranz, Flexibilität und Verantwortung ausgerichteten Beziehungskultur treten an die Stelle staatlicher Reglementierung und Einmischung zunehmend Eigenverantwortung und eigenständige Problemlösungen. Gerichtliche Interventionen mit Gewinnern und Verlierern treten zurück zugunsten von Beratung, Vermittlung und Konsensförderung« (AGJ 1999, 134).

### 4.1 Die Beratungsansprüche im KJHG: Ein kursorischer Überblick

**Beratung von Ziel- und Problemgruppen**

> **Beratung für Kinder und Jugendliche**
> § 8 Abs. 3 KJHG
> - **Voraussetzungen:** Not und Konfliktsituationen *[handschriftlich: rechtl. Beratung erlaubt (im Rahmen d. Zuständigkeit)]*
> - **Adressat:** Kinder und Jugendliche – Gemäß § 7 Abs. 1 KJHG ist Kind, wer noch nicht 14 Jahre alt ist, Jugendlicher wer 14, aber noch nicht 18 Jahre alt ist.
> - **Verbindlichkeit der Norm:** Leistungsanspruch des Kindes oder Jugendlichen

# 4 Beratung nach dem Kinder- und Jugendhilfegesetz

*[handschriftlich: Rechtsberatung bei allen Beratungsfeldern erlaubt (im Zusammenhang)]*

### Jugendberatung
§ 11 Abs. 1 i.V.m. Abs. 3 Ziff. 6 KJHG
- **Voraussetzungen:** Aktivitäten im Bereich der Jugendarbeit
- **Adressat:** Gem. § 7 Abs. 1 KJHG ist junger Mensch, wer noch nicht das 27. Jahr vollendet hat.
- **Verbindlichkeit der Norm:** Mussformulierung, jedoch kein Leistungsanspruch. Das Jugendamt bestimmt, welche Schwerpunkte es in der Jugendarbeit betonen will

### Beratung in allgemeinen Fragen der Erziehung und Entwicklung junger Menschen
§ 16 Abs. 2 Ziff. 2 KJHG
- **Voraussetzungen:** Prävention, keine Einzelfallorientierung – Die Vorschrift bezieht sich auf allgemeine Probleme der Erziehung
- **Adressat:** Mütter, Väter, andere Erziehungsberechtigte und junge Menschen sowie jede auf persönliche Beziehungen gegründete Gemeinschaft
- **Verbindlichkeit der Norm:** Sollformulierung – Pflichtaufgabe des öffentlichen Trägers der Jugendhilfe

### Beratung in Fragen der Partnerschaft
§ 17 Abs. 1 Ziff. 1 u. 2 KJHG
- **Voraussetzungen:** Personensorge oder tatsächliche Sorge für ein Kind oder einen Jugendlichen
- **Adressat:** Mütter und Väter
- **Zielsetzung:**
  1. ein partnerschaftliches Zusammenleben in der Familie aufbauen
  2. Konflikte und Krisen in der Familie bewältigen
- **Verbindlichkeit der Norm:** Mussformulierung – Leistungsanspruch

### Beratung in Fragen der Trennung und Scheidung
§ 17 Abs. 1 Ziff. 3 i.V.m. § 17 Abs. 2 KJHG  *[handschriftlich: rechtl. Beratung erlaubt]*
- **Voraussetzungen:** Trennung oder Scheidung
- **Adressat:** Mütter und Väter
- **Zielsetzung:** Im Falle der Trennung oder Scheidung die Bedingungen für eine dem Wohl des Kindes oder des Jugendlichen förderliche Wahrnehmung der Elternverantwortung schaffen
- **Verbindlichkeit der Norm:** Mussformulierung – Leistungsanspruch

## III Rechtsansprüche auf Beratung

**Beratung und Unterstützung bei der Ausübung der Personensorge**
§ 18 Abs. 1 KJHG
- **Voraussetzungen:** Alleinsorge oder tatsächliche Sorge für ein Kind oder einen Jugendlichen
- **Adressat:** Mütter und Väter
- **Verbindlichkeit der Norm:** Mussformulierung – Leistungsanspruch

**Beratung und Unterstützung bei der Geltendmachung von Unterhaltsansprüchen**
§ 18 Abs. 2 und 3 KJHG
- **Adressat:** Junge Volljährige bis zur Vollendung des 21. Lebensjahrs sowie Mütter, denen die elterliche Sorge nach § 1626a Abs. 2 BGB zusteht
- **Verbindlichkeit der Norm:** Mussformulierung – Leistungsanspruch

**Anspruch auf Beratung zur Erfüllung der Schulpflicht**
§ 21 KJHG
- **Voraussetzungen:** Ständiger Ortswechsel der Personensorgeberechtigten (z.B. Artisten, Schausteller, Binnenschiffer) sowie mangelnde Sicherstellung des Schulbesuches
- **Adressat:** Personensorgeberechtigte
- **Verbindlichkeit der Norm:** Mussformulierung – Leistungsanspruch

**Beratung im Zusammenhang mit der Tagespflege**
§ 23 Abs. 2 KJHG
- **Voraussetzungen:** Betreuung eines Kindes für einen Teil des Tages oder ganztags entweder im eigenen oder im Haushalt des Personensorgeberechtigten
- **Adressat: Personensorgeberechtigte**
- **Verbindlichkeit der Norm:** Mussformulierung – Leistungsanspruch

**Beratung selbstorganisierter Förderung von Kindern**
§ 25 KJHG
- **Voraussetzungen:** Selbsthilfeinitiativen zur Förderung von Kindern
- **Adressat:** Mütter, Väter und andere Erziehungsberechtigte
- **Verbindlichkeit der Norm:** Sollformulierung

### Erziehungsberatung
§ 28 KJHG
- **Voraussetzungen:** Individuelle und familienbezogene Probleme, z.B. erziehungsauffällige und schulgestörte Kinder, Partner- und Sexualschwierigkeiten von Jugendlichen, Berufsfindungsprobleme Schulentlassener, Drogenabhängigkeit von Jugendlichen
- **Adressat:** Kinder, Jugendliche, Eltern und andere Erziehungsberechtigte
- **Verbindlichkeit der Norm:** Sollformulierung: Leistungsanspruch nur für die Personensorgeberechtigten

### Beratung in Fragen der allgemeinen Lebensführung, der Ausbildung und Beschäftigung im Rahmen der Heimerziehung
§ 34 KJHG
- **Voraussetzungen:** Heimerziehung oder sonstige betreute Wohnform
- **Adressat:** Kinder und Jugendliche
- **Verbindlichkeit der Norm:** Sollformulierung

### Beratung im Rahmen des Hilfeplans
§ 36 Abs. 1 KJHG
- **Voraussetzungen:** Entscheidungen über die Inanspruchnahme einer Hilfe zur Erziehung oder über die Änderung von Art und Umfang der Hilfe
- **Adressat:** Personensorgeberechtigte, Kinder und Jugendliche
- **Verbindlichkeit der Norm:** Mussformulierung (...) Beratungspflicht des Jugendamtes gegenüber Kindern und Jugendlichen; Leistungsanspruch der Personensorgeberechtigten

### Beratung der Herkunftsfamilie, um ein Kind wieder selbst erziehen zu können
§ 37 Abs. 1 KJHG
- **Voraussetzungen:** Hilfe für Kinder und Jugendliche außerhalb der eigenen Familie in einer Tagesgruppe, Pflegefamilie, Heimerziehung, in einer sonstigen betreuten Wohnform sowie bei Eingliederungshilfe für behinderte Kinder und Jugendliche
- **Adressat:** Herkunftsfamilie
- **Verbindlichkeit der Norm:** Sollformulierung

III Rechtsansprüche auf Beratung

---

**Beratung für junge Volljährige**
§ 41 Abs. 3 KJHG
- **Voraussetzungen:** Beendigung der Jugendhilfeleistungen nach den §§ 27 ff. KJHG
- **Adressat:** Junge Volljährige (nach § 7 KJHG, wer über 18 aber noch nicht 27 Jahre alt ist)
- **Verbindlichkeit der Norm:** Sollformulierung – im Regelfall ein Leistungsanspruch bis zur Vollendung des 21. Lebensjahres; in begründeten Einzelfällen über diese Altersgrenze hinaus

---

**Beratung bei Inobhutnahme eines Minderjährigen**
§ 42 Abs. 1 KJHG
- **Voraussetzungen:** Inobhutnahme eines Kindes durch das Jugendamt
- **Adressat:** Kinder oder Jugendliche
- **Verbindlichkeit der Norm:** Mussformulierung – Verpflichtung des Jugendamtes als sozialpädagogische Fachbehörde

---

**Beratung in Verfahren zur Annahme eines Kindes**
§ 51 Abs. 2 KJHG
- **Voraussetzungen:** Verfahren zur Annahme als Kind
- **Adressat:** Elternteil, dessen Einwilligung in die Annahme als Kind ersetzt werden soll
- **Verbindlichkeit der Norm:** Sollformulierung – im Regelfall Beratungspflicht; Ausnahmen § 51 Abs. 2 Satz 2 KJHG

---

**Beratung in Verfahren zur Annahme eines Kindes**
§ 51 Abs. 3 KJHG
- **Voraussetzungen:** Verfahren zur Annahme als Kind bei nicht verheirateten Eltern
- **Adressat:** Vater
- **Verbindlichkeit der Norm:** Mussformulierung – Leistungsanspruch

---

**Beratung und Unterstützung bei Vaterschaftsfeststellung und Geltendmachung von Unterhaltsansprüchen**
§ 52a KJHG
- **Voraussetzungen:** Geburt eines Kindes, dessen Eltern nicht verheiratet sind
- **Adressat:** Mütter
- **Verbindlichkeit der Norm:** Mussformulierung – Leistungsanspruch

## 4 Beratung nach dem Kinder- und Jugendhilfegesetz

**Beratung bei Ausübung der Pflegschaft und Vormundschaft**
§ 53 Abs. 2 KJHG
- **Voraussetzungen:** Pflege- oder Vormundschaftsverhältnis zu Kindern und Jugendlichen
- **Adressat:** Pfleger und Vormünder
- **Verbindlichkeit der Norm:** Mussformulierung – Leistungsanspruch

**Beratung von Fachkräften und ehrenamtlichen Personen**

**Beratung im Zusammenhang mit der Tagespflege**
§ 23 Abs. 2 KJHG
- **Voraussetzungen:** Betreuung eines Kindes für einen Teil des Tages oder ganztags entweder im eigenen oder im Haushalt des Personensorgeberechtigten
- **Adressat:** Tagespflegepersonen
- **Verbindlichkeit der Norm:** Mussformulierung – Leistungsanspruch

**Beratung für Pflegepersonen**
§ 37 Abs. 2 KJHG
- **Voraussetzungen:** Pflegeverhältnis
- **Adressat:** Pflegepersonen
- **Verbindlichkeit der Norm:** Mussformulierung – Leistungsanspruch während der gesamten Dauer der Pflege und vor Aufnahme des Kindes

**Beratung von Pflegepersonen und Vormündern im Hinblick auf Mängel**
§ 53 Abs. 3 KJHG
- **Voraussetzungen:** Mängel insbesondere bei Pflege und Erziehung
- **Adressat:** Pfleger und Vormünder
- **Verbindlichkeit der Norm:** Mussformulierung – Beratungspflicht des Jugendamtes

**Beratung für ehrenamtlich tätige Personen**
§ 73 KJHG
- **Voraussetzungen:** Ehrenamt in der Jugendhilfe
- **Adressat:** Ehrenamtlich tätige Personen
- **Verbindlichkeit der Norm:** Sollformulierung

## 4.2 Beratung und Familie

Das System Familie als juristisch geregeltes ist in den vergangenen Jahrzehnten durch rechtliche Reformen gründlich umgestaltet worden. Die Gleichberechtigungsgesetzgebung (1957), die Reform des Rechts der nichtehelichen Kinder (1970) sowie das Erste Eherechtsgesetz (1976) und das Sorgerechtsgesetz (1980) waren wichtige Schritte, über die der einstmals von der väterlichen Autorität bestimmte und privat verantwortete Familienzusammenhang zersetzt wurde. Das Eherechtsgesetz nimmt ausdrücklich Abschied vom Leitbild der Hausfrauenehe und weist beiden Ehepartnern einen gleichberechtigten Status zu.

Die gesetzlichen Reformen haben die Rechtspositionen von Frauen und Kindern gestärkt.»Spät, aber doch noch, setzt sich damit im Familienrecht jene Vorstellung eines souveränen, über die eigenen Interessen selbst entscheidenden Individuums durch, die einst den traditionellen Bereichen klassischen Privatrechts vorbehalten zu sein schien« (Simitis 1975, 15, 39).

Zugleich haben die Reformen auch die elterlichen Erziehungsbefugnisse relativiert und ersichtlich die öffentlichen Gestaltungsmöglichkeiten erhöht, kurzum das Verhältnis Eltern – Kinder partiell verrechtlicht.

Das familiäre Beziehungsgefüge wurde durch die Kindschaftsrechtsreform 1998 nachhaltig verändert (vgl. Schwab/Wagenitz 1997; Wiesner 1997; Baltz 1997; Büttner 1998; Dickmeis 1998; Diederichsen 1998; Dörndorfer 1998; Kunkel 1998; Lipp 1998; Lakies 1998; Rauscher 1998; Schwab 1998; Wiesner 1998; Kohler 1999).[1] Neben verfahrensrechtlichen Änderungen[2] lassen sich vier zentrale Reformbereiche ausmachen:
- Der Statusunterschied zwischen ehelichen und nichtehelichen Kindern wird im Prinzip aufgehoben;
- die gemeinsame elterliche Sorge wird bei allen Kindern ermöglicht, unabhängig davon, wie die Eltern ihre Lebensverhältnisse rechtlich gestalten (Ehe ohne Trauschein, verheiratet, geschieden);

---

[1] Kindschaftsrechtsreformgesetz (KindRG) vom 16.12.1997; Beistandschaftsgesetz vom 4.12.1997; Erbrechtsgleichstellungsgesetz (ErbGleichG) vom 16.12.1997; Kinderunterhaltsgesetz vom 6.4.1998.

[2] Eine wichtige verfahrensrechtliche Reform ist in § 50 FGG enthalten. Diese Vorschrift sieht den Anwalt des Kindes vor. Dem minderjährigen Kind kann ein Pfleger beigestellt werden, soweit dies zur Wahrnehmung seiner Interessen erforderlich ist. Er tritt für die Durchführung des gerichtlichen Verfahrens an die Stelle der Eltern. § 50 FGG nennt drei Regelbeispiele, in denen die Bestellung des Pflegers erforderlich ist. In diesen Fällen muss das Gericht begründen, wenn es ihn nicht bestellt. Zum Pro und Contra des Anwaltes des Kindes vgl. Salgo (1993), Dickmeis (1998), Will (1998), Büttner (1998).

## 4 Beratung nach dem Kinder- und Jugendhilfegesetz

- das Kind hat nunmehr das Recht auf Umgang mit jedem Elternteil, wie auch jeder Elternteil zum Umgang mit dem Kind berechtigt und verpflichtet ist, § 1684 BGB;
- schließlich ist das Beistandsrecht geändert worden; es besteht nunmehr in einem Hilfsangebot, das auf Antrag eines Elternteils eintritt, § 1712 BGB.

Das Gesetz zur Ächtung der Gewalt in der Erziehung vom 2.11.2000 hat in einem weiteren Punkt die Reform des Verhältnisses von Kindern und Eltern fortgeführt. Danach haben Kinder ein Recht auf gewaltfreie Erziehung. Nach § 1631 Abs. 2 BGB sind körperliche Bestrafungen, seelische Verletzungen und andere entwürdigende Maßnahmen unzulässig. Nach dem Kinderrechtsverbesserungsgesetz aus dem Jahre 2002 besteht nunmehr auch die Möglichkeit des zivilrechtlichen »Täterverweises« nicht nur bei Gewalt gegen Frauen, sondern auch bei Gewalt gegen Kinder.

Die Beratungsverpflichtungen und Beratungsangebote im KJHG sind Reaktionen auf die tiefgreifenden rechtlichen Veränderungen im Familiengefüge. Einige wichtige Beratungsangebote nach dem Kinder- und Jugendhilfegesetz konzentrieren sich daher auf das System Familie. Sie sollen im Folgenden ausführlicher dargestellt werden.

### 4.2.1 Beratung in allgemeinen Fragen der Erziehung
§ 16 KJHG

> **§ 16 KJHG Allgemeine Förderung der Erziehung in der Familie**
> (1) Müttern, Vätern, anderen Erziehungsberechtigten und jungen Menschen sollen Leistungen der allgemeinen Förderung der Erziehung in der Familie angeboten werden. Sie sollen dazu beitragen, dass Mütter, Väter und andere Erziehungsberechtigte ihre Erziehungsverantwortung besser wahrnehmen können.
> (2) Leistungen zur Förderung der Erziehung in der Familie sind insbesondere
> (...)
> 2. Angebote der Beratung in allgemeinen Fragen der Erziehung und Entwicklung junger Menschen (...)

§ 16 KJHG will allgemein die Erziehung in der Familie durch die unterschiedlichsten Leistungen fördern, u.a. durch Familienberatung. Beratung in allgemeinen Fragen der Erziehung und Entwicklung junger Menschen soll dazu beitragen, den zunehmenden inner- und außerfamiliären Erwartungsdruck (Erler 1996 sowie Erler 2003) auszugleichen. Mit dieser Norm soll hervorgehoben werden, dass Erziehungsberatung auch präventiven Charakter besitzt und nicht nur im Rahmen der Hilfe zur Erziehung nach § 28 KJHG von Bedeutung ist. § 16 KJHG bezieht sich daher nicht auf den Einzelfall, sondern auf allgemeine Fragen der Erziehung.

Die Beratungsangebote nach § 16 KJHG sollen die Kenntnisse und das Bewusstsein von Müttern und Vätern[1] und anderen Erziehungsberechtigten (Pflegepersonen, Lebenspartnern, Erzieherinnen, Pädagogen, Sozialarbeiterinnen usw.) sowie von jungen Menschen für pädagogische, psychische und soziale Aspekte bei der Erziehung erweitern und dadurch deren Erziehungskraft stärken. Die Beratung nach § 16 KJHG umfasst die gesamte Bandbreite familiärer Konstellationen und enthält Elemente der Erziehungs-, Familien- und Lebensberatung (Münder u.a. 1998, Anm. 3 zu § 16 KJHG).

§ 16 KJHG enthält den gesetzgeberischen Auftrag, Aufklärungsarbeit zu leisten. Es gehört zu den präventiven Aufgaben vieler Beratungsstellen, in komplizierten Gruppensituationen in Kindergärten sowie bei Elternabenden mitzuwirken. Dies gilt auch für die Eltern- oder Pflegeelternarbeit, soweit sie nicht auf den Einzelfall bezogen ist. Unter die präventive Aufgabenstellung fällt auch die Mitarbeit in der Aus-, Fort- und Weiterbildung von Fachkräften in der sozialen Arbeit (Wiesner u.a. 2000, Anm. 19 zu § 16 KJHG).

Die Bedeutung dieser allgemeinen Beratung darf nicht unterschätzt werden. Geht es doch auch darum, alle an Erziehungsprozessen Beteiligten aufzuklären, damit sie die Rechtsansprüche auf individuelle Beratung nach dem KJHG kennen lernen.[2]

---

[1] Nach einer Untersuchung von Schiersmann/Thiel (1998) werden diese Angebote im Wesentlichen von Müttern, von Vätern dagegen kaum wahrgenommen.
[2] Zur Situation in der Praxis vgl. BMFSFJ (1998, 234).

## 4.2.2 Beratung in Fragen der Partnerschaft, Trennung und Scheidung
§ 17 KJHG

> **§ 17 KJHG Beratung in Fragen der Partnerschaft, Trennung und Scheidung**
>
> (1) Mütter und Väter haben im Rahmen der Jugendhilfe Anspruch auf Beratung in Fragen der Partnerschaft, wenn sie für ein Kind oder einen Jugendlichen zu sorgen haben oder tatsächlich sorgen. Die Beratung soll helfen,
> 1. ein partnerschaftliches Zusammenleben in der Familie aufzubauen,
> 2. Konflikte und Krisen in der Familie zu bewältigen,
> 3. im Falle der Trennung oder Scheidung die Bedingungen für eine dem Wohl des Kindes oder des Jugendlichen förderliche Wahrnehmung der Elternverantwortung zu schaffen.
>
> (2) Im Falle der Trennung oder Scheidung sind Eltern unter angemessener Beteiligung des betroffenen Kindes oder Jugendlichen bei der Entwicklung eines einvernehmlichen Konzepts für die Wahrnehmung der elterlichen Sorge zu unterstützen; dieses Konzept kann auch als Grundlage für die richterliche Entscheidung über die elterliche Sorge nach der Trennung oder Scheidung dienen.
>
> (3) Die Gerichte teilen die Rechtshängigkeit von Scheidungssachen, wenn gemeinschaftliche minderjährige Kinder vorhanden sind (§ 622 Abs. 2 Satz 1 der Zivilprozessordnung), sowie Namen und Anschriften der Parteien dem Jugendamt mit, damit dieses die Eltern über das Leistungsangebot der Jugendhilfe nach Absatz 2 unterrichtet.

Die Anzahl der Scheidungen in der BRD ist ständig im Steigen begriffen. Im Jahre 2001 wurden fast 197.500 Ehen geschieden, eine Zunahme von 1,6% gegenüber dem vergangenen Jahr und zugleich ein neuer Höchststand. Von den 1991 geschlossenen Ehen sind in zehn Jahren nach dem Zeitpunkt der Eheschließung 20% durch Scheidung aufgelöst worden. Allerdings folgt bei ca. 66% der Geschiedenen eine erneute Bindung durch Wiederheirat (Barabas/Erler 2002, 82).
Von den im Jahre 2001 geschiedenen Paaren hatten die Hälfte Kinder unter 18 Jahren. Insgesamt waren ca. 153.500 minderjährige Kinder von der Scheidung betroffen, das bedeutet 3,6% mehr als im Vorjahr (Statistisches Bundesamt, ZfJ 2002, 447).

Das sich hinter diesen Zahlen verbergende gewaltige Konfliktpotential soll durch eine fachlich fundierte Partnerschafts-, Trennungs- und Scheidungsberatung abgebaut werden.

§ 17 KJHG regelt im Einzelnen, wie die Trennungs- und Scheidungsberatung zu organisieren ist:

- Mütter und Väter besitzen, wenn sie für ein Kind oder einen Jugendlichen zu sorgen haben oder tatsächlich sorgen, einen Rechtsanspruch auf Beratung.

- Nach § 17 Abs. 3 KJHG sind die Gerichte verpflichtet, die Rechtshängigkeit von Scheidungssachen sowie Namen und Anschriften der Parteien dem Jugendamt mitzuteilen, wenn gemeinsame minderjährige Kinder vorhanden sind. Das Jugendamt muss die Eltern über den Rechtsanspruch auf Scheidungsberatung informieren. Auf diese Weise erfahren alle Scheidungseltern mit Kindern von dieser Beratungsmöglichkeit. Dadurch soll erreicht werden, dass Entscheidungen über das Sorgerecht mit der Beratung durch die Träger der Jugendhilfe verzahnt werden (Wiesner 1997; vgl. auch Buchholz-Graf 2001).

- Eine weitere gerichtliche Aufklärungsverpflichtung ergibt sich aus § 52 FGG. Danach soll das Gericht – in allen die Person eines Kindes betreffenden Verfahren – so früh wie möglich die Beteiligten anhören und auf bestehende Möglichkeiten der Beratung durch die Beratungsstellen und -dienste der Träger der Jugendhilfe – insbesondere zur Entwicklung eines einvernehmlichen Konzepts für die Wahrnehmung der elterlichen Sorge und der elterlichen Verantwortung – hinweisen. Die Gerichte sollen also Verfahren aussetzen, wenn die Beteiligten bereit sind, an der Beratung teilzunehmen oder wenn nach Auffassung des Gerichts eine einvernehmliche Entscheidung herbeigeführt werden kann (Wiesner u.a. 2000, Anm. 5 zu § 17 KJHG).

- Bei der Entwicklung eines einvernehmlichen Konzepts für die Wahrnehmung der elterlichen Sorge nach Trennung und Scheidung sind die betroffenen Kinder und Jugendlichen angemessen zu beteiligen, § 17 Abs. 2 KJHG.

Das Kinder- und Jugendhilfegesetz zielt mit dem Beratungsangebot des § 17 Abs. 1 KJHG
– auf Erhaltung bzw. Aufbau eines partnerschaftlichen Zusammenlebens innerhalb der Familie;
– auf Konflikt- und Krisenbewältigung innerhalb der Familie sowie
– auf die Herstellung von Bedingungen für eine dem Wohl des Kindes oder des Jugendlichen förderlichen Wahrnehmung der Elternverantwortung bei einer Trennung oder Scheidung.

Die Beratung nach § 17 KJHG umfasst damit alle Aspekte der Partnerschafts-, Familien- und Eheberatung vor, während und nach einer Trennung oder Scheidung (zum Problem der Zulässigkeit und des Umfanges der Rechtsberatung bei einer Trennungs- und Scheidungsberatung durch Fachkräfte der sozialen Arbeit vgl. Kap. IV → S. 97). Sie enthält präventive Elemente für Familien in Schwierigkeiten, um weitmöglichst Schaden zu vermeiden und ist auch als Reorganisationsmodell für auseinanderbrechende Familien konzipiert (Faltermeier/Fuchs 1992; Balloff/Walter 1993; Balloff 1994; Balloff 1995; Menne/Weber 1998; Lossen/Vergho 1998). Die mit Abstand häufigste Form der Beratung ist mit über 60% die Einzelberatung. Paarberatung nehmen 27,5% in Anspruch, während die Familienberatung mit 7,9% eine statistisch bisher völlig untergeordnete Rolle spielt (BMFSFJ 1998, 235).

§ 17 Abs. 1 KJHG operiert mit einer Doppelstrategie (Wiesner u.a. 2000, Anm. 2 zu § 17 KJHG):

- Die Partnerschaftskonfliktberatung nach § 17 Abs. 1 Nrn. 1 und 2 KJHG soll dazu beitragen, die normalen Konflikte und Krisen zwischen den Eltern zu entschärfen, um Trennung und Scheidung zu vermeiden, die Paarbeziehung zu stabilisieren. Die Beratung soll präventiv wirken und ein partnerschaftliches Zusammenleben ermöglichen, damit die Auflösung des Familienverbandes vermieden werden kann (Münder u.a. 1998, Anm. 10 zu § 17 KJHG). Auffallend ist, »dass zur Zeit hauptsächlich das Beratungsangebot für diejenigen Eltern im Mittelpunkt des Interesses steht, die sich in der Trennungs- und Scheidungsphase befinden« (BMFSFJ 1998, 235). Der präventive Aspekt der Trennungs- und Scheidungsberatung wird bislang nur unzureichend berücksichtigt, obwohl die Anzahl der von Elternkonflikten betroffenen Kinder höher sein dürfte als die der von Scheidung betroffenen Kinder.
- Ist jedoch nichts mehr zu retten, soll die Trennungs- und Scheidungsberatung nach § 17 Abs. 1 Nr. 3 KJHG dafür sorgen, dem Kind oder Jugendlichen ein Optimum an Elternschaft und Kooperation zwischen den Eltern nach der Trennung und Scheidung zu garantieren.

Das Kinder- und Jugendhilfegesetz normiert im § 17 Abs. 2 KJHG die Verpflichtung der Jugendhilfe, im Falle der Trennung oder Scheidung der Eltern unter angemessener Beteiligung des betroffenen Kindes oder Jugendlichen die Entwicklung eines einvernehmlichen Konzeptes für die Wahrnehmung der elterlichen Sorge zu unterstützen. Durch Beratung und Unterstützung soll die beiderseitige elterliche Verantwortung erhalten bleiben und gefördert werden. Es ist daher besonders wichtig, durch fachlich fundierte Beratung zu einem gemeinsam getragenen Konzept zu gelangen, weil einvernehmliche Regelungen erfahrungsgemäß haltbarer sind als gerichtlich durchgesetzte Entscheidungen (Fieseler/Schleicher 2002, Anm. 17 zu § 17 KJHG).

### Statt juristischer Entscheidung: Beratung

Durch diese Konzeption des Gesetzgebers zur elterlichen Zusammenarbeit bei Trennung und Scheidung ist ein manifester Wechsel im staatlichen Interventionsansatz zu konstatieren. An die Stelle von justiziellen Entscheidungen treten sozialrechtliche Hilfen (Coester 1992). Das bedeutet, dass ein neuer Funktionsbereich für die Jugendhilfe mit eigenständiger, fachlich beraterischer Kompetenz geschaffen wurde. Die gesetzlichen Regelungen heben die besondere Verantwortung der Jugendhilfe für Familien in Krisensituationen hervor. In den Empfehlungen des Deutschen Vereins zur Beratung in Fragen der Trennung und Scheidung und zur Mitwirkung der Jugendhilfe im familiengerichtlichen Verfahren wurde bereits 1992 präzisiert, was Eltern und Kinder durch die Trennungs- und Scheidungsberatung erfahren sollen:

- »Eltern sollen lernen, ihre Probleme auf der Partnerebene von ihrer Verantwortung auf der Elternebene zu trennen und dabei die Interessen der Kinder in den Vordergrund zu stellen,
- Kindern soll der Zugang und die Beziehung zu beiden Elternteilen erhalten werden, ohne in Loyalitätskonflikte zu geraten, um Identifikationsmöglichkeiten mit Vater und Mutter zu erhalten,
- Kindern sollen Chancen zur Entwicklung eines stabilen Selbstwertes eröffnet werden,
- Kindern sollten möglichst viele ihrer sie stützenden Beziehungen und so weit wie möglich ihre vertraute Umgebung erhalten bleiben
- Kinder sollen Klarheit über den künftigen Lebensort erhalten und das Gefühl bekommen, diesen mitbestimmen und mitgestalten zu können und damit ernstgenommen zu werden« (Deutscher Verein 1992, 148, 149).

### Kindschaftsrechtsreform

Diese Erwartungen an die Eltern sind durch die Kindschaftsrechtsreform nochmals gesteigert worden. Die Reform hat bei Trennung und Scheidung den Eltern im Wesentlichen die Entscheidung überlassen, wie sie ihr Verhältnis zu den Kindern rechtlich gestalten wollen. Bedurfte es nach altem Recht einer richterlichen Entscheidung, einer Sorgerechtsregelung, so können nach dem neuen Recht Ehegatten mit minderjährigen Kindern geschieden werden, ohne dass ein Gericht über das Sorgerecht entscheidet. Nach §§ 1671, 1672 BGB bleibt das gemeinsame Sorgerecht bestehen, solange kein Elternteil einen Antrag auf Alleinsorge stellt.[1] Eltern sind nicht verpflichtet, eine Sorgeerklärung vor Gericht abzugeben. Ein übereinstimmender Vorschlag beider Elternteile ist nicht erforderlich. Nach dem Willen des Gesetzgebers soll die elterliche Sorge bei Trennung und Scheidung vor Gericht von Amts wegen nicht mehr behandelt werden, sondern nur noch auf Antrag. Erst der elterliche Antrag verursacht die Staatsintervention.

---

[1] Zur rechtspolitischen Kontroverse, ob die Normierung des gemeinsamen Sorgerechts als Regelfall erfolgen soll oder ob doch eine richterliche Kontrolle sinnvoll ist, vgl. Schwab (1997) sowie Salgo (1996) jeweils m.w.N.

Wenn jedoch nach § 1671 BGB ein Antrag auf Übertragung der alleinigen elterlichen Sorge gestellt wird, ist umstritten, ob im Regelfall der Alleinsorge eines Elternteils oder der gemeinsamen Sorge der Eltern der Vorzug zu geben ist. Der Bundesgerichtshof ist der Auffassung, dass das Familienrecht keinen Vorrang der gemeinsamen Sorge vor der Alleinsorge eines Elternteils festlegt. Zwar ist es in erster Linie Sache der Eltern, zu entscheiden, »ob sie die gemeinsame Sorge nach ihrer Scheidung beibehalten wollen oder nicht. Daraus ist jedoch nicht der Schluss zu ziehen, dass der gemeinsamen Sorge künftig ein Vorrang vor der Alleinsorge eines Elternteils eingeräumt werden sollte. Ebenso wenig besteht eine gesetzliche Vermutung dafür, dass die gemeinsame elterl. Sorge im Zweifel die für das Kind beste Wahrnehmung elterl. Verantwortung sei. (...) Einer solchen Regelung stände bereits entgegen, dass sich *elterl. Gemeinsamkeit in der Realität nicht verordnen* lässt. Wenn sich die Eltern bei Fortbestehen der gemeinsamen Sorge fortwährend über die das Kind betreffenden Angelegenheiten streiten, kann dies zu Belastungen führen, die mit dem Wohl des Kindes nicht vereinbar sind« (BGH, FamRZ 1999, 1646, 1647; ebenso OLG Hamm, FamRZ 2001, 183). In Fällen, in denen die gemeinsame elterliche Sorge praktisch nicht funktioniere, den Eltern es nicht gelingt, zu Entscheidungen im Interesse des Kindes zu gelangen, ist zugunsten der Alleinsorge eines Elternteils zu entscheiden.

Der Bedeutungszuwachs der Beratung im Rahmen des § 17 KJHG (Buchholz-Graf/Vergho 2000) wird auch durch die Gerichte betont. Das OLG Zweibrücken hat entschieden, dass es ein Teil der Elternpflicht ist, Trennungs- und Scheidungsberatung anzunehmen. Vor einer Entscheidung des Familiengerichts auf Übertragung der elterlichen Sorge ist festzustellen und zu begründen, warum eine Kooperation unter den Eltern nicht funktioniert. »Der *Vorrang der Elternautonomie* gebietet es, eine gerichtliche Entscheidung erst zu treffen, wenn sich die Eltern nicht mehr einigen können. Ob das der Fall ist, lässt sich erst beurteilen, wenn die nach § 17 SGB VIII anzubietenden Hilfen nicht gegriffen haben« (OLG Zweibrücken, FamRZ 2000, 627; vgl. auch Barabas 2001a).

Das Familiengericht hat sicherzustellen, dass die Beratungsphase ohne Vermengung mit dem gerichtlichen Verfahren stattfinden kann. Es hat weiterhin die Aufgabe, die Beratungsbedürftigkeit der beteiligten Eltern festzustellen und auf die Bedeutung der Beratung hinzuweisen. Falls erforderlich, soll das Familiengericht mit seiner Autorität die Bereitschaft zur Annahme der Hilfe erzeugen.

Die Verweigerung der Annahme von Beratung kann sogar als Kindeswohl feindliche Unterlassung zu werten sein. »Das Nichterscheinen eines Elternteils zum Gespräch beim JA im Familienkreis kann als Anhalt gewertet werden, dass das – alleinige oder gemeinsame – Sorgerecht dazu missbraucht würde, die ungestörte Entwicklung des Kindes zu beeinträchtigen« (OLG

Zweibrücken, FamRZ 2000, 627, 628). Diese Entscheidung hat den Stellenwert der Trennungs- und Scheidungsberatung unterstrichen und macht ihre Inanspruchnahme vor einem gerichtlichen Verfahren zu einer echten Mitwirkungspflicht der beteiligten Eltern.

### Beratungsziele

Durch all diese rechtlichen Veränderungen hat die Bedeutung einer qualifizierten Trennungs- und Scheidungsberatung signifikant zugenommen. »Entscheidend für eine gelingende nacheheliche Elternschaft scheint deshalb vor allem eine unterstützende Beratungsintervention der scheidungsbegleitenden Berufe zu sein, die konsequent dazu beitragen, den Perspektivwechsel der neuen Regelung des KindRG in die Lebenspraxis von Eltern und ihren Kindern umzusetzen« (Proksch 2000, 31, 49).

Gewiss kann eine kompetente fachliche Beratung dazu führen, dass feindliche Eltern wieder zur Kooperation finden. Realistischerweise müssen die Beraterinnen auch berücksichtigen, dass eine Trennung nicht immer »vernünftig« abläuft, sondern mitunter voller Wut, Hass und Trauer. Die »Fähigkeit zur Kooperation im Interesse des Kindes ist aber aufgrund der Auseinandersetzungen der Elternteile auf der Paarebene häufig nicht oder nur eingeschränkt vorhanden. Vielfach wird das Kind für die Fortführung des Kampfes zwischen den Partnern instrumentalisiert« (Wiesner 1997, 29).

Und in der Tat ist nicht von der Hand zu weisen, dass die gemeinsame Sorge für Kinder nach der Scheidung die Eltern hohe kommunikative Anforderungen stellt und ihnen ein erhebliches Maß an Gelassenheit abverlangt. Ein gemeinsames Sorgerecht kann jedenfalls nicht mit der pädagogischen bzw. beraterischen Brechstange erzwungen werden (Salgo 1996).

Wenn bei einer Trennungs- und Scheidungsberatung offenbar wird, dass ein gemeinsames Sorgerecht nicht zu realisieren ist, das optimale Ergebnis nicht erreicht werden kann, dann gibt es unterhalb dieser Maximalposition andere vernünftige Formen nachehelicher Solidarität oder Verantwortungsgemeinschaft. Das beinhaltet den Versuch, den kleinsten gemeinsamen Nenner der Eltern herauszufinden und ein Minimum von Absprachen zu treffen, die dem Kind optional beide Eltern erhält. Eltern, die sich nach der Scheidung unversöhnlich gegenüberstehen, können nach Jahren bereit sein, gemeinsam Verantwortung für die Kinder zu tragen. Auch das muss bei einer Trennungs- und Scheidungsberatung berücksichtigt werden. Die Grenzen derartiger gemeinsamer Lösungsansätze sind jedoch elterliche Verhaltensweisen, die unter den Missbrauchstatbestand des § 1666 BGB fallen. Eine Kooperation ist ausgeschlossen, wenn ein Elternteil das Wohl des Kindes gefährdet.

All dies erfordert von den Fachkräften erhebliche fachliche und methodische Fähigkeiten. So konstatiert bereits der 10. Jugendbericht: »Zugleich bedeutet dies, dass die Kindschaftsrechtsreform weitgehend ›leerlaufen‹ muss, wenn die nach § 17 KJHG n.f. vorgesehenen Beratungsleistungen der Kinder- und Jugendhilfe nicht in bedarfsgerechtem Umfang und befriedigender Qualität zur Verfügung gestellt werden. Deshalb ist es wichtig, die Umsetzung dieses Teils der Kindschaftsrechtsreform mit besonderer Intensität zu verfolgen. Mit anderen Worten: Die Verstärkung des Leitbilds der elterlichen Verantwortung muss mit der Verbesserung praktischer Beratungs- und Unterstützungshilfen seitens der Kinder- und Jugendhilfe verknüpft sein« (BMFSFJ 1998, 165).

Proksch kommt aufgrund einer Befragung aller Eltern, deren Ehe im ersten Quartal 1999 in Deutschland rechtskräftig geschieden wurde, einzelner ihrer Kinder sowie der Befragung aller Familienrichter/innen an allen Familiengerichten und Oberlandesgerichten und ausgewählter Rechtsanwält/innen und aller Jugendämter zu folgenden Ergebnissen: Im Jahre 2000 haben 75 Elternpaare (54%) die gemeinsame elterliche Sorge gewählt. Diese Zahl belege, dass die gemeinsame elterliche Sorge nach Scheidung das »übliche« Sorgemodell in der Bevölkerung geworden ist. Allerdings ist die Annahme der Beratung durch die Scheidungseltern noch deutlich defizitär. Das hängt auch damit zusammen, dass die Beratungsmöglichkeiten als noch nicht ausreichend bewertet werden. Bei der gemeinsamen elterlichen Sorge ist der Beratungsbedarf deutlich geringer als bei der alleinigen elterlichen Sorge, da bei Eltern mit alleiniger elterlichen Sorge partnerschaftliche Konflikte und »enorme Spannungsverhältnisse« bestimmend sind. Die Jugendämter verzeichnen jedenfalls zum Teil einen erheblichen Aufgabenzuwachs in der Beratung und Unterstützung, gerade auch im Hinblick auf die Beratung von Kindern und Jugendlichen, die ihre »Rolle als Rechtssubjekte« aufnehmen (Proksch 2002).

### Exkurs:
### Paarkonflikte, Trennung, Scheidung und Mediationsverfahren

Die Fähigkeit der Eltern zu partnerschaftlichem Umgang, zur Kommunikationsbereitschaft, zur Konfliktvermeidung soll durch interdisziplinäre Beratungsangebote, aber insbesondere auch durch Mediation gestärkt werden.[1]

---

[1] Zur Praxiserprobung von Mediation in streitigen Familiensachen vgl. Proksch (1998); zu internationalen Ansätzen in der Familienmediation und zur Prädiktion sowie zur Prävention von Beziehungsstörungen siehe Hahlweg/Baucom/Bastine/Markman (1998).

1998 hat der Europarat die Empfehlung – Nr. R (98) 1 des Ministerkomitees an die Mitgliedstaaten über Familienmediation – verabschiedet. Der Europarat hat nachdrücklich die Einführung der Familienmediation empfohlen. Dieses Dokument ist richtungsweisend für das Mediationsverfahren in Europa. Nach den Empfehlungen soll das Mediationsverfahren u.a. nach den folgenden Grundsätzen geführt werden:

»i  Der Mediator ist unparteiisch,
ii  der Mediator ist neutral im Hinblick auf das Ergebnis des Mediationsverfahrens,
iii der Mediator respektiert die Meinung der Parteien und sorgt für gleichrangige Verhandlungspositionen,
iv  der Mediator ist nicht befugt, den Parteien eine Lösung aufzuzwingen,
v   die Bedingungen, unter denen die Familienmediation stattfindet, sollen den Schutz der Privatsphäre gewährleisten,
vi  die Mediationsgespräche sind vertraulich und dürfen später nur mit Zustimmung der Parteien oder in den nach dem innerstaatlichen Recht zulässigen Fällen verwendet werden,
vii der Mediator soll in geeigneten Fällen die Parteien über die Möglichkeit der Eheberatung oder anderer Beratungsformen als Mittel zur Lösung ihrer ehelichen oder familiären Probleme informieren,
viii der Mediator soll besonders für das Wohl der Kinder Sorge tragen, er soll die Eltern dazu bewegen, die Bedürfnisse der Kinder in den Vordergrund zu stellen, und sie an ihre vorrangige Verantwortung für das Wohl ihrer Kinder und ihre Pflicht zur Unterrichtung und Befragung ihrer Kinder erinnern (…)«
(Europarat 1998, 454, 455).

In einer Antwort vom 31.5.2002 auf eine parlamentarische Anfrage hat die Bundesregierung dargelegt, dass grundsätzlich jede Person berechtigt ist, mediative Tätigkeiten auszuüben. Da es keine bundesgeregelte Ausbildungsordnung gibt, ist eine staatliche Anerkennung, Genehmigung oder Erlaubnis zum Führen der Berufsbezeichnung Mediator nicht erforderlich. Zu beachten sind lediglich berufsrechtliche Grenzen, wie etwa das Rechtsberatungsgesetz. Allerdings lässt dieses Gesetz nach Auffassung der Bundesregierung eine Mediation durch nicht rechtsberatende Berufe zu. Daher kann Mediation durch ganz unterschiedliche Berufsgruppen angeboten werden, wie etwa Betriebswirte, Steuerberater, Psychologen, Soziologen, Sozialwissenschaftler, Kommunikationswissenschaftler, Politologen, Pädagogen, Theologen usw. (BTDrucks 14/9306 vom 31.5.2002).

Trotz dieser prinzipiellen Offenheit für letztendlich jede Person, den Beruf Mediator ausüben zu können, gibt es vielfältige Anstrengungen, die Qualität von Mediation durch Aus- und Weiterbildung sowie Studiengänge zu entwickeln und zu sichern (vgl. die entsprechenden Publikationen in Haft/Schlieffen 2002). Es wird aber auch deutlich, dass die rechtsberatenden Berufe eifrig bestrebt sind, die Mediation bei sich zu konzentrieren (Bergschneider 2000). Das macht auch ein Beschluss der Satzungsversammlung der Bundesrechtsanwaltskammer vom 25.4.2002 deutlich, demzufolge sich Rechtsanwälte dann als Mediatoren bezeichnen dürfen, wenn sie eine geregelte Ausbildung nachweisen können. Für diesen Fall ist die Bezeichnung Mediator im Briefkopf nicht berufsrechtswidrig (BGH, NJW 2002, 2948).

### 4.2.3 Beratung und Unterstützung bei der Ausübung der Personensorge
§ 18 KJHG

> **§ 18 KJHG Beratung und Unterstützung bei der Ausübung der Personensorge**
>
> (1) Mütter und Väter, die allein für ein Kind oder einen Jugendlichen zu sorgen haben oder tatsächlich sorgen, haben Anspruch auf Beratung und Unterstützung bei der Ausübung der Personensorge einschließlich der Geltendmachung von Unterhalts- oder Unterhaltsersatzansprüchen der Kinder oder Jugendlichen.
>
> (3) Kinder und Jugendliche haben Anspruch auf Beratung und Unterstützung bei der Ausübung des Umgangsrechts nach § 1684 Abs. 1 des Bürgerlichen Gesetzbuches. Sie sollen darin unterstützt werden, dass die Personen, die nach Maßgabe der §§ 1684 und 1685 des Bürgerlichen Gesetzbuches zum Umgang mit ihnen berechtigt sind, von diesem Recht zu ihrem Wohl Gebrauch machen. Eltern, andere Umgangsberechtigte sowie Personen, in deren Obhut sich das Kind befindet, haben Anspruch auf Beratung und Unterstützung bei der Ausübung des Umgangsrechts. Bei der Befugnis, Auskunft über die persönlichen Verhältnisse des Kindes zu verlangen, bei der Herstellung von Umgangskontakten und bei der Ausführung gerichtlicher oder vereinbarter Umgangsregelungen soll vermittelt und in geeigneten Fällen Hilfestellung geleistet werden.

Der durch die Kindschaftsrechtsreform 1998 teilweise geänderte § 18 KJHG bringt ebenfalls neue Aufgaben für die Jugendämter bei der außergerichtlichen Streitschlichtung im Zusammenhang mit den Umgangsrechten zwischen Kindern und Jugendlichen einerseits sowie Eltern, anderen Umgangsberechtigten und Personen, in deren Obhut sich das Kind befindet, andererseits.

Vorrangiges Ziel der Reform ist es, die rechtlichen Unterschiede im Umgangsrecht von ehelichen und nichtehelichen Kindern zu beseitigen. Bislang richtete sich das Umgangsrecht des nichtehelichen Vaters nach § 1711 Abs. 1 BGB, der regelte, dass der Personensorgeberechtigte den Umgang des Kindes mit dem Vater bestimmte. Damit war die Rechtsposition des nichtehelichen Vaters deutlich schwächer als die des Vaters nach der Scheidung, dem immerhin noch eine Art Restelternrecht zustand. Wenn die Liebe in einer Ehe ohne Trauschein noch blühte, dann war das Umgangsrecht kein Problem. Wenn die Gemeinschaft dagegen platzte und der Vater trotzdem seine Kinder sehen wollte, dann war es für ihn schwierig, sich dieses Recht zu erstreiten.

Der neu eingefügte § 1626 Abs. 3 BGB formuliert als Programmsatz, dass zum Wohle des Kindes in der Regel der Umgang mit beiden Elternteilen gehört. Bislang hatte das Kind kein Recht auf den Umgang mit jedem Elternteil; insofern bedeutet die neue Regelung einen Abbau der Defizite bei den Kinderrechten (Wiesner 1998). Gleiches gilt für den Umgang mit anderen Personen, zu denen das Kind Bindungen besitzt, wenn ihre Aufrechterhaltung für seine Entwicklung förderlich ist. Der Anspruch des Kindes auf Umgang ist in erster Linie als Signal zu verstehen; er ist auf eine Änderung des elterlichen Bewusstseins gerichtet.

§ 1684 BGB bestimmt: Kinder und Eltern sind zum Umgang berechtigt und verpflichtet. Damit hängt es nicht mehr vom Willen der »nichtehelichen« Mutter ab, ob der Vater ein Umgangsrecht besitzt. Nicht nur den Eltern steht ein Recht auf Umgang zu, auch das Kind ist anspruchsberechtigt. § 1685 BGB gewährt Großeltern und Geschwistern ein Recht auf Umgang mit dem Kind, wenn der Umgang dessen Wohl dient. § 1685 BGB zielt auf eine Stärkung der über die Kleinfamilie hinausgehenden Sozialbeziehungen.

Die Gerichte haben die Zielsetzung der Reform augenscheinlich akzeptiert. An einen Umgangsausschluss stellt die Rspr hohe Anforderungen, da durch äußere Vorkehrungen (behütetes Umgangsrecht) Gefährdungen des Kindes ausgeschlossen werden können (Motzer 2000).
Gemäß § 1684 Abs. 3 BGB kann das FamG auch den Umfang des Umgangsrechts im Einzelnen festlegen. Bislang veröffentlichte gerichtliche Entscheidungen lassen erkennen, dass bei diesem Problemkreis (Eltern streiten um die Modalitäten des Umgangs) offenbar detaillierte Regelungen notwendig sind. So verlangt das OLG Frankfurt am Main, dass die Einzelheiten des Umgangs durch konkrete Anweisungen nach Ort, Zeit, Häufigkeit, Abholung und gegebenenfalls auch durch eine Anweisung im Hinblick auf ein überwachtes Besuchsrecht zu regeln sind (OLG Frankfurt am Main, FamRZ 1999, 617).

Es hängt nunmehr nicht mehr vom Willen der Mutter ab, ob der mit ihr nichtverheiratete Vater ein Umgangsrecht besitzt. Diese rechtliche Gleichstellung wird von der Rechtsprechung ernst genommen. Prinzipiell ist der Wunsch der Mütter, den Erzeuger gleichsam aus ihrem Leben zu streichen, unbeachtlich, denn der Vater hat nunmehr ein originäres Recht auf Umgang mit seinem Kind (KG Berlin, FamRZ 2000, 49). Wenn die Mutter einen neuen Partner hat, entsteht gelegentlich der nachvollziehbare Wunsch, das Kind in die neue Familie zu integrieren und den Erzeuger fern zu halten. Das lässt die Rechtsprechung indessen nicht zu. Das Umgangsrecht des Erzeugers hat Vorrang vor einer störungsfreien Eingliederung des Kindes in eine neue Familiengemeinschaft (OLG Bamberg, FamRZ 2000, 46). Weder das geringe Alter eines Kindes (drei Jahre) noch ein entstehendes Vater-Kind-Verhältnis zum neuen Lebensgefährten der Mutter rechtfertigen einen Umgangsausschluss.

Um regelmäßige Kontakte des Kindes zu seinem nichtehelichen Vater zu ermöglichen, hält das OLG Stuttgart die Eltern sogar für verpflichtet, eine Therapie durchzuführen. Aus § 1684 Abs. 2 BGB ergebe sich nämlich die Aufgabe, die Umgangsbereitschaft des Kindes aktiv zu fördern (OLG Stuttgart, FamRZ 2001, 932).

Ob die gesetzgeberischen Intentionen, dass das Kind nicht nur Objekt des elterlichen Umgangs ist, und ob das Recht des Kindes auf Umgang mehr sein wird als ein »gut gemeinter Appell« (Rauscher 1998, 329, 332), hängt auch davon ab, wie fachlich und methodisch fundiert die Beratung angeboten und wie niedrigschwellig organisiert sie ist.

Die Beratung nach § 18 KJHG ist vor allen Dingen deswegen von Bedeutung, weil ein wichtiges Anliegen der Reform die Akzeptanz aller Beteiligten ist: eine Voraussetzung für eine dauerhafte und stabile Umgangsregelung. Beratung soll die erforderliche Einsicht bei den Eltern über die Bedeutung des Umgangs für die Entwicklung eines Kindes schaffen.

■ § 18 Abs. 1 KJHG enthält die Verpflichtung des Jugendamtes, Mütter und Väter, die allein für ein Kind oder einen Jugendlichen zu sorgen haben oder tatsächlich sorgen, bei der Ausübung der Personensorge – einschließlich der Geltendmachung von Unterhalts- oder Unterhaltsersatzansprüchen des Kindes oder Jugendlichen – zu beraten und zu unterstützen (zu den Kompetenzen des Jugendamtes vgl. Oberloskamp 1997). Der Grund, warum eine Mutter oder ein Vater allein sorgeberechtigt ist (verwitwet, kein gemeinsames Sorgerecht bei Lebensgemeinschaften oder alleiniges Sorgerecht nach einer Scheidung), ist belanglos. Der Anspruch richtet sich vornehmlich darauf, in Erziehungs-, aber auch in Rechtsfragen im Zusammenhang mit der Ausübung des Personensorge- und Umgangsrechts beraten zu werden (Fieseler/Schleicher 2002, Anm. 10 zu § 18 KJHG). Einen Anspruch auf Beratung und Unterstützung hat auch eine minderjährige Mutter, deren Personensorge für ihr Kind gem. § 1673 BGB ruht (DIJuF 2002a).

- § 18 Abs. 3 Satz 1 KJHG räumt Kindern und Jugendlichen gegenüber dem Jugendamt einen Anspruch auf Beratung und Unterstützung im Hinblick auf die Ausübung des Umgangsrechts ein.

Der Beratungsanspruch für die Kinder und Jugendlichen flankiert »ihr« Umgangsrecht aus § 1684 Abs. 1 BGB, d.h., sie sollen bei der Kontaktsuche oder Kontaktaufnahme unterstützt werden. § 18 Abs. 3 Satz 2 KJHG enthält einen weiten Beratungs- und Unterstützungsauftrag des Jugendamtes für die Kinder und Jugendlichen. Das Jugendamt hat darauf zu achten, dass vom Umgangsrecht zum Wohle des Kindes Gebrauch gemacht wird.

§ 18 Abs. 3 Satz 3 KJHG, der für alle Umgangsberechtigten einen Anspruch auf Beratung normiert, soll dazu beitragen, die oft konfliktbeladenen Entscheidungen über Umgangsrechte und Umgangspflichten zu entschärfen (zu den Aufgaben der Jugendhilfe ausführlich Fieseler/Schleicher 2002, Anm. 26 ff. zu § 18 KJHG).

Es liegt auf der Hand, dass dieser Beratungskatalog, der mit entsprechenden Rechtsansprüchen korrespondiert, zu einer umfangreichen Vermittlungstätigkeit der Jugendämter führen kann. Allerdings wird auch in diesem Zusammenhang vor Euphorie gewarnt. »Entscheidend ist letztlich die Frage, ob und mit welchen Mitteln – das Kind sein Recht auch wahrnehmen und durchsetzen kann. Jedermann weiß, dass ein zwangsweise durchgesetztes Recht im persönlichen Bereich eher schadet als nützt. Umso wichtiger ist es, durch sachkundige Beratung das Bewusstsein der Eltern dafür zu schärfen, dass das Kind ein Recht auf Umgang mit beiden Elternteilen hat, und sie aufgrund ihrer fortbestehenden Elternverantwortung die Ausübung dieses Rechts nicht vereiteln dürfen, sondern nach Kräften fördern müssen« (Wiesner 1998, 173, 179).

Dem Ziel des § 18 KJHG, möglichst eine einverständliche Regelung herbeizuführen, entspricht auch § 52 FGG. Danach soll bei Umgangsfragen vom Gericht auf bestehende Möglichkeiten der Beratung durch Beratungsstellen und Beratungsdienste der Träger der Jugendhilfe hingewiesen werden.

Ob sich eine rationale, gemeinsame elterliche Gestaltung des Umgangs nach Trennung und Scheidung durchsetzt, wird mit unterschiedlicher Akzentuierung beantwortet.
Wallerstein/Lewis, die eine entsprechende Längsschnittuntersuchung über 25 Jahre durchgeführt haben, resümieren:
»Die Ergebnisse dieser Studie zeigen ein viel komplexeres Bild. Sie lassen Zweifel an den offiziellen Erwartungen der letzten Jahre aufkommen, dass es einem Scheidungskind in der Nachscheidungsphase gelingen kann, eine nahe Beziehung zu beiden Elternteilen aufrecht zu erhalten, falls der Ärger zwischen den Eheleuten sich in Grenzen hält. (...) Wir haben in dieser Studie be-

obachtet, dass das Interesse des Vaters und seine Verfügbarkeit für die Kinder in hohem Maße dazu tendieren zu fluktuieren, analog zum momentanen Erfolg oder Scheitern in anderen Bereichen seines Lebens. Männer, die unglücklich oder belastet waren, denen es gesundheitlich oder ökonomisch schlecht ging, hatten Schwierigkeiten, den regelmäßigen Kontakt zu ihren Kindern aufrecht zu erhalten« (Wallerstein/Lewis 2001 sowie Wallerstein/Lewis/Blakeslee 2002). Insgesamt seien die nachehelichen Vater-Kind-Beziehungen besorgniserregend instabil.

Demgegenüber kommt Proksch zu einer optimistischeren Einschätzung. Die Reform des Kindschaftsrechts hat – seiner Untersuchung zufolge – das Bewusstsein der umgangsberechtigten Eltern verändert, wenn auch der hauptbetreuende Elternteil oft nicht die Umgangsansprüche des anderen Elternteils erfüllt. Gleichwohl ist bei Eltern mit gemeinsamer Sorge (75,54% im Jahr 2000) der Umgang mit den Kindern quantitativ und qualitativ »großzügig«. Bei Eltern mit alleiniger elterlichen Sorge dominiert dagegen im hohen Maße der Ausgrenzungseffekt. Der Beratungsbedarf dieser Eltern ist entschieden höher als bei Eltern mit gemeinsamer elterlicher Sorge (Proksch 2002).

### 4.2.4 Erziehungsberatung[1]
§ 28 KJHG

Mit der Einführung des KJHG sind die Bedürfnisse, Wünsche und Interessen der betroffenen Kinder, Jugendlichen und Eltern in das Zentrum des Rechts gerückt, **Kommunikation als Rechtsprinzip festgeschrieben worden** (Kurz/Adam 1998). Diese Entwicklung hat auch die Erziehungsberatung erreicht. Die zuweilen vom administrativen System der Jugendhilfe abgeschotteten Erziehungsberatungsstellen haben ihre Arbeit lange Zeit autonom definiert und waren daher in die Kritik geraten. Der 8. Jugendbericht machte darauf aufmerksam, dass sich die Erziehungsberatungsstellen aus der mühseligen Arbeit mit Problemsituationen heraushielten und sich von der Jugendhilfe verabschiedet hätten. In einem Fazit wurde festgestellt:
»Danach sollten die personellen und institutionellen Ressourcen der Erziehungs- und Familienberatung stärker Kindern, Jugendlichen, Eltern und Familien zugute kommen, die mit besonders belasteten individuellen Lebenslagen und sozioökonomischen Lebensbedingungen konfrontiert sind. (...) So können die Ressourcen dieser Dienste, in denen multidisziplinär besetzte Teams mit hoher Fachkompetenz arbeiten, nicht optimal genutzt werden. Viele Familien finden den Weg zur Beratung nicht« (BMFSFG 1990, 137).

---

[1] Menne (2001) stellt dar, welche Altersgruppen beraten werden, welche Differenzen zwischen männlichen und weiblichen Ratsuchenden existieren, die Unterschiede zwischen den neuen und alten Bundesländern usw.

Aus neueren Untersuchungen ergibt sich, dass die Erziehungsberatungsstellen inzwischen vernetzt arbeiten und von Familien mit Problemstrukturen in Anspruch genommen werden (Hundsalz 1995; Kurz-Adam 1998). Gleichwohl ist das rechtliche Spannungsgefüge zwischen den Strukturen der Erziehungsberatung und den Gesetzeszielen des KJHG noch nicht abschließend gelöst. Das zeigt sich an dem Problem der Einbindung der Erziehungsberatung in das System des KJHG.

§ 28 KJHG ist die Rechtsgrundlage für die Eziehungsberatung und wendet sich an Kinder und Jugendliche sowie an Eltern und andere Erziehungsberechtigte.[1]

> **§ 28 KJHG Erziehungsberatung**
> Erziehungsberatungsstellen und andere Beratungsdienste und -einrichtungen sollen Kinder, Jugendliche, Eltern und andere Erziehungsberechtigte bei der Klärung und Bewältigung individueller und familienbezogener Probleme und der zugrunde liegenden Faktoren, bei der Lösung von Erziehungsfragen sowie bei der Trennung und Scheidung unterstützen. Dabei sollen Fachkräfte verschiedener Fachrichtungen zusammenwirken, die mit unterschiedlichen methodischen Ansätzen vertraut sind.

§ 28 KJHG sieht ein Beratungsangebot vor, das bei der Klärung und Bewältigung individueller und familienbezogener Probleme helfen soll. Auf die Erziehungsberatung nach § 28 KJHG besteht für die Personensorgeberechtigten ein Rechtsanspruch. Kinder und Jugendliche sowie andere Erziehungsberechtigte sind dagegen nur »Leistungsempfänger« und besitzen keinen Rechtsanspruch (Wiesner u.a. 2000, Anm. 5 zu § 28 KJHG). Ein eigenständiger Anspruch auf Beratung wird dem Minderjährigen im Rahmen des § 8 Abs. 3 KJHG eingeräumt.

Im Gegensatz zu § 16 KJHG, der durch Beratung vorbeugend helfen will, ist die *Erziehungsberatung auf den konkreten Einzelfall bezogen.* Die Übergänge zu anderen Beratungsangeboten des Kinder- und Jugendhilfegesetzes, wie z.B. der Trennungs- und Scheidungsberatung oder der Beratung in Fragen des Umgangsrechts nach § 18 Abs. 3 KJHG sind fließend.

§ 28 KJHG umfasst Erziehungsfragen und mangelnde Erziehungskompetenzen der Personensorgeberechtigen und anderer Erziehungsberechtigter sowie

---

[1] Laut Auskunft der Bundeskonferenz für Erziehungsberatung e.V. gab es Ende November 2002 in der BRD 1.088 Erziehungsberatungsstellen (959 Haupt- und 129 Nebenstellen).

Lernschwierigkeiten, Verhaltensauffälligkeiten, Entwicklungsprobleme usw. und damit zusammenhängende psycho-soziale Beschwerden von Kindern und Jugendlichen (Cremer/Hundsalz/Menne 1994; Hundsalz 1995; Menne/Cremer/Hundsalz 1996; Pettinger 1998; Belardi 1999; Hundsalz/Menne/Cremer 1999).

Durch die Formulierung, dass die in § 28 KJHG Genannten bei der Klärung und Bewältigung individueller und familienbezogener Probleme und der zugrunde liegenden Faktoren unterstützt werden sollen, stellt der Gesetzgeber klar, dass Erziehungsberatung nicht auf das Kind als Symptomträger oder auf die familiäre Situation reduziert werden kann. Eine derartige individualisierende und damit verkürzte Sichtweise wird durch das Kinder- und Jugendhilfegesetz nicht gedeckt. Vielmehr sind bei der Erziehungsberatung auch alle außerfamiliären Faktoren zu berücksichtigen. Es ist notwendig, die Familie als ein System zu begreifen, das mit vielfältigen anderen Bezugssystemen verbunden und in ständiger Wechselwirkung steht. Diese Beratung stellt also eine Form der Krisenintervention dar, die bei allen nur denkbaren familiären Problemlagen zur Anwendung kommen kann. Wichtig ist, dass diese Vorschrift nicht nur die Erziehungs-, Jugend- und Familienberatung zum Gegenstand hat, weil das Aufgabenfeld kaum begrenzbar ist. Erziehungsberatung umfasst daher letztlich jedwede Form von Lebensberatung, die von Schulstörungen über Berufsfindungsprobleme bis hin zu Alkoholiker-, Aids- und Schuldnerberatung reichen kann.

Die Erziehungsberatungsstellen werden vorwiegend aus den folgenden Gründen aufgesucht:
- emotionale Probleme (z.B. Ängste, Einsamkeit, depressive Zustände);
- soziale Verhaltensauffälligkeiten;
- Probleme im Schul- und Leistungsbereich;
- Schwierigkeiten in der familialen Interaktion (z.B. Ablösung vom Elternhaus, körperliche Züchtigung);
- psychosomatische Auffälligkeiten (z.B. Einnässen, Einkoten, Ess- oder Sprachstörungen);
- Trennung und Scheidung, Arbeitslosigkeit und weitere Belastungen (Menne 1996a).

Streitig ist, in welcher Form die Erziehungsberatung in die Hilfen zur Erziehung nach den §§ 27 ff. KJHG eingebettet ist (Kurz-Adam 1998). Es handelt sich darum, welche Zugangsvoraussetzungen für die Erziehungsberatung bestehen, welche Bedingungen erfüllt sein müssen, um die Leistung zu erhalten. Es geht hierbei auch um das Problem, ob die Beratungsstellen freier Träger spontan, ohne dass das Jugendamt eine Entscheidung über die Leistungsgewährung getroffen hat, in Anspruch genommen werden dürfen. Es fragt sich, ob das Jugendamt entscheiden muss, ob Erziehungsberatung im konkreten Einzelfall ein geeignetes Instrument ist, die Erziehungsdefizite zu beheben.

Diese Kontroverse hat auch unmittelbare Auswirkungen auf das Problem, ob § 36 KJHG (Hilfeplan) bei der Erziehungsberatung zu berücksichtigen ist; ausführlich Münder u.a. (1998, Anm. 23 ff. zu § 28 KJHG).

Maas ist der Auffassung, das Jugendamt habe vorweg zu klären, »ob von den vorgesehenen Hilfearten auch Erziehungsberatung in Betracht kommt. Stellt sich heraus, dass Erziehungsberatung eine angesichts des gegebenen erzieherischen Bedarfs geeignete und notwendige Hilfe ist und wird diese Hilfe von den Personensorgeberechtigten akzeptiert, so hat das Jugendamt diese Hilfe zu gewähren. Diese Gewährung ist ein Verwaltungsakt (...)« (Maas 1995, 387, 389).

Überwiegend wird dagegen die Meinung vertreten, dass diese rein »verwaltungsrechtliche« Lösung den Zugang zur Erziehungsberatung erschweren, wenn nicht gar vereiteln würde (Menne 1994; Wiesner u.a. 2000, Anm. 28 zu § 28 KJHG; Kaufmann 2000). Sie plädieren – ohne die Einordnung der Erziehungsberatungsstellen in das KJHG und die Hilfen zur Erziehung nach den §§ 27 ff. KJHG prinzipiell zu problematisieren – für einen gemäßigten Sonderstatus. Das Angebot der Erziehungsberatungsstellen soll nämlich so gestaltet sein, dass es die Betroffenen unmittelbar und ohne vorherige Beteiligung des Jugendamtes in Anspruch nehmen können. Diese Niederschwelligkeit (vgl. Deutscher Städtetag u.a. 1997) des Angebotes ist von großem Gewicht, um die Akzeptanz dieser Einrichtungen nicht zu gefährden. Allerdings ist auch nach dieser »gemäßigten« rechtlichen Interpretation unbestritten, dass die »Autonomie der Erziehungsberatung auf der Ebene der Einzelfallhilfe nicht mehr um jeden Preis gewahrt werden kann, sondern sich in eine Kooperationsform einfügen muss, die den Interessen aller Beteiligten dienen muss« (Kurz-Adam 1998, 426, 434).

Der individuelle Rechtsanspruch der Personensorgeberechtigten richtet sich an den Träger der öffentlichen Jugendhilfe; dieser hat dafür zu sorgen, dass entsprechende Angebote von öffentlichen oder privaten Trägern vorgehalten werden. Wenn sich Ratsuchende unmittelbar an eine Beratungsstelle in freier Trägerschaft wenden und Beratungsleistungen erhalten, erledigt sich der Rechtsanspruch gegen den öffentlichen Träger. Es bedarf keiner Einzelentscheidung durch das Jugendamt.
»Dieses hat lediglich dafür Sorge zu tragen, dass eine bedarfsgerechte Versorgung mit Beratungsstellen zur Verfügung steht und das Angebot den qualitativen Standards entspricht« (Deutscher Städtetag u.a. 1997, 5, 6).
Es bedarf auch keiner vorangehenden Information der öffentlichen Jugendhilfe.

Nach dem neuen Kindschaftsrecht 1998 kann nach Trennung oder Scheidung das gemeinsame Sorgerecht weiterhin bestehen. Müssen daher *beide* Personensorgeberechtigten einer Erziehungsberatung zustimmen? § 1687 BGB regelt die Ausübung der gemeinsamen Sorge bei Getrenntleben. Danach müssen die Eltern Einvernehmen herstellen, wenn es sich um Angelegenheiten von erheblicher Bedeutung handelt. Dagegen kann der Elternteil, bei dem sich das Kind gewöhnlich aufhält, in Angelegenheiten des täglichen Lebens eigenverantwortlich entscheiden. Eine Erziehungsberatung wird dann eine Angelegenheit von erheblicher Bedeutung sein, wenn es sich um schwere Probleme handelt, z.B. große Ängste, erhebliche Traurigkeit, Suizidversuch oder wenn es sich um eine Beratung handelt, die länger als ein Jahr dauert (Menne 2001a).

In diesen Fällen ist das Einvernehmen der Eltern erforderlich. Wenn der andere Elternteil die Erziehungsberatung aus Rachsucht oder ähnlich unsachlichen, nicht am Kindeswohl orientierten Gründen ablehnt, kommt eine gerichtliche Entscheidung infrage (bke 2001a).

Wenn die Voraussetzungen des § 28 KJHG erfüllt sind, besteht u.U. auch ein Anspruch auf therapeutische Maßnahmen, z.B. auf eine Kinder- oder Spieltherapie. Therapeutische Elemente gehören zur Tätigkeit einer Erziehungsberatungsstelle (Münder u.a. 1998, Anm. 11 zu § 28 KJHG).

Nach In-Kraft-Treten des Psychotherapeutengesetzes wurde eine neue Diskussion über das Verhältnis von Erziehungsberatung und Psychotherapie begonnen. Es werden die unterschiedlichsten Abgrenzungsmodelle (Bittner 2000; Lasse 2002) erörtert und gefragt, ob u.U. sogar die Approbation nach dem Psychotherapeutengesetz notwendig sei, um in einer Erziehungsberatungsstelle zu arbeiten. Bei der Psychotherapie handelt es sich um die Ausübung von Heilkunde, die Erziehungsberatung nach § 28 KJHG ist eine Sozialleistung, wenn auch eigener Art. Diese Sozialleistungen können therapeutische Elemente enthalten, die auf psychotherapeutischer Kompetenz basieren. Sie unterfallen aber nicht dem heilkundlichen System. In der Erziehungsberatung dürfen keine Krankheiten behandelt werden.

Aus diesem Grund ist auch keineswegs eine Approbation erforderlich, um in einer Erziehungsberatungsstelle arbeiten zu können. Leistungen der Erziehungsberatungsstellen sind auch dann nicht als Heilkunde zu bewerten, wenn eine Fachkraft über eine Approbation verfügen sollte (Wiesner u.a. 2000, Anm. 17c zu § 28 KJHG).

Für die Ratsuchenden entstehen durch die Inanspruchnahme einer Erziehungsberatungsstelle keine Kosten – und zwar weder bei öffentlichen noch bei privaten Trägern. Beratung und Therapie sind unentgeltlich. Zu der Frage der Finanzierung von Erziehungsberatungsstellen vgl. bke (1997), Menne (1999).

## 5 Beratung von Kindern und Jugendlichen

Die damalige konservativ-liberale Bundesregierung hat 1997 bekräftigt: »Kinder sind unsere Zukunft« – und sich zu den Beteiligungsmöglichkeiten junger Menschen in unserer Gesellschaft geäußert:
»Es ist ebenfalls wichtig, auch außerhalb der Beziehungsverhältnisse in der Familie deutlich zu machen, dass Kinder und Jugendliche Träger eigener Rechte sind und als Rechtspersönlichkeiten anzuerkennen sind. (...) In diesem Verständnis vom Kind und dem Verhältnis zwischen Erwachsenen und Kindern als einer ›Partnerschaft‹ spiegelt sich ein Wandel, der sich in den vergangenen Jahrzehnten bei Eltern und in der Gesellschaft insgesamt vollzogen hat« (BTDrucks 13/7597).

Wenn Kinder erwachsen werden und sich allmählich aus dem Elternhaus lösen, sind häufig Konflikte vorprogrammiert. Es kann passieren, dass Eltern und Kinder nicht mehr miteinander können, Verhaltensauffälligkeiten sich zu psychischen Krankheiten entwickeln, Aggression sich zu Gewalt steigert, kurzum: die familiäre Situation unerträglich wird. Um die Autonomie der Minderjährigen zu stärken, um ein Gegengewicht gegen die nicht nur ökonomisch mächtigen Personensorgeberechtigten zu setzen, wäre es sinnvoll, Kindern und Jugendlichen zumindest weitreichende Ansprüche auf Beratung einzuräumen.

### 5.1 Die Beratung nach den Sozialgesetzen

Wer das 15. Lebensjahr vollendet hat, also 15 Jahre alt geworden ist, ist sozialrechtlich handlungsfähig. Er besitzt das Recht nach § 36 SGB I, Anträge auf Sozialleistungen zu stellen und zu verfolgen sowie diese entgegenzunehmen.[1]

> **§ 36 SGB I Handlungsfähigkeit**
> (1) Wer das fünfzehnte Lebensjahr vollendet hat, kann Anträge auf Sozialleistungen stellen und verfolgen sowie Sozialleistungen entgegennehmen. Der Leistungsträger soll den gesetzlichen Vertreter über die Antragstellung und die erbrachten Sozialleistungen unterrichten.
> (2) Die Handlungsfähigkeit nach Absatz 1 Satz 1 kann vom gesetzlichen Vertreter durch schriftliche Erklärung gegenüber dem Leistungsträger eingeschränkt werden. Die Rücknahme von Anträgen, der Verzicht auf Sozialleistungen und die Entgegennahme von Darlehen bedürfen der Zustimmung des gesetzlichen Vertreters.

---

[1] Moritz (2002) gibt einen Überblick über die Rechte des Kindes. Er behandelt das Verfassungs-, Zivil- und Sozialrecht.

Diese Vorschrift dient dazu, den Minderjährigen, die ein Arbeits- und Beschäftigungsverhältnis abgeschlossen haben, für die sozialrechtlichen Ansprüche ein selbständiges Handeln zu ermöglichen. (Mrozynski 1995, Anm. 2 zu § 36 SGB I).

Diese Vorschrift will dem Minderjährigen nicht nur eine Art Mitwirkung im Sozialrecht geben, sondern umfasst die materiell-rechtliche Verfügungsmacht über sozialrechtliche Ansprüche (Coester 1985) und zielt auf eine Statusveränderung des Jugendlichen, allerdings mit beträchtlichen Einschränkungen.

- Der Leistungsträger soll nach § 36 Abs. 1 SGB I die gesetzlichen Vertreter, im Regelfall die Eltern, über die Antragstellung und über die erbrachten Sozialleistungen unterrichten. Diese Unterrichtung dient weniger den Interessen der Minderjährigen, sondern wird damit begründet, dass das verfassungsrechtlich garantierte Elternrecht nur maßvoll tangiert werden dürfe. »Sollen« heißt, wie bereits dargelegt, nach den Grundsätzen des Verwaltungsrechts im Allgemeinen »müssen«. Nur wenn atypische Umstände vorliegen, können die Leistungsträger von einer Benachrichtigung der Eltern absehen (Mrozynski 1995, Anm. 16 zu § 36 SGB I).

- Nach § 36 Abs. 2 SGB I sind die gesetzlichen Vertreter darüber hinaus befugt, die Handlungsfähigkeit des Minderjährigen durch eine schriftliche Erklärung einzuschränken.

- Schließlich bedürfen die Rücknahme von Anträgen, der Verzicht auf Sozialleistungen und die Entgegennahme von Darlehen der Zustimmung des gesetzlichen Vertreters. Wenn diese Einschränkungen jedoch nicht vorliegen, besitzt der Minderjährige die sozialrechtliche Handlungsfähigkeit.

§ 14 SGB I gewährt einen Anspruch auf Beratung über die Rechte und Pflichten nach den Sozialgesetzbüchern. Die Durchführung der Beratung ist eine Dienst- und damit Sozialleistung. Aus diesem Grunde ist auch für den Anspruch auf Beratung die sozialrechtliche Handlungsfähigkeit erforderlich, damit der betroffene Jugendliche den Anspruch auf Beratung selbst geltend machen kann (Grüner/Dalichau 1995, § 14 SGB I, 10). *Hat der Jugendliche also das 15. Lebensjahr vollendet, steht ihm im Prinzip ein Anspruch auf Beratung zu.*

Die Regelung des § 36 SGB I gilt auch für die anderen Sozialleistungen, insbesondere für die Sozialhilfe. Der Minderjährige kann Anträge auf Sozialhilfe stellen und verfolgen, soweit ein Anspruch für ihn infrage kommt (Schellhorn/Schellhorn 2002, Anm. 26 zu § 4 BSHG). Dies gilt selbstredend auch für die Beratungsansprüche nach dem Bundessozialhilfegesetz.

## 5.2 Die Besonderheiten nach dem Kinder- und Jugendhilfegesetz

§ 36 SGB I gilt für alle vom allgemeinen Teil des Sozialgesetzbuches erfassten Leistungsgesetze, mithin auch für das KJHG. Es liegt daher nahe, die sozialrechtliche Handlungsfähigkeit der Minderjährigen auch für die Jugendhilfe zu bejahen. Inwieweit die sozialrechtliche Handlungsbefugnis in das Jugendhilferecht hineinreicht, ist streitig. Einige Autoren sind der Auffassung, sie sei in einem bestimmten Umfang in der Jugendhilfe wirksam, könne aber nur als partielle Handlungsfähigkeit bezeichnet werden, da sie selbst im Sozialrecht keineswegs umfassend ausgestaltet sei (Mrozynski 1995, Anm. 2 zu § 36 SGB I). Wiesner ist dagegen der Ansicht, dass ein Antragsrecht der Minderjährigen im KJHG nicht nur, wie im Sozialrecht, das gesetzliche Vertretungsrecht der Eltern berührt, sondern auch die tatsächliche Personensorge beschränkt. »Mit der gesetzlichen Vorverlagerung der sozialrechtlichen Handlungsfähigkeit des Jugendlichen ist jedoch keine Entlassung aus der Personensorge der Eltern verbunden« (Wiesner u.a. 2000, Anm. 29 zu § 8 KJHG; zu einem ähnlichen Ergebnis gelangt der 10. Jugendbericht (BMFSFJ 1998, 173; anderer Auffassung Fieseler/Schleicher 2002, Anm. 4 zu § 8 KJHG). Nach der h.M. lässt sich die sozialrechtliche Handlungsfähigkeit aus § 36 SGB I nicht auf das Kinder- und Jugendhilfegesetz übertragen.

Ob sich aus dem KJHG selbst – immerhin dem Wortlaut nach ein Gesetz für Kinder und Jugendliche – eine Rechtsposition im Interesse von Minderjährigen ergibt, bestreiten die meisten Juristen. Für das Problem eigener Ansprüche von Kindern und Jugendlichen ist es bedeutsam, in welcher Form das KJHG das Verhältnis Eltern zu ihren Kindern regelt. Welche rechtliche Stellung wird den Kindern und Jugendlichen eingeräumt? Berücksichtigt das KJHG, dass durch die neue Verteilung der Arbeitszeit und die Verlängerung der Ausbildung junge Menschen im Allgemeinen länger zu Hause leben als früher und sie trotzdem zu individueller Lebensplanung, zu autonomen Entscheidungen »gezwungen« werden? Mit anderen Worten, wie sollen Kollisionen und Konflikte im Eltern-Kind-Verhältnis gelöst werden, und welche Beratungsmöglichkeiten für die Kinder und Jugendlichen sieht das KJHG vor?

Eine nicht zu übersehende Aversion gegen Rechte von Kindern und Jugendlichen durchzieht das Kinder- und Jugendhilfegesetz (Kiehl 1990). Die rechtliche Prägung des Verhältnisses Kinder/Eltern im KJHG basiert auf zwei Grundentscheidungen des Gesetzgebers:

- Der Vorrang der elterlichen Erziehung wird entsprechend den verfassungsrechtlichen Vorgaben gewährleistet, § 1 Abs. 2 KJHG;
- das KJHG verwehrt dem Kind oder Jugendlichen dem Grunde nach eigene Ansprüche auf Leistungen.

Nun ist denjenigen, die verstärkten rechtlichen Positionen von Kindern und Jugendlichen eher skeptisch gegenüberstehen (Wiesner 1998), einzuräumen, dass bislang wenig konkrete Konzepte zur Umsetzung dieser Forderung vorliegen. Dass dies aber nicht Sache des Gesetzgebers sei, erstaunt. In vielen anderen Bereichen der Rechtsordnung, denken wir nur an das Arbeits- oder Schulrecht, hat der Gesetzgeber nachdrücklichst Partizipationsrechte für Minderjährige normiert. Die Schülervertretung in den Schulen, die Jugendvertretung in den Betrieben, das kommunale Wahlrecht für 16-Jährige sind derartige Beispiele.

Allerdings bleiben diese Beispiele für das KJHG folgenlos. Dort gilt überwiegend das Motto:
»Das Recht muss zwar zur Verbesserung der Sozialisationsbedingungen von Kindern einen Beitrag leisten, die Reichweite des Ausbaus von subjektiven Kinderrechten ist aber beschränkt« (BMFSFJ 1998, 160).
Es gelte, der kontraproduktiven Verrechtlichung von Kindern und Erwachsenen entgegenzuwirken.
Natürlich ist es eine Binsenweisheit, dass für die Ausübung von Rechten eine bestimmte Einsichtsfähigkeit vorhanden sein muss. Insoweit hat Wiesner völlig Recht.
»Es bedarf keiner vertieften Kenntnisse der Entwicklungspsychologie und der Pädiatrie, um zu wissen, dass es zur Ausübung der Rechte einer bestimmten Einsichtsfähigkeit und Reife bedarf, die ein Säugling oder Kleinkind nicht hat« (Wiesner 1998, 173, 179).

Ärgerlich ist nur, dass von Säuglingen und Kleinkindern die Rede ist. Wer wollte bestreiten, dass eine Dreijährige nicht das Recht hat, in eine betreute Wohnung zu ziehen oder eine Therapie gegen den Willen der Eltern zu beginnen. Wie ist dies aber bei 15-, 16-, 17-jährigen jungen Menschen zu beurteilen? Weil sie die Einsichtsfähigkeit nicht besitzen, nur mit Willen der Eltern? Zumindestens böte sich das Rechtsinstitut des »einsichtsfähigen Minderjährigen« an. Danach stehen »reifen« Minderjährigen bestimmte Teilmündigkeitsrechte vor allem im Strafrecht zu (vgl. BayObLG, NJW 1999, 372).

Gleichwohl: Die Ansprüche nach dem KJHG richten sich fast ausschließlich an die Personensorgeberechtigten.[1] Die fehlenden Rechtsansprüche für junge Menschen sind mehr als problematisch. Gewiss kann es keine gesetzlichen Ansprüche auf alles und jedes geben. Es ist aber nicht einzusehen, warum ab einem bestimmten Alter ein Jugendlicher nicht selbst entscheiden können soll,

---

[1] Mit Einwilligung der Personensorge- bzw. der Erziehungsberechtigten können Kinder und Jugendliche alle Leistungen der Jugendhilfe in Anspruch nehmen. Bei Einverständnis zwischen Eltern und Kindern gibt es daher überhaupt kein Problem.

ob er Ansprüche nach dem KJHG geltend machen will oder nicht.[1] Nur auf diese Weise lassen sich Eigenverantwortlichkeit und autonome Planungsfähigkeit erreichen. Mit seinen Grundentscheidungen hat das KJHG überwiegend auf die Erziehungskompetenz der Personensorgeberechtigten und der Erwachsenen gesetzt. Bei Auseinandersetzungen zwischen Kindern und Jugendlichen mit ihren Eltern, die mit eigenen Kräften und auch mit fachkundiger Beratung nicht mehr lösbar erscheinen, setzt sich der elterliche Wille durch.

Die herrschende juristische Auffassung ist umso verwunderlicher, da doch das BGB Verrechtlichungstendenzen zwischen Eltern und Kindern durchaus positiv würdigt und normiert hat. Genannt sei hier nur § 1631a BGB. Nach dieser Vorschrift haben die Eltern in Angelegenheiten der Ausbildung und des Berufes Rücksicht auf Eignung und Neigung des Kindes zu nehmen. Bestehen Zweifel, so soll der Rat eines Lehrers oder einer anderen geeigneten Person eingeholt werden. Darüber hinaus sieht § 1631 Abs. 2 BGB vor, dass die Kinder ein Recht auf gewaltfreie Erziehung haben. Körperliche Bestrafungen, seelische Verletzungen und andere Erziehungsmaßnahmen sind unzulässig. Nach § 1684 Abs. 1 BGB hat das Kind ein Recht auf Umgang mit jedem Elternteil. Mit dieser Verrechtlichung des Eltern-Kind-Verhältnisses werden die gesellschaftlichen Individualisierungsprozesse juristisch abgesichert.

Für das Kinder- und Jugendhilferecht steht indessen fest, dass sich die meisten der Beratungsangebote nur an die Personensorge- bzw. an die Erziehungsberechtigten wenden. Eigene Ansprüche auf Beratung für Kinder und Jugendliche kennt das KJHG lediglich in bescheidenem Umfang.

Dabei wäre eine verstärkte Beteiligung von Kindern und Jugendlichen in Hilfe- und Beratungsangeboten nach dem KJHG dringlich notwendig. Eine breit angelegte Studie von Lenz (2001), die sich mit der Bedeutung der Partizipation von Kindern und Jugendlichen in Beratung und Therapie befasst, kommt zum Ergebnis, dass die betroffenen Kinder nur unzureichend an der Hilfeerbringung beteiligt werden. Kinder sind mit Beratungen vor allem dann nicht zufrieden, wenn sie keine Möglichkeit der Beteiligung haben. Es steht daher auf der Tagesordnung, dass die Jugendhilfe den Dialog mit Kindern aufnehmen muss (vgl. auch Marquard 2002).
Das betont auch die Bundesregierung im 11. Kinder- und Jugendbericht: »Die Strukturmaximen einer lebensweltorientierten Jugendhilfe rücken eine wirksame Beteiligung bei der Erbringung von Jugendhilfeleistungen ins Zentrum

---

[1] Soweit das KJHG eigene Ansprüche Minderjähriger vorsieht, z.B. die Eingliederungsbeihilfe für seelisch behinderte Kinder und Jugendliche nach § 35a KJHG, ist dies nach Ansicht des 10. Jugendberichtes für die Diskussion um erweiterte Kinderrechte unbeachtlich, da es sich nicht um Erziehungsleistungen handelt (BMFSFJ 1998, 167).

der Planungs- und Handlungskonzepte. Beteiligung ist als ›Ressource‹ ausschlaggebend für den Erfolg von spezifischen Angeboten und Leistungen« (BMFSFJ 2002, 197; vgl. auch Proksch 2002).

Leider sei in der Praxis bis zum jetzigen Zeitpunkt eine kontinuierliche und methodisch differenzierte Beteiligung selten anzutreffen. Das gelte auch für die Hilfen zur Erziehung, wo die Partizipation durch kulturelle Barrieren eingeschränkt und durch das Fehlen eigenständiger Antragsrechte von Kindern und Jugendlichen begrenzt ist.

### 5.2.1 Beratung in Konflikt- und Notlagen

> **§ 8 KJHG Beteiligung von Kindern und Jugendlichen**
> (...)
> (3) Kinder und Jugendliche können ohne Kenntnis des Personensorgeberechtigten beraten werden, wenn die Beratung aufgrund einer Not- und Konfliktlage erforderlich ist und solange durch die Mitteilung an den Personensorgeberechtigten der Beratungszweck vereitelt würde.

Während § 8 Abs. 1 KJHG programmatisch die Beteiligung von Kindern an allen sie betreffenden Entscheidungen der öffentlichen Jugendhilfe fordert, haben Minderjährige unabhängig von ihrem Alter nach § 8 Abs. 2 KJHG das Recht, sich in allen Angelegenheiten der Erziehung und Entwicklung an das Jugendamt zu wenden. Diese Vorschrift normiert Anregungs- und Anhörungsrecht für Kinder und Jugendliche. Durch diese Regelungen soll die Subjektstellung der Minderjährigen betont werden (Fieseler/Schleicher 2002, Anm. 7 zu § 8 KJHG).

Ein *eigenständiger Anspruch* auf Beratung ist den Kindern und Jugendlichen indessen durch § 8 Abs. 3 KJHG eingeräumt worden. Dies war im Gesetzgebungsverfahren umstritten. Nach § 8 Abs. 3 KJHG können Kinder und Jugendliche sich ohne Kenntnis der Personensorgeberechtigten beraten lassen, wenn die Beratung aufgrund einer Konflikt- und Notlage erforderlich ist und durch eine entsprechende Benachrichtigung der Personensorgeberechtigten der Beratungszweck unterlaufen oder gefährdet würde. Eine Not- und Konfliktlage liegt nicht nur dann vor, wenn Gefahr für Leib oder Leben droht, sondern auch, wenn zu befürchten ist, dass ohne Beratung das Kindeswohl gefährdet würde. Es muss sich nicht um eine aktuelle Situation handeln, sondern es ist ausreichend, wenn ein Konflikt mit den Eltern droht, z.B. wegen eines geplanten Schwangerschaftsabbruches (Münder u.a. 1998, Anm. 9 zu § 8 KJHG; Moritz 1999; weitergehend Fieseler/Schleicher 2002, Anm. 8 zu § 8

KJHG, die eine subjektiv empfundene Notlage für ausreichend halten). In der Praxis der Jugendhilfe existieren seit geraumer Zeit eine Vielzahl von Beratungsangeboten für Jugendliche. Persönliche oder telefonische Beratung, Sorgentelefone, Jugendnotdienste sollen dazu beitragen, Konflikte durch Beratung zu entschärfen oder zu lösen.

Auch hier stellt sich das Problem, in welcher Weise die Personensorgeberechtigten in die Beratung einzubeziehen sind, unter welchen Voraussetzungen sie benachrichtigt werden müssen. § 8 Abs. 3 KJHG besagt, dass die Personensorgeberechtigten zu informieren sind, wenn durch die Benachrichtigung der Beratungszweck nicht gefährdet wird. In einer Entscheidung des Bundesverfassungsgerichtes ist das Verhältnis von Elternrecht, Kindesinteresse und Kompetenz professioneller Berater präzisiert worden. Wenn eine Information an die Eltern Gesundheit und Wohlergehen der betroffenen Minderjährigen gefährden würde, ist eine Benachrichtigung nicht erforderlich.

- Bei mangelnden Vertrauensverhältnissen zwischen Eltern und Kindern oder bei Alkohol- und Drogensucht der Eltern könne es – so das Bundesverfassungsgericht – durchaus im Interesse der Kinder liegen, dass die Berater auch gegenüber den Eltern ein Schweigerecht besitzen (BVerfGE 59, 360).

- Dies gilt selbstverständlich auch für alle Formen bedrohlicher Kindesgefährdung durch die Personensorgeberechtigten, wie etwa bei einem sexuellen Missbrauch oder bei anderen Formen körperlicher Misshandlung.

§ 8 Abs. 3 KJHG räumt den Beratern einen Ermessensspielraum ein. Bei Abwägung des Elterninteresses auf Information einerseits und des Schutzes des Vertrauensverhältnisses zu den Kindern und Jugendlichen andererseits dürfen sie schweigen, wenn Beeinträchtigungen für das Kindeswohl drohen. § 8 Abs. 3 KJHG ist weit auszulegen, um ein Gegengewicht zu der Überbetonung des Elternrechts im Kinder- und Jugendhilferecht zu schaffen (Fieseler/ Schleicher 2002, Anm. 9 zu § 8 KJHG).

§ 8 Abs. 3 KJHG ist missverständlich formuliert. Er erweckt den Eindruck, dass es im Belieben des Jugendamtes steht, ob es ein Kind berät oder nicht. Dem ist nicht so. Durch die Formulierung »Kinder und Jugendliche *können* (...) beraten werden« soll zum Ausdruck kommen, dass dem Jugendamt durch § 8 Abs. 3 KJHG eine eigenständige rechtliche Position gegenüber dem Elternrecht eingeräumt werden soll. Liegen die tatbestandlichen Voraussetzungen des § 8 Abs. 3 KJHG vor, dann ergibt sich ein Beratungsanspruch des Kindes oder des Jugendlichen und damit eine Verpflichtung des Jugendamtes, sie zu beraten (Wiesner u.a. 2000, Anm. 46 zu § 8 KJHG; Münder u.a. 1998, Anm. 11 zu § 8 KJHG). Eine längerdauernde Beratung von Kindern und Jugendlichen ohne Wissen der Eltern ist durch § 8 Abs. 3 KJHG jedoch nicht gedeckt. In einem derartigen Fall sollte das Jugendamt die Eltern informieren, es sei denn, es liegen außergewöhnliche Umstände vor. Bei Unverständnis der Eltern kann das Jugendamt das Vormundschaftsgericht einschalten und entsprechende Maßnahmen beantragen (Kunkel 1997). Bleibt zu erwähnen, dass die Beratungsdienste der privaten Träger auch an die Vorgaben des § 8 Abs. 3 KJHG gebunden sind. Die Beraterinnen besitzen ein Schweigerecht in den Grenzen dieser Vorschrift, ansonsten müssen sie die Eltern informieren.

### 5.2.2 Beratung bei der Ausübung der Personensorge
§ 18 Abs. 3 Satz 1 KJHG

§ 18 KJHG verpflichtet die Jugendämter zur außergerichtlichen Streitschlichtung im Zusammenhang mit den Umgangsrechten zwischen Kindern und Jugendlichen sowie Eltern, anderen Umgangsberechtigten und Personen, in deren Obhut sich das Kind befindet. § 1684 BGB normiert: Kinder und Eltern sind zum Umgang berechtigt und verpflichtet. Nicht nur den Eltern steht ein Recht auf Umgang zu, auch das Kind ist anspruchsberechtigt. § 1685 BGB gewährt Großeltern und Geschwistern ein Recht auf Umgang mit dem Kind, wenn damit dessen Wohl gedient wird. § 18 Abs. 3 Satz 1 KJHG räumt Kindern und Jugendlichen gegenüber dem Jugendamt einen Anspruch auf Beratung und Unterstützung im Hinblick auf die Ausübung ihres Umgangsrechts ein. Der Beratungsanspruch für die Kinder und Jugendlichen flankiert das Umgangsrecht aus § 1684 Abs. 1 BGB, d.h., sie sollen bei der Kontaktsuche oder Kontaktaufnahme unterstützt werden. Ziel des § 18 KJHG ist es, möglichst eine einverständliche Regelung zwischen allen Beteiligten herbeizuführen, eine Voraussetzung für eine dauerhafte und stabile Umgangsregelung.

### 5.2.3 Beratung bei der Inobhutnahme
§ 42 KJHG

Ein anderer Beratungsanspruch für Kinder und Jugendliche ergibt sich aus § 42 KJHG. Nach § 42 Abs. 2 KJHG ist das Jugendamt verpflichtet, Kinder und Jugendliche in seine Obhut zu nehmen, wenn das Kind oder der Jugendliche darum bittet (Selbstmelder) oder wenn eine dringende Gefahr für das Wohl des Kindes oder Jugendlichen besteht, § 42 Abs. 3 KJHG. Während der Inobhutnahme hat das Jugendamt für das Wohl des Kindes oder Jugendlichen zu sorgen und sie in ihrer gegenwärtigen Lage zu beraten.

§ 42 KJHG räumt Kindern und Jugendlichen einen altersunabhängigen Beratungsanspruch ein. Die Beratung in einer Krisenintervention hat vornehmlich zum Anliegen, dem Kind oder Jugendlichen eine fundierte pädagogische Hilfestellung zu geben, um die Entschärfung der Konflikte oder deren Lösung zu erreichen. Bei der Inobhutnahme darf keineswegs der Verwahraspekt überwiegen, sondern es müssen die fachlichen und personellen Anforderungen für eine geeignete und kompetente Krisenintervention und Beratung gewährleistet sein. Hierzu gehört es, mit den Minderjährigen Perspektiven zu entwickeln, Kontakte zu anderen sozialen Diensten aufzunehmen und gegebenenfalls mit den Erziehungsberechtigten zu kooperieren (Münder u.a. 1998, Anm. 7 zu § 42 KJHG). Der Beratungsansatz lässt erkennen, dass sozialpädagogisches Handeln – auch im Falle der Krisenintervention – ordnungspolitisches Handeln ersetzen soll.

Um dieses Ziel des Gesetzgebers zu gewährleisten, ist nicht nur ein entsprechend qualifiziertes Personal, sondern auch die jederzeitige Erreichbarkeit der Fachkräfte erforderlich.

»Fachlich geeignete Sozialarbeiter müssen *rund um die Uhr erreichbar* sein und jederzeit mit anderen Fachkräften (Psychologen, Ärzten für Kinder- und Jugendpsychiatrie und -psychotherapie) Kontakt aufnehmen können (Rufbereitschaft)« (Wiesner u.a. 2000, Anm. 19 zu § 42 KJHG).

Das Jugendamt hat die Pflicht, die Personensorgeberechtigten oder die Erziehungsberechtigten – sowohl bei den Selbstmeldern als auch bei der Inobhutnahme bei Kindeswohlgefährdung – unverzüglich zu unterrichten. Widersprechen sie der Inobhutnahme, so muss das Jugendamt das Kind oder den Jugendlichen an den Personensorge- oder Erziehungsberechtigten herausgeben oder aber eine Entscheidung des Familiengerichts herbeiführen.

### 5.2.4 Beratung im Hilfeplanverfahren

Für den Hilfeplan bestimmt § 36 KJHG, dass die Personensorgeberechtigten und das Kind oder der Jugendliche vor Entscheidung über die Inanspruchnahme einer Hilfe bzw. vor einer notwendigen Änderung von Art und Umfang der Hilfe zu beraten sind. § 36 KJHG sichert den eigenen Anspruch von Kindern und Jugendlichen auf Beratung durch das Jugendamt. In Konfliktsituationen zwischen Eltern und Kindern kann es durchaus geboten sein, dass die Fachkräfte die Minderjährigen auch ohne Kenntnis der Personensorgeberechtigten beraten können. Dies ist der Fall, wenn die Voraussetzungen des § 8 Abs. 3 KJHG gegeben sind, also eine Not- und Konfliktsituation vorliegt. Wie bei § 8 Abs. 3 KJHG ist das Jugendamt dann nicht verpflichtet, die Eltern über den Beratungsinhalt zu informieren. Das Fachpersonal hat das Recht, Äußerungen des Kindes vor den Eltern geheim zu halten.

§ 36 KJHG enthält Aussagen über Inhalte und Qualität der Beratung. Sie hat sich an den individuellen Umständen zu orientieren und ist damit »der Aufklärung durch den Arzt vor einer Behandlung vergleichbar« (Fricke 1992, 509, 510).

Die inhaltliche Ausgestaltung der Beratung hat sich auch an § 14 SGB I zu orientieren. Sie muss insbesondere berücksichtigen, dass Ratsuchende in rechtlichen Angelegenheiten häufig wenig Kenntnisse besitzen. Nach Empfehlungen des Landeswohlfahrtsverbandes/Landesjugendamtes Baden soll in der Beratung nach § 36 KJHG u.a. hingewiesen werden auf

- die Leistungspalette der Jugendhilfe;
- die internen Abläufe, weil Klienten wissen müssen, wie Daten über sie verwendet werden;
- die Kostenbeitragsregelungen;
- das Wunsch- und Wahlrecht der Betroffenen;
- die Beteiligungsrechte von Kindern und Jugendlichen;
- die Beachtung der Grundrichtungen der Erziehung;
- die Beteiligungsrechte der Betroffenen bei der Erstellung und Fortschreibung des Hilfeplans und
- die datenschutzrechtlichen Bestimmungen (Landeswohlfahrtsverband/Landesjugendamt Baden, in: ISA 1994, 201 ff.).

## 6 Unfreiwillige Beratung und Therapie

Obwohl im Allgemeinen der Nutzen einer »angeordneten« Beratung oder Therapie begrenzt zu sein scheint, kennt die bundesrepublikanische Rechtsordnung derartige unfreiwillige Beratungen. Da ihnen das Moment der Freiwilligkeit fehlt, ist das für den Beratungsprozess konstitutive Vertrauensverhältnis häufig nur schwer herstellbar. Pflichtberatung und Zwangstherapien bedürfen einer gesetzlichen Grundlage, da sie in Grundrechte der Beratenen und Therapierten eingreifen. Die wichtigsten Pflichtberatungen sind um das Strafrecht und das Jugendgerichtsgesetz angesiedelt.

### 6.1 Die Pflichtberatung nach § 219 StGB sowie dem Schwangerschaftskonfliktgesetz

Das Urteil des Bundesverfassungsgerichtes vom 28.5.1993 (BVerfGE 88, 203) zum Schwangerschaftsabbruch hat im Kern die Fristenlösung abgesegnet, aber mit einer strafbewehrten Zwangsberatung versehen. Das mit einer Indikationslösung verbundene strafrechtliche Risiko für die Ärztinnen und Ärzte ist durch die Entscheidung des höchsten deutschen Gerichtes beseitigt worden (Frommel 1993). Diese Neuregelung hat der Tatsache Rechnung getragen, dass mit strengen strafrechtlichen Vorschriften Schwangerschaftsabbrüche keineswegs vermieden werden. Erfahrungen aus Ländern mit harten Sanktionen für den Abbruch belegen, dass derartig Drohungen für die Anzahl der Abbrüche beinahe bedeutungslos sind (Eser/Koch 2000). Allerdings wurde dieser rechtliche Fortschritt durch die Einführung der Zwangsberatung rechtlich flankiert. Das Bundesverfassungsgericht hat eine derartige Beratung für rechtmäßig gehalten. Zwei der Leitsätze des Urteils lauten:

»11. Dem Gesetzgeber ist es verfassungsrechtlich grundsätzlich nicht verwehrt, zu einem Konzept für den Schutz des ungeborenen Lebens überzugehen, das in der Frühphase der Schwangerschaft in Schwangerschaftskonflikten den Schwerpunkt auf die Beratung der schwangeren Frau legt, um sie für das Austragen des Kindes zu gewinnen, und dabei auf eine indikationsbestimmte Strafdrohung und die Feststellung von Indikationstatbeständen durch einen Dritten verzichtet.
12. Ein solches Beratungskonzept erfordert Rahmenbedingungen, die positive Voraussetzungen für ein Handeln der Frau zugunsten des ungeborenen Lebens schaffen. Der Staat trägt für die Durchführung des Beratungsverfahrens die volle Verantwortung« (BVerfGE 88, 203, 204).

Die Straflosigkeit des Schwangerschaftsabbruchs ist daher von einer Beratung nach §§ 218a, 219 StGB abhängig. Die Einzelheiten der Beratung finden sich im Schwangerschaftskonfliktgesetz (SchKG). § 5 SchKG regelt die Inhalte der Schwangerschaftskonfliktberatung.

> **§ 5 SchKG Inhalt der Schwangerschaftskonfliktberatung**
> (1) Die nach § 219 des Strafgesetzbuches notwendige Beratung ist ergebnisoffen zu führen. Sie geht von der Verantwortung der Frau aus. Die Beratung soll ermutigen und Verständnis wecken, nicht belehren oder bevormunden. Die Schwangerschaftskonfliktberatung dient dem Schutz des ungeborenen Lebens.
> (2) Die Beratung umfasst:
> 1. das Eintreten in eine Konfliktberatung; dazu wird erwartet, dass die schwangere Frau der sie beratenden Person die Gründe mitteilt, derentwegen sie einen Abbruch der Schwangerschaft erwägt; der Beratungscharakter schließt aus, dass die Gesprächs- und Mitwirkungsbereitschaft der schwangeren Frau erzwungen wird;
> 2. jede nach Sachlage erforderliche medizinische, soziale und juristische Information, die Darlegung der Rechtsansprüche von Mutter und Kind und der möglichen praktischen Hilfen, insbesondere solcher, die die Fortsetzung der Schwangerschaft und die Lage von Mutter und Kind erleichtern;
> 3. das Angebot, die schwangere Frau bei der Geltendmachung von Ansprüchen, bei der Wohnungssuche, bei der Suche nach einer Betreuungsmöglichkeit für das Kind und bei der Fortsetzung ihrer Ausbildung zu unterstützen, sowie das Angebot einer Nachbetreuung.
> Die Beratung unterrichtet auf Wunsch der Schwangeren auch über Möglichkeiten, ungewollte Schwangerschaften zu vermeiden.

§ 6 SchKG enthält im Einzelnen das Verfahren bei der Durchführung der Beratung. Nach § 6 Abs. 1 SchKG ist die Schwangere unverzüglich zu beraten. Nach § 7 SchKG hat die Beratungsstelle nach Abschluss der Beratung der Schwangeren ein mit Namen und Datum versehene Bescheinigung auszustellen, dass eine Beratung stattgefunden hat. Nach § 6 Abs. 2 SchKG kann die Schwangere auf ihren Wunsch gegenüber der sie beratenden Person anonym bleiben. Für die Beratungsbescheinigung muss sie sich jedoch identifizieren, wobei die ausstellende Mitarbeiterin nicht mit der Beraterin identisch sein muss (Schönke/Schröder 2001, Anm. 14 zu § 219 StGB).

Hält die Beraterin nach dem Beratungsgespräch eine Fortsetzung für notwendig, soll dieses neue Beratungsgespräch unverzüglich erfolgen, § 7 Abs. 2 SchKG. Die Ausstellung einer Beratungsbescheinigung darf nicht verweigert werden, wenn durch eine Fortsetzung des Beratungsgesprächs die Beachtung der in § 218a Abs. 1 StGB vorgesehenen Fristen unmöglich werden könnte.[1]

Wie aber, wenn eine Schwangere es ablehnt, über ihre persönlichen Angelegenheiten zu sprechen, die Gründe nicht mitteilt, die sie zu einem Schwangerschaftsabbruch bewegen, kann ihr dann die Bescheinigung verweigert werden? Einige sind der Auffassung, dass eine Bescheinigung nicht ausgefüllt werden muss, wenn eine Schwangere sich dem Gespräch entzieht. »Schweigt die Frau oder verweigert sie die Angabe solcher Gründe, insbesondere, um ›möglichst schnell‹ zum Zwecke der Eingriffsvornahme die Beratungsbescheinigung zu erhalten, hat keine Beratung im Sinne des § 5 SchKG und § 219 StGB stattgefunden. In Konsequenz hierzu hat sie dann auch keinen Anspruch auf die Bescheinigung« (Ellwanger 1997, Anm. 9 Einf.; vgl. auch Schönke/Schröder 2001, Anm. 6 zu § 218a StGB).

Diese Auffassung ist nicht haltbar. Das Bundesverfassungsgericht hat in einer Entscheidung zur Verfassungsmäßigkeit des Bayerischen Schwangerenhilfeergänzungsgesetzes nochmals hervorgehoben, dass im Rahmen der Konfliktberatung nach § 219 StGB das Prinzip der Freiwilligkeit gilt. Die Gesprächs- und Mitwirkungsbereitschaft darf nicht erzwungen werden und die Schwangere ist nicht verpflichtet, sich in dem Beratungsgespräch als Person zu identifizieren (BVerfG, NJW 1999, 841; so auch Tröndle/Fischer 2001, Anm. 4 zu § 219 StGB).
Das Angebot der beratenden Fachkraft zu einem Gespräch gegenüber der Schwangeren ist ausreichend.
»Das Bestreben, in der Konfliktberatung und beim Arzt gleichermaßen keinen Zwang zur Offenlegung einzuführen, damit der Arzt nicht insgeheim wie-

---

[1] Nach § 218a StGB besteht keine Pflicht zur Beratung, wenn eine medizinische oder kriminologische Indikation vorliegt, die einen Schwangerschaftsabbruch rechtfertigt.

der zum Richter werde, ist im Parlament ausführlich und mit dem Ergebnis debattiert worden, dass durchgehend auf Freiwilligkeit gesetzt werde« (BVerfG, NJW 1999, 841, 849).[1]

**Eigene Normen** über die *Beratung Minderjähriger* enthält das SchKG nicht. Nach dem Grundgedanken des § 8 KJHG ist auch die Schwangerschaftskonfliktberatung für Minderjährige eröffnet, ohne dass die Personensorgeberechtigten davon erfahren. Für diese Auslegung spricht eine Stellungnahme des Bundesverfassungsgerichtes.
»Ist von einer mit der Schwangeren erschienenen Person ein schädlicher Einfluss für das ungeborene Leben zu befürchten, ist ein neuer Beratungstermin anzuberaumen und die Schwangere aufzufordern, ohne Begleitung noch einmal zu erscheinen« (BVerfG, NJW 1993, 1761).

Was die *Durchführung der Beratung* betrifft, ergibt sich aus § 6 SchKG, dass andere Personen – auch die Eltern – nur mit Zustimmung der Schwangeren bei dem Beratungsgespräch anwesend sein dürfen. Das Gesetz bezieht sich nicht nur auf Volljährige, sondern es gilt auch für Minderjährige (Moritz 1999; Schönke/Schröder 2001, Anm. 12 zu § 219 StGB).

Die Frage, ob eine Minderjährige berechtigt ist, in einen *Schwangerschaftsabbruch einzuwilligen*, wird neuerdings wieder bestritten. Das OLG Hamm hat entschieden, dass eine 17jährige Frau zum Schwangerschaftsabbruch die Zustimmung der gesetzlichen Vertreter benötigt (OLG Hamm, NJW 1998, 3424). Verweigern diese die Zustimmung, muss die Minderjährige die Leibesfrucht gegen ihren eigenen Willen austragen. Diese Ansicht des Oberlandesgerichts wird von Scherer (1997 sowie 1998) geteilt. Sie ist der Auffassung, dass aus Gründen der Rechtssicherheit auch »reifen« Minderjährigen Teilmündigkeitsstufen nicht eingeräumt werden dürften.
Dagegen wird von der herrschenden juristischen Lehre und einem Teil der Rechtsprechung anerkannt, dass für gewisse Teilbereiche eine selbständige Entscheidungsbefugnis vor der Volljährigkeit anzuerkennen ist, wenn der Minderjährige nach seiner geistigen und sittlichen Reife die Bedeutung und Tragweite des Eingriffs zu verstehen in der Lage ist.

Zwar hält das AG Celle ein nahezu 17 Jahre altes Mädchen, durchschnittlich intelligent und lebenserfahren, mit einer Entscheidung über den Schwangerschaftsabbruch für überfordert (AG Celle, FamRZ 1987, 738). Das LG München hat jedoch entschieden, dass eine 16-Jährige strafrechtlich in einen Schwangerschaftsabbruch einwilligen kann, wenn sie aufgrund ihrer geistigen und sittlichen Reife die Bedeutung und Tragweite des Eingriffs zu begrei-

---

[1] Zur Problematik der Beratung unter Zwang vgl. Frommel (1993), Kettner (1998), Kayßer (1998).

fen vermag (LG München, FamRZ 1979, 850; weitere Nachweise zur Rechtsprechung bei Moritz 1999). In einem der wichtigsten Kommentare zum BGB wird diese Ansicht geteilt und formuliert:
»Bei ungewollter Schwangerschaft einer minderjährigen Frau entscheidet hiernach sie selbst über die Austragung des Kindes oder den vorzeitigen Abbruch, wenn ihre Verstandesreife und Einsichtsfähigkeit ausreichen« (Staudinger/Peschel-Gutzeit 1992, Anm. 98 zu § 1626 BGB; siehe auch Siedhoff 1998; Moritz 1999; Schwerdtner 1999; Frommel 2001).

Das AG Schlüchtern hält bei einer 16 Jahre alten Minderjährigen eine Zustimmung der Erziehungsberechtigten zum Schwangerschaftsabbruch nicht für erforderlich (AG Schlüchtern, FamRZ 1998, 968).

## 6.2 Beratung und Therapie im Rahmen der Bewährungshilfe
§§ 56 ff. StGB

Nach § 56 StGB kann eine Freiheitsstrafe, die zwei Jahre nicht übersteigt, zur Bewährung ausgesetzt werden. Nach § 56d StGB kann das Strafgericht einen Verurteilten unter Aufsicht und Leitung eines Bewährungshelfers stellen, wenn dies angezeigt ist, um ihn von Straftaten abzuhalten. Der Bewährungshelfer steht dem Verurteilten helfend und betreuend zur Seite, § 56d Abs. 3 StGB. Der Verurteilte wird also mehr oder weniger gezwungen, ein Betreuungsverhältnis einzugehen. Im Rahmen seiner beruflichen Tätigkeit hat der Bewährungshelfer den Verurteilten persönlich und rechtlich zu beraten.
Nach § 56c Abs. 3 StGB kann das Gericht dem Verurteilten für die Dauer der Bewährungszeit Weisungen erteilen, wenn er dieser Hilfe bedarf, um keine Straftaten mehr zu begehen. Eine Möglichkeit einer Weisung ist es, sich einer Heilbehandlung oder einer Entziehungskur zu unterziehen. Heilbehandlungen, die mit einem körperlichen Eingriff verbunden sind, bedürfen der Einwilligung des Verurteilten. Zu den Heilbehandlungen gehören u.a. stationäre oder ambulante psychotherapeutische Behandlungen (Schönke/Schröder 2001, Anm. 26 zu § 56c StGB).

Durch die Reform des Strafrechts vom 26.1.1998 (BGBl 1998, 160) sind für alle Strafgefangenen die prognostischen Anforderungen bei der Aussetzung eines Strafrestes oder einer Maßregel zur Bewährung verschärft worden. Therapieweisungen sind auch ohne Einwilligung des Verurteilten bei Bewährungsstrafen und bei der Führungsaufsicht möglich geworden. Diese Verschärfung war in erster Linie für Sexualstraftäter gedacht. Die Möglichkeit der Anordnung gegen den Willen des Betroffenen entbindet jedoch nicht von der Pflicht, zu prüfen, ob die Heilbehandlung sinnvoll ist (Tröndle/Fischer 2001, Anm. 6a zu § 56c StGB).

Wenn der Verurteilte gegen die Weisung, eine Heilbehandlung durchzuführen, gröblich und beharrlich verstößt, dann widerruft das Gericht die Bewährung. Wenn der Verurteilte die ihm auferlegte therapeutische Behandlung abbricht, die Therapie verweigert, führt dies unmittelbar zum Widerruf. Der Verurteilte hat keine Wahlfreiheit (Schöch 1998). Das Ziel des Gesetzgebers ist es, die Verweigerung oder den Abbruch einer Therapie nicht einfach hinzunehmen.

### 6.3 Therapie statt Strafe
§§ 35 ff. Betäubungsmittelgesetz

Bei Durchführung einer Therapie nach dem Betäubungsmittelgesetz (BtMG) kann:
- auf eine Anklageerhebung nach § 37 BtMG verzichtet werden oder
- die Vollstreckung einer verhängten Strafe oder Maßregel angerechnet und die Strafe zur Bewährung ausgesetzt werden, §§ 35, 36 BtMG (zu den Einzelheiten und der Problematik dieser Vorschriften vgl. Böllinger/Stöver 2002).

### 6.4 Beratung in der Jugendgerichtshilfe

Auch die Inanspruchnahme einer Beratung in der Jugendgerichtshilfe ist nicht gänzlich freiwillig. § 38 JGG regelt die Mitwirkung der Jugendgerichtshilfe in Strafverfahren gegen Jugendliche. Nach § 52 Abs. 3 KJHG hat der Mitarbeiter des Jugendamtes oder eines anerkannten Trägers der freien Jugendhilfe den Jugendlichen oder den jungen Volljährigen während des gesamten Verfahrens zu betreuen.
Zu dieser Betreuung gehört die Beratung bereits schon im Zeitpunkt der Anklageerhebung (Wiesner u.a. 2000, Anm. 40 zu § 52 KJHG) sowie die Beratung der Eltern und sonstiger Erziehungsberechtigten (Münder u.a. 1998, Anm. 3 zu § 52 KJHG; zu den Kontroversen und Auseinandersetzungen um die Funktionen und die verfahrensrechtliche Stellung der Jugendgerichtshilfe in Verfahren nach dem Jugendgerichtsgesetz vgl. Münder u.a. 1998, Anm. 1 ff. zu § 52 KJHG).

### 6.5 Schuldnerberatung nach der Insolvenzordnung

Nach der ab 1.1.1999 geltenden neuen Insolvenzordnung ist es möglich, dass auch Privatpersonen von ihrer Restschuld befreit werden können. Verschuldeten Bürgern wird nach einer siebenjährigen Wohlverhaltensphase die Möglichkeit eines Schuldenerlasses eingeräumt. Allerdings hat der Gesetzgeber – im Interesse der Gläubiger – vor einer Restschuldbefreiung einige Hürden aufgetürmt. Bevor der Privatkonkurs bei dem zuständigen Insolvenzgericht beantragt werden kann, muss der Schuldner ein gestuftes Verfahren durchlaufen (zum neuen Insolvenzrecht vgl. Neuenfeldt 1999).

- **Phase 1: *außergerichtlicher Einigungsversuch***
Der Schuldner muss mit den Gläubigern einen außergerichtlichen, ernsthaften Einigungsversuch einer Schuldenregulierung unternehmen.

- **Phase 2: *gerichtliches Schuldenbereinigungsverfahren***
Falls der außergerichtliche Einigungsversuch scheitert, kann mithilfe des Gerichts erneut der Versuch unternommen werden, zu einer Schuldenregulierung zu gelangen.

- **Phase 3: *Gerichtliches Insolvenzverfahren***
Sind die Gläubiger weder mit der außergerichtlichen Einigung noch mit dem bei Gericht eingereichten Schuldenbereinigungsplan einverstanden, kann der dritte Weg der Schuldenbefreiung eingeschlagen werden. Er beginnt mit dem einfachen gerichtlichen Insolvenzverfahren; daran schließt sich eine sieben Jahre dauernde Wohlverhaltensperiode an; sie endet mit dem Verfahren zur Restschuldbefreiung. Die Zeit des »Wohlverhaltens« stellt für den Schuldner eine große Herausforderung dar, muss er doch mit dem nicht pfändbaren Einkommensanteil auskommen.
Um das *gerichtliche Insolvenzverfahren* durchzuführen, ist zwingende Voraussetzung, dass die außergerichtliche Einigung mit den Gläubigern über die Schuldenbereinigung erfolglos geblieben ist. Über das Scheitern der Einigung hat der Schuldner bei Gericht eine *Bescheinigung* einzureichen. Den Einigungsversuch mit den Gläubigern kann der Schuldner nicht allein unternehmen, er bedarf professioneller Hilfe, er muss sich beraten lassen. § 305 Abs. 1 Ziff. 1 Insolvenzordnung spricht von geeigneten *Personen* oder *Stellen*, die die Bescheinigung ausstellen dürfen.

Geeignete Personen für die Beratung der Schuldner sind in der Regel Rechtsanwälte, Notare, Steuerberater.

Wer als »geeignete beratende Stelle« in Betracht kommt, entscheiden die Bundesländer. Nach Ausführungsgesetzen der Länder zur Insolvenzordnung müssen etwa die folgenden Anforderungen für eine Anerkennung erfüllt werden: Leitung der Stelle durch eine zuverlässige Person, Tätigkeit der Beratungsstelle auf Dauer, Tätigkeit mindestens einer Person mit ausreichender praktischer Erfahrung usw. (vgl. beispielsweise Gesetz zur Ausführung der Insolvenzordnung vom 23.6.1998, GVBI NRW 1998/435, Nr. 29). Die von den Trägern der freien Wohlfahrtsverbände oder den Kommunen eingerichteten Schuldnerberatungsstellen sind in der Regel geeignete Stellen im Sinne des Insolvenzrechts (BMJ 1998).

Durch diese Voraussetzungen soll eine qualitative Schuldnerberatung sowohl in persönlicher als auch in sachlicher und rechtlicher Hinsicht sichergestellt werden. Die Situation der Überschuldeten stellt nämlich hohe Anforderungen an die Schuldnerberater.
»Sie sollten sowohl über sozialpädagogische, psychologische Fähigkeiten als auch über solide juristische, kaufmännische, steuerfachliche und hauswirtschaftliche Fachkenntnisse verfügen« (Korczak 2001, 114).[1]

Ob die in das neue Insolvenzrecht gesetzten Erwartungen erfüllt werden, 2,77 Mio. Menschen waren 1999 in der BRD überschuldet (Korczak 2001), ist einstweilen noch völlig offen. Die skeptischen Stimmen überwiegen (Pape 1999; Müller 1999). Die Chancen der Insolvenzordnung, dem Schuldner einen Neuanfang zu ermöglichen, ihm ein Stück Hoffnung zu geben, aber auch die Risiken und die lange Dauer des Verfahrens sind in der Beratung zu thematisieren. Das neue Recht misst der fachlich fundierten Schuldnerberatung große Bedeutung zu. Für die Schuldner ist es entscheidend, dass sie von professionellen Beratern während der Prozedur der Schuldenbefreiung beratend begleitet werden. Sie benötigen neben dem fachlichen ökonomischen und rechtlichen Rat psycho-soziale Hilfestellungen. Die Dauer des Verfahrens, die sieben mageren Jahre, in denen sie nicht mehr Herr ihres eigenen Einkommen sind, erfordern eine gehörige Portion Durchhaltevermögen. Kompetenter Rat und Betreuung sind daher unverzichtbar.

Trotz aller Bemühungen ist das Verbraucherinsolvenzverfahren bereits reformbedürftig. Zentrale Probleme sind die hohen Verfahrenskosten sowie die schwerfällige Ausgestaltung des gerichtlichen Schuldenbereinigungsverfahrens (Korczak 2001).
Durch das Insolvenzänderungsgesetz, das am 1.12.2001 in Kraft getreten ist, soll nunmehr auch mittellosen Personen der Zugang zum Verbraucherinsolvenzverfahren eröffnet werden. Dem bedürftigen Schuldner soll durch Stundung der Verfahrenskosten die Durchführung des gerichtlichen Teils des Insolvenzverfahrens ermöglicht werden.

---

[1] Zu der dringenden Notwendigkeit, die Schuldnerberatung systematisch zu professionalisieren, vgl. Korczak (2001).

# IV RECHTSBERATUNG IN DER SOZIALEN ARBEIT: ABGRENZUNG ZUR ANWALTLICHEN TÄTIGKEIT

## 1 Problemstellung

Rechtsfragen, psycho-soziale und ökonomische Probleme bilden – nicht nur in der sozialen Arbeit – häufig eine nur schwer entwirrbare Gemengenlage. Sie zu katalogisieren, sie aufzuspalten und die Lösungen den einzelnen Fachdisziplinen zu überantworten, ist schier unmöglich und auch nicht sinnvoll. Das Prinzip der Ganzheitlichkeit, die Berücksichtigung aller Faktoren und Umstände bei einer Beratung oder Krisenintervention ist methodisch fast zwingend geboten. Dieses Beratungsverständnis – der interdisziplinäre Ansatz – charakterisiert im Übrigen das spezifische Profil der beratenden sozialen Arbeit im Gegensatz zur herkömmlichen anwaltlichen oder ärztlichen Beratung (Nestmann 1997; Straumann 1998).

Diesem ganzheitlichen Ansatz scheint das Rechtsberatungsgesetz entgegenzustehen. Eine sehr weit verbreitete Meinung lautet, dass Rechtsberatung und Rechtsvertretung irgendwie den Juristinnen und Juristen vorbehalten sind. Wer, ohne Anwalt zu sein, rechtlich berät und vertritt, verstößt tendenziell gegen das Rechtsberatungsgesetz.

Das Rechtsberatungsgesetz ist wieder verstärkt in die Diskussion gekommen. In einer großen Anfrage an die Bundesregierung (BTDrucks 14/2564) aus dem Jahre 2000 wird nach der Zukunft dieses Gesetzes gefragt. Die Antragsteller wollen u.a. wissen, ob das deutsche Rechtsberatungsgesetz, das europaweit einzigartig die Rechtsbesorgung und Rechtsberatung reglementiert, gegen europäisches Recht verstößt. Hintergrund dieser Anfrage ist vor allem, dass Presse, Rundfunk, Fernsehen und die neuen Medien, aber auch Versicherungen und die Kreditwirtschaft entdeckt haben, dass rechtliche Raterteilung für sie vorteilhaft ist. Gegen diese Tendenz kämpft die Anwaltschaft mit allen Mitteln.

Auch auf dem sozialen Sektor ist das Rechtsberatungsgesetz Gegenstand heftiger Kontroversen. Gegen das Gesetz ist Verfassungsbeschwerde eingelegt worden (Rasehorn 2000; Kramer 2000; König 2001). Mehrfach ist die organisierte Anwaltschaft in jüngster Zeit gegen die nach ihrer Ansicht unzulässige rechtliche Beratung im sozialen Bereich gerichtlich vorgegangen. Das Rechtsberatungsgesetz ist gerade in der Sozialarbeit ein »Einschüchterungsgesetz« mit ganz erheblichen negativen Konsequenzen.

Hinter dem Problem der Abgrenzung zulässiger rechtlicher Beratung in der sozialen Arbeit von den nur Anwälten vorbehaltenen Tätigkeiten verbirgt sich ein brisantes Thema: Es geht um den Zugang zum Recht (Rasehorn 1979).

## IV Rechtsberatung in der sozialen Arbeit: Abgrenzung zur anwaltlichen Tätigkeit

Wer soll wie in die Lage versetzt werden, seine Rechte zu kennen und sie durchzusetzen. Solange es rechtlich verfasste Strukturen gibt, stellt sich die Frage: Wie komme ich zu meinem Recht?[1]

Die traditionelle Lösung: Man sucht seine Anwältin auf, und sie regelt die Angelegenheit gegen ein angemessenes Honorar. Das können sich einerseits nicht alle leisten, und andererseits existiert eine weit verbreitete Scheu, irgendetwas mit Anwälten, Gerichten, Gerichtsvollziehern oder Staatsanwälten zu tun zu haben. Der klassische Zugang zum Rechtssystem über die freie Advokatur ist für einen Teil der Bevölkerung aus diesen Gründen verbaut, obwohl der Stellenwert des Rechts immens gewachsen ist.

Der Verrechtlichungsprozess hat beträchtliche Ausmaße angenommen. Der Ausbau des Sozialstaates hat dazu geführt, dass auch die Sozialbeziehungen immer mehr verrechtlicht werden. In der Sozialpolitik und der sozialen Arbeit ist der Verrechtlichungsprozess im Kernbestand irreversibel geworden.

»Das Leben erfährt eine neue Typisierung. Lebenssachverhalte wie ›Krankheit‹, ›Alter‹, ›Minderung der Erwerbsfähigkeit‹, ›Arbeitslosigkeit‹, die zunächst in einer endlosen Fülle verschiedener Erscheinungsformen und Konstellationen existieren, werden zu Rechtstatbeständen, auf die ganze Leistungssysteme, Finanzierungssysteme und Organisationen aufgebaut werden. Mehr noch: Sie werden zu Rechtstatbeständen, auf die hin nunmehr alle Beteiligten handeln« (Zacher 1984).

Das Recht hat große Bereiche der Berufsfelder der sozialen Arbeit erfasst und strukturiert sie. Durch die Reformen im Familienrecht ist auch die Sozialisation – selbst im scheinbar privatesten Bereich der Familie – verrechtlicht worden. Diese Veränderungen führen dazu, dass immer größere Bevölkerungsgruppen vom Recht unmittelbar tangiert werden und zur Durchsetzung ihrer Ansprüche rechtlichen Rats bedürfen.

Das hat auch der Gesetzgeber bereits Ende der 70er-Jahre erkannt. Die Durchsetzung von Rechten der »sozial Schwachen« ist durch die Beratungshilfe sowie die Prozesskostenhilfe erleichtert worden (Friedrich 1995).

---

[1] Inwieweit Medien, vor allem das Fernsehen, in ihren Sendungen rechtlich beraten dürfen, ist neuerdings streitig. Jedenfalls sehen es die Anwälte so, dass viele Berufsgruppen und Geschäftszweige der gewerblichen Wirtschaft, darunter Presse, Rundfunk und Fernsehen, den Rechtsberatungsmarkt als potenzielle Erwerbsquelle entdeckt haben und begierig die Hand danach ausstrecken (Busse 1999). Das verbiete indessen das Rechtsberatungsgesetz. Dagegen sind andere der Auffassung, die Einschränkung rechtlich beratender Sendungen verstoße gegen die Presse- und Rundfunkfreiheit, vgl. z.B. Ricker (1999).

## 1.1 Beratungshilfe

Nach § 1 Beratungshilfegesetz wird auf Antrag Hilfe zur Wahrnehmung von Rechten außerhalb eines gerichtlichen Verfahrens gewährt, wenn der Rechtsuchende die erforderlichen Mittel nach seinen persönlichen und wirtschaftlichen Verhältnissen nicht aufbringen kann. Beratungshilfe, die prinzipiell einem Rechtsanwalt nach eigener Wahl übertragen werden kann, besteht in der juristischen Beratung und unter Umständen auch in einer rechtlichen Vertretung. Anträge auf Beratungshilfe können jedoch dann zurückgewiesen werden, wenn auch Behörden für eine rechtliche Beratung zuständig sind. So hat das Amtsgericht Neunkirchen einen Antrag auf Beratungshilfe abgewiesen, weil nach § 18 KJHG ein kostenloser Anspruch auf Beratung und Unterstützung bei der Ausübung der Personensorge durch das zuständige Jugendamt besteht (AG Neunkirchen, FamRZ 1998, 253; vgl. auch Schoreit/Dehn 2001, Anm. 50 zu § 1 BerHG). Das bedeutet: Finanzielle Hilfe nach dem Beratungshilfegesetz wird einem Ratsuchenden dann nicht gewährt, wenn Behörden verpflichtet sind, zu beraten.

## 1.2 Prozesskostenhilfe

Die Prozesskostenhilfe soll ebenfalls dazu beitragen, die »Kostenbarrieren« für den Zugang zu den Gerichten abzubauen (die Einzelheiten und die Voraussetzungen für die Inanspruchnahme dieser Hilfen finden sich bei Schoreit/Dehn 2001). Dieser prinzipiell richtige Schritt, durch Geldmittel ein gewisses Maß an Chancengleichheit herzustellen, kann indessen nicht darüber hinwegtäuschen, dass die Durchsetzung von Ansprüchen und Rechten noch ganz anderen – als den finanziellen – Barrieren unterliegt.

■ Zunächst ist die – bereits angesprochene – weit verbreitete Schwellenangst vor Gerichten, Anwälten und der Justiz ein manifestes Hindernis. Zu dieser Angst trägt sicherlich die spezifische Juristensprache das ihre bei.

■ Darüber hinaus scheitert die Rechtsverwirklichung gerade im Sozial- und Jugendhilferecht häufig daran, dass die eingeschalteten Anwälte von dieser Materie nur unzureichende Kenntnisse besitzen oder wegen der geringen Gebühren kein Interesse zeigen.[1] Die Hanseatische Rechtsanwaltskammer Hamburg hat dies unmissverständlich 1996 verdeutlicht. In einer Mitteilung an ihre Mitglieder wurde formuliert: »Der Anwalt-Suchdienst der Rechtsanwaltskammer hat auch die Rubrik ›Sozialrecht‹. Hierin enthalten sind auch Mandate aus dem Bereich des Sozialhilferechts. Wir sind aus dem Kollegen-

---

[1] Für die juristische Beratung von Asylbewerbern hat dies Heinhold (1997) dargelegt; vgl. auch Zuck (1999).

kreis um Überprüfung gebeten worden, ob solche Mandate im Rahmen des Anwalt-Suchdienstes weiter vermittelt werden sollen. Denn es hat sich gezeigt, dass es für Kolleginnen und Kollegen problematisch sein kann, Mandate aus dem Bereich des Sozialhilferechts anzunehmen: Sie sind erfahrungsgemäß mit relativ viel Arbeit und relativ wenig Gebühren verbunden. Viele derjenigen Kolleginnen und Kollegen, die solche Mandate überhaupt angenommen haben, haben sich deshalb veranlasst gesehen, nach einer gewissen Zeit die Arbeit in diesem Gebiet einzustellen« (zit. nach Brühl 1998, 3, 6).

Aus der Praxis wird diese Tendenz bestätigt. Anwälte übernähmen derartige Mandate nur ungern und die Richter stellten zu hohe Anforderungen an die Gewährung von Prozesskostenhilfe. Folge ist, dass die Intentionen des Gesetzgebers ins Leere laufen. Heinhold (2001/2002) vergleicht daher den Versuch eines Obdachlosen, in einer sozialhilferechtlichen Angelegenheit einen Anwalt zu finden, mit dem Gang nach Canossa.

▪ Diese Zugangsschwellen gewinnen noch an Bedeutung, wenn man sich vergegenwärtigt, dass viele Bürger – und nicht nur die sozial Schwachen – mangels Rechtskenntnissen überhaupt nicht wissen, dass ihnen Ansprüche an die Systeme der sozialen Sicherung zustehen. Für die Leistungen nach dem Bundessozialhilfegesetz ist dies wiederholt nachgewiesen worden.

Die vielfältigen Beratungssysteme in der sozialen Arbeit können dazu beitragen, diesen unbefriedigenden Zustand zu verringern. Für die Schuldnerberatung, um ein Beispiel zu nennen, liegt dies auf der Hand. Gegenüber Fachkräften aus dem System der sozialen Arbeit, die Schuldnerberatung durchführen, bestehen nicht die psycho-sozialen Zugangsbarrieren wie gegenüber den Juristen.

Schuldnerberatung ist aber ohne rechtliche Hinweise auf das Insolvenzrecht nicht denkbar. Wie soll auch einer überschuldeten Familie geholfen werden, wenn die Berater zwar ökonomische Ursachen und psychische Gründe für die Überschuldung thematisieren dürfen, juristische Fragestellungen indessen tabu sind. Ähnliches gilt für die Drogenberatung, die Beratung in der Jugendgerichts- und Bewährungshilfe. Bei den vielfältigen Beratungsmöglichkeiten und -ansprüchen nach dem Kinder- und Jugendhilfegesetz sind vor allem familien- und sozialrechtliche Aspekte von Bedeutung.

– Eine Frau möchte erfahren, welche Trennungsfristen das Scheidungsrecht vorsieht.
– Eine Mutter möchte sich über die Konsequenzen des gemeinsamen Sorgerechts und über Unterhaltsansprüche, die ihr im Falle einer Scheidung zustehen, informieren.
– Ein Vater ist mit dem Umgangsrecht nicht einverstanden. Er möchte von der Mitarbeiterin im Jugendamt wissen, ob seine geschiedene Ehefrau, der das alleinige Sorgerecht zusteht, ihm das Kind häufiger überlassen muss.

# 1 Problemstellung

Beratungen nach dem KJHG sind ohne rechtliche Bezüge kaum denkbar. Das gilt für fast alle Berufsfelder der sozialen Arbeit: Bei der Beratung sind auch jeweils rechtliche Fragen thematisch. Bei Licht betrachtet würde ein striktes Verbot der Rechtsberatung in der sozialen Arbeit zugleich auch ihr Ende bedeuten (Heinhold 2001/2002).

Ob in der sozialen Arbeit rechtlich beraten werden darf, ist unter einem doppelten Aspekt darzustellen:

- Welche Behörden, Institutionen, privaten Träger usw. dürfen rechtlich beraten und
- über welche rechtlichen Themen- und Problemstellungen dürfen sie informieren?

Die folgenden Fallkonstellationen sollen der Illustration dienen (einige der Fälle sind an Schulte-Kellinghaus 1994 angelehnt):

- Eine Mutter möchte, dass das Kind nach der Scheidung bei ihr lebt. Die Mitarbeiterin des Jugendamtes weist – in einer Trennungs- und Scheidungsberatung – auf die im Regelfall weiter bestehende *gemeinsame elterliche Sorge* hin. Die Mutter möchte wissen, ob sie bei gemeinsamer Sorge jeden Tag mit ihrem Mann telefonieren müsse, um über das Kind zu sprechen? Muss sie ihren Mann fragen, wenn sie vielleicht in zwei Jahren mit dem Kind in eine andere Stadt umziehen will?

- Ein Vater ist unzufrieden, weil er sein Kind zu wenig sieht. Er möchte wissen, ob seine Frau nicht nach dem Gesetz verpflichtet ist, ihm das Kind öfters zum *Umgang* zu überlassen. Er fragt den Mitarbeiter des Jugendamtes, ob es nicht sinnvoller wäre, wenn sein Rechtsanwalt einen Antrag bei Gericht zur Regelung des Umgangs stellen würde.

- Eine Mutter befürchtet finanzielle Nachteile durch das nacheheliche gemeinsame Sorgerecht und möchte vom Mitarbeiter des Jugendamtes wissen, ob sie beim gemeinsamen Sorgerecht Nachteile beim *Kindes- oder Ehegattenunterhalt* erleidet.

- Ein Elternpaar will dem Kind die gewohnte Umgebung im gemeinsamen Haus erhalten. In diesem Haus lebt die Mutter seit der Trennung mit dem Kind allein. Sie kann allerdings die Mittel nicht aufbringen, um den Miteigentumsanteil des Vaters zu übernehmen. Der Vater ist grundsätzlich bereit, vorläufig auf eine juristische Regelung über das Eigentum am Haus zu verzichten. Er möchte allerdings keine finanziellen Nachteile dadurch erleiden. Er fragt den Mitarbeiter des Jugendamtes, wie die Eltern die *Rechtsverhältnisse am Hause* am besten regeln sollten.

- Ein *gemeinnütziger Verein* ist Träger einer Schuldnerberatungsstelle. Ein Schuldner will sich über das Insolvenzrecht informieren und fragt nach den Voraussetzungen einer Restschuldenbefreiung.

- Darf die Vorsitzende eines *eingetragenen Vereins* als Beistand eine Sozialhilfeempfängerin zum Sozialamt begleiten?

- Ein totaler Kriegsdienstverweigerer wird von Gleichgesinnten juristisch beraten und vor Gericht vertreten.

- Eine Sozialpädagogin betreibt eine Mediations- und Beratungspraxis. Zu ihr kommt ein 16-jähriges Mädchen und möchte erfahren, ob es einen Schwangerschaftsabbruch gegen den ausdrücklich geäußerten Willen ihrer Eltern durchführen darf.

Die Unsicherheit, ob Sozialarbeiter oder Sozialpädagoginnen, gegebenenfalls Psychologen oder Therapeuten überhaupt juristischen Rat erteilen dürfen, ist allenthalben groß.

## 2 Das Rechtsberatungsgesetz

Rechtliche Grundlage für die Beantwortung der Frage, unter welchen Voraussetzungen Fachkräfte in der sozialen Arbeit rechtlich beraten dürfen, ist das Rechtsberatungsgesetz (RBerG). § 1 Abs. 1 RBerG lautet:

> **§ 1 RBerG Erlaubnis**
> (1) Die Besorgung fremder Rechtsangelegenheiten, einschließlich der Rechtsberatung und der Einziehung fremder oder zu Einziehungszwecken abgetretener Forderungen, darf geschäftsmäßig – ohne Unterschied zwischen haupt- und nebenberuflicher oder entgeltlicher und unentgeltlicher Tätigkeit – nur von Personen betrieben werden, denen dazu von der zuständigen Behörde die Erlaubnis erteilt ist.

Das Rechtsberatungsgesetz ist zunächst ein berufsordnendes Gesetz. Es regelt die gewerberechtliche Befugnis zur Besorgung fremder Rechtsangelegenheiten. Es hat die Aufgabe, den *Rechtsuchenden* vor einer Rechtsberatung durch persönlich ungeeignete oder nicht sachkundige bzw. unzuverlässige Beratungspersonen zu schützen.
Es hat ferner die Aufgabe, die *Rechtspflege* vor Beeinträchtigungen durch solche Beratungspersonen zu schützen und soll schließlich den Schutz der Rechtsanwälte und zugelassenen Rechtsberater vor einem Wettbewerb mit anderen Rechtsberatung betreibenden Personen, die keinen standesrechtli-

chen, gebührenrechtlichen oder ähnlichen Interessen unterliegen, garantieren (BVerwG, NJW 1999, 440). Das Rechtsberatungsgesetz ist darüber hinaus auch ein Verbotsgesetz. Es untersagt grundsätzlich jede Rechtsbesorgung ohne entsprechende Erlaubnis (Altenhoff/Busch/Chemnitz 1993, Anm. 344).

Das Rechtsberatungsgesetz scheint weitgehend der sozialen Arbeit ein Rechtsberatungsverbot aufzuerlegen, von einer anderen Warte aus betrachtet, das Beratungsmonopol der Rechtsanwälte abzusichern.

> Die Entstehungsgeschichte des Rechtsberatungsgesetzes lässt den Monopolisierungsaspekt deutlich werden. Die heutige Rechtslage geht auf das Rechtsberatungsmissbrauchsgesetz von 1935 zurück. Dieses Gesetz beabsichtigte, die Staatsbürger vor den Gefahren einer unsachgemäßen und unzureichenden Rechtsberatung zu schützen. Aus diesem Grunde gestattete es die geschäftsmäßige Besorgung fremder Rechtsangelegenheiten einschließlich der Rechtsberatung nur denjenigen, die eine entsprechende Erlaubnis besaßen. Dieses Gesetz diente indessen ganz eindeutig auch dazu, die wirtschaftliche Lage der Rechtsanwälte zu verbessern und abzusichern (zu den Motiven des Gesetzgebers im Jahre 1935 vgl. OLG Dresden, NJW 1998, 90; Ricker 1999).
> Allerdings wurden mit diesem Gesetz noch weitergehende, ganz andere Zwecke verfolgt, nämlich die Durchsetzung des nationalsozialistischen Rassegedankens durch die Eliminierung jüdischer Rechtsanwälte und die Gleichschaltung der Anwaltschaft (Schneider 1976; Kierdorf 1979; Müller-Dietz 1980; Finger 1981; Heinhold 1997; Lehmann 2000; Kramer 2000 mit weiteren Nachweisen). § 5 der Verordnung zur Ausführung des Gesetzes zur Verhütung von Missbräuchen auf dem Gebiet der Rechtsberatung bestimmte lapidar: »Juden wird die Erlaubnis nicht erteilt«, und nach § 11 Abs. 2 der VO musste jeder Bewerber seine arische Abstammung nachweisen. Welche Intentionen dem Gesetz tatsächlich zugrunde lagen, lässt sich aus der folgende Stellungnahme ablesen.
> »Dem Führer und Reichskanzler gilt der unauslöschliche Dank der deutschen Anwaltschaft für das Reichsgesetz zur Verhütung von Missbräuchen auf dem Gebiete der Rechtsberatung: ein Gesetzgebungswerk, das im marxistisch-liberalistischen Parteienstaat eine völlige Unmöglichkeit gewesen wäre, das nur auf dem festen Boden nationalsozialistischer und berufsständischer Weltanschauung entstehen konnte (...)« (Raeke 1938, zit. nach Schneider 1976, 1, 5).
> Diese Zusammenhänge gilt es bei der Interpretation des Gesetzes im Auge zu behalten.

## Verfassungsrechtliche Aspekte

Ob das Rechtsberatungsgesetz einer verfassungsrechtlichen oder einer europarechtlichen Überprüfung stand hält, wird aktuell intensiv diskutiert. Das Bundesverfassungsgericht hat das Rechtsberatungsgesetz für verfassungskonform erklärt und dargelegt, dass der mit dem Gesetz verbundene Eingriff in die Berufsausübungsfreiheit unbedenklich ist (BVerfG, NJW 1998, 3481). Das Rechtsberatungsgesetz genüge insbesondere dem Grundsatz der Verhältnismäßigkeit. Gemeinwohlbelange rechtfertigten es, den Einzelnen und die Allgemeinheit vor nicht rechtskundigem Rat zu schützen (BVerfG, NJW 2000, 1251; vgl. auch BVerfG, NJW 2002, 1190).

Zugleich hat das Gericht aber auch eine einschränkende Auslegung des Rechtsberatungsgesetzes vorgenommen, will besagen, dass mit Rechtsberatung im Sinne des Gesetzes grundsätzlich nur die umfassende und vollwertige Beratung des Rechtssuchenden gemeint ist. Wenn sich im Bereich der rechtlichen Beratung ein eigenes Berufsbild entwickelt hat, dessen rechtliche Tätigkeit überschaubar ist und einfach beherrscht werden kann, ist ein Verbot dieser Tätigkeit nur zulässig, wenn dies zur Abwehr schwerer Gefahren für ein überragend wichtiges Gemeinschaftsgut erforderlich ist (BVerfG, NJW 1998, 3481; BVerfG, NJW 2002, 1190).

Auch der Bundesgerichtshof interpretiert das Rechtsberatungsgesetz einschränkend. Während noch das OLG München in einer Anwalts-Hotline einen Verstoß gegen das Rechtsberatungsgesetz gesehen hat (OLG München, NJW 2000, 1651), hält der Bundesgerichtshof sie für rechtlich zulässig. Zwar könne es bei derartigen rechtlichen telefonischen Beratungen zu Fehlern kommen, da kein intensives Gesetzes- oder Fallstudium möglich sei. Diese Gefahr rechtfertige aber kein generelles Verbot (BGH, I ZR 44/00 und 102/00). Darüber hinaus hat der BGH in mehreren Entscheidungen den Medien einen großen Freiraum für die Berichterstattung über rechtliche Fragen eingeräumt und erlaubt, dass die Rechtsberichterstattung auch anhand konkreter Fälle zulässig ist (BGH, NJW 2002, 2877, 2879, 2880, 2882, 2884).

Ob durch das europäische Gemeinschaftsrecht das deutsche Rechtsberatungsmonopol beseitigt wird und an seine Stelle ein freier Wettbewerb tritt, ist einstweilen offen. Tatsache ist zunächst, dass in anderen Ländern der Europäischen Union keine vergleichbaren restriktiven Regelungen vorhanden sind, die Rechtsberatungen im Prinzip den Anwälten vorbehalten ist (Everling 1990).
Ob dieser deutsche Alleingang im Hinblick auf den zusammenwachsenden europäischen Dienstleistungsmarkt Bestand haben wird, bleibt abzuwarten. Es gibt ausgezeichnete Gründe, die dafür sprechen, dass das Rechtsberatungsgesetz gegen europäisches Gemeinschaftsrecht verstößt (Lehmann 2000;

Kleine-Cosack 2000; vgl. auch Bräcklein 2002). Es könnte jedoch sein, dass das Rechtsberatungsgesetz die Liberalisierungsbemühungen der Europäischen Union wie bislang übersteht, wenn es Deutschland weiterhin gelingt, das Gesetz als Verbraucherschutzgesetz zu deklarieren (König 2001).

Kein Zweifel, das Rechtsberatungsgesetz unterliegt einem beständigen Erosionsprozess. Gleichwohl hat es noch gerade in der sozialen Arbeit erhebliche negative Auswirkungen. Angesichts der vom Bundesverfassungsgericht geforderten einschränkenden Anwendung und den gravierenden europarechtlichen Bedenken muss daher besonders auf dem sozialen Sektor im Zweifel immer zugunsten der Zulässigkeit rechtlicher Beratung durch Nichtjuristen votiert werden.

Nach § 1 Abs. 1 RBerG bedarf es zur geschäftsmäßigen Besorgung fremder Rechtsangelegenheiten – einschließlich der Rechtsberatung – einer Erlaubnis.[1] Die Rechtsbesorgung ist der Oberbegriff für Rechtsbetreuung, Rechtsberatung sowie die Rechtsvertretung (Rennen/Caliebe 2001, Anm. 34 zu § 1 RBerG).

### Worin besteht die Rechtsberatung?

Die beratende Tätigkeit muss sich auf Rechtsangelegenheiten beziehen. Beratung ist die Erteilung von Auskünften über die Rechtslage im Einzelfall sowie der Rat, in welcher Weise Rechte realisiert werden können. Der Beratungsbegriff ist nach der h.M. weit auszulegen (z.B. Schulte-Kellinghaus 1994; a.A. zu Recht Fieseler/Herborth 2001, 239). Die rechtliche Aufklärung der Eltern und im Übrigen auch der Kinder im Rahmen des KJHG ist Rechtsberatung. Ein rechtlicher Hinweis bei der Schuldnerberatung ist ebenfalls Rechtsberatung. Jede konkrete juristische Stellungnahme einer Sozialpädagogin fällt unter das RBerG. Der Rechtsrat kann sich auf jedes Rechtsgebiet beziehen (Rennen/Caliebe 2001, Anm. 40 zu § 1 RBerG; vgl. auch OLG Köln, NJW 1999, 504 sowie BVerwG, NJW 1999, 440).

An der Rechtsberatung ändert auch die Tatsache nichts, dass z.B. bei der Beratung im Jugendamt sozialpädagogische Gesichtspunkte vorrangig sind (Schulte-Kellinghaus 1994). Es spielt auch keine Rolle, ob der Rechtsrat schriftlich oder mündlich erteilt wird.

---

[1] Gem. § 3 Abs. 1 BRAO ist der Rechtsanwalt der nach dem Gesetz vorgesehene Berater und Vertreter in allen Rechtsangelegenheiten. Nach § 3 Abs. 2 RBerG benötigt ein Rechtsanwalt keine ausdrückliche Erlaubnis, seine Mandanten zu beraten und zu vertreten. Kraft Gesetzes steht ihm die Befugnis zu, fremde Rechtsangelegenheiten zu besorgen.

### Fremde Rechtsangelegenheiten

Die Besorgung der Rechtsangelegenheit muss fremd sein. Gemeinsame Interessen mehrerer Personen machen die Angelegenheit noch nicht zu einer eigenen. Rechtliche Hilfeleistungen von Ehegatten untereinander, der Eltern für ihre volljährigen Kinder oder von befreundeten Personen untereinander sind fremde Angelegenheiten und im Prinzip erlaubnispflichtig.

Allerdings hat der Bundesgerichtshof im Jahre 2001 entschieden, dass Rechtsangelegenheiten eines Ehegatten für den anderen im Allgemeinen keine fremden, sondern eigene sind. Das bedeutet: Rechtlicher Rat zwischen Ehegatten unterfallen nach diesem höchstrichterlichem Urteil nicht mehr dem Rechtsberatungsgesetz (BGH, FamRZ 2001, 1521). Das führt zwangsläufig dazu, dass auch der rechtliche Rat zwischen Eltern und Kindern oder zwischen Partnern nach dem Lebenspartnerschaftsgesetz nicht mehr durch das Rechtsberatungsgesetz tangiert werden.

### Das Erfordernis der Geschäftsmäßigkeit

Rechtsberatung ist dann verboten, wenn sie geschäftsmäßig erfolgt. Geschäftsmäßig bedeutet nicht etwa, dass die Tätigkeit mit Einnahmen verbunden sein muss oder dazu dient, Gewinne zu erzielen. Es ist ausreichend, dass der Handelnde die Absicht hat, die Tätigkeit, »sei es auch nur bei sich bietender Gelegenheit, in gleicher Weise zu wiederholen und sie dadurch zu einem dauernden oder wiederkehrenden Bestandteil seiner Beschäftigung zu machen. Es ist weder erforderlich, dass die Tätigkeit haupt- oder nebenberuflich, noch dass sie gegen Entgelt ausgeübt wird. Es muss sich auch nicht um eine mehrmalige Besorgung handeln, vielmehr kann sich bereits auch aus der nur einmaligen Besorgung fremder Rechtsangelegenheiten die Absicht künftiger Wiederholungen ergeben« (OLG Hamm, NJW 1998, 92, 93; OLG Karlsruhe, AnwBl 1989, 244 stRspr; Altenhoff/Busch/Chemnitz 1993, Anm. 102).

Entscheidend ist mithin, dass die Absicht besteht, die Handlung zu wiederholen. Nur einmalige Gefälligkeiten fallen nicht unter das Rechtsberatungsgesetz. Dagegen werden von dem Rechtsberatungsgesetz bei Wiederholungsabsicht auch solche Tätigkeiten erfasst, die aus Liebhaberei, aus Nächstenliebe oder sozialem Engagement erfolgen. Ein Indiz für die Wiederholungsabsicht liegt dann vor, wenn der Ratgeber für seinen Rat etwas bekommt (Altenhoff/Busch/Chemnitz 1993, Anm. 104; vgl. auch Gross 1989). Es waren vor allem die Gerichte, die das Merkmal »Geschäftsmäßigkeit« in der Weise konkretisiert haben, dass die Absicht der Wiederholung ausreichend ist, unabhängig davon, ob der Rechtsrat unentgeltlich aus altruistischen Motiven erfolgt (Kramer 2000).

Diese extrem weite Auslegung des Erfordernisses der Geschäftsmäßigkeit führt dazu, dass häufig ein Verstoß gegen das Rechtsberatungsgesetz anzunehmen ist. Bereits 1976 hat Schneider mit deutlichen Worten diese Tatsache angeprangert.

> »Es ist geradezu abstoßend, demjenigen eine strafbare und sittenwidrige Handlung zu unterstellen, der etwa einer armen Rentnerin erklärt, wie sie sich gegen eine Mieterhöhung oder gegen einen Ratenkauf an der Haustür wehren kann. Ich habe einmal in einem Urlaub im Westerwald einer verhärmten, mittellosen Bäuerin die zwei Sätze, die für ihr Testament notwendig waren, zum Abschreiben vorgeschrieben. Sie brachte mir einige Tage später eine Dose Blutwurst. Das sprach nach heutiger Literatur für meine Wiederholungsabsicht. Dieser Vermutung hätte ich vielleicht, aber nicht sicher durch den Nachweis entgehen können, dass mein Hund die Blutwurst gefressen hat« (Schneider 1976, 1, 3; vgl. auch Heinhold 2001/2002).

Das LG Dresden hatte sich anlässlich einer unentgeltlichen Beratung eines Mitgliedes einer Selbsthilfegemeinschaft mit dem Merkmal »Geschäftsmäßigkeit« zu befassen. Es hat ausdrücklich die verfassungsgemäß gebotene einengende Auslegung vorgenommen und dargelegt, dass ein Verbot der unentgeltlichen rechtlichen Nachbarschaftshilfe dem Verfassungsgrundsatz der Verhältnismäßigkeit widerspreche. Der Schutz der Anwaltschaft vor Wettbewerbern sei unerheblich, da der wirtschaftliche Schutz einer Berufsgruppe kein verfassungsmäßiges Gebot sei (LG Dresden, NJ 2001, 150; vgl. auch BGH, FamRZ 2001, 1521).[1]

Nicht geschäftsmäßig handelt indessen, wer in abhängiger Tätigkeit beschäftigt ist. Ein Angestellter, der weisungsgebunden eine Rechtsangelegenheit erledigt, handelt nicht geschäftsmäßig. Die Geschäftsmäßigkeit setzt zwingend eine selbständige Betätigung voraus (Altenhoff/Busch/Chemnitz 1993, Anm. 103 zu § 1 RBerG; Müller-Dietz 1980, 43 ff.). »Eine weisungsgebundene Person (Arbeitnehmer, Verbandsfunktionäre o.Ä.) handelt daher niemals geschäftsmäßig« (Rennen/Caliebe 2001, Anm. 57 zu § 1 RBerG).
Auf die Natur des Anstellungsverhältnisses, ob jemand als Beamter oder Angestellter arbeitet, kommt es nicht an (Müller-Dietz 1980, 44). Das bedeutet

---

[1] Eine gegenteilige, extrem weite Auslegung vertritt nach wie vor das OVG Münster, ohne sich jedoch mit den Entscheidungen des Bundesverfassungsgerichts auseinander zu setzen. Das OVG stützt seine Auffassung lediglich auf die traditionellen Kommentare (OVG Münster, NJW 2002, 1442).

nun aber nicht, dass zum Beispiel alle verbeamteten bzw. angestellten Sozialarbeiterinnen und Sozialpädagogen in ihren jeweiligen Institutionen rechtlich über alles beraten dürfen. Die Beratung muss sich nämlich innerhalb des Aufgabenkreises des Trägers der sozialen Arbeit bewegen. Hier können sich im Einzelfall durchaus Abgrenzungsprobleme ergeben. Derjenige, der ohne eine derartige Einbindung Rechtsrat erteilt, verstößt gegen das Rechtsberatungsgesetz. Es bedarf daher einer rechtlichen Grundlage für die juristische Beratung.

## 2.1 Rechtsberatung durch Behörden und Körperschaften des öffentlichen Rechts

Gem. § 3 Ziff. 1 RBerG darf Rechtsberatung und Rechtsbetreuung von Behörden (Oebbecke 1994) und von Körperschaften des öffentlichen Rechts ausgeübt werden.

> **§ 3 RBerG Zugelassene Rechtsberatung**
> Durch dieses Gesetz werden nicht berührt:
> 1. Die Rechtsberatung und Rechtsbetreuung, die von Behörden, (...), von Körperschaften des öffentlichen Rechts (...) im Rahmen ihrer Zuständigkeit ausgeübt wird; (...).

§ 3 Ziff. 1 RBerG umfasst die *Bundes-, Landes- und Gemeindebehörden*. Für die soziale Arbeit sind besonders die Jugend- und Sozialämter hervorzuheben. Die in unserem Zusammenhang interessierenden *Körperschaften des öffentlichen Rechts* sind insbesondere die evangelischen Landeskirchen, die katholische Kirche sowie die Sozialversicherungsträger (Altenhoff/Busch/Chemnitz 1993, Anm. 350). Nach der verfassungsrechtlichen Position der Kirchen sind die Beratungsstellen und sonstige Einrichtungen der kirchlichen Wohlfahrtsverbände (Diakonisches Werk oder Caritasverband mit ihren Fachverbänden) kirchliche Einrichtungen und besitzen den öffentlich-rechtlichen Status der Kirchen.

Die überwiegende Anzahl der kirchlichen Wohlfahrtsverbände und Einrichtungen sind jedoch privatrechtlich organisiert und damit nicht Körperschaften des öffentlichen Rechts. Sie sind aber in die Amtskirche inkorporiert und bedürfen keiner Erlaubnis (Heinhold 2001/2002 m.w.N.). In diesem Sinne hat das LG Stuttgart festgestellt, dass der Caritas-Verband Stuttgart e.V. keine Körperschaft des öffentlichen Rechts ist, sondern ein privatrechtlicher Verein. Gleichwohl gilt für ihn das Kirchenprivileg, weil er »an dem öffentlich-rechtlichen Status der sie tragenden Kirche teilnimmt« (LG Stuttgart, info also 2001, 167, 168; ebenso VG Aachen, info also 1999, 138).

Durch eine privatrechtliche Organisation der kirchlichen Wohlfahrtspflege wird also die Zugehörigkeit zu den eigenen Angelegenheiten der Kirche nicht beseitigt (BVerfG, NJW 1980, 1895; vgl. auch Busse 2001 sowie Heinhold 2001/2002).[1]

Erlaubt ist eine beratende Tätigkeit aber nur, wenn und soweit sie *im Rahmen der Zuständigkeit* der Behörde oder der Körperschaft liegt. Der Sinn dieses Zuständigkeitserfordernisses besteht darin, die Allgemeinheit vor Schäden durch eine sachunkundige Rechtsberatung zu bewahren. Der Rechtssuchende soll vor finanziellen oder sonstigen Nachteilen geschützt werden, die ihm dadurch entstehen können, dass ihn Personen beraten, die weder die entsprechenden Sachkenntnisse noch die erforderliche Zuverlässigkeit und Eignung besitzen.

So wäre es in der Tat für einen Ratsuchenden problematisch, wenn er sich in einer Strafsache von einem Finanzbeamten beraten lassen würde (Altenhoff/Busch/Chemnitz 1993, Anm. 357).

Ob Rechtsberatung in einer Behörde oder Körperschaft des öffentlichen Rechts *im Rahmen ihrer Zuständigkeit* erfolgt, ergibt sich aus dem Aufgabenkreis, der der Institution aufgrund eines Gesetzes oder allgemeiner Verwaltungsanordnungen zugewiesen ist.

Zahlreiche Fälle sind völlig unproblematisch. Die Zuständigkeit ist vor allen Dingen dann gegeben, wenn die Behörden bzw. die Körperschaften des öffentlichen Rechts eine gesetzliche Pflicht zur Rechtsberatung und Rechtsbetreuung haben. Durch § 14 SGB I z.B. sind die Sozialleistungsträger zuständig für die Beratung über die Rechte und Pflichten nach dem Sozialgesetzbuch, insofern zuständig für eine rechtliche Beratung. Gewähren Gesetze Ansprüche auf rechtliche Beratung, dann ist es logisch zwingend, dass nicht nur juristisch beraten werden darf, sondern muss.

Problematisch und bestritten ist dagegen das Zuständigkeitserfordernis auf anderen Gebieten. Das ist vor allen Dingen dann der Fall, wenn die Behörden oder Körperschaften des öffentlichen Rechts den *gesetzlichen Auftrag zur pädagogischen, psycho-sozialen und wirtschaftlichen Beratung* haben. Hier scheint es problematisch, ob durch eine derartige Norm auch rechtliche Beratung normativ abgedeckt ist.

---

[1] Die gegenteilige Auffassung vertritt das OLG München. Ohne jedwede Begründung und ohne eine Auseinandersetzung mit der einschlägigen verfassungsrechtlichen Rechtsprechung und Literatur verneint das Gericht die direkte bzw. analoge Anwendung des Kirchenprivilegs für die Caritas als eingetragener Verein (OLG München, NDV-RD 2001, 47; vgl. auch Renn 2001).

### Trennungs- und Scheidungsberatung nach § 17 KJHG

Am Beispiel des Jugendamtes soll die Problematik der psycho-sozialen und der mit ihr im Kontext stehenden rechtlichen Beratung erläutert werden. Nach dem KJHG steht den Ratsuchenden ein umfangreiches Beratungsangebot des Jugendamtes zur Verfügung. Wenn ein Schüler, der mit seinen Eltern im heftigen Konflikt über seinen weiteren schulischen Werdegang steht, sich ratsuchend an das Jugendamt wendet, dann darf selbstverständlich eine Sozialpädagogin rechtlich über das juristische Verhältnis zwischen Eltern und Kindern oder über die Reichweite des Personensorgerechts nach dem Bürgerlichen Gesetzbuch aufklären. Diese rechtliche Beratung fällt unzweifelhaft unter den Aufgabenkatalog des § 8 Abs. 3 KJHG. Diese Vorschrift rechtfertigt es aber nicht, Jugendliche über erbrechtliche Fragen zu informieren.

Was die Trennungs- und Scheidungsberatung durch die Jugendämter nach § 17 KJHG angeht, wird die Ansicht vertreten, dass sie durch das RBerG nicht gedeckt sei (Zettner 1993). Haffke (1992) kommt zu dem Ergebnis, dass Mediation, wenn sie nicht von Rechtsanwälten vorgenommen wird, verbotene Rechtsberatung darstellt. Nach seiner Auffassung habe der Gesetzgeber bei der Normierung der §§ 17 Abs. 2 sowie 28 KJHG nicht an Mediation gedacht. Dafür spreche, dass eine so revolutionäre Verpflichtung, die das bisherige Gefüge zwischen anwaltlicher Beratung und psycho-sozialer Betreuung durch die Jugendhilfe sprengen würde, vom Gesetzgeber nicht beabsichtigt gewesen sei (zur Mediation durch Anwälte vgl. Mähler/Mähler 1997).

Es kann jedoch nicht angehen, dass der Gesetzgeber im Kinder- und Jugendhilfegesetz durch die §§ 17 und 28 KJHG den Jugendämtern eine Aufgabe zugewiesen und in Kauf genommen hat, dass die sachgemäße Erfüllung dieser Aufgabe den Jugendhilfeträgern verboten wäre (Coester 1992). Bei einer Trennungs- und Scheidungsberatung nach § 17 KJHG darf daher rechtliche Beratung zum Sorgerecht, zu Scheidungsfolgenvereinbarungen sowie zur Umgangsregelung und zu Unterhalts- und Vermögensauseinandersetzungen erfolgen (Schulte-Kellinghaus 1994; Münder u.a. 1998, Anm. 19 zu § 17 KJHG; Fieseler/Schleicher 2002, Anm. 8 zu § 17 KJHG). In den eingangs geschilderten Fällen zur Trennungs- und Scheidungsberatung dürfen die Beraterinnen daher die gewünschten Auskünfte erteilen.[1]

Das kann auch rechtlich nicht anders sein, denn wie könnte sonst die Wirksamkeit und Nachhaltigkeit einer Beratung gesichert werden. Nach den heutigen Vorstellungen soll sie ganzheitlich sein, der Beratende soll in seiner Problemsituation nicht jeweils auf Teilaspekte reduziert werden. Das bedeutet: Im Regelfall darf es nicht so sein, dass die Juristin für die rechtlichen Fragestellungen, der Psychologe für die seelischen Schwankungen und die Sozialpädagogen und Sozialarbeiterinnen für Schwierigkeiten im pädagogischen und finanziellen Bereich zuständig sind. Das sehen im Übrigen die Rechtsanwälte ganz ähnlich. »Will man das Problem, so wie es sich wirklich stellt, zufriedenstellend lösen, braucht man in vielen Fällen noch andere Fachleute, also z.B. den Sozialarbeiter, den Seelsorger, Ärzte oder Sachverständige. Gute Beratung erfordert deshalb häufig Gesamtrat« (Zuck 1999, 190).

Diese Ansicht hat im Prinzip auch das Landgericht Memmingen für die Trennungs- und Scheidungsberatung nach dem KJHG vertreten. Das Gericht hatte folgenden Fall zu entscheiden: Die Stadt Memmingen betreibt eine »städtische Beratungsstelle für Familien und Jugendliche« als eine Einrichtung des Kinder- und Jugendhilfegesetzes. Ein in der Beratungsstelle ehrenamtlich tätiger, pensionierter Richter hat ein scheidungswilliges Ehepaar beraten und u.a. eine komplette Berechnung des Zugewinns und des Zugewinnausgleichsanspruchs der Ehefrau vorgenommen, darüber hinaus eine Scheidungsvereinbarung entworfen, in der neben anderen Problemen der nacheheliche Ehegattenunterhalt, die Hausratsteilung und der Versorgungsausgleich geregelt werden sollte. Die Vertretung der Anwaltschaft in Memmingen wollte durch eine Klage erreichen, dass die nach ihrer Ansicht unzulässige Besorgung fremder Rechtsangelegenheiten zu unterlassen sei. Das Gericht führte aus:

»Oft wird deshalb ohne Klarheit über das Scheidungsverfahren, der Ehewohnung, des Kindes- und Ehegattenunterhaltes ein tragfähiges Sorgerechtskonzept nicht entwickelt werden können. Der Elternteil, der um das Sorgerecht kämpft, wird deshalb vielfach wissen müssen und wollen, was er vom anderen an Unterhalt zu gewärtigen hat oder wie überhaupt sich seine vermögensrechtliche Situation nach der Trennung und Scheidung entwickeln wird. In solchen Fällen kann deshalb diese sozialpädagogische Hilfestellung der Be-

---

[1] In den Empfehlungen des Europarates (1998) zur Familienmediation sind ausführlich die Grenzen der Rolle des Mediators thematisiert, insbesondere das Problem der Erteilung von Rechtsauskünften und der Rechtsberatung erörtert worden. Die Verfasser unterscheiden zwischen *Auskunft* und *Beratung*. Rechtsauskünfte sollen die Mediatoren erteilen dürfen, wenn dies erbeten oder im Verlauf des Mediationsverfahren als angemessen erachtet wird.
»Die Erteilung einer Rechtsauskunft beinhaltet, dass das Verhältnis zu den Parteien unparteiisch bleibt. Die Auskunft wird als ein Hilfsmittel erteilt, ohne dass der Versuch unternommen wird, eine bestimmte Handlungsweise auf der Grundlage dieser Auskunft zu empfehlen« (Europarat 1998, 454, 460).
Rechtsberatung schließe dagegen die Empfehlung eines speziellen Vorgehens ein und gerate in Widerspruch zum Prinzip der Unparteilichkeit bei der Mediation. Rechtsberatung nach dem Verständnis des deutschen Rechtsberatungsgesetzes ist die rechtliche Auskunft und nicht der strategische Ratschlag. Insofern stützt die Empfehlung des Europarates die Auffassung, dass in der Trennungs- und Scheidungsberatung rechtliche Auskünfte erteilt werden können und müssen.

ratungseinrichtung auch die Erteilung solcher zusätzlicher rechtlicher Informationen vom gesetzlichen Auftrag zur umfassenden Sorgerechtsberatung der Eltern mit umfasst sein« (LG Memmingen, DAVorm 1995, 117, 119).

Bei der Trennungs- und Scheidungsberatung gehört es mithin zur Zuständigkeit der Jugendämter, auch rechtlich beraten zu dürfen.

Für die vielfältigen anderen Beratungsmöglichkeiten nach dem KJHG gilt nichts anderes. Soweit die rechtliche Beratung in irgendeinem Zusammenhang mit der gesetzlichen Aufgabe steht, die der Behörde zugewiesen ist, ist juristischer Rat erlaubt.

### Schuldnerberatung

Ein ähnliches Problem wie bei der Trennungs- und Scheidungsberatung stellte sich bei der Schuldnerberatung, die durch Behörden oder Körperschaften des öffentlichen Rechts angeboten wird. Es wurde der Versuch unternommen, die Grenzen der Schuldnerberatung eng zu fassen. Die herrschende Meinung hält dagegen sowohl die rechtliche Beratung als auch die Rechtsbetreuung von Schuldnern nach § 8 BSHG [10 SGB XII] für rechtmäßig:

»Nach § 8 Abs. 2 BSHG gehört zur persönlichen Hilfe außer der Beratung in Fragen der Sozialhilfe (§ 14 SGB AT) auch die Beratung in sonstigen sozialen Angelegenheiten. Überwiegend wird die Auffassung vertreten, dass das Merkmal ›Beratung in sonstigen sozialen Angelegenheiten‹ weit auszulegen ist, da die gesamten Lebensverhältnisse Hilfesuchender berücksichtigt werden müssen, wenn die Aufgaben der Sozialhilfe im Sinne des § 1 Abs. 2 BSHG erfüllt werden sollen. Demzufolge kann sich die Rechtsberatung außer auf das Sozialrecht auch auf sonstige Rechtsgebiete beziehen bzw. auf das Privatrecht, sofern der Bezug zur Aufgabenstellung des Trägers der Sozialhilfe im Sinne von § 1 Abs. 2 BSHG nicht verloren geht« (Deutscher Städtetag u.a. 1988; zur Kooperation in der Schuldnerberatung vgl. Bungart 1988 sowie LG Stuttgart, info also 2001, 167).

Der Versuch der Anwaltschaft, die Schuldnerberatung bei sich zu monopolisieren, ist durch Gerichte zurückgewiesen worden. Das LG Saarbrücken hat 1987 die Unterlassungsklage eines Anwaltes gegen eine Angestellte des Caritasverbandes e.V. abgewiesen. Die Angestellte bedürfe für ihre Tätigkeit in einer Schuldnerberatungsstelle keiner Erlaubnis nach dem Rechtsberatungsgesetz, weil sie nicht geschäftsmäßig handele. Sie sei als Angestellte nicht selbständig in eigener Entscheidung und Verantwortung, also nicht unabhängig von den Weisungen ihres Arbeitgebers (LG Saarbrücken, zit. nach Fieseler 1989, 243, 244; vgl. auch OLG Frankfurt am Main, NDV 1988, 243 sowie Heinhold 2001/2002). Nach dieser Entscheidung ist Schuldnerberatung durch einen Verband der freien Wohlfahrtspflege auch nicht am Gesetz gegen den unlauteren Wettbewerb zu messen, wenn sie kostenlos im Rahmen sozialer Betreuung durchgeführt wird.[1]

### Schuldnerberatung nach der Insolvenzordnung

Das reformierte Insolvenzrecht ist am 1.1.1999 in Kraft getreten. Nach der bisherigen Rechtslage war es so, dass Schuldner im Prinzip lebenslang für ihre Verbindlichkeiten haften mussten. Das Recht bot dem Schuldner kaum eine Chance auf eine wirksame Verringerung seiner Schulden. Das Insolvenzrecht bringt – zumindest theoretisch – eine erhebliche Veränderung. Nach Abschluss eines Insolvenzverfahrens kann ein Schuldner unter bestimmten Voraussetzungen eine Befreiung von seinen Verbindlichkeiten erreichen. Die erste Etappe auf dem Weg zu einer Schuldenbereinigung ist der Gang zur Schuldnerberatung, um vor der Eröffnung des gerichtlichen Verfahrens eine außergerichtliche Schuldenregulierung zu versuchen.

Ob in diesen Schuldnerberatungsstellen, wie sie von den Trägern der freien Wohlfahrtspflege oder den Kommunen eingerichtet sind (BMJ 1998, 13), rechtlich beraten werden darf, war umstritten. Wiederum behaupten Juristen, die Beratung auf diesem Gebiet sei ihre Domäne. Durch eine Reform des Rechtsberatungsgesetzes vom 19.12.1998 (BGBl I, 1998, 3836) hat der Gesetzgeber diese Bedenken ausgeräumt.

> Nach § 3 Ziff. 9 RBerG ist die Besorgung von Rechtsangelegenheiten von Schuldnern durch eine als geeignet im Sinne der Insolvenzordnung anerkannte Stelle im Rahmen ihres Aufgabenbereichs erlaubt.

---

[1] Ein Diplomsoziologe oder Sozialarbeiter als Leiter einer Einrichtung der freien Wohlfahrtspflege darf aber nach Ansicht des OLG Köln ausländische Arbeitnehmer nicht bei der *Durchsetzung* ihrer Lohnansprüche unterstützen. Diese Tätigkeit ist nicht durch § 8 Abs. 2 BSHG abgesichert, da diese Art der Rechtsbetreuung über den Rahmen der persönlichen Hilfe hinausgeht. »Rechtsberatung als Selbstzweck« übersteigt den Rahmen (OLG Köln, NJW 1973, 437, 438). In den Überlegungen des Deutschen Vereins zur Schuldnerberatung vom 20.10.1988 (NDV 1988, 36) werden die Grenzen der rechtlichen Betätigung in der Schuldnerberatung genannt. Nach Auffassung des Deutschen Vereins ist das Tätigwerden nach außen gegenüber den Gläubigern den Anwälten vorbehalten, dagegen Fieseler (1989).

**Fazit**

Das Zuständigkeitserfordernis für die Rechtsberatung und Rechtsbetreuung durch Behörden und Körperschaften des öffentlichen Rechts ist weit auszulegen. Das gebietet die Verfassung. Ganz allgemein dürfen die Grenzen, die durch das Rechtsberatungsgesetz für die rechtliche Beratung bestehen, im Lichte des Grundrechts der Berufsfreiheit nicht eng gezogen werden (BVerfG, NJW 1998, 3481 sowie BVerfG, NJW 2002, 1190).

Dies wird auch durch eine andere Entwicklung in der Bundesrepublik nachhaltig unterstützt. Das Verhältnis von Bürger und Staat in einem demokratisch verfassten sozialen Rechtsstaat ist nicht mehr durch Gewaltunterworfenheit charakterisiert. Dem entspricht, dass sich der Behördenbegriff gründlich geändert hat. Behörden sollen moderne Dienstleistungsunternehmen sein. Bürgerfreundlichkeit und Bürgernähe beinhalten aber zwingend, dass der ratsuchende Bürger nicht weggeschickt werden darf. Zur Bürgerfreundlichkeit gehört eine sehr viele größere Offenheit für rechtliche Auskünfte und Beratung von Bürgern durch die Behörden. Das Rechtsberatungsgesetz steht aus diesem Grunde der rechtlichen Beratung durch Behörden und Körperschaften des öffentlichen Rechts nicht im Wege.

> Die Angst vor unzulässiger Rechtsberatung ist unbegründet. Es ist ausreichend, wenn die rechtliche Beratung in irgendeinem Zusammenhang mit Aufgaben, die der Behörde oder den Körperschaften des öffentlichen Rechts durch Rechts- oder Verwaltungsvorschriften zugewiesen sind, steht.

Ein Schutzzweck des Rechtsberatungsgesetzes, alle Bürger vor inkompetenter rechtlicher Beratung zu schützen, wird in der Regel bei der Beratung durch Behörden und Körperschaften des öffentlichen Rechts nicht tangiert. Die fachliche Kompetenz der behördlichen Beratung wird sichergestellt »durch konkrete Aufgabenzuweisungen in Gesetzen oder Verwaltungsvorschriften, Ausbildungs- und Laufbahnvorschriften für die Mitarbeiter und durch die verschiedenen rechtlichen Formen der Aufsicht« (Schulte-Kellinghaus 1994, 1230, 1233).

## 2.2 Rechtsberatung durch Verbände der nichtkirchlichen, freien Wohlfahrtspflege

Ob die nichtkirchlichen privaten Träger, z.B. die Arbeiterwohlfahrt oder der Paritätische Wohlfahrtsverband, rechtlich beraten dürfen, wird ebenfalls bezweifelt, da sie nach dem Gesetzeswortlaut nicht unter das »Behördenprivileg« fallen. Diese Wohlfahrtsverbände werden nämlich nicht in § 3 RBerG erwähnt, ein Umstand, der mit der Entstehungsgeschichte des Gesetzes im NS-Staat zu tun hat. Die Tätigkeit der freien Wohlfahrtsverbände passte nicht in die totalitäre, antipluralistische Ideologie der Nationalsozialisten. Folglich wurde ihnen auch nicht, wie den evangelischen Landeskirchen und der katholischen Kirche, das Recht zur juristischen Beratung eingeräumt (Müller-Dietz 1980; Brühl 1998). Insofern ist das Rechtsberatungsgesetz dringend reformbedürftig, vermutlich ist es auch verfassungswidrig.
Die juristische Kompetenz, auch rechtlich beraten zu dürfen, wird – trotz dieser Gesetzesgeschichte – den nichtkirchliche, freien Trägern der Jugend- und Sozialhilfe bestritten. Der Vorwurf eines Verstoßes gegen das Rechtsberatungsgesetz trifft diese Wohlfahrtsverbände nach Ansicht einiger Autoren, da sie nicht an dem öffentlich-rechtlichen Status der Kirchen partizipierten (Schulz-Rackoll/Groth 1986; vgl. auch Zettner 1993).
Diese Auslegung geht fehl. Bereits 1969 ist als Ergebnis einer Besprechung zwischen Bundesministerien und der Bundesarbeitsgemeinschaft der Freien Wohlfahrtsverbände im Hinblick auf die Beratung nach dem Bundessozialhilfegesetz folgende Übereinstimmung erzielt worden: »Die Wohlfahrtsverbände können in demselben Umfang wie Behörden der Sozialträger über Ansprüche nach dem Bundessozialhilfegesetz beraten« (NDV 1988, 373).

Diese Übereinstimmung gilt auch heute noch. Das ergibt sich daraus, dass der Petitionsausschuss des Deutschen Bundestages in einem Beschluss vom 15.1.1992 auf diese Vereinbarung Bezug genommen hat (so auch Heinhold 2001/2002). Das Rechtsberatungsgesetz wird durch diese Ergänzung und Interpretation an die verfassungsrechtliche Sozialstaatsklausel, das Subsidiaritätsprinzip sowie die plurale Wertordnung angepasst (im Ergebnis auch Wiesner u.a. 2000, Anm. 32 f. zu § 17 KJHG).
Was für die Beratung nach dem Bundessozialhilfegesetz gilt, ist auch auf andere Beratungsbereiche der freien Wohlfahrtsverbände anzuwenden, insbesondere auf die Beratung nach dem KJHG. Die Beratung muss freilich im Zusammenhang mit dem Aufgabenkreis des privaten Trägers erfolgen. Auch dieses Merkmal muss unter verfassungsrechtlichen Gesichtspunkten weit interpretiert werden. Das LG Stuttgart hat im Zusammenhang mit einer sozialrechtlichen Beratung dargelegt, dass auch etwa auf Fragen aus dem Familien-, Erb- oder Arbeitsrecht eingegangen werden darf, wenn »sie den Charakter von Vorfragen haben oder weil die ›soziale Angelegenheit‹ ihrerseits auf sie einwirkt« (LG Stuttgart, info also 2001, 167, 168).

Wenn ein Verband der freien Wohlfahrtspflege Trennungs- und Scheidungsberatung betreibt, dann sind daher rechtliche Hinweise zum Scheidungs- und Scheidungsfolgenrecht sowie zum Kindschaftsrecht juristisch erlaubt.

## 2.3 Rechtsberatung durch private Initiativen, Vereine und Selbsthilfegruppen

Ein privater Verein, z.B. »Trialog soziale Bildung und Beratung e.V.«, hat sich zur Aufgabe gestellt, Trennungs- und Scheidungsberatung durchzuführen. Der Beratungsansatz ist interdisziplinär und umfasst sachlogisch auch rechtliche Beratung. Trialog ist kein Verband der kirchlichen oder freien Wohlfahrtspflege und fällt daher zunächst nicht unter das Behördenprivileg, sodass die Zulässigkeit einer rechtlichen Beratung zweifelhaft erscheint.

Die Frage, ob rechtliche Beratung durch private Initiativen, Vereine und Selbsthilfegruppen gegen das Rechtsberatungsgesetz verstößt, ist durch das Bundesjustizministerium in Zusammenarbeit mit dem Petitionsausschuss des Deutschen Bundestages 1992 beantwortet worden. »Das Rechtsberatungsgesetz schreibt aber nur für die geschäftsmäßige Besorgung fremder Rechtsangelegenheiten einschließlich der Rechtsberatung eine Erlaubnispflicht vor; die Besorgung von Geschäften wirtschaftlicher Art oder unentgeltliche soziale Hilfeleistungen werden durch das Gesetz hingegen nicht berührt. Im Rahmen wirtschaftlicher Betätigung ist – wie Art. 1 § 5 Rechtsberatungsgesetz ausdrücklich vorsieht – auch die Erledigung rechtlicher Angelegenheiten zulässig, wenn diese in unmittelbarem Zusammenhang mit dem Geschäft des Gewerbebetriebes stehen.

Die – ähnlich gelagerte – Frage, ob auch bei der Erledigung sozialer Angelegenheiten eine in unmittelbarem Zusammenhang stehende Rechtsberatung zulässig sein soll, wird vom Rechtsberatungsgesetz, bei dessen Verabschiedung die Entwicklung zum modernen Sozialstaat nicht absehbar war, hingegen nicht ausdrücklich beantwortet. Aus dem dargelegten Sinn und Zweck des Rechtsberatungsgesetzes und der Regelung des Artikels 1 § 5 ist jedoch zu entnehmen, dass eine Rechtsberatung, die untrennbar verbunden ist mit einer im Vordergrund stehenden Erledigung einer sozialen Angelegenheit, welche ohne diese Rechtsberatung nicht vollständig oder nicht wirksam durchgeführt werden könnte, nicht von der Erlaubnispflicht erfasst sein soll.
(...)
Dementsprechend sind zu der Frage, inwieweit Rechtsberatung bei der ›Beratung in sonstigen sozialen Angelegenheiten‹ gemäß § 8 Abs. 2 BSHG durch die Verbände der freien Wohlfahrtspflege – deren selbständige Betätigung auf dem Gebiet der sozialen Aufgaben gemäß § 10 Abs. 2 BSHG ebenso zu achten ist, wie die selbständige Arbeit der freien Jugendhilfe gemäß § 4 Abs. 1, 2

## 2 Das Rechtsberatungsgesetz 117

KJHG – erteilt werden darf, bestimmte Grundsätze entwickelt worden (...), die allgemein anerkannt sind. Danach darf bei der Beratung in einer sozialen Angelegenheit auch auf Rechtsfragen aus sonstigen Rechtsgebieten eingegangen werden, wenn dies notwendig ist, so z.b. bei rechtlichen Hinweisen, die im Zusammenhang mit der persönlichen Hilfe in einer besonderen Lebenslage gegeben werden. (...)

Diese für die Rechtsberatung durch freie Verbände der Wohlfahrtspflege zu § 8 Abs. 2 BSHG aufgestellten Grundsätze lassen sich auf die Betätigung der Träger freier Jugendhilfe übertragen. Auch die Träger freier Jugendhilfe nehmen – besondere – soziale Aufgaben wahr, bei denen die persönliche Hilfeleistung im Vordergrund steht. Die etwaige Erörterung und Beratung von Rechtsfragen durch Trennungs- und Scheidungsberatungsstellen im Rahmen des § 17 KJHG steht in untrennbarem Zusammenhang mit der den Schwerpunkt der Tätigkeit bildenden psychologisch-pädagogischen Hilfeleistung. Sie verstößt daher nicht gegen das Rechtsberatungsgesetz« (ZfJ 1994, 75 f.).[1]

> Diese Auslegung des § 5 RBerG, die Gleichstellung der Besorgung von Geschäften wirtschaftlicher Art mit der unentgeltlichen sozialen Hilfeleistung hat geklärt, dass kostenlose Rechtsberatung im Zusammenhang mit der Lösung sozialer Probleme durch Vereine als Träger der Jugendhilfe dem Rechtsberatungsgesetz nicht widersprechen. Etwas anderes gilt auch nicht für andere Institutionen und Selbsthilfegruppen. Denn auch bei ihnen, wie z.B. bei Hilfeinitiativen für Flüchtlinge, für vergewaltigte Frauen, steht die Erledigung einer sozialen Angelegenheit im Vordergrund, die ohne Rechtsberatung nicht vollständig oder nicht wirksam durchgeführt werden könnte (Huchting 1998).

In einer Entscheidung des VG Braunschweig wird diese Auffassung bekräftigt. In der Tätigkeit einer Interessengemeinschaft Sozialhilfe e.V. – einer Selbsthilfeorganisation von Sozialhilfeempfängern –, die u.a. allein stehende Frauen, die laufend Sozialhilfe bezogen, beraten und auf dem Weg zum Sozi-

---

[1] In einem Rechtsgutachten zur *Rechtsbesorgung* in Sozialhilfesachen durch Vereine kommt Brühl zum Ergebnis, dass ein Verein, der es sich zum Ziel gesetzt hat, »sozial benachteiligte und isolierte, arme und einkommensschwache Menschen nachhaltig zu unterstützen (...)«, und dieses Ziel »insbesondere durch umfassende Aufklärung und Beratung im Bereich Sozialhilfebezug, Arbeitslosigkeit und Mietangelegenheiten und, wo nötig, Gewährung von Rat und Hilfe in Rechtsangelegenheiten für Mieter«, erreichen will, zusätzlich die Hilfebedürftigen in Gerichtsverfahren vertreten darf (Brühl 1998, 3).

alamt begleitet hat, ist kein Verstoß gegen das Rechtsberatungsgesetz zu sehen. »Dabei ist zu berücksichtigen, dass Sozialbeziehungen in der modernen Gesellschaft immer mehr verrechtlicht werden. Eine Beratung in sozialen Angelegenheiten ist daher – angesichts dieser fortschreitenden Verrechtlichung – ohne ein Eingehen auf rechtliche Fragen und Ansprüche gar nicht mehr möglich. Es ist daher davon auszugehen, dass die Unterstützung, die die Klägerin geleistet hat, nicht als geschäftsmäßige Besorgung von Rechtsangelegenheiten im Sinne des Gesetzes zu verstehen ist, sondern als Sozialberatung im Sinne von § 8 Abs. 2 BSHG« (VG Braunschweig, RsDE 1994, 88, 90 mit Anm. Giese).

Nach Auffassung des Gerichts ist die Grenze zur Rechtsberatung erst dann überschritten, wenn geschäftsmäßig Sozialhilfeempfänger in Widerspruchs- oder gar Gerichtsverfahren vertreten werden.

Diese Auffassung wird vom LG Dresden bestätigt. Das Rechtsberatungsgesetz müsse insgesamt wegen der verfassungsrechtlich verbürgten allgemeinen Handlungsfreiheit aus Art. 1 Abs. 2 GG restriktiv interpretiert werden. Die unentgeltliche rechtliche Beratung von Mitgliedern einer Selbsthilfegemeinschaft von Mietern durch ein anderes Mitglied verstößt daher nicht gegen das Rechtsberatungsgesetz (LG Dresden, NJ 2001, 150).

### 2.4 Rechtsberatung in einer privaten, selbständigen Beratungspraxis

Eine Sozialarbeiterin betreibt privat eine Beratungsstelle für Therapie- und Krisenintervention. Es ist notwendig, dass sie in vielfältigen Zusammenhängen auch rechtlichen Rat erteilen muss und will. Hier ist die rechtliche Lage noch so, dass freiberuflich tätige Sozialarbeiter juristisch nicht beraten dürfen (Oberloskamp 1997a). Ihnen steht weder das Behördenprivileg zur Seite, noch besitzen sie die Rechte der verbandlichen Wohlfahrtspflege. Für die beratende Tätigkeit in einer freien Praxis ist daher ein Konzept zwingend erforderlich, das eine interdisziplinäre Kooperation zwischen Beraterinnen und Anwältinnen vorsieht.[1]

---

[1] Anderer Ansicht in dieser Frage ist Heinhold (2001/2002). Er führt aus, dass auch im Falle einer Sozialarbeiterin, die eine Beratungsstelle betreibt, die Notwendigkeit einer umfassenden sozialen Beratung einschließlich einer Rechtsberatung bestehe. Bei analoger Anwendung des § 8 Abs. 2 BSHG bzw. der Grundsätze des Übereinstimmungspapiers 1969 sei darin kein Verstoß gegen das Rechtsberatungsgesetz zu sehen. Dies ergebe sich zudem aus einer verfassungskonformen Interpretation des Rechtsberatungsgesetzes. Das kann und sollte man so sehen. Es bestehen aber zurzeit gleichwohl erhebliche Zweifel, ob diese Auffassung auch von bundesrepublikanischen Gerichten geteilt wird.

## 2.5 Altruistische Rechtsberatung durch Privatpersonen

Als einen Verstoß gegen das Rechtsberatungsgesetz bewerten die Gerichte z.T. auch die ehrenamtliche, altruistische Rechtsberatung durch Privatpersonen, die schlicht und einfach nur helfen wollen. Es handelt sich um Beratung von Kriegsdienstverweigerern, Asylbewerbern, Folteropfern usw. Auch in diesen Fällen wird Geschäftsmäßigkeit angenommen. Die Beratung übersteigt nach der h.M. die Gefälligkeits- und Gelegenheitsberatung. Bereits 1976 hat Schneider insoweit die Verfassungswidrigkeit des Rechtsberatungsgesetzes dargelegt.[1] Beratung könne nicht bei der Anwaltschaft monopolisiert werden. Eine verfassungskonforme Auslegung des Gesetzes lasse sich nur erreichen, wenn Beratung aus altruistischen Motiven, sittlichen Pflichten oder aus Anstand nicht unter das Rechtsberatungsgesetz falle (Schneider 1976).

Das LG Dresden hat dagegen das Merkmal »Geschäftsmäßigkeit« aufgrund der allgemeinen Handlungsfreiheit aus Art. 2 Abs. 1 GG nicht auf die altruistische, private, rechtliche Beratungstätigkeit angewendet. Es sei eine unerträgliche Bevormundung der Bürger, derartige Hilfe bzw. Selbsthilfe zu verbieten. »Ein Bürger muss sein Wissen, sein Engagement und seine Zeit einer Gemeinschaft unentgeltlich zur Verfügung stellen dürfen, während die anderen berechtigt sein müssen, zu wählen, ob ihnen unentgeltliche Vertretung auch mit dem Risiko eines Rechts- und Haftungsverlusts reicht oder ob sie das Kostenrisiko einer anwaltlichen Beratung eingehen wollen« (LG Dresden, NJ 2001, 150, 151).

## 3 Die Grenzen der Rechtsberatung in der sozialen Arbeit

Grenzen der rechtlichen Beratung ergeben sich zunächst aus der innerbehördlichen Aufgabenzuweisung. Wer für Trennungs- und Scheidungsberatung zuständig ist, darf nicht Schuldnerberatung betreiben. Das folgt nicht nur aus dem Rechtsberatungsgesetz, sondern auch aus fachlich-professionellen Beratungsstandards in der sozialen Arbeit.

Juristische Grenzen der Rechtsberatung ergeben sich aber auch aus anderen Gesichtspunkten: nämlich dem Haftungsrecht. Verschiedentlich ist zu lesen, dass für falschen Rat nicht gehaftet wird. Dem ist nicht so. Es ist augenscheinlich, dass ein Sozialarbeiter, der ein scheidungswilliges Paar berät, keine juristischen Fehlinformationen geben darf. Die Grenzen der Rechtsberatung liegen demnach in den fachlichen Kompetenzen der Beraterinnen. Ihnen

---

[1] Aus diesem Grunde hat ein pensionierter Richter, der unentgeltlich rechtlich beratend tätig ist, und der mehrfach mit Geldbußen belegt wurde, Verfassungsbeschwerde gegen das Rechtsberatungsgesetz eingelegt (Lehmann 2000; König 2001).

muss bewusst sein, dass fehlerhafter Rechtsrat zu Schadenersatzansprüchen der Klienten führen kann. Insbesondere kommen Amtshaftungsansprüche und Ansprüche wegen Vertragsverletzung in Betracht (zu den möglichen Schadensersatzansprüchen bei fehlerhafter Beratung vgl. Kap. VIII → S. 185).

Das kann auch gar nicht anders sein. Beratung auf dem sozialen Sektor findet nicht im rechtsfreiem Raum statt. Wenn die soziale Arbeit die Kompetenz und Zuständigkeit für rechtliche Beratung für sich reklamiert, steht dem auch das Risiko der Haftung gegenüber: für andere Professionen seit langem eine Selbstverständlichkeit. Sozialarbeiterinnen und Sozialpädagogen, die rechtlich beraten, müssen zum einen ganz ohne Zweifel die einschlägigen juristischen Kompetenzen besitzen und zum anderen interdisziplinär kooperieren können.

## 4 Zusammenfassung

> - Rechtlich beraten dürfen Sozialarbeiterinnen und Sozialpädagogen als Angestellte oder Beamte bei Behörden (Jugend-, Sozial- oder Gesundheitsämter) und bei Körperschaften des öffentlichen Rechts (Kirchen oder konfessionelle Träger) im Rahmen ihrer Zuständigkeit nach § 3 Nr. 1 RBerG (Behördenprivileg).
> - Rechtlich beraten darf diese Berufsgruppe auch, soweit sie bei anderen Wohlfahrtsverbänden und Institutionen tätig ist – und zwar im Rahmen der Beratung in sozialen Angelegenheiten.
> - Dies gilt auch für die Beratung durch Selbsthilfegruppen, § 5 RBerG in analoger Anwendung.
> - Freiberuflich tätige Sozialarbeiterinnen dürfen zurzeit rechtlich noch nicht beraten.

Die Tatsache, dass in der sozialen Arbeit in den jeweiligen Zuständigkeitsbereichen rechtlich beraten werden darf, hat sich noch keineswegs überall herumgesprochen und ist noch nicht zum Allgemeingut geworden. Das System der sozialen Arbeit verharrt in Ehrfurcht vor dem Anwaltsmonopol. Im 10. Jugendbericht der Bundesregierung 1998 ist beispielsweise im Zusammenhang mit der Trennungs- und Scheidungsberatung zu lesen: »Die Praxis hat gezeigt, dass die Vereinbarungen über sorgerechtliche Regelungen oft nur dann getroffen werden können, wenn die Beteiligten Informationen über ihre rechtlichen Möglichkeiten zur Gestaltung ihrer verantwortlichen Elternschaft oder für akzeptable Vereinbarungen über den Unterhalt des Kindes, u.U. auch über den der Ehefrau erhalten. Zur Scheidungsberatung gehört mithin in vielen Fällen noch eine rechtliche Beratung. Für Bera-

tende entsteht dabei allerdings ein Problem: Während die Rechtsberatung von Jugendämtern und Behörden mit den Ausnahmebestimmungen des Rechtsberatungsgesetzes (RBerG) im Einklang stehen, werden den freien Trägern dadurch Grenzen gesetzt, dass sie nur ihre Mitglieder beraten dürfen« (BMFSFJ 1998, 236).
Diese Rechtsauffassung ist, wie wir gesehen haben, unrichtig. Der Widerspruch zwischen der Erlaubnis, in vielen Berufsfeldern der sozialen Arbeit rechtlichen Rat erteilen zu dürfen, und den tatsächlichen Gegebenheiten hat mehrere Ursachen: selbstverständlich den beharrlichen Kampf der Juristen um ihr Beratungsmonopol, aber auch die Bequemlichkeit der Sozialarbeiter selbst. Sie können sich allzu leicht mit dem Hinweis auf das Rechtsberatungsgesetz aus der juristischen Beratung verabschieden. Es »erleichtert« für einige ganz umgemein die Arbeit, wenn man mit dem »Recht« – bereits kein Lieblingsfach in der Ausbildung – nichts zu schaffen hat. Dass durch derartige unprofessionelle Verhaltensweisen der Ruf der sozialen Arbeit nicht gerade verbessert wird, liegt auf der Hand.
Das Rechtsberatungsgesetz passt, was die Beratung in der sozialen Arbeit angeht, nicht mehr in die Landschaft. Zwar ist dieses Gesetz an die sozialstaatlichen Vorgaben im Wege der Auslegung durch das Bundesverfassungsgericht und andere Gerichte angepasst worden. Es verbleiben indessen Unsicherheiten, da sich die Rechtsberatung auf dem sozialen Sektor nur diffus im Rechtsberatungsgesetz wiederfindet. Dies geht zulasten der betroffenen Bürger.

> Der Schutzzweck des Rechtsberatungsgesetzes – er sei hier nochmals erwähnt –, den Bürger vor unzulänglicher Rechtsberatung zu schützen, verkehrt sich in sein Gegenteil: die Unterversorgung ausgegrenzter Bevölkerungskreise mit rechtlichem Rat.

Die Befürchtung der Anwaltschaft, durch die »Auflockerung« des Rechtsberatungsgesetzes Mandanten zu verlieren, ist unbegründet. Die Beratungssysteme in der sozialen Arbeit umfassen eine erheblich andere Klientel, als es die Anwaltschaft anspricht.[1] In der Regel wollen Anwälte die Klientel der sozialen Arbeit nicht beraten, und sie können es auch nicht, weil die sozialen und ökonomischen Zugangsschwellen es im Allgemeinen verhindern, dass die Betroffenen einen Anwalt aufsuchen.

---

[1] Zur Einführung eines neuen Berufes Sozial-Anwalt vgl. Stascheit (1995) sowie Oberloskamp (1996 und 1997a), Otto (1998); zur Rechtsberatung von Kindern siehe Schumacher (1997) und Trenczek (1999).

## V  PSYCHO-SOZIALE BERATUNG

### 1  Abgrenzungen

Was eigentlich Gegenstand der psycho-sozialen sowie psychologischen Beratung ist, erschließt sich nicht so ohne weiteres aus dem Alltagsdiskurs. Jeder glaubt zu wissen, was Beratung, genauer: was psycho-soziale Beratung ist. Es existiert indessen eine verwirrende Vielfalt von Definitionen und Abgrenzungsversuchen zu anderen beratenden Professionen.

Im Einzelnen ist die Abgrenzung zwischen psycho-sozialer sowie psychologischer Beratung und heilkundlicher Psychotherapie schwierig vorzunehmen. Neben den klassischen Beratungssystemen der Medizin, des Rechts und wenn man so will, der Theologie, sind neue Formen entstanden, die nicht trennscharf von den etablierten Professionen abgegrenzt und auf den ersten Blick auch nur schwerlich sauber klassifiziert werden können. Sowohl die heilkundliche Psychotherapie als auch die Familien-, Ehe-, Lebens-, Drogen-, Schwangerschaftsberatung usw. können – ganz allgemein formuliert – handlungsbezogene Informationen oder Ratschläge enthalten, aber auch Problemlösungen und Konfliktbewältigungen mittels psychologischer Verfahrensweisen umfassen.

Zunächst: Unter psycho-sozialer Beratung sind keineswegs gut gemeinte Gespräche zu verstehen, wie sie unter Freunden in einer Krisensituation üblich sind. Selbstverständlich kann die lebenserfahrene Mutter oder der einfühlsame Patenonkel hervorragend geeignet sein, Lebensberatung durchzuführen und Krisensituationen besänftigend und kenntnisreich zu meistern.[1] Diese Form des Rates entspricht jedoch nicht dem Beratungsverständnis des Kinder- und Jugendhilfegesetzes. Beratung ist keine trivialisierte Form von Ratschlägen für die Zukunft, sondern ein Modus genuin sozialpädagogischen Handelns (Nestmann 1988a).

---

[1] Auf die Reichweite und Effizienz der Beratung durch die alltäglichen Helfer weist Nestmann hin: »Auch wenn genügend professionelle Helfer vorhanden wären, ist davon auszugehen, dass viele Individuen (insbesondere aus persönlichen, ökonomischen, ökologischen usw. Gründen) keinen Zugang zu diesen professionellen Helfern finden, aber anderseits wie alle anderen auch gezwungen sind, mit ihren psychologischen, gesundheitlichen und sozialen Problemen dann zurechtzukommen, wenn diese aktuell und drückend sind. Das heißt, informelle und gegenseitige psychosoziale und gesundheitliche Unterstützung bleibt kaum ersetzbare primäre Quelle von Hilfe und verdient damit die Aufmerksamkeit von Gesundheitswissenschaft und professioneller Gesundheitspraxis (...)« (Nestmann 1988, 9 f.; zur Alltagsberatung vgl. Reis/Bartelheimer u.a. 2000).

Psycho-soziale und psychologische Beratung finden als *funktionale* Beratung tagtäglich in den Berufsfeldern der sozialen Arbeit statt. Das Elterngespräch im Kindergarten, das aufklärende Gespräch im Jugendhaus, die beratende Kommunikation in einem Heim, die Beratung in einem Altenheim sind Formen dieser Tätigkeit. Beratung in dieser Form kann auch als »Querschnittsfunktion« der sozialen Arbeit charakterisiert werden (Pettinger 1998; Belardi 1999). Diese Art der Beratung ist nicht institutionalisiert. Fachkräfte der sozialen Arbeit und Ratsuchende treffen in allen Berufsfeldern der sozialen Arbeit aufeinander. Die in diesen professionellen Zusammenhängen geleistete Beratung ist nicht Hauptzweck der jeweiligen sozialen Einrichtung oder Institution, sondern sie ergibt sich gleichsam bei Gelegenheit in Ausübung des Berufs.

Daneben existiert seit geraumer Zeit die *institutionelle* Beratung (ausführlich zur professionellen Beratung als institutionalisierter Beratung Reis/Bartelheimer u.a. 2000). Sie zeichnet sich dadurch aus, dass in Beratungseinrichtungen, wie z.B. in Erziehungs-, Drogen-, Aids-, Schuldnerberatungsstellen, fachspezifische Beratung angeboten wird. Hauptzweck dieser Institutionen ist die Beratung, diese ist institutionalisiert. Institutionelle psycho-soziale und psychologische Beratung ist ein Produkt unseres Jahrhunderts (Großmaß 1997; Nestmann 1988a). Zwischen 1920 und 1940 entstehen in Europa und in den Vereinigten Staaten Beratungsdienste für die Berufsplanung (Berufsberatung) sowie für die Bereiche Gesundheit und Erziehung. Der Bedarf an Beratungsdiensten war durch erhebliche gesellschaftliche Veränderungen bedingt. Berufsberatung wurde wegen der tiefgreifenden Umstrukturierung des Arbeitsmarktes und des Ausbildungssektors erforderlich.

Die Gesundheits- und Erziehungsberatungsstellen waren, wenn auch regional unterschiedlich, häufig psychoanalytisch oder individual-psychologisch ausgerichtet (Großmaß 1997, 111, 119). In zahlreichen Orten in Deutschland entstanden Sexual- und Lebensberatungsstellen, zwischen 1919 und 1932 mehr als 400 Sexualberatungsstellen. Sie expandierten, weil nach dem 1. Weltkrieg patriarchalische Grundposition erstmals folgenreich in Frage gestellt wurden (Barabas/Erler 2002). Intimhygiene, eigenständige sexuelle Bedürfnisse der Frau, Kameradschaftsehe, Empfängnisverhütung standen verstärkt auf der Tagesordnung und führten zu erheblichen Verunsicherungen und Irritationen (Großmaß 1997). Zur gleichen Zeit wurden in Anbindung an die psychotherapeutischen Kliniken in Frankfurt am Main und Berlin Institutsambulanzen mit eigenen Beratungsdiensten geschaffen.

Diese spezifische historische Entwicklung[1] ist nun sicherlich ein Grund dafür, dass die psycho-soziale Beratung sich häufig an dem kurativen Modell orien-

---

[1] Zur Geschichte der Erziehungsberatung siehe Hundsalz (1995) sowie Bittner (2000) jeweils mit weiteren Nachweisen.

tierte. Ganz wie im Verhältnis Arzt – Patient sollte z.B. in der Sexual- oder Familienberatung Leiden geheilt oder zumindestens doch gemildert werden. Es kam daher in der Bundesrepublik zu einer recht unglücklichen Entwicklung. Beratung geriet zu einer »kleinen Therapie« – mithin zu einer gegenüber dem klinischen Modell defizitären Variante des »Heilens«. Beratung wurde zu einer Methode abgewertet, die für leichte Störungen zuständig sein sollte.

Gegen diese defizitäre Ausrichtung hat sich bereits 1965 Klaus Mollenhauer gewandt. Er hat auf den eigenständigen Stellenwert der sozialpädagogischen Beratung hingewiesen. Er konstatierte die Zunahme des Beratungsbedürfnisses in der Sozialpädagogik – vor allem in der Jugendhilfe – und strich heraus, dass sozialpädagogische Beratung mehr sei als nur das Alltagsgespräch mit Beratungscharakter.

»Die entscheidende Funktion der Beratung endlich liegt darin, dass sie kritische Aufklärung sein kann. Das Gespräch schafft Distanz, es ermöglicht, das Besprochene objektivierend zu betrachten, es ermöglicht ein rationales Verhalten zu sich selbst und zu den Bedingungen der eigenen Existenz. In der Beratung werden nicht nur Antworten gegeben, sondern zugleich neue Fragen formuliert; die rationale Erhellung eines Problems wird so weit wie möglich versucht, um eine Entscheidung vorzubereiten, die von Vorurteilen und Verfestigungen frei nach dem Abwägen der vernünftig entscheidbaren Fragen getroffen werden kann« (Mollenhauer 1965, 25, 32).

Er analysierte das spezifische Verhältnis zwischen Berater und Ratsuchendem. »Der Berater empfängt seine ›pädagogische‹ Legitimation einzig und allein vom Ratsuchenden. Er ist ausschließlich zu dem befugt, was dieser ihm einräumt. Diese Befugnis kann im Laufe eines Beratungsgesprächs erheblich erweitert werden, sie bleibt aber – auch wenn das Verhalten des Beraters solche Erweiterung fördern mag – an die Initiative des Ratsuchenden gebunden, wenn die Beratung nicht zu einem unmoralischen Verfahren werden soll. Wir dürfen annehmen, dass eine Beratung immer gesucht wird, um von Abhängigkeiten und Zwängen freier zu werden. Nur um dieses Gewinnes an Freiheit willen begibt sich der Ratsuchende in die vorübergehende und von ihm selbst begrenzte Abhängigkeit von dem, den er aufsucht« (Mollenhauer 1965, 25, 35).[1]

Die professionelle Eigenständigkeit der psycho-sozialen Beratung war und ist umstritten und konnte sich bislang nur zögernd durchsetzen. Im Hinblick auf die geringe rechtliche Regelungsdichte auf dem Gebiet der Beratung und aufgrund des mangelnden Interesses der Rechtswissenschaft an diesem Thema ist es kein Zufall, dass die gängigen Definitionen überwiegend von der Pädagogik, der Soziologie und der Psychologie geliefert werden. Zur Abgrenzung von Beratung und heilkundlicher Psychotherapie wird im Allgemeinen darauf

---

[1] Zur Funktion der Beratung in der Jugendhilfe vgl. auch Bäuerle (1969).

abgestellt, dass Beratung für »normal« angepasste Klienten (Balloff/Walter 1993), für Fälle von mittlerer Schwere in Betracht kommt. Insofern stellt Beratung eine Vorform der Psychotherapie dar. Die Übergänge zur Therapie sind allerdings fließend (Dewe/Scherr 1991; Keupp 1991; Schulin/Gebler 1992; Specht 1993; Hundsalz 1995; Hottelet 1996; Nothacker 1996; Nestmann 1997; Hundsalz 1998; Straumann 1998; Schrödter 1998; Belardi 1999; Straumann 2001; Nestmann/Engel 2002; Sickendiek/Engel/Nestmann 2002).

Ein Gutachten des wissenschaftlichen Beirates für Familienfragen beim Bundesministerium für Familie und Senioren kommt zwar zu dem Ergebnis, dass Beratung und Therapie sich sachlogisch klar trennen lassen, räumt indessen aber auch ein, dass es bisweilen fließende Übergänge zwischen beiden Formen der »Hilfeleistung« gibt (BMFuS 1993, 12 f.). Das Gutachten macht darauf aufmerksam, dass in der konkreten Beratungsarbeit die Grenze zwischen Beratung und heilkundlicher Psychotherapie nicht klar zu ziehen sei. Die Unterscheidung zwischen Beratung und Psychotherapie müsse indessen aus mehreren Gründen beibehalten werden. Um die Eigenverantwortung der Ratsuchenden nicht zu untergraben, müsse bis zum Beweis des Gegenteils davon ausgegangen werden, dass die individuellen Probleme ohne aufwendige heilkundliche Psychotherapie zu meistern sind. Die Unterscheidung sei auch deswegen notwendig, um unseriöse Angebote von Therapeuten, die sich nicht der wissenschaftlichen Evaluation und Diskussion stellten, in den Griff zu bekommen (BMFuS 1993).

Alle Abgrenzungsversuche und Definitionsprobleme haben indessen einen sehr realen Hintergrund. Die Übergänge zwischen der psycho-sozialen Beratung und der heilkundlichen Bearbeitung eines »Falles« sind ohne Zweifel fließend. Einige Beispiele mögen dies verdeutlichen.

- Ein von quälender Eifersucht geplagtes und inzwischen hasserfülltes Paar sucht eine Beratungsstelle auf. Der Mann wird von schweren depressiven Schüben geplagt und hat einen Selbsttötungsversuch hinter sich.

- Eine Frau erträgt das allabendliche, bedrückende und totale Schweigen ihres Ehemannes nicht mehr. Der Mann trinkt zunehmend größere Mengen Alkohol und ist inzwischen bei einer Flasche Schnaps pro Tag angelangt.

- Ein Vater macht sich große Sorgen um die Partnerwahl seiner Tochter und ist zuweilen sehr niedergeschlagen, wenn er an die möglichen Entwicklungen denkt.

- Ein Jugendlicher hat große Angst und Minderwertigkeitsgefühle. Diese verstärken sich bei bevorstehenden Prüfungen und führen dazu, dass er tagelang apathisch im Bett liegen bleibt.

Es ist augenscheinlich: Ob im Einzelfall mit einer psycho-sozialen Beratung oder mit der heilkundlichen Psychotherapie das Problem bearbeitet werden kann, ist nicht einfach zu beantworten.

Worauf es ankommt, ist, die Beratung aus dem »Schlepptau der Psychotherapie« (Nestmann 1997,18; vgl. auch Straumann 1992) zu lösen. Dies bedeutet:
- »Beratung vom Beigeschmack der ›kleinen Therapie‹ zu befreien,
- Beratung als eigenständiges Interventionskonzept, als selbständiges Berufsfeld mit spezifischen Handlungskompetenzen zu definieren und
- Beratung als lebenswelt- und alltagsbezogenes psychosoziales Hilfsangebot zu konzipieren« (Nestmann 1997, 15).

Gefordert ist also eine ressourcenorientierte Beratung, die sich nicht an den Defiziten eines Menschen, sondern an dessen Potentialen und Möglichkeiten orientiert. Unter Beratung ist daher eine wissenschaftlich qualifizierte Problem-, Konflikt- und Krisenbewältigungshilfe zu verstehen, »die über fachliche Informationsvermittlungen, konkrete Hilfe, Ratschläge und Handlungsanweisungen hinausgeht, ganzheitlich orientiert ist und subjektbezogen ansetzt. Sie findet institutionell/unternehmerisch eingebunden oder freiberuflich statt und erfolgt auf der Grundlage einer für die DienstleistungsabnehmerInnen transparenten, berufsethisch und rechtlich gesicherten Vertrauensbeziehung und definierten Qualifikations- und Qualitätsstandards.
Unter Anwendung theoretischen Wissens und methodischen Könnens suchen die Fachkräfte gemeinsam mit den Beratenen nach Entscheidungen und Problemlösungswegen. Sie stärken kontextgebunden und zielorientiert persönliche Ressourcen, erschließen soziale Potentiale und verändern – je nach Möglichkeit und Grenzsetzung – problemverursachende Verhältnisse.
Das Ziel der Beratung ist erreicht, wenn Entscheidungen und Alternativen zur Problem-, Konflikt- und Krisenbewältigung erarbeitet sind, die die Beratenen bewusst und eigenverantwortlich in ihren Umfeldbezügen treffen und umsetzen können« (Straumann 1998, 117, 138).

Psycho-soziale Beratung kann durch die folgenden Merkmale charakterisiert werden:
- Beratung bezieht sich auf situationsgebundene Problemzusammenhänge und phasentypische Überforderungen und Krisen;
- Beratung ist niederschwellig, d.h., die psychischen, finanziellen und rechtlichen Barrieren sind erheblich geringer als bei den klinischen Systemen; die Beratungsleistungen im System Jugendhilfe sind beispielsweise kostenfrei;
- Beratung erfolgt, bis auf einige problematische Ausnahmen,[1] auf freiwilliger Basis (Mollenhauer 1965);

---

[1] Zum Beispiel die Beratung nach § 219 StGB sowie § 5 Schwangerschaftskonfliktgesetz.

- Beratung bezieht sich auf relativ reflexions- und handlungsfähige Menschen, auf weitgehend funktionierende Personen, mithin nicht auf schwerstgestörte Menschen (Nestmann 1997);
- Beratung setzt darauf, die Stärken und Fähigkeiten der Menschen zu aktivieren, statt sich an ihren Schwächen und Defiziten zu orientieren (Straumann 1998);
- Beratung ist zeitlich begrenzt und von überschaubarer Dauer;
- Beratungsgespräche sind strikt vertraulich und personenbezogene Daten dürfen im Prinzip nur mit Einwilligung der Beratenden verwendet werden (Europarat 1998).[1]

> Diese vereinheitlichenden und identitätsstiftenden Grundmuster von Beratung machen recht deutlich, dass die psycho-soziale und psychologische Beratung gegenüber der heilkundlichen psychotherapeutischen Behandlung ein Aliud, also etwas anderes ist und nicht etwa der kleine Bruder der Psychotherapie.

Sozialarbeiterinnen und Sozialpädagogen, die eine Beratung mit psychotherapeutischen Handlungskonzepten durchführen, haben folglich die Aufgabe, den Klienten gegenüber die Grenze der eigenen beruflichen Kompetenz zu verdeutlichen. Wenn die Beraterin den Eindruck gewinnt, dass der Klient geistig oder seelisch erkrankt ist, muss sie ihn an einen Psychiater bzw. Facharzt für Psychotherapie oder an eine psychologische Psychotherapeutin weitervermitteln.

»Treten in Beratungen vonseiten der Beratungsfachkräfte Unsicherheiten auf, (...) so ist es die Pflicht der eigens dafür qualifizierten Beratungsfachkraft, entschieden zu verdeutlichen, dass die anstehende Bearbeitung der Problematik in Kooperation mit spezialisierten Fachkräften erfolgen muss und nicht mehr zu ihrem Kompetenzbereich gehört. Hier hat sie die Beratenen an die zum heilkundlichen Netzwerk gehörenden Fachkräfte der Psychiatrie, Neurologie, klinischen Psychologie bzw. Psychotherapie weiterzuvermitteln. Die Krankheitsdiagnosen und Indikationen für weiterführende Hilfen werden dann von diesen Fachkräften geleistet und somit auch professionell verantwortet« (Straumann 1998, 117, 137).

Wenn die beratenden Fachkräfte in der sozialen Arbeit auf diese Weise verfahren, ist der Gedanke absurd, dass sie etwa unter das Heilpraktikergesetz fallen könnten. Wenn sie allerdings diese professionelle Grenze nicht beachten, also heilkundlich tätig werden, befinden sie sich auf dem Boden des Heilpraktikergesetzes und machen sich unter Umständen nach § 5 HPG strafbar.

---

[1] Zu den Ausnahmen dieses Grundsatzes siehe Kap. X → S. 248.

Ein großes Problem in der beratenden Praxis der sozialen Arbeit ist, dass Klienten, bei denen ein geistiger oder seelischer regelwidriger Zustand vorliegt, die also krank sind, nie und nimmer auf den Gedanken kommen, einen psychologischen Psychotherapeuten, einen Psychiater oder einen Facharzt aufzusuchen. Da existieren erhebliche Einsichtsbarrieren, Schwellenängste und hohe finanzielle Hürden. Die einzige Hilfe, die sie in der Regel anzunehmen bereit sind, ist die Beratung durch Fachkräfte der sozialen Arbeit. Vielen Ratsuchenden ist gemeinsam, »dass sie sich nicht ›als krank‹ im eingebürgerten Sinne der Bedeutung des Wortes sehen und von daher kein Hilfsangebot unter der Bezeichnung ›Psychotherapie‹ aufsuchen. Sie suchen keine Behandlung. Sie wünschen und erwarten Klärung, Orientierung und Entscheidungsfindung in einem überschaubaren und zeitlich wie thematisch begrenzten Gesprächsprozess« (Schrödter 1997, 71, 76).

In diesen Fällen ist die therapieorientierte Beratung keine Ausübung der Heilkunde, sondern eine sozialpädagogische Dienstleistung.

## 2 Psycho-soziale Versorgung und rechtliche Entwicklung

Der eigenständige Charakter der psycho-sozialen Beratung wird in jüngster Zeit durch die rechtliche Entwicklung, insbesondere durch neue Gesetze bestätigt und zugleich präzisiert.

### 2.1 Beratung und Psychotherapeutengesetz

In diesem Zusammenhang ist zunächst das Psychotherapeutengesetz (PsychThG) zu erwähnen. Das PsychThG sieht im § 1 Abs. 3, Satz 4 vor, dass zur Ausübung von Psychotherapie nicht psychologische Tätigkeiten gehören, die die Aufarbeitung und Überwindung sozialer Konflikte oder sonstige Zwecke außerhalb der Heilkunde zum Gegenstand haben. Aus der Begründung zum Gesetzentwurf ergibt sich, dass besonders die kirchlichen und gemeinnützigen Beratungsstellen sowie die pädagogisch-therapeutischen Leistungen der Jugendhilfe nicht durch das Psychotherapeutengesetz erfasst werden. Die dort arbeitenden Fachkräfte benötigen weder eine Approbation nach dem PsychThG noch eine Erlaubnis nach dem Heilpraktikergesetz.

> Durch diese Regelung im Psychotherapeutengesetz wird hervorgehoben, dass neben den heilkundlichen Berufen die Beratung – auch mit psychologischen Elementen – ein eigenständiges professionelles Profil besitzt.

Eine Abgrenzung der psycho-sozialen Beratung von der heilkundlichen Psychotherapie erschließt sich bereits aus dem Gesetzentwurf der Bundesregierung zu dem Psychotherapeutengesetz aus dem Jahre 1993. Danach ist Ausübung der heilkundlichen Psychotherapie jede mittels wissenschaftlich anerkannten psychotherapeutischen Verfahrens vorgenommene Tätigkeit zur Feststellung, Heilung oder Linderung von psychischen Störungen mit Krankheitswert, für deren Auftreten somatische Ursachen ausgeschlossen worden sind. Krankheitswert haben u.a. neurotische und psychoneurotische Störungen, neurotische Konflikte und psychopathologische Folgezustände, seelische Behinderungen als Folge körperlicher Erkrankungen, aktuelle seelische Konflikte oder emotionale Mangelsymptomatiken bei seelischen und körperlichen Behinderungen, Entwicklungsdefizite und seelische Behinderungen, wenn psychodynamische Faktoren wesentlichen Anteil daran oder an deren Auswirkungen haben (BRDrucks 523/93, 1).

Alle anderen beratenden Tätigkeiten bei psycho-sozialen Problemen fallen nicht unter das Psychotherapeutengesetz.

Das PsychThG liegt insoweit auf einer Ebene mit einem Forschungsgutachten zu Fragen eines Psychotherapeutengesetzes. Danach sind »solche Maßnahmen, die nicht zum Erkennen, zur Verhinderung, Heilung oder Besserung (inklusive Rehabilitation) einer Krankheit bestimmt sind, nicht unter dem Begriff Krankenbehandlung zu subsumieren« (Meyer u.a. 1991, 27).

Dies gilt insbesondere für alle Maßnahmen, die ausschließlich zur beruflichen Anpassung oder Förderung bestimmt sind und für Erziehungs-, Familien-, Partnerschaftsprobleme, soweit diese nicht als Folge einer seelischen oder körperlichen Erkrankung zu verstehen sind. Zwar können Beziehungsstörungen auch Ausdruck einer Krankheit sein, aber »nicht alle Lebensprobleme, Partnerschaftskonflikte, Reifungskrisen sind jedoch als seelische Krankheiten zu werten. Solche Beziehungsstörungen und Entfremdungen sind häufig phasentypische Lebensereignisse, bei denen entsprechende Beratungsgespräche, nicht hingegen eine Psychotherapie indiziert sind« (Meyer u.a. 1991, 27).

Bereits Mitte der 80er-Jahre wird in einem Erlass des Landes Hessen (Richtlinien 1984) geregelt, dass Beratung in sozialen Konflikten – z.B. Eheberatung, Familienberatung, Erziehungsberatung oder Beratung durch den schulpsychologischen Dienst u.Ä. – keine Ausübung von Heilkunde darstellt. Ähnliche Erlasse gibt es auch in anderen Bundesländern. Es unterliegt daher keinem Zweifel, dass die berufliche Tätigkeit als Berater eine genuine Aufgabe der Sozialarbeiter und Sozialpädagogen ist. Soweit im konkreten Einzelfall keine Krankheit vorliegt, fällt die – im weitesten Sinne – auch auf psychologischer Grundlage und mittels psychotherapeutischer Verfahren durchgeführte Beratung selbstverständlich nicht unter das Psychotherapeutengesetz oder das Heilpraktikergesetz.

Gleichwohl darf unter praktischen Gesichtspunkten nicht verkannt werden, dass die Abgrenzung zwischen der psycho-sozialen Beratung und der heilkundlichen Psychotherapie, die juristisch über den Krankheitsbegriff erfolgt, ambivalent ist. Zwar ist in § 1 Abs. 2 HPG der Begriff der Heilkunde definiert. Danach ist Ausübung der Heilkunde jede berufs- oder gewerbsmäßig vorgenommene Tätigkeit zur Feststellung, Heilung oder Linderung von Krankheiten, Leiden oder Körperschäden. In diesem Zusammenhang kommt der Definition von Krankheit eine große Bedeutung zu. Die Medizin hat aber keinen allgemein gültigen Krankheitsbegriff.

»Die Notwendigkeit eines allgemeinen Krankheitsbegriffes stellt sich somit nicht aus der Sicht des Arztes oder Psychotherapeuten, der einen konkreten Patienten behandelt, sondern nur aus der Sicht und den Interessen der Rechtsprechung und des Gesetzgebers« (Meyer u.a. 1991, 26).

Vor allem geht es um das Problem, welche Behandlungsmethoden und welche Krankheiten von den Krankenkassen bezahlt werden müssen.

»›Krankheit‹ wie auch ›Erzieherischer Bedarf‹ sind zunächst sozialrechtliche Konstrukte, die die Probleme der Menschen in ihrem Lebensalltag nur sehr unzureichend abbilden. (...) Diese Konstrukte dienen dazu, den Zugang zu Sozialleistungen zu operationalisieren: Unter welchen Bedingungen steht welche Leistung unter welcher Kostenträgerschaft, angeboten von welchen Berufsgruppen zur Verfügung? Die Feststellung von Krankheit hat die Leistungspflicht des Krankenversicherungssystems nach SGB V zur Folge. Der Fokus der Betrachtung liegt dabei auf der Störung des Individuums, dessen Krankheit geheilt werden soll« (bke 1998, 3, 5).

Nach der Rechtsprechung des Bundessozialgerichtes ist Krankheit im Sinne der gesetzlichen Krankenversicherung nach § 27 SGB V ein regelwidriger körperlicher oder geistiger Zustand, der entweder Behandlungsbedürftigkeit oder Arbeitsunfähigkeit oder beides zur Folge hat (BSGE 48, 258; BSGE 59, 119). Der Inhalt des Krankheitsbegriffs ist keineswegs starr, sondern ständigem Wandel unterworfen. Das belegt die umfangreiche Rechtsprechung. Der Gesetzgeber hat aus Kostengründen nicht an dem weiten Gesundheitsbegriff der WHO angeknüpft. Wenn deren Grundsatz gelten würde, dass Gesundheit ein »Zustand vollkommenen körperlichen, geistigen und sozialen Wohlbefindens« ist und nicht allein das »Fehlen von Krankheit oder Gebrechen«, würde das jedweden finanziellen Rahmen sprengen (Dalichau/Grüner 2002, 16b ff.). Zur Beurteilung, ob eine Regelwidrigkeit vorliegt, ist vom Leitbild eines gesunden Menschen auszugehen und darauf abzustellen, ob die Person in der Lage ist, die naturgegebenen körperlichen und geistigen Funktionen so auszuüben, wie dies bei gesunden Menschen der Fall ist (BSGE 35, 10).

Als Krankheit im Rechtssinne gelten nicht nur organische, sondern auch die seelischen Erkrankungen. Hierzu zählen Psychosen, Depressionen und andere rein seelische Erkrankungen, aber ebenso auch Schockschäden und andere psychoreaktive Störungen als Folge von Unfällen, Verletzungen oder anderen schweren seelischen oder körperlichen Belastungen, z.b. die psychischen Folgen eines Mordversuches oder einer Vergewaltigung. Es ist jedoch zu beachten, dass nicht alle der Psychotherapie zugänglichen psychischen Störungen als Krankheiten anzusehen sind. Keine Krankheit liegt beispielsweise bei einer Legasthenie vor (Pulverich 1999, 54). Individuelle Charaktereigenschaften haben im Rechtssinne ebenfalls keinen Krankheitswert. Reizbarkeit, Arbeitsunfähigkeit, Rechthaberei, Eifersucht und dergleichen, auch wenn sie die Arbeitsfähigkeit beeinträchtigen, sind keine Krankheiten (Erlenkämper/ Fichte 1999, 14 f.). Neurosen und ähnliche psychische Störungen im affektiven Bereich gelten dann als Krankheit, wenn sie nicht mehr durch einen zumutbaren Willensentschluss des Patienten beherrscht werden können (Baier/ Krauskopf u.a. 2001, Anm. 13 zu § 27 SGB V; vgl. auch Vollmoeller 2001).

Diese formale Abgrenzung zwischen der psycho-sozialen Beratung und der heilkundlichen Psychotherapie ist zwar auf den ersten Blick eindeutig, verschleiert indessen die Tatsache, dass die Abgrenzung in den konkreten Arbeitsvollzügen häufig schwierig zu führen ist.

»Sobald man diese Abgrenzung für die Arbeitsinhalte nachzuvollziehen sucht, wird es jedoch schwierig. Denn Beratung benutzt Settings und Kommunikationsformen, die dem Repertoire der Psychotherapie ähnlich sind oder ihm entstammen. Einzelne Sequenzen eines Beratungsverlaufs sind daher von psychotherapeutischen Sitzungen oft nicht zu unterscheiden« (Großmaß 1997, 111, 116).

Der Weg, der häufig beschritten wird, besteht darin, die Störungen, die in Beratung oder in der Psychotherapie gelöst werden sollen, nach dem jeweiligen Schweregrad zu klassifizieren. An dem einen Ende des Spektrums befinden sich Störungen, die einer heilkundlichen, klinischen Behandlung bedürfen, während an dem anderen Pol die »gesunde« Problembewältigung hilft, nämlich die Aufklärung und Beratung durch Expertinnen. Durch eine derartige Abbildung der Realität kann das »Abgrenzungsdilemma« (Großmaß 1997) jedoch auch nicht gelöst werden.

Die Abgrenzungsschwierigkeiten sind nicht nur der komplizierten Rechtslage geschuldet, sondern sie sind gewiss auch durch die unterschiedlichen Standesinteressen aller auf dem Beratungsmarkt konkurrierenden Berufsgruppen begründet. Es ist nicht zu verkennen, dass zwischen Sozialpädagogen, Ärztinnen, Psychologen, Sozialarbeiterinnen und Anwältinnen ein heftiger Wettbewerb stattfindet, da immer mehr Angehörige dieser Berufsgruppen auf den Beratungsmarkt drängen und versuchen, durch den Erwerb von Zusatzqualifikationen ihr Marktsegment zu erweitern oder zumindestens zu sichern. Die Auseinandersetzungen um die »Aufteilung des Kuchens« wird sich voraussichtlich weiter verschärfen, da Zuwachsraten bei den Studienabgängern aller Berufsgruppen zu verzeichnen sind. Dieser Wettbewerb, die höchst unterschiedlichen Standesinteressen sowie politisch kontroverse Vorstellung zur »Ordnung des Beratungsmarktes« verhindern bislang eine eindeutige berufsrechtliche Regelung.

### 2.2 Beratung und Therapie im Kinder- und Jugendhilfegesetz

Das KJHG hat das Verhältnis von psycho-sozialer Beratung und von therapeutischen Maßnahmen einerseits und der heilkundlichen Psychotherapie andererseits für den Bereich der Jugendhilfe präzisiert. Das KJHG kennt neben den zahlreichen Beratungsansprüchen auch Ansprüche auf therapeutische Leistungen.

§ 27 Abs. 3 KJHG sieht unmissverständlich vor, dass Hilfe zur Erziehung die Gewährung pädagogischer und damit verbundener therapeutischer Leistungen umfasst. In der Erziehungsberatung, in der Heimerziehung oder in betreuten Wohnformen sollen die Kinder und Jugendliche durch eine Verbindung von Alltagserleben mit pädagogischen und therapeutischen Angeboten in ihrer Entwicklung gefördert werden.

*Die Frage ist nun: Welche therapeutische Leistungen darf die Jugendhilfe erbringen und wo wird die Grenze zur Heilkunde überschritten?*

Die Leistungsangebote des KJHG orientieren sich nach § 1 Abs. 3 KJHG daran, junge Menschen in ihrer individuellen und sozialen Entwicklung zu fördern, Benachteiligungen zu vermeiden oder abzubauen. Sie sollen dazu beitragen, positive Lebensbedingungen für junge Menschen und ihre Familien sowie eine kinder- und familienfreundliche Umwelt zu erhalten oder zu schaffen. Die wichtigste Funktion der Jugendhilfe ist die Herstellung von Chancengleichheit. Jugendhilfe soll »die Angleichung der Erziehungs- und Entwicklungsbedingungen durch Ausgleich eines strukturell oder individuell vorhandenen Defizits und die Befriedigung eines hieraus resultierenden Bedarfs an Förderung im Sinne von Betreuung, Bildung, Erziehung und Therapie bewirken« (Wiesner u.a. 2000, Anm. 29 zu § 1 KJHG). Wenn das KJHG daher von Therapie spricht, ist damit eine Methode gemeint, die in engem Kontext mit den pädagogischen und beraterischen Interventionsformen zu sehen ist. Die Therapien werden durch die pädagogische Zielsetzung bestimmt. Sie sollen dazu beitragen, die Entwicklung des Kindes und Jugendlichen zu einer eigenverantwortlichen und gemeinschaftsfähigen Persönlichkeit zu fördern.

Allerdings müssen therapeutische Angebote nicht immer zwingend mit pädagogischen Leistungen im Rahmen der Hilfe zur Erziehung verbunden sein. »Die Betonung der Verbindung der therapeutischen mit den pädagogischen Leistungen durch den Gesetzgeber entspricht der fachlichen Bedeutung, den die Verknüpfung beider Bereiche in der Praxis der Hilfe zur Erziehung hat. Sie ist jedoch nur als Hervorhebung einer bestehenden Praxis und nicht als Ausschließlichkeitsregel zu verstehen. Die Formulierung des Gesetzes lässt durch den Begriff ›insbesondere‹ darüber hinaus auch die Gewährung allein von therapeutischen Leistungen als Hilfe zur Erziehung zu. Voraussetzung ist allerdings, dass sie geeignet sind, einen Beitrag zu einer dem Kindeswohl entsprechenden Erziehung zu leisten« (Fieseler/Schleicher 2002, Anm. 40 zu § 27 KJHG).

Ist eine dem Kindeswohl entsprechende Erziehung nicht gewährleistet, liegt ein erzieherischer Bedarf vor, so ist das System der Jugendhilfe leistungsverpflichtet, § 27 KJHG.

»Der Entwicklungsprozess Heranwachsender, die Dynamik der Erziehung und ihre Störungen sind Gegenstand der Intervention mit dem Ziel der eigenverantwortlichen und gemeinschaftsfähigen Persönlichkeit des Heranwachsenden. Die psychotherapeutischen Interventionen der Erziehungsberatung sind daher Teil eines umfassenden pädagogisch-therapeutischen Prozesses« (bke 1998, 3, 5).

Psychotherapie als Hilfe zur Erziehung in der Jugendhilfe ist daher nicht deckungsgleich mit der heilkundlichen Psychotherapie im Sinne des Psychotherapeutengesetzes.

Die Jugendhilfe ist grundsätzlich nicht an die Definitionen der Krankenkassen zum Begriff der Therapie und an die Therapiearten gebunden. Sie ist – abgesehen von der Finanzierung durch die Krankenkassen – nicht gehalten, die im Einzelfall schwierige Abgrenzung von pädagogischen und therapeutischen Leistungen vorzunehmen (Fieseler/Schleicher 2002, Anm. 42 zu § 27 KJHG; zur Abgrenzung von Pädagogik und Therapie vgl. Specht 1993; Hundsalz 1998 jeweils mit zahlreichen weiteren Nachweisen).

Aus alledem ergibt sich: Es wäre rechtlich vollständig verfehlt, wollte man die therapeutischen Hilfen, die das KJHG vorsieht, als Ausübung der Heilkunde den Heilberufen überlassen.

»Solche Tätigkeiten können auch von Personen ausgeübt werden, die nicht zur Ausübung von Heilkunde befugt sind und deshalb auch keiner Zulassung als Psychotherapeut oder als Kinder- und Jugendlichenpsychotherapeut nach dem Psychotherapeutengesetz« bedürfen (Wiesner u.a. 2000, Anm. 33 zu § 27 KJHG).

Neben gesprächstherapeutischen Leistungen umfasst der Therapiebegriff nach dem KJHG auch andere therapeutische Leistungen, wie Beschäftigungs-, Kunst- und Gestaltungs-, Bewegungs- und Musiktherapie oder körperorientierte Verfahren (Fieseler/Schleicher 2002, Anm. 41 zu § 27 KJHG. Dadurch wird sichergestellt, dass psychotherapeutische Verfahren zum Beispiel in der Suchtkrankenhilfe und der Familientherapie, die mit spezifischen sozialen Hilfen vernetzt sind, nicht durch das Psychotherapeutengesetz und das Heilpraktikerrecht betroffen sind.

### Sonderfall Erziehungsberatung?

Nachdem das Psychotherapeutengesetz 1999 in Kraft getreten ist, wurde vor allem in der Erziehungsberatung eine neue Debatte über das Verhältnis Jugendhilfe, Beratung und Psychotherapie begonnen. Es werden die unterschiedlichsten Abgrenzungs- oder Überlappungsmodelle (vgl. die entsprechende Darstellung bei Lasse 2002) diskutiert und erörtert, ob etwa die Approbation nach dem Psychotherapeutengesetz notwendig sei, um in einer Erziehungsberatungsstelle arbeiten zu können. Es wird beklagt, dass sich durch das Psychotherapeutengesetz die Nachfrage nach Erziehungsberatung dramatisch verändern werde. Zugunsten der heilkundlichen psychologischen Psychotherapie – zumal in den Großstädten – würde die dem Gesundheitssystem nachrangige Jugendhilfe mit ihren Erziehungsberatungsstellen ins Hintertreffen geraten und tendenziell nur noch die sozial Schwachen, also die traditionelle Jugendhilfe-Klientel beraten (Bittner 2000).

Bemerkenswert an dieser Diskussion ist zunächst, dass trotz der allseits konstatierten Überschneidungsproblematik zwischen psycho-sozialer Beratung und Psychotherapie das Recht Hinweise für die Abgrenzung der differierenden Systeme gibt. Während es sich bei der Psychotherapie um die Ausübung von Heilkunde handelt, ist die Erziehungsberatung nach § 28 KJHG eine Sozialleistung, wenn auch eigener Art (Wiesner u.a. 2000, Anm. 17c zu § 28 KJHG). Diese Sozialleistungen können therapeutische Interventionen enthalten, die auf psychotherapeutischer Kompetenz basieren. Sie unterfallen aber nicht dem heilkundlichen System. In der Erziehungsberatung dürfen keine Krankheiten behandelt werden.

Die LAG der Öffentlichen und Freien Wohlfahrtspflege NRW hat die Grundprinzipien für die Erziehungs- und Familienberatungsstellen zusammengestellt:
- Niedrigschwellige Angebote,
- Kostenfreiheit,
- Verschwiegenheit,
- kontrakt- und auftragsorientiertes Arbeiten, das die Anliegen der Ratsuchenden mit den fachlichen Möglichkeiten der Beratungsstelle verbindet,
- Vernetzung mit Kindergärten, Schulen und anderen Diensten der Jugend- und Gesundheitshilfe,
- Integriertes Konzept von Information, Prävention, Beratung, Therapie und Netzwerkarbeit,
- Verpflichtung zur Qualitätsentwicklung und Qualitätssicherung auf der Basis einer kontinuierlichen Reflektion der Beratungsarbeit,
- Verbindliche Zusammenarbeit mit einem Arzt,
- Die Erbringung der Sozialleistung in einem Team (vgl. Landesarbeitsgemeinschaft 2000).

Diese Prinzipien, insbesondere die Vernetzung und die integrierten Konzepte, die Einbeziehung des familiären und außerfamiliären Umfeldes und der Bezugspunkt »Wohl des Kindes« sind Merkmale, die die Leistungen der Jugendhilfe von der Heilkunde unterscheiden (Hundsalz 1998).

> Aus diesem Grunde kann man auch keinesfalls sagen, dass die Jugendhilfe, bzw. die Erziehungs- und Familienberatung nachrangig gegenüber der Heilkunde sei, sondern sie ist, juristisch gesprochen, ein Aliud, also etwas anderes.

Daher bedarf es auch selbstverständlich nicht der Approbation nach dem PsychThG, um in einer Erziehungsberatungsstelle zu arbeiten. Umgekehrt: Leistungen der Erziehungsberatungsstellen sind nicht allein deshalb als Heilkunde zu bewerten, weil eine Fachkraft über eine Approbation verfügt (Wiesner u.a. 2000, Anm. 17c zu § 28 KJHG).

Beratung und Therapie nach dem Kinder- und Jugendhilfegesetz sind daher von der Heilkunde getrennte Formen der Hilfeleistungen. Man könnte sagen, es ist ein niederschwelliges Angebot, um Klinifizierungsprozesse möglichst zu verhindern. Und in der Tat ist es in der überwiegenden Anzahl der Fälle nicht notwendig, mit heilkundlicher Psychotherapie eine Krise zu überwinden, sondern eine fachlich-methodisch fundierte Beratung auf wissenschaftlicher Grundlage ist angemessen und auch besser geeignet, Lebenskrisen, die meist multifaktorielle Ursachen haben, zu steuern.

Dadurch wird auch der Tatsache Rechnung getragen, dass viele Menschen mit psychotherapeutischen Mitteln und Methoden überhaupt nicht angesprochen werden können. Jedoch ist allein schon unter dem Aspekt des Fachkräftegebotes des § 72 KJHG eindeutig, dass derartige psycho-soziale und psychologische Beratungen und Therapien nur von solchen Personen angeboten und durchgeführt werden dürfen, die über eine entsprechende beraterische und therapeutische Qualifikation verfügen (Wiesner u.a. 2000, Anm. 33 zu § 27 KJHG).

Bisweilen wird beklagt, dass den Sozialarbeitern und Sozialpädagogen der Zugang zur heilkundlichen Psychotherapie nicht ohne weiteres offen steht. Es in diesem Zusammenhang von Gesichtsverlust (Heekerens 1992) die Rede und davon, dass diese Berufsgruppe, die de facto ebenfalls heilkundlich tätig ist, durch das Pschotherapeutengesetz disqualifiziert und ausgeschlossen werde. Sozialarbeiter und Pädagogen seien »Heiler« 2. Klasse, und das könne nicht hingenommen werden.

Dieser Ansatz verkennt, dass Beratung und Therapie in der sozialen Arbeit keineswegs Ausübung von Heilkunde sind. Psycho-soziale Interventionsformen konzentrieren sich auf die Bewältigung akuter Probleme und Krisen, während die heilkundliche Psychotherapie es mit Menschen zu tun hat, die krank sind.

Zwar werden in der wissenschaftlich fundierten Beratung, in Kommunikations- und Interaktionsverfahren langjährig erprobte und überprüfte Standards aus dem Bereich der Psychologie- und Psychotherapieforschung übernommen und angewendet. Die Diagnose, ob eine geistige oder seelische Erkrankung, ein regelwidriger geistiger oder seelischer Zustand vorliegt, ist jedoch die Domäne der Medizin. Wenn daher eine Erkrankung vorliegt, wenn es um die Heilung oder Linderung somatischer oder psychischer Störungen mit Krankheitswert geht, ist dies nicht mehr Sache der Jugendhilfe oder der Beratung.

## 3 Beratungsausbildung und Qualitätssicherung

Auf der Tagesordnung stehen die Forderungen nach einer professionellen Ausbildung für Berater und einer entsprechenden Qualitätssicherung der Beratungsprozesse, wie in einem Gutachten des wissenschaftlichen Beirates für Familienfragen beim Bundesministerium für Familie und Senioren hervorgehoben wurde. Das Gutachten kommt zu dem Ergebnis, dass es unerlässlich sei, den Beruf des Beraters und der Beraterin zu professionalisieren, mithin in seiner Qualität zu sichern. Vor allen Dingen müssen Kriterien entwickelt werden, wer in diesem Beruf überhaupt arbeiten darf (BMFuS 1993, 9 f.).

Darüber hinaus sind weitere Voraussetzungen für die Professionalisierung der Beratung:
- sachbezogene und personbezogene Kompetenzen;
- eine akademische am Wissenschaftler-Praktiker-Modell orientierte Ausbildung;
- ein rechtlicher Schutz des Titels »Familienberater« sowie
- eine wissenschaftlich fundierte Ausbildungsforschung.
- Es müssen staatlich anerkannte Berufsbilder sowie entsprechende Ausbildungs- und Prüfungsordnungen entwickelt werden.
- Für diese Aufgabe sollten öffentlich-rechtliche Standesvertretungen (Verkammerung) verantwortlich sein.
- An den Hochschulen sollten berufsqualifizierende Ausbildungsgänge eingerichtet werden. Diese Aufgabe erfüllten am ehesten postgraduale Studiengänge, die erste berufsqualifizierende Abschlüsse voraussetzen (BMFuS 1993, 39).

## 3 Beratungsausbildung und Qualitätssicherung

Insgesamt fordert das Gutachten, dass die Ausbildung der Berater einer rechtlichen Ordnung bedarf. Kein Zweifel: Die beraterischen Fähigkeiten müssen nachhaltig verbessert und signifikant erhöht werden.

»Aus diesem Grunde ist die Förderung und konzeptionelle Weiterentwicklung von Beratung und die Qualifizierung von Fachkräften ein wichtiges familienpolitisches Anliegen, dem auf allen politischen Ebenen entsprechendes Gewicht beigemessen wird« (BMFuS 1994, XIII).

Das Gutachten befasst sich ferner mit der Qualitätssicherung von Beratung und kommt zu dem Ergebnis, dass es zur Qualitätssicherung unerlässlich sei, Bestimmung über die Zulassungsvoraussetzungen für die Beratertätigkeit sowie Regelungen über Fortbildungsverpflichtungen zu treffen, die auch Art und Häufigkeit der Supervision einschließen (BMFuS 1993, 153).

Die Forderungen nach Professionalisierung und Qualitätssicherung in Beratung und Ausbildung sind angesichts der Ausweitung der Beratungssysteme und ihrer gesellschaftlichen Bedeutung umzusetzen.

Ein Teil der Beratung wird nämlich methodisch und inhaltlich »verkürzt« durchgeführt. Derleder hat für die Trennungs- und Scheidungsberatung darauf hingewiesen. Die Berater schaffen manchmal eine ambivalenzverkürzende Identität, bei der Beratung durch Frauen dominiere zuweilen eine unterkomplexe Befreiungspsychologie, die Beratung tendiere zur Neutralisierung des sozialökonomischen Dilemmas der Trennung, und schließlich fehle es bislang an einer systematischen Koordination der interdisziplinären Interventionen (Derleder 1995).

Die Durchsetzung fachlicher professioneller Standards ist auch deswegen so bedeutsam, weil sich z.B. für die Jugendhilfe aus § 72 KJHG nicht zwingend herleiten lässt, dass eine spezifische Ausbildung für die Beratungsfachkräfte obligatorisch ist. Für die Tätigkeit bei den Trägern der öffentlichen Jugendhilfe ist keineswegs, wie bei den klassischen Professionen, ein fest umrissener Ausbildungsgang vorgeschrieben.

Es kommt darauf an, die Beraterinnen und Berater so zu qualifizieren, dass sie in der Lage sind, alle nicht heilkundlichen psycho-sozialen und psychologischen Interventionsformen kompetent in der Praxis anzuwenden. Aufgrund der fachlichen Anforderungen für solche Beratungsaufgaben ist es sinnvoll, u.a. entsprechende postgraduale Studiengänge einzurichten.

## 4 Masterstudiengang »Beratung und Sozialrecht« an der Fachhochschule Frankfurt am Main – University of Applied Sciences

An der Fachhochschule Frankfurt am Main ist 1991 ein weiterbildender Studiengang »Personzentrierte Beratung und Krisenintervention« eingerichtet worden. Die Nachfrage und das Interesse an diesem Studiengang waren enorm. Bei einer Anhörung zur Trennungs- und Scheidungsberatung 1994 im Hessischen Landtag wurde er als eine Chance begriffen, Berater professionell auszubilden (Barabas/Straumann 1996). Ziel des weiterbildenden Studiums ist es, Sozialpädagogen und Sozialarbeiterinnen, aber auch Psychologen, Juristinnen, Ärzte usw. fundierte Beratungsqualifikationen zu vermitteln, die über ihre bisherigen Hilfskonzepte hinausreichen und die Voraussetzung für eine situativ einsetzbare, professionell-verantwortliche Krisenintervention in besonders schwierigen sozialen und individuell belastenden Situationen sind.

1996 begann ein weiterbildender Studiengang »Sozialrecht« an der Fachhochschschule Frankfurt am Main – University of Applied Sciences. Er qualifizierte für neue und erweiterte Anforderungen in den beruflichen Felder der sozialen Arbeit, in denen das Sozialrecht eine immer bedeutendere Rolle spielt.

Im Wintersemester 2002/2003 hat ein Masterstudiengang »Beratung und Sozialrecht« begonnen. Er basiert auf den in interdisziplinärer Kooperation entwickelten und langjährig erprobten weiterbildenden Studiengängen. Der Studiengang ist von der »Zentralen Evaluations- und Akkreditierungsagentur Hannover« (ZEvA) mit Bescheid vom 15.8.2002 bis zum Jahre 2007 akkreditiert worden.

Der Masterstudiengang berücksichtigt, dass die professionell beratenden Berufe in der BRD zunehmend juristischen Regeln unterworfen werden. Zugleich wird auch die hohe sozialpolitische Bedeutung der Beratung anerkannt. Der Ausbau des Sozialstaates hat dazu geführt, dass auch die Sozialbeziehungen immer mehr verrechtlicht werden. Das hat zur Konsequenz, dass durch die unterschiedlichen Beratungsangebote auch die sozialrechtlichen Ansprüche der Klienten gesichert werden sollen.

Um dieses Ziel zu erreichen, ist es erforderlich, dass die Studierenden in die Lage versetzt werden, ein Problem aus dem Bereich der Beratung sowohl unter psycho-sozialen als auch unter sozialrechtlichen Aspekten selbständig theoretisch zu fundieren, mit fachgerechter Auswahl von Beratungsmethoden zu verbinden und zu lösen. In das Studium sind daher folgerichtig psycho-soziale Beratung, Sozialrecht und Methoden integriert.

## 4 Masterstudiengang »Beratung und Sozialrecht« an der Fachhochschule Frankfurt

Ziel des Masterstudiengangs ist es aber auch, Qualifikations- und Qualitätsstandards für eine wissenschaftlich fundierte psycho-soziale Beratungspraxis zu sichern. Mediation und Krisenintervention sind hierbei integrale Bestandteile des Beratungsverständnisses. Die Professionalisierung im Beratungssektor soll durch die Erhöhung von Forschungskompetenz und den Einsatz wissenschaftlich überprüfter Theorien und Verfahren unterstützt werden.

Mögliche Spezialisierungen im Masterstudiengang sind:
- Partnerschafts-, Familien- und Lebensberatung,
- Trennungs- und Scheidungsberatung/Familienmediation,
- Erziehungsberatung,
- Verfahrenspflegschaft/Anwalt des Kindes,
- Schuldnerberatung,
- interkulturelle Beratung,
- Arbeitslosen- und Beschäftigungsberatung,
- Beratung älterer Menschen (insbesondere Pflegeberatung und Betreuungsberatung),
- Alkohol- und Suchtberatung,
- Beratung behinderter Menschen sowie
- Beratung und Mediation in der Arbeitswelt.

Das besondere Profil des Studienganges und damit auch der Absolventen besteht darin, Probleme, Konflikte und Krisen von einzelnen Personen, Paaren, Familien, Gruppen oder Teams nicht nur auf der Grundlage psychologischer und sozialwissenschaftlicher Theorien und Methoden, sondern auch unter Anwendung vertiefter Kenntnisse im Sozialrecht bewältigen zu können. In der Beratungspraxis müssen komplexe Zusammenhänge berücksichtigt und je nach Aufgabe und Situation in interdisziplinärer Zusammenarbeit mit anderen Fachkräften gelöst werden.

Der konkrete Beratungsprozess wird zunehmend durch die rechtlichen Rahmenbedingungen inhaltlich geprägt. Die Kenntnisse des Beratungsrechts geben den Beraterinnen und Beratern Rechts- und Handlungssicherheit. Die Integration des Sozialrechts erhöht die Effektivität und Akzeptanz der Beratung und befähigt die Ratsuchenden, ihre Rechte wahrzunehmen.
Das theoretisch und methodisch begründete Handlungskonzept geht davon aus, dass Beratung in einer motivationsfördernden, auf Konsensbildung und Kooperation ausgerichteten Vertrauensbeziehung zwischen den Ratsuchenden und den Beraterinnen oder Beratern stattfindet. Die Beratung erfolgt in einem dialogischen Prozess, in dem Lösungen erarbeitet werden, die von den Ratsuchenden eigen- und sozialverantwortlich getragen werden können. Unter dem klienten- bzw. personzentrierten Einsatz von Rechtskenntnissen und einer Vielzahl unterschiedlicher Interventionstechniken werden persönliche Ressourcen gestärkt und soziale Potenziale erschlossen.

Die für die professionelle Beratung notwendige Dokumentation, Reflexion und Evaluation des Handelns erfolgt auf der Grundlage konzeptgebundener Verfahren der Qualitätsentwicklung und Qualitätssicherung. Da das interdisziplinäre und vernetzte Arbeiten zwischen unterschiedlichen Berufsgruppen und Institutionen eine hohe Bedeutung hat, wird auch diese Praxis durch Verfahren der konzeptgebundenen Selbstevaluation dokumentiert und reflektiert.

Der Masterstudiengang setzt einen Hochschulabschluss aus den Bereichen des Gesundheits-, Sozial- und Pflegewesens oder des Sozialrechts und beratungsrelevanten Teilgebieten des Arbeitsrechts voraus. Der Abschluss ist durch ein Zeugnis einer anerkannten Hochschule nachzuweisen. Die Dauer des Erststudiums muss mindestens drei Jahre betragen.

Weitere Voraussetzung für die Aufnahme des Studiums sind selbstreflektorische Kompetenzen, die durch mindestens 20 Sitzungen erfolgreich durchgeführter Einzelsupervision nachgewiesen werden. Die Eignung für den Studiengang wird von einer Prüfungskommission durch ein Fachgespräch (Methoden der Beratung) und durch eine Klausur (Sozialrecht) überprüft. Ziel der Eignungsprüfung ist es, beraterische Fähigkeiten und sozialrechtliche Kenntnisse festzustellen.

Der Studiengang wird berufsbegleitend über fünf Semester angeboten. Er umfasst 1.008 Lehrstunden.

| Aufteilung der Lehrstunden | |
|---|---|
| Schwerpunkt Beratung | 432 Stunden |
| Schwerpunkt Sozialrecht | 432 Stunden |
| Integrationsworkshops, in denen beide theoretischen Schwerpunkte fall- und praxisbezogen verbunden werden, sowie Supervision, Selbsterfahrung und Selbstreflexion in der Gruppe | 144 Stunden |

| Folgende Anteile des Studiums sind verpflichtend | |
|---|---|
| Kollegiale Gruppenarbeit | 144 Stunden |
| Studienbegleitenden Lehrberatungen | 10 Sitzungen |
| Dokumentierte und evaluierte Praxis | 100 Stunden |

# 4 Masterstudiengang »Beratung und Sozialrecht« an der Fachhochschule Frankfurt

## 4.1 Module

Das Studium Beratung und Sozialrecht ist modularisiert. Die Lehrveranstaltungen in den Bereichen Beratung und Sozialrecht zielen auf die Vertiefung, Erweiterung und Integration der psychologischen, sozialwissenschaftlichen und juristischen Qualifikationen und Kompetenzen.

- Im *1. Semester* werden die Grundlagen von Beratung, Mediation und Krisenintervention sowie die Rechtsgrundlagen der Beratung erarbeitet.

- Das *2. Semester* ist der wissenschaftlich fundierten Einzelberatung in multifaktoriell bestimmten Problem- und Lebenslagen sowie der sozialrechtlichen Sicherung von Menschen in besonderen Lebenssituationen vorbehalten.

- Im *3. Semester* werden die Themen Beratung von Paaren und Gruppen/Mediation und Konfliktmanagement sowie das Familien-, Partnerschafts-, Kinder- und Jugendhilferecht abgehandelt.

- Im *4. Semester* stehen Einzel- und Gruppenberatung im Kontext von Personal- und Organisationsentwicklung/Beratung, Mediation und Krisenintervention in freiberuflicher Praxis/Qualitätsmanagement und Qualitätssicherung sowie das Recht der wirtschaftlichen und persönlichen Hilfen für Einkommensschwache auf der Tagesordnung.

## 4.2 Integrationsworkshops und integrative Supervisionen

Die Integrationsworkshops sind das konzeptionelle Kernstück des Studiums. Hier wird in interdisziplinärer Kooperation problemspezifisch gearbeitet. Theorie, Methodik und Praxis wird im Zusammenhang persönlicher Erfahrung der Studierenden reflektiert. Auf diese Weise wird beraterisches, mediatorisches und rechtliches Wissen durch Fall- und Konzeptionsarbeit vernetzt. Die Anwendung und Transformation des Gelernten wird in Rollen- und Planspielen erprobt. Fragen der Nähe und Distanz in professionellen Beziehungen, der Frustrations- und Ambiguitätstoleranz sowie der psychischen Stabilität sind thematisch.

Wie in den Integrationsworkshops übernimmt auch die Supervision eine synthetisierende Funktion am konkreten Fall aus der beruflichen Praxis der Studierenden. Jede Teilnehmerin und jeder Teilnehmer wird auf der Grundlage ihres Praxisfeldes unter Einbeziehung des rechtlichen Rahmens befähigt, wissenschaftlich fundiert zu beraten, Mediationen in Konfliktfällen durchzuführen und Krisen in qualifizierter Weise zu begegnen.

### 4.3 Kollegiale Gruppenarbeit

In der kollegialen Gruppenarbeit, die ohne Lehrende und Supervisorinnen stattfindet, wird zum einen das in den Modulen vermittelte Wissen vertieft und zum anderen methodische Übungen durchgeführt. Durch die Anwendung der Prinzipien personzentrierter Moderation in kollegial gestalteten Beratungen und Supervisionen werden die Teilnehmerinnen und Teilnehmer für beratende Leitungs- und Führungspositionen qualifiziert.

### 4.4 Lehrberatung

Die Lehrberatungen finden in Einzelsitzungen statt. Hier erhalten die Studierenden Raum zur individuellen Beratung und Bearbeitung von Problemen. In den Lehrberatungen soll vor allem die professionelle Identität entwickelt und die Rollenübernahme begleitet werden. Die Kontraktgestaltung zwischen Klientel und Berater/Beraterin und die systematische Anwendung der gelernten Prinzipien psycho-sozialer und sozialrechtlicher Beratung und differentieller Diagnostik und Indikation im Kontext des je spezifischen Tätigkeitsfeldes der Studierenden sind weitere Bestandteile der Lehrberatung. Ziel ist auch hier, einen Beitrag zu einem person- und kontextgebundenen Profil fachlich fundierter Beratung/Counselling zu leisten.

### 4.5 Master Thesis und Abschlussprüfung

Die Master Thesis, die im fünften Semester verfasst wird, ist eine Prüfungsarbeit, die die wissenschaftliche Ausbildung abschließt. Sie soll zeigen, dass die Kandidatin oder der Kandidat in der Lage ist, innerhalb einer vorgegebenen Frist ein Problem aus ihrem oder seinem Fach selbständig mit wissenschaftlichen Erkenntnissen und Forschungsmethoden zu bearbeiten. Die Master Thesis dokumentiert, dass die Kandidatin oder der Kandidat in der Lage ist, ein Problem aus dem Bereich der psycho-sozialen Beratung – Counselling – sowohl unter sozialrechtlichen als auch unter psycho-sozialen Aspekten selbständig theoretisch zu bearbeiten und mit fachgerechter Auswahl von Beratungsmethoden zu verbinden.

Neben der Master Thesis werden im fünften Semester das Kolloquium zur Master Thesis sowie zwei mündliche Prüfungen durchgeführt. Nach bestandener Abschlussprüfung verleiht die Fachhochschule Frankfurt am Main – University of Applied Sciences den akademischen Grad *Master of Arts in Counselling*.

# VI DAS PSYCHOTHERAPEUTENGESETZ (PsychThG)[1]

Die Fachleute waren sich seit langem im Wesentlichen einig: Die Beteiligung der Psychotherapeuten an der Patientenversorgung muss auf eine gesetzliche Grundlage gestellt werden. Bereits 1978 ist ein erster Gesetzgebungsversuch unternommen worden, der misslang. 1994 scheiterte ein weiterer Gesetzentwurf der Bundesregierung »über die Berufe des Psychologischen Psychotherapeuten und des Kinder- und Jugendlichenpsychotherapeuten« (BRDrucks 523/93). Dieser Gesetzentwurf wurde vom Bundesrat im Wesentlichen wegen der Frage der Höhe der finanziellen Selbstbeteiligung der Patienten abgelehnt.
Am 27.11.1997 verabschiedete schließlich der Bundestag das »Gesetz über die Berufe des Psychologischen Psychotherapeuten und des Kinder- und Jugendlichenpsychotherapeuten (Psychotherapeutengesetz – PsychThG)«, das in seinen wesentlichen Teilen zum 1.1.1999 in Kraft getreten ist und durch Gesetz vom 4.12.2001 geändert wurde.

Das PsychThG hat einschneidende Veränderungen auf dem Gebiet der Psychotherapie gebracht. Es enthält zwei Teile, die unterschiedliche Regelungsbereiche betreffen und die getrennt betrachtet werden müssen. Das Gesetz schafft erstens in einem berufsrechtlichen Teil neue Heilberufe und regelt zweitens die Voraussetzungen, unter denen die neuen Berufe zum System der gesetzlichen Krankenversicherung zugelassen werden.
Die wichtigste Vorschrift ist § 1 PsychThG.

> **§ 1 PsychThG Berufsausübung**
> (1) Wer die heilkundliche Psychotherapie unter der Berufsbezeichnung »Psychologische Psychotherapeutin« oder »Psychologischer Psychotherapeut« oder die heilkundliche Kinder- und Jugendlichenpsychotherapie unter der Berufsbezeichnung »Kinder- und Jugendlichenpsychotherapeutin« oder »Kinder- und Jugendlichenpsychotherapeut« ausüben will, bedarf der Approbation als Psychologischer Psychotherapeut oder Kinder- und Jugendlichenpsychotherapeut.
> Die vorübergehende Ausübung des Berufs ist auch auf Grund einer befristeten Erlaubnis zulässig. Die Berufsbezeichnungen nach Satz 1 darf nur führen, wer nach Satz 1 oder 2 zur Ausübung der Berufe befugt ist. Die Bezeichnung »Psychotherapeut« oder »Psychotherapeutin« darf von anderen Personen als Ärzten, Psychologischen Psychotherapeuten oder Kinder- und Jugendlichenpsychotherapeuten nicht geführt werden.

---

[1] Der Gesetzestext und alle relevanten Regelungen des Rechts für Psychotherapeuten finden sich in: Plagemann/Klatt (1999).

> (2) Die Berechtigung zur Ausübung des Berufs des Kinder- und Jugendlichenpsychotherapeuten erstreckt sich auf Patienten, die das 21. Lebensjahr noch nicht vollendet haben. Ausnahmen von Satz 1 sind zulässig, wenn zur Sicherung des Therapieerfolgs eine gemeinsame psychotherapeutische Behandlung von Kindern oder Jugendlichen mit Erwachsenen erforderlich ist oder bei Jugendlichen eine vorher mit Mitteln der Kinder- und Jugendlichenpsychotherapie begonnene psychotherapeutische Behandlung erst nach Vollendung des 21. Lebensjahres abgeschlossen werden kann.
>
> (3) Ausübung von Psychotherapie im Sinne dieses Gesetzes ist jede mittels wissenschaftlich anerkannter psychotherapeutischer Verfahren vorgenommene Tätigkeit zur Feststellung, Heilung oder Linderung von Störungen mit Krankheitswert, bei denen Psychotherapie indiziert ist. Im Rahmen einer psychotherapeutischen Behandlung ist eine somatische Abklärung herbeizuführen. Zur Ausübung von Psychotherapie gehören nicht psychologische Tätigkeiten, die die Aufarbeitung und Überwindung sozialer Konflikte oder sonstige Zwecke außerhalb der Heilkunde zum Gegenstand haben.

## 1 Die berufsrechtlichen Regelungen des Psychotherapeutengesetzes

### 1.1 Zwei neue Heilberufe

Das PsychThG führt neben den bislang bestehenden akademischen Heilberufen (Arzt, Zahnarzt, Tierarzt, Apotheker) zwei völlig neue, eigenständige Berufe ein, den *Psychologischen Psychotherapeuten* sowie den *Kinder- und Jugendlichenpsychotherapeuten*. Diese Berufsgruppen werden mit Ärzten und Angehörigen anderer Heilberufe gleichgestellt.

Mit diesem Gesetz wurde eine Absicherung der beruflichen Stellung von Psychologischen Psychotherapeuten und Kinder- und Jugendlichenpsychotherapeuten erreicht. Sie benötigen nicht mehr das Hilfsmittel Heilpraktikergesetz, um als Psychotherapeuten selbständig tätig sein zu dürfen. Das bedeutet zugleich, dass sie fortan nicht mehr Hilfspersonal der Ärzte sind. Das Gesetz hat auch die Ausbildung für die Psychologischen Psychotherapeuten und Kinder- und Jugendlichenpsychotherapeuten standardisiert und durch Ausbildungs- und Prüfungsordnungen normiert. Nach In-Kraft-Treten des PsychThG sind nunmehr in der BRD drei psychotherapeutische Berufsgruppen tätig: Ärztliche Psychotherapeuten, Psychologischen Psychotherapeuten und Kinder- und Jugendlichenpsychotherapeuten.

# 1 Die berufsrechtlichen Regelungen des Psychotherapeutengesetzes

Der Psychologische Psychotherapeut ist zuständig für die Behandlung von Personen ohne Altersbegrenzung, während der Kinder- und Jugendlichenpsychotherapeut berechtigt ist, Kinder und Jugendliche bis zum 21. Lebensjahr zu behandeln.

§ 1 Abs. 3 PsychThG definiert den Gegenstandsbereich des Gesetzes. Danach ist Ausübung von Psychotherapie im Sinne dieses Gesetzes jede mittels wissenschaftlich anerkannter psychotherapeutischer Verfahren vorgenommene Tätigkeit zur Feststellung, Heilung oder Linderung von Störungen mit Krankheitswert, bei denen Psychotherapie indiziert ist. Im Rahmen einer psychotherapeutischen Behandlung ist eine somatische Abklärung herbeizuführen.

## 1.2 Approbation

Nach § 1 Abs. 1 PsychThG bedarf es zur Ausübung des Berufes einer förmlichen Approbation. Diese ist nach § 2 PsychThG auf Antrag zu erteilen, wenn der Antragsteller
- Deutscher im Sinne des Art. 116 des Grundgesetzes, Staatsangehöriger eines Mitgliedstaates der Europäischen Union oder eines anderen Vertragsstaates des Abkommens über den Europäischen Wirtschaftsraum oder heimatloser Ausländer ist;
- die vorgeschriebene Ausbildung abgeleistet und die staatliche Prüfung bestanden hat;
- sich nicht eines Verhaltens schuldig gemacht hat, aus dem sich die Unwürdigkeit oder Unzuverlässigkeit zur Ausübung des Berufes ergibt und
- nicht wegen eines körperlichen Gebrechens oder wegen Schwäche seiner geistigen oder körperlichen Kräfte oder wegen einer Sucht zur Ausübung des Berufes unfähig oder ungeeignet ist.

Die Regelungen über die Approbations- und über die Erlaubniserteilung wurden damit an die Vorschriften anderer Heilberufe angeglichen.

Die Approbationserteilung ist Voraussetzung, die Berufsbezeichnung Psychologischer Psychotherapeut bzw. Kinder- und Jugendlichenpsychotherapeut führen zu dürfen und Voraussetzung für die Teilnahme an der vertragsärztlichen Versorgung nach § 95 SGB V.

## 1.3 Ausbildung und staatliche Prüfung

§ 5 PsychThG legt die Zugangsvoraussetzungen für die Ausbildung sowie die Dauer der Ausbildung fest. Die Zulassung zur Ausbildung als Psychologischer Psychotherapeut setzt *zwingend den Diplomabschluss der Psy-*

*chologie* voraus. Für die Zulassung zu einer Ausbildung zum Kinder- und Jugendlichenpsychotherapeuten ist ein erfolgreich abgeschlossenes Hochschulstudium der Psychologie, Pädagogik oder Sozialpädagogik erforderlich.
»Bei Kinder- und Jugendlichenpsychotherapeuten soll auch der erfolgreiche Abschluss des Studiengangs der Pädagogik oder Sozialpädagogik den Zugang zur Ausbildung ermöglichen, weil die Ausbildung in diesen Studiengängen in besonderem Maße zum Umgang mit psychisch gestörten Kindern und Jugendlichen befähigt« (BRDrucks 523/93, 9).

In einer Stellungnahme des Deutschen Vereins wurde gefordert, auch denjenigen den Zugang zu dieser Ausbildung zu eröffnen, die die Abschlussprüfung im Studiengang Sozialarbeit an einer staatlichen oder staatlich anerkannten Hochschule bestanden haben (Deutscher Verein 1995). Diese Forderung konnte im Gesetzgebungsverfahren nicht realisiert werden.

§ 5 PsychThG bestimmt die Struktur der Ausbildung für die neuen Heilberufe. Die Ausbildung dauert in Vollzeitform mindestens drei Jahre und in Teilzeitform mindestens fünf Jahre. Bei der Teilzeitausbildung handelt es sich um ein Novum im Bereich der Ausbildung zu Heilberufen. Die Ausbildung besteht aus einer praktischen Tätigkeit, die von theoretischer und praktischer Ausbildung begleitet und durch eine staatliche Prüfung abgeschlossen wird.

In zwei entsprechenden Ausbildungs- und Prüfungsverordnungen für Psychologische Psychotherapeuten vom 18.12.1998 (BGBl I, 1998, 3749) sowie für Kinder- und Jugendlichenpsychotherapeuten vom 18.12.1998 (BGBl I, 1998, 3761)[1] hat das zuständige Bundesministerium der Gesundheit Ziele und Gliederung sowie die Einzelheiten der theoretischen und praktischen Ausbildung festgelegt. Daneben regeln die Verordnungen das Prüfungswesen und enthalten die Voraussetzungen der Approbationserteilung.

### 1.4 Wissenschaftliche Anerkennung

Der Gesetzgeber definiert in § 1 Abs. 3 PsychThG, was Ausübung der Psychotherapie ist. Das Gesetz enthält indessen keine Aufzählung der wissenschaftlich anerkannten psychotherapeutischen Verfahren. Diese Regelung, durch die nicht abschließend normativ festgelegt wird, was unter einem wissenschaftlich anerkannten psychotherapeutischen Verfahren zu verstehen ist, soll eine Weiterentwicklung auf diesem Gebiet nicht behindern. Nach § 11 PsychThG entscheidet die zuständige Behörde über die wissenschaftliche Anerkennung einer psychotherapeutischen Methode. Diese Entscheidung soll in Zweifelsfällen auf der Grundlage eines Gutachtens erfolgen. Das Gutachten

---

[1] Die Verordnungen sind abgedruckt bei Plagemann/Klatt (1999).

# 1 Die berufsrechtlichen Regelungen des Psychotherapeutengesetzes

soll durch einen wissenschaftlichen Beirat erstattet werden, der gemeinsam von der auf Bundesebene zuständigen Vertretung der Psychologischen Psychotherapeuten und Kinder- und Jugendlichenpsychotherapeuten sowie den ärztlichen Psychotherapeuten in der Bundesärztekammer gebildet wird.[1]

Entscheidend ist die wissenschaftliche Anerkennung. Das Merkmal der Wissenschaftlichkeit ist konstitutive Voraussetzung der Psychotherapie i.s. des PsychThG. Wenn ein psychotherapeutisches Verfahren wissenschaftlich anerkannt ist, führt es dazu, dass dieses Verfahren in der Ausbildung von Psychologischen Psychotherapeuten zugelassen ist.[2] Als anerkannte Verfahren sind zunächst diejenigen anzusehen, die bereits über das bisher geltende Delegationsverfahren nach den Richtlinien des Bundesausschusses der Ärzte und Krankenkassen über die Durchführung der Psychotherapie in der vertragsärztlichen Versorgung anerkannt worden sind (Haage 1998). Das sind die Verhaltenstherapie, die Psychoanalyse und die tiefenpsychologisch fundierte Psychotherapie. In ihrer Sitzung vom 14.9.1998 hat eine Arbeitsgruppe »Psychotherapeutengesetz« der Arbeitsgemeinschaft Oberster Landesbehörden in einem einstimmigen Beschluss die Gesprächspsychotherapie als weiteres neben den Richtlinienverfahren anzuerkennendes wissenschaftliches Verfahren akzeptiert. Durch diesen Beschluss wurde ein Anfang in der Anerkennung der Gesprächspsychotherapie im Rahmen der berufsrechtlichen Approbation gemacht.

Der Wissenschaftliche Beirat hat am 16.5.2002 den Beschluss gefasst, die Wirksamkeit der Gesprächspsychotherapie für einen vierten »klassischen« Anwendungsbereich anzuerkennen. Damit sind für die Gesprächspsychotherapie die Voraussetzungen gegeben, die der wissenschaftliche Beirat den Ländern zur Zulassung wissenschaftlich anerkannter Psychotherapieverfahren zur vertieften Ausbildung empfohlen hat. Im Ergebnis können daher die zuständigen Behörden die staatliche Anerkennung von Ausbildungsstätten mit vertiefter Ausbildung in der Gesprächspsychotherapie nicht mehr blockieren. Ob allerdings die Gesprächspsychotherapie im sog. Richtlinienverfahren anerkannt wird und letztendlich eine Zulassung zur Versorgung der Versicherten der gesetzlichen Krankenkassen erfolgt, ist einstweilen noch offen.

Für die Gestalttherapie, Familien- oder Körperpsychotherapie, für die Musik- oder Kunsttherapie besteht nach dem derzeitigen Erkenntnisstand keine Chance, als wissenschaftliche Methoden anerkannt zu werden (Reinsch 1998; Bieback 1997).

---

[1] Der wissenschaftliche Beirat »Psychotherapie« hat am 7.10.1998 gemäß § 11 PsychThG seine konstituierende Sitzung durchgeführt.
[2] Mit den Auswirkungen der Wissenschaftsklausel auf die fachliche Entwicklung der Profession beschäftigt sich Francke (2000).

## 1.5 Titelschutz

Um die berufsrechtlichen Standards zu sichern, wie dies auch in anderen traditionellen freien Berufen geschieht, führt das Gesetz den Titelschutz ein. § 1 PsychThG hat den Titel und die Berufsgruppe der »psychologischen Psychotherapeuten« sowie der »Kinder- und Jugendlichenpsychotherapeuten« geschaffen. Nach Ansicht des Bundesverfassungsgerichts ist es rechtlich zulässig, dass der Gesetzgeber eine in der Vergangenheit nicht geschützte Berufsbezeichnung (Psychotherapie) verwendet, um Angehörige eines bestimmten Berufes mit einer bestimmten Ausbildung zu kennzeichnen. Das ausdrückliche gesetzliche Verbot der Namensführung »Psychotherapeut« für andere Berufe ist durch den Patientenschutz gerechtfertigt. Eine Benachteiligung der Personen, die psychotherapeutisch auf der Grundlage des Heilpraktikergesetzes arbeiten, kann dadurch ausgeglichen werden, dass es erlaubt ist, auf die jeweiligen Spezialkenntnisse – etwa in Gesprächstherapie oder in neurolinguistischem Programmieren – hinzuweisen (BVerfG, NJW 1999, 2730).

Berufsbezeichnungen werden in erster Linie durch das Strafgesetz geschützt. Nach § 132a Abs. 1 Nr. 2 StGB ist u.a. der Missbrauch von Berufsbezeichnungen strafbar.

> **§ 132a StGB Missbrauch von Titeln, Berufsbezeichnungen und Abzeichen**
> (1) Wer unbefugt
> 1. inländische oder ausländische Amts- oder Dienstbezeichnungen, akademische Grade, Titel oder öffentliche Würden führt,
> 2. die Berufsbezeichnung Arzt, Zahnarzt, Psychologischer Psychotherapeut, Kinder- und Jugendlichenpsychotherapeut, Psychotherapeut, Tierarzt, Apotheker, Rechtsanwalt, Patentanwalt, Wirtschaftsprüfer, vereidigter Buchprüfer, Steuerberater oder Steuerbevollmächtigter führt (...)
> wird mit Freiheitsstrafe bis zu einem Jahr oder mit Geldstrafe bestraft.
> (2) Den in Abs. 1 genannten Bezeichnungen, akademischen Graden, Titeln, Würden, Uniformen, Amtskleidungen oder Amtsabzeichen stehen solche gleich, die ihnen zum Verwechseln ähnlich sind.

Den genannten Bezeichnungen stehen solche gleich, die ihnen zum Verwechseln ähnlich sind, § 132a Abs. 2 StGB. Dies gilt vor allem bei nur unwesentlichen Abweichungen, insbesondere dann, wenn nach dem Gesamteindruck eines durchschnittlichen, nicht genau prüfenden Beurteilers eine Verwechslung möglich ist (Schönke/Schröder 2001, Anm. 13 zu § 132a StGB). Es genügt,

# 1 Die berufsrechtlichen Regelungen des Psychotherapeutengesetzes

wenn die Bezeichnung geeignet ist, den durchschnittlichen Beurteiler zu täuschen. Die Verwechslungsfähigkeit wird in der Regel bejaht, wenn an die Berufsbezeichnung Zusätze angehängt werden, die noch allgemeiner Auffassung auf einen durch Abschlussprüfung erreichten Beruf hindeuten, wie z.b. bei dem Titel »Diplom-Kosmetikerin«. Ob unter diesen Gesichtspunkten etwa die Verwendung der Titel »Körper-Psychotherapeut« oder die Firmierung »Psychotherapeutische Praxis« mit strafrechtlichen Mitteln geahndet werden kann, bleibt abzuwarten (Plagemann/Niggehoff 2000). Gerichtsurteile lassen indessen den Schluss zu, dass die Rechtsprechung strenge Maßstäbe anlegt (Tröndle/Fischer 2001, Anm. 13 zu § 132a StGB).

Das deutsche Recht kennt einen weiteren Titelschutz. Durch das Gesetz gegen den unlauteren Wettbewerb ist *irreführende Werbung*, § 3 UWG oder *sittenwidrige Werbung*, § 1 UWG, zum Zwecke der Klienten- oder Kundenwerbung untersagt. Gegen eine derartige Werbung können konkurrierende Personen und Unternehmen im Wege der zivilrechtlichen Klage vorgehen (BGH, NJW 2000, 870). Irreführend ist es beispielsweise, wenn sich jemand als »Praktischer Psychologe« bezeichnet, ohne Diplom-Psychologe zu sein (BGH, GRUR 1985, 1064). Auch die Bezeichnung »Psychologische Praxis« ist dann irreführend, wenn in der Praxis kein Psychologe oder bei einer Gemeinschaftspraxis bzw. Praxisgemeinschaft nicht überwiegend Psychologen tätig sind (Pulverich 1996).

## 1.6 Die Grenze der neuen Heilberufe

Den Angehörigen der neuen Heilberufe wird eine eigenverantwortliche Ausübung der Heilkunde erlaubt, allerdings *beschränkt auf die Ausübung der Psychotherapie*. Ansonsten bleiben die Vorschriften des Heilpraktikergesetzes unberührt. Das heißt, dass das Verbot der unerlaubten Ausübung von Heilkunde und die entsprechende Strafvorschrift des § 5 HPG weiterhin auch für die neuen Heilberufe dann gelten, wenn heilkundliche Tätigkeiten außerhalb der Psychotherapie wahrgenommen werden.

Nach § 73 Abs. 2 SGB V ist es den Psychologischen Psychotherapeuten sowie den Kinder- und Jugendlichenpsychotherapeuten u.a. nicht erlaubt,
- Maßnahmen zur Früherkennung einer Krankheit zu treffen;
- ärztlich Schwangerschaft und Mutterschaft zu betreuen;
- medizinische Leistungen zu verordnen;
- die Hilfeleistungen anderer Personen anzuordnen;
- Arznei-, Verband-, Heil-, und Hilfsmittel, Krankentransporte sowie Krankenhausbehandlung oder Behandlungen in Vorsorge- oder Rehabilitationseinrichtungen zu verordnen;
- häusliche Krankenpflege zu verordnen;
- Bescheinigungen der Arbeitsunfähigkeit auszustellen.

Kommt es daher zu einer akuten körperlichen Krise während einer psychotherapeutischen Behandlung, darf die Psychologische Psychotherapeutin oder der Kinder- und Jugendlichenpsychotherapeut keine Medikamente verabreichen, das wäre strafbar. Sie dürfen ihre Patienten nicht in ein Krankenhaus einweisen, das ist den Medizinern vorbehalten. Wenn allerdings ein Notfall vorliegen sollte, kann der Psychotherapeut den Klienten in eine Klinik bringen, die Einweisung wird dann in der Regel von der Klinik selbst durchgeführt.

Darüber hinaus hat der Gesetzgeber die Gleichberechtigung zwischen Arzt und Psychotherapeut im Berufsrecht sowie im Sozialrecht relativiert. Es geht um den Arztvorbehalt. Nach § 1 Abs. 3 PsychThG ist im Rahmen einer psychotherapeutischen Behandlung eine somatische Abklärung herbeizuführen. Im § 28 Abs. 3 SGB V ist weitergehend festgelegt, dass spätestens nach den probatorischen Sitzungen der Psychotherapeut vor Beginn der Behandlung einen Konsiliarbericht eines Vertragsarztes zur Abklärung einer somatischen Erkrankung sowie, falls der somatisch abklärende Vertragsarzt dies für erforderlich hält, einen Konsiliarbericht eines psychiatrisch tätigen Vertragsarztes einzuholen hat.

## 2   Zum Krankenversicherungsrecht

Durch eine Änderung des Krankenversicherungsrechts (SGB V) sind die Konsequenzen aus der Schaffung der neuen Heilberufe gezogen worden. Psychologische Psychotherapeutinnen und Kinder- und Jugendlichenpsychotherapeuten sind nicht mehr Hilfspersonen des Arztes, die unter dessen Verantwortung bei der Krankenbehandlung der Versicherten mitwirken, sondern führen die Krankenbehandlung eigenständig wie Ärzte aus (Integrationsmodell). Sie sind prinzipiell gleichberechtigt in die vertragsärztliche Versorgung eingebunden (zu den Einzelheiten vgl. Bieback 1997; Schirmer 1998; Schlund 1998; Plagemann/Klatt 1999; Spellbrink 1999; Plagemann/Niggehoff 2000).

Daraus folgen einige wichtige Änderungen:
- Der Versicherte hat die freie Wahl unter allen zugelassenen psychotherapeutischen Leistungserbringern;
- zugelassene Psychotherapeuten sind vollwertige Mitglieder der jeweiligen Kassenärztlichen Vereinigungen;
- die Krankenkassen honorieren die Leistungen der Psychotherapeuten;
- die psychotherapeutischen Leistungen von Ärzten und psychologischen Psychotherapeuten werden in gleicher Höhe vergütet.

Das Psychotherapeutengesetz ist teilweise auf Kritik gestoßen. Gegen den Widerstand der organisierten Ärzteschaft wurden neue Heilberufe geschaffen. Die Ärzte fürchteten die neue Konkurrenz, die Krankenversicherungen dagegen hatten wegen der zusätzlichen Kosten Bedenken. Die Vertreter der als wissenschaftlich anerkannten Psychotherapieeinrichtungen haben das Gesetz dagegen als einen Meilenstein und einen großen Fortschritt für Versicherte und Therapeuten gefeiert.

Heftig kritisiert wurde dagegen das Psychotherapeutengesetz von denjenigen, die bislang interdisziplinär therapeutisch gearbeitet haben. 1998 »wurde ein sehr deutsches Psychotherapeutengesetz verabschiedet, welches eine hohe Qualität der psychotherapeutischen Versorgung dadurch sicherstellen soll, dass sowohl zukünftig als auch übergangsweise ausschließlich Diplom-Psychologen zum Psychologischen Psychotherapeuten zugelassen werden. Alle interdisziplinären Psychotherapeuten mit akademischer Grundqualifikation und identischer fachspezifischer psychotherapeutischer Qualifikation und ebenso langjähriger Berufstätigkeit werden künftig als ›Scharlatane‹ (...) diskreditiert und werden keine Möglichkeit mehr haben, ihren Beruf qualifiziert auszuüben« (Rosenbaum-Munsteiner 1998, 97). In der Tat ist es so, dass Sozialwissenschaftler, Pädagoginnen, Theologinnen usw. mit therapeutischen Zusatzqualifikationen, die jahrelang qualifiziert ihre Berufstätigkeit ausgeübt haben, nicht unter das Psychotherapeutengesetz fallen. Sie sind die Verlierer des Gesetzgebungsverfahrens (Geuter 1999; Dreifert 1999).

Kritisiert wurde auch die Reduktion der anerkannten wissenschaftlichen Verfahren. Dadurch ergebe sich die Gefahr, dass es zu einer Verarmung der psychotherapeutischen Vielfalt komme (Reinsch 1998). Die Möglichkeit, dass das Psychotherapeutengesetz gleichsam eine Monokultur der psychotherapeutischen Schulen schafft, wenn es das große Feld der Psychotherapie nunmehr juristisch klassifiziert, ist nicht gänzlich von der Hand zu weisen. Jedenfalls dürften einige »Psychotherapeuten«, die *historisch* erheblich zur Weiterentwicklung der Psychotherapie beigetragen haben, nach dem deutschen Psychotherapeutengesetz nicht mehr ihren Beruf ausüben. Darüber hinaus wird auch eingewendet, dass im Wesentlichen Behörden zu entscheiden hätten, was unter einer wissenschaftlichen Methode zu verstehen sei (Geuter 1999). Allerdings – so der Wille des Gesetzgebers – soll eine Weiterentwicklung auf dem Gebiet der Psychotherapie nicht ausgeschlossen werden. Die wissenschaftliche Anerkennung der psychotherapeutischen Verfahren bleibt indessen Voraussetzung für die anerkannte Ausübung der Psychotherapie, um Missbrauch zu verhindern.

Ob es tatsächlich zu größerer Transparenz, zu einer Qualitätssteigerung und zu mehr »Rechtssicherheit und -klarheit« (Spellbrink 1999) auf dem Psychomarkt durch das Psychotherapeutengesetz kommen wird, wird die zukünftige Entwicklung zeigen. Fachleute gehen davon aus, dass Hilfesuchende inzwischen aus mehr als 600 verschiedenen Therapierichtungen auswählen können. Der Einzelne ist hoffnungslos überfordert. Die Konsultation eines approbierten Psychologischen Psychotherapeuten ergibt eine gewisse Wahrscheinlichkeit, dass nach anerkannten wissenschaftlichen Methoden gearbeitet wird.

## 3 Übergangsrecht

Nachdem das Psychotherapeutengesetz in Kraft getreten ist, haben das Bundesverfassungsgericht sowie Sozial- und Verwaltungsgerichte insbesondere übergangsrechtliche Probleme entschieden. Das Bundesverfassungsgericht hatte sich in mehreren Entscheidungen mit Rechtsstreitigkeiten um die Approbation und die Zulassung von Psychotherapeuten zur Versorgung der Versicherten der gesetzlichen Krankenkassen zu befassen.
In einem Beschluss (BVerfG, NJW 1999, 2729) hat das Gericht einer Diplompädagogin die begehrte Approbation als Psychologische Psychotherapeutin verweigert, weil das Grundrecht der Berufsfreiheit aus Art. 12 GG kein Recht auf Erhaltung des Geschäftsumfanges und die Sicherung weiterer Erwerbsmöglichkeiten gewähre.
In einer weiteren Entscheidung hat das Gericht geurteilt, dass es auch nicht gegen die Freiheit der Berufswahl verstößt, wenn nur noch diejenigen, die approbiert sind, den Titel Psychologische Psychotherapeutin oder Kinder- und Jugendlichenpsychotherapeut führen dürfen (BVerfG, NJW 1999, 2730).

In einer Entscheidung aus dem Jahre 2000 hat sich das Bundesverfassungsgericht mit der Frage beschäftigt, ob ein nichtapprobierter Psychotherapeut[1] eine Zulassung zur Versorgung der Versicherten der gesetzlichen Krankenkassen beanspruchen kann. Das Gericht entschied erneut, dass die berufsrechtliche Begrenzung des Berufes Psychologische Psychotherapeutin und Kinder- und Jugendlichenpsychotherapeut auf Diplompsychologen verfassungsgemäß ist.[2] Im Hinblick auf den Bestandsschutz der bisherigen Regelung über die Kostenerstattung für Therapeuten ohne Psychologiestudium müssten die Fachgerichte die Einzelfragen klären (BVerfG, NJW 2000, 1779).

Schließlich hat das Gericht auch die sog. Zeitfensterregelung für verfassungsgemäß erklärt. Danach erhalten nur diejenigen approbierten Psychotherapeuten den bedarfsunabhängigen Zugang zur Versorgung der Versicherten der gesetzlichen Krankenkassen, die in einem bestimmten Umfang an der ambulanten psychotherapeutischen Versorgung der Versicherten in der Zeit von 1994 – 1997 teilgenommen haben (BVerfG, NJW 2000, 3416; vgl. auch BSG, NJW 2002, 390, sowie Maaß 2001 mit zahlreichen weiteren Nachweisen aus der Rechtsprechung.).
Aufgrund des Psychotherapeutengesetzes, des Krankenversicherungsgesetzes, der Entscheidungen des Bundesverfassungsgerichtes sowie der Fachge-

---

[1] Es handelte sich um einen Sozialwissenschaftler mit einer psychotherapeutischen Ausbildung und Heilpraktikerzulassung.
[2] Mit der Einschränkung, dass ein Abschluss in Pädagogik und Sozialpädagogik den Zugang zur Ausbildung als Kinder- und Jugendlichenpsychotherapeut ermöglicht.

richte können grundsätzlich nur Personen mit abgeschlossenem Psychologiestudium eine Approbation nach dem Psychotherapeutengesetz erhalten. Damit ist allen anderen Akademikern (Theologen, Pädagogen, Soziologen, Sozialpädagogen, Sozialarbeiter usw.), die bisher als Psychotherapeuten gearbeitet haben, die Approbation verwehrt. Sie dürfen sich nicht als Psychotherapeuten bezeichnen und sind für die Zukunft von der Teilnahme am System der gesetzlichen Krankenversicherung ausgeschlossen.

In der rechtswissenschaftlichen Literatur werden die Übergangsregelungen teilweise für verfassungswidrig gehalten (Gleiniger 2000; Butzmann 2000; Tittelbach 2001). Das Bundesverfassungsgericht hat dem entgegenhalten, dass der Gesetzgeber im Rahmen des Art. 12 GG befugt ist, das Berufsbild der Psychologischen Psychotherapeuten und der Kinder- und Jugendlichenpsychotherapeuten als neue Heilberufe auf akademischem Niveau zu schaffen, die durch die Gleichstellung mit den Ärzten besonders hervorgehoben sind. Soweit die nach dem HPG weiter psychotherapeutisch tätigen Fachkräfte Einbußen hinnehmen müssen, berühre dies nicht die verfassungsrechtlich verbürgte Berufsfreiheit.»Dieses Grundrecht bietet grundsätzlich keinen Schutz gegen neue Konkurrenz für einen Beruf, der selbst unangetastet bleibt; es gibt kein subjektives Recht auf Erhaltung des Geschäftsumfangs und die Sicherung weiterer Erwerbsmöglichkeiten« (BVerG, NJW 1999, 1779, 1780).

## 4  Psychotherapie und Heilpraktikergesetz

Das Bundesverwaltungsgericht hat 1983 grundlegend entschieden, dass Psychotherapie Ausübung der Heilkunde nach dem Heilpraktikergesetz ist.[1] Wer, ohne Arzt zu sein – so das Bundesverwaltungsgericht –, die berufliche Tätigkeit anstrebt, Personen psychotherapeutisch zu behandeln, bedarf der Erlaubnis nach dem Heilpraktikergesetz. Heilkunde umfasst »jede berufs- oder gewerbsmäßige Tätigkeit zur Feststellung, Heilung oder Linderung von Krankheiten, Leiden oder Körperschäden bei Menschen, auch wenn sie im Dienste von anderen ausgeübt wird. Das Gesetz macht dabei keinen Unterschied, ob es sich bei den Krankheiten oder Leiden um solche rein körperlicher oder aber um solche auch oder ausschließlich seelischer Natur handelt« (BVerwG, NJW 1984, 1414).
Durch diese Entscheidung des Bundesverwaltungsgerichts war höchstrichterlich geklärt, dass Diplompsychologen bei der Ausübung ihrer Tätigkeit einer Erlaubnis bedürfen. An dieser Rechtslage haben auch Entscheidungen des Bundesverfassungsgerichtes aus dem Jahre 1988 prinzipiell nichts geändert. Das Gericht hat die herrschende Auffassung zu dem Heilpraktikergesetz im Wesentlichen bekräftigt. Es hat entschieden, dass der Erlaubniszwang nach

---

[1] Zur Funktion des Heilpraktikergesetzes vgl. BGH, NJW 1999, 865.

dem Heilpraktikergesetz eine zulässige Beschränkung der Berufsfreiheit für nichtärztliche Psychotherapeuten darstellt und deshalb auch auf den psychotherapeutisch arbeitenden Psychologen Anwendung finden kann (BVerfG, NJW 1988, 2290).

Sie mussten daher den Fachkundenachweis erbringen. Nach § 2 Abs. 1 der Durchführungsverordnung (DVO) zum Heilpraktikergesetz kann die Zulassung insbesondere dann verweigert werden, wenn sich aus einer Überprüfung der Kenntnisse und Fähigkeiten des Antragstellers durch das Gesundheitsamt ergibt, dass die Ausübung der Heilkunde durch den Bewerber eine Gefahr für die Volksgesundheit darstellt. Die Überprüfung durch das Gesundheitsamt dient nun keineswegs dazu, die fachlichen Kompetenzen des Bewerbers zu überprüfen. Der Fachkundenachweis nach dem Heilpraktikergesetz bedeutet nicht, dass dem Bewerber die Nützlichkeit seiner Arbeit oder etwa die Gleichwertigkeit mit einer ärztlichen Berufsausübung attestiert würde. Mit dem Fachkundenachweis wird lediglich bescheinigt, dass von der Berufsausübung durch den Bewerber keine Gefahr für die Volksgesundheit ausgeht. Der Fachkundenachweis beinhaltet daher keine staatliche Anerkennung im Sinne eines Befähigungsnachweises, sondern es geht ausschließlich um Gesichtspunkte der Gefahrenabwehr (Taupitz 1991).[1]

> Durch das PsychThG hat sich die Rechtslage verändert. Das Gesetz hat zwei neue Heilberufe geschaffen. Es ist jedoch kein allgemeines Psychotherapiegesetz, das umfassend die Ausübung der Psychotherapie für alle in Betracht kommenden Berufe regelt. Insofern ist das Gesetz berufsrechtlich begrenzt (Bieback 1997; Haage 1998; Schade 1998). Diejenigen, die künftig keine Approbation als Psychologischer Psychotherapeut oder als Kinder- oder Jugendlichenpsychotherapeut beantragen können oder wollen, dürfen weiterhin, wie bislang, ihre psychotherapeutische Tätigkeit ausüben. Voraussetzung ist, dass die rechtlichen Voraussetzungen nach dem HPG eingehalten werden. (Pulverich 1999, 51 f., Spellbrink 1999.)

---

[1] Das OVG Nordrhein-Westfalen, Urteil vom 8.12.1997 – 13 A 4973/94, hat darauf hingewiesen, dass das Heilpraktikergesetz den Kranken vor den Gefahren schützen soll, die von einem vermeintlich Heilkundigen ausgehen, *es schützt den Kranken aber nicht vor sich selbst.* So kann ein Kranker zwar völlig auf eine Behandlung verzichten und sich so in erhebliche Gefahr begeben. Konsultiert er dagegen einen »Wunderheiler«, benötigt dieser eine behördliche Erlaubnis nach dem HPG. Mir der Überprüfung der Kenntnisse und Fähigkeiten von Wunderheilern werde zumindest sichergestellt, dass diese Krankheitszeichen erkennen und die Patienten bei Bedarf unverzüglich an einen Arzt verweisen können; vgl. auch LG Verden, MedR (1998, 183), sowie Taupitz (1998).

Für diejenigen, die *ohne Approbation* Psychotherapie auf der Grundlage des Heilpraktikergesetz betreiben wollen, ergeben sich jedoch gegenüber den Psychologischen Psychotherapeuten sowie den Kinder- und Jugendlichenpsychotherapeuten einige gravierende Unterschiede:

- Ihre Leistungen werden nicht durch die Krankenkassen honoriert.

- Den Titel »Psychotherapeut« dürfen sie nicht führen.

- Fraglich ist, ob sie den Titel »Heilpraktiker« führen müssen. Zwar hat das Bundesverfassungsgericht nach der alten Rechtslage festgestellt, dass der im Heilpraktikergesetz statuierte Zwang, für akademisch ausgebildete Psychotherapeuten die Berufsbezeichnung »Heilpraktiker« zu führen, verfassungsrechtlich bedenklich ist. Es besteht nämlich kein sachlicher Grund, die Berufsbezeichnung auf das gesamte Berufsfeld der nichtärztlichen Heilbehandler anzuwenden (BVerfG, NJW 1988, 2290). Nach Ansicht von Gerlach (2002, Anm. 94 ff.) gilt dies auch nach In-Kraft-Treten des Psychotherapeutengesetzes. Nach § 1 Abs. 3 HPG muss der Heilpraktiker die Bezeichnung »Heilpraktiker« führen. Dies gelte aber nicht für die nichtärztlichen Therapeuten, da diese allgemeine Heilkunde gar nicht ausüben dürften. Die Bezeichnung »Heilpraktiker« ist für diesen Personenkreis daher sachwidrig und aus diesem Grunde irreführend.

- Fraglich ist auch, ob sich an der Überprüfung im Zulassungsverfahren nach dem HPG etwas ändern wird. Das Bundesverfassungsgericht sah es als problematisch an, dass die Überprüfung der Kenntnisse und Fähigkeiten der Bewerber – unabhängig von der Qualität ihrer Ausbildung – generell vorgeschrieben wird. Das Gericht hat die entsprechende Durchführungsverordnung dahingehend ausgelegt, dass die Qualifikation von *Diplom-Psychologen* bei der Art der Überprüfung ihrer Kenntnisse durch das Gesundheitsamt zu berücksichtigen ist (BVerfG, NJW 1988, 2290; BVerwG, NJW 1984, 1414; BVerwG, BVBl 1996, 811; vgl. bereits Cursiefen 1989). Insoweit besteht für Diplom-Psychologen eine Ausnahmeregel von dem Heilpraktikergesetz. Sie erhalten, soweit sie ihre heilkundliche Tätigkeit auf die Ausübung der Psychotherapie beschränken, eine Erlaubnis zur Ausübung der Heilkunde auf der Basis einer eingeschränkten Überprüfung. Dies gilt nach einer Entscheidung des Bundesverwaltungsgerichts auch für *Diplom-Pädagogen* (BVerwG, DÖV 1993, 568).

Das Bundesverwaltungsgericht hat auch angedeutet, wie die Gesundheitsbehörde zu einer Entscheidung zu kommen hat. Die Überprüfung nach dem Heilpraktikergesetz sei keine formalisierte Prüfung im herkömmlichen Sinne. Vielmehr liege es im pflichtgemäßen Ermessen der Behörde, wie sie die Überprüfung gestalte. Die Behörde prüft, ob nicht bereits aufgrund der Aktenlage, aufgrund der vorgelegten Zeugnisse und sonstiger Nachweise über absolvierte Studiengänge und Zusatzausbildungen die Erlaubnis erteilt werden kann. Wenn nicht, muss die Behörde weiter ermitteln. Aus einer Entscheidung des Verwaltungsgerichtshofes München geht hervor, dass der Nachweis der relevanten Kenntnisse prinzipiell auf öffentlich-rechtlicher Grundlage zu erbringen ist, was besagt, dass die Kenntnisse, die in einer öffentlichen Hochschule oder einer staatlich anerkannten Ausbildungsstätte erworben werden, höherwertig sind, da private Ausbildungen nicht in dem gleichem Maße eine Garantie für eine sachgemäße Ausbildung bieten.

»Der Erwerb der Kenntnisse und ihr Nachweis dürfen im Interesse des Schutzes der Volksgesundheit nicht in die Hand privater Einrichtungen gleiten, deren Ausbildungs- und Prüfungsqualität nicht überwacht werden und die angesichts unterschiedlicher Lehrmeinungen bei den verschiedenen privaten Bildungseinrichtungen kein einheitliches Grundwissen vermitteln« (VGH München, NJW 1988, 2967).

In einigen Bundesländern reicht allein die Vorlage der Diplome oder es wird zusätzlich der Nachweis von Studienleistungen im Bereich der klinischen Psychologie verlangt (Enders/Heekerens 1994).

## VII  FACHLICHE UND METHODISCHE STANDARDS DER BERATUNG

Bei den Anstrengungen um die Entwicklung und Gewährleistung fachlicher und methodischer Standards in der Beratung ist zu bedenken, dass die Qualität in einem höchst komplexen Bedingungsgefüge gesichert werden muss. Anders als in einem Prozess der industriellen Produktion sind die Bedingungen der Beratung, vor allen Dingen der Faktor »Subjektivität«, nicht so ohne weiteres kalkulierbar und planbar. Darüber hinaus ist zu berücksichtigen, dass Beratung in fast allen Berufsfeldern der sozialen Arbeit eine wichtige Rolle spielt. Sie ist zuständig für sehr unterschiedliche ökonomische, gesellschaftliche und soziale Probleme sowie für individuelle, krisenhafte Entwicklungen. Das macht die Sache mit der Entwicklung und Sicherung der Beratungsqualität nicht einfacher.

> Im Hinblick auf die Entwicklung, Sicherung und Überprüfung der Qualität macht es einen Unterschied, ob es sich um eine vorwiegend rechtliche oder sonstwie fachbezogene oder aber um eine eher psycho-soziale Beratung handelt.

## 1 Fachberatung

Vorweg: Die Differenzierung der je unterschiedlichen Beratungsformen bedeutet nun nicht, dass bei einer Fachberatung nur die spezifischen fachlichen Aspekte dominieren sollten. Eine derartige Reduktion entspricht keineswegs den Anforderungen an qualifizierte Beratung. Machen wir es an der Rechtsberatung nach § 14 SGB I deutlich. Diese Vorschrift regelt im Einzelnen nicht die Art und Weise der Beratung; sie ist im Gesetz nicht festgelegt. Insoweit hat der Sozialleistungsträger einen gewissen Ermessensspielraum. Es ist aber anerkannt, dass bei unerfahrenen Bürgern die Beratung ausführlich und gründlich erfolgen muss. Oft muss der Berater erst einmal das wirkliche Begehren des Ratsuchenden herausarbeiten und feststellen, welches Ziel der Betroffene vernünftigerweise anstreben muss, damit sein Begehren weitgehend realisiert werden kann. Der Bedienstete muss sich daher einer einfachen, klaren und eindeutigen Sprache bedienen, die auf die individuelle Auffassungsgabe des Ratsuchenden Rücksicht nimmt (Grüner/Dalichau 1995, § 14 SGB I, 18).

Die Grenzen des Ermessens können aber noch präziser bestimmt werden. Es ist darauf zu achten, dass das Ziel der Beratung weitestgehend realisiert wird. An dieser Funktion der Beratung haben sich alle fachlichen und methodischen Standards auszurichten. Dem Ratsuchenden sind seine Rechte und Pflichten nach dem Sozialgesetzbuch individuell, konkret und detailliert zu erklären (Maas 1998). Kriterium ist das objektiv vorhandene, individuelle Beratungsbedürfnis des Ratsuchenden. Es müssen alle Aspekte des Einzelfalles und der soziale Hintergrund beleuchtet werden.

Die kommentierende Literatur sowie die Rechtsprechung haben somit konkretisiert und entschieden, dass über die »nur« rechtliche Beratung hinaus die Berater auch individuelle, subjektive Faktoren der Ratsuchenden zu berücksichtigen haben, wenn man will, ganzheitlich beraten müssen.[1] Selbst bei den klassisch beratenden Berufen hat sich diese Erkenntnis durchgesetzt. Ein Arzt, der nicht in der Lage ist, bei bestimmten Erkrankungen die subjektiven Selbstheilungspotentiale, das familiäre und soziale Umfeld des Patienten für das Gelingen des Heilungsprozess einzubeziehen, verfehlt seinen Auftrag.

*Bei fachbezogener Beratung ist es selbstverständlich unerlässlich, dass Berater die entsprechenden fachlichen Kompetenzen besitzen und sich jeweils auf dem neuesten wissenschaftlichen Kenntnisstand befinden müssen.* Für die rechtliche Beratung bedeutet dies, dass die Beraterin die einschlägigen gesetzlichen Vorschriften kennen muss und die anerkannten Methoden der Umsetzung von Rechtsnormen zu handhaben weiß. Mängel in der Beratung, die durch fehlendes Wissen der Berater entstehen, können haftungsrechtliche Konsequenzen nach sich ziehen.

## 2 Psycho-soziale Beratung: Fachliche Standards im KJHG

Die Möglichkeiten, sich in Konfliktsituationen beraten zu lassen, sind vielfältig. Ein entsprechender Rechtsanspruch sagt allerdings für sich genommen wenig darüber aus, mit welchen professionellen Standards und mit welcher Zielsetzung Beratungen durchgeführt werden müssen. Wird beispielsweise der Anspruch auf Beratung auch dann erfüllt, wenn völlig inkompetente Berater die Ratsuchenden mit Floskeln wie »Kopf hoch, es wird schon werden«, »Die Zeit heilt alle Wunden« in Erstaunen versetzen? Zur Lösung dieser Frage kommt es darauf an, ob sich aus den Normen und gesetzlichen

---

[1] Angesichts der schnell einsetzenden Verantwortung der sozialen Arbeit für viele Berufs- und Problemfelder, aber auch im Bemühen um fachliche Profilierung wurde eine Perspektive immer deutlicher herausgearbeitet: Die ganzheitliche Betrachtung des Menschen sowie des Individuums in seiner Umwelt. Beratung muss den Menschen ganzheitlich sehen, weil Problemstellungen in aller Regel komplexen Ursprungs sind. Das Ganzheitlichkeitsparadigma darf allerdings nicht mit Allzuständigkeit oder Alleinkompetenz verwechselt werden.

## 2 Psycho-soziale Beratung: Fachliche Standards im KJHG

Vorschriften, die Beratung zum Gegenstand haben, auch Aussagen darüber treffen lassen, mit welcher fachlichen Qualität Beratung stattzufinden hat. Die Qualitätsanforderungen in der psycho-sozialen und psychologischen Beratung, wie beispielsweise nach dem Kinder- und Jugendhilfegesetz oder dem Schwangerschaftskonfliktgesetz, sind gegenüber der vorwiegend fachlichen Beratung nur schwer präzise zu fassen. Ein rechtlicher Rat ist im Gegensatz zu einer beratenden Begleitung in einer familiären Krise eher als richtig oder falsch zu klassifizieren.

Der Begriff Beratung ist nicht so konturierbar wie die Höhe finanzieller Leistungen an einen Leistungsberechtigten (Maas 1998). Wenn ein Leistungsbescheid fehlerhaft ist, kann er gerichtlich überprüft werden. Was dagegen eine »gute fachliche« Beratung ist, kann ja durchaus unterschiedlich interpretiert werden. »In der Beratung ist es, ähnlich wie im Bereich der Psychotherapie und der Psychiatrie, nicht möglich, explizite, allgemein gültige Kriterien zu formulieren, da hier subjektive Bedeutungsgehalte und Perspektiven eine gewichtige Rolle spielen. Was Erfolg verspricht, beruht bei diesen Formen der Dienstleistungen auf sehr individuellen, zwischen den Beteiligten immer wieder neu abzuklärenden Erwartungen und Anforderungen und ist dementsprechend schwer normierbar« (Lenz/Gmür 1996, 52, 54). Diese »Relativität des Qualitätsbegriffs« (Wabnitz 1999; vgl. auch Merchel 2002) erschwert eine allgemeingültige Definition der Qualität der Beratung, aber auch anderer Jugendhilfeleistungen.

Es fragt sich dennoch, ob sich aus den Gesetzen, die sich mit Beratung befassen, Vorgaben für die fachliche Qualität der Beratung ergeben. Zu denken ist vor allem an das Kinder- und Jugendhilfegesetz.

### 2.1 Die Zielsetzung des KJHG

Vergegenwärtigt man sich die vom KJHG vorgegebene allgemeine Zielsetzung, dann wird deutlich, dass die psycho-soziale Beratung nur von Fachkräften durchgeführt werden sollte. Schlagwortartig seien die fachlichen Standards der modernen Jugendhilfe benannt:
- Lebensweltorientierung;
- Prävention, Partizipation;[1]
- Ganzheitlichkeit;
- Bürgernähe (Dezentralisierung und Regionalisierung);
- Alltagsorientierung.

---

[1] Jugendhilfe soll präventiv wirksam werden und lebenswerte, stabile Verhältnisse garantieren, damit es erst gar nicht zu Krisen und Konflikten kommt. Hierzu zählt auch, dass das KJHG den Gedanken der Partizipation der betroffenen Kinder, Jugendlichen und der Personensorgeberechtigten u.a. durch die §§ 5, 8, 36 KJHG in den Vordergrund gerückt hat.

Im 11. Kinder- und Jugendbericht wird dies folgendermaßen formuliert: »Im Zuge des Wachstums der Kinder- und Jugendhilfe und ihres organisatorischen Auf- und Ausbaus haben sich aus der Sicht der Kommission drei Orientierungspunkte herausgebildet, die sich heute als fachliche Eckwerte einer modernen Kinder- und Jugendhilfe markieren lassen: Lebensweltorientierung, Dienstleistungsorientierung und Professionalität« (BMFSFJ 2002, 63).

Das KJHG hat insoweit einen Perspektivenwechsel vollzogen. Die grundlegenden inhaltlichen Vorgaben an die Jugendhilfe haben sich in den vergangenen Jahrzehnten erheblich verändert. Bereits unter Geltung des Jugendwohlfahrtsgesetzes und verstärkt im KJHG hat sich ein Wandel des Jugendamtes von einer hoheitlich eingreifenden Behörde zu einer eher dienstleistenden Institution vollzogen. Dieser Transformationsprozess geht einher mit der Verwissenschaftlichung, Professionalisierung und Verrechtlichung der Arbeit in der Jugendhilfe. Diese Entwicklung hat gleichsam mittelbar auf das Problem der Fachkräfte eingewirkt. Die Aufgabenstellungen in der Jugendhilfe sind so komplex und vielfältig geworden, dass in weiten Bereichen »Laien« nicht mehr in der Lage sind, sie adäquat zu erfüllen.

Die neue Sicht der Jugendhilfe, die nicht mehr Ausfallbürge sein, sondern aktiv die Lebenslagen der Kinder, Jugendlichen und deren Familien verbessern soll, die sich parteilich und offensiv nach den Vorstellungen des Gesetzgebers einzumischen hat, verträgt sich nur schwer mit einem »technokratischen Konzept zur Erfüllung primär fiskalisch begründeter politischer Vorgaben« (Bürger 1995, 447, 452; vgl. auch Pettinger 1998).

In diesem Kontext hat sich nun auch entscheidend die Methode der Beratung geändert. *Das hierarchische Experten-Klienten-Machtgefälle wurde durch kommunikative Strukturen ersetzt.*
»Mit dem Prinzip der Kommunikation ändern sich der Stellenwert des fachlichen Handelns und die Position der Professionellen in der Jugendhilfe grundlegend: Diese müssen ihre Haltung der Überlegenheit aufgeben und zurücknehmen in eine Haltung der Bereitstellung von Wissen. Das Prinzip der Kommunikation ist der Grundzug eines Gesetzes, das den Forderungen nach der Modernisierung der Sozialen Arbeit Rechnung trägt und die traditionelle Hierarchie von Berater und Klient aufbricht« (Kurz-Adam 1998, 426, 431 f.).

Diese sozialpädagogischen und beraterischen Handlungsmaximen, die ja keineswegs bei allen Trägern und bei jeder Fachkraft präsent sind, sollen durch Fortbildung und Praxisberatung der Mitarbeiter der Jugendämter und der Landesjugendämter sichergestellt werden, § 72 Abs. 3 KJHG. Dies korrespondiert mit dem gesetzlichen Auftrag der Förderung anerkannter Träger der Jugendhilfe, die Mittel zur Fortbildung der haupt-, neben- und ehrenamtlichen Mitarbeiter einschließen soll, § 74 Abs. 6 KJHG.

## 2.2 Die fachlichen Standards

Für den Bereich der psycho-sozialen Beratung können – abgeleitet aus den Vorgaben und Perspektiven des KJHG – die fachlichen Standards der Beratung präziser benannt werden (Specht 1993). Die Fachlichkeit in der Beratung umfasst zwei Faktoren: Einerseits die *institutionellen Bedingungen* der Beratungsstellen (vgl. im Einzelnen Landesjugendamt Hessen 1997) und andererseits die *fachlichen Kompetenzen* der einzelnen Berater. Zu den fachlichen Kompetenzen zählen:

- umfassende fachliche Kenntnisse allgemeiner Art (Psychologie, Pädagogik, Ökonomie, Recht) sowie fachliches Spezialwissen (z.B. in der Schuldnerberatung);
- handlungsbezogenes Interventionswissen (Methoden, Verfahren);
- ein wissenschaftlich fundiertes Konzept im Hinblick auf dialogisch gestaltete Verstehens- und Veränderungsprozesse (im Detail Straumann 2001);
- kommunikative Fähigkeiten;
- analytische Kompetenz;
- Respektierung der Autonomie der Ratsuchenden;
- die Fähigkeit, mit Fachkräften verschiedener Fachrichtungen kooperieren zu können, § 72 Abs. 1 KJHG; diese gesetzliche Forderung an die Fachkräfte beinhaltet auch das Wissen um die Grenzen der eigenen Kompetenzen und entsprechende Konsultationspflichten;
- die Fähigkeit, die Praxis zu dokumentieren und zu evaluieren (Straumann 1996);
- Fähigkeit zur Selbsterfahrung und Selbstreflexion;
- die Beachtung berufsethischer Prinzipien, insbesondere des Schutzes der Vertraulichkeit. Das Kinder- und Jugendhilfegesetz hat in seinen datenschutzrechtlichen Regelungen für die Beratung neue Maßstäbe gesetzt. Es unterwirft in § 65 KJHG die Sozialdaten, die dem Mitarbeiter eines Trägers der öffentlichen Jugendhilfe zum Zwecke persönlicher und erzieherischer Hilfen anvertraut sind, einem besonderen Schutz.[1]

Das Bundesverfassungsgericht hat 1993 im Rahmen seines Urteils zum Schwangerschaftsabbruch zur Qualität der Beratung Stellung genommen. Nach Ansicht des Gerichts soll Beratung ergebnisoffen[2] und zielorientiert ge-

---

[1] In der »Charter for Ethical Practice« der »European Association for Counselling« wird ebenfalls der Gedanke der Vertraulichkeit des Beratungsprozesses betont: »CONFIDENTIALITY respects personal information disclosed within a relationship of trust and protects that information from inappropriate disclosure to others« (EAC 1998, 253; vgl. auch Europarat 1998).

[2] Freilich sind dem Prinzip der Ergebnisoffenheit Grenzen gesetzt. Bei einer drohenden Kindeswohlgefährdung ist die beratende Fachkraft gegebenenfalls gehalten, gegen den Willen der Ratsuchenden juristische Schritte einzuleiten.

führt werden, ermutigen und nicht einschüchtern, Verständnis wecken und nicht belehren. Sie darf nicht manipulieren und indoktrinieren. Dies alles »stellt hohe Anforderungen an die inhaltliche Ausgestaltung der Beratung und an die Personen, die sie durchführen« (BVerfGE 88, 203, 283).

Das Bundesverfassungsgericht ergänzte:
»Jede Beratung muss daher darauf angelegt sein, ein Gespräch zu führen und dabei die Methoden einer Konfliktberatung anzuwenden. Dies setzt (...) voraus, dass die Beratenden über entsprechende Fähigkeiten verfügen und jeder einzelnen Frau hinreichend Zeit widmen können« (BVerfGE 88, 203, 284).

Insgesamt sind diese Anforderungen an die Qualität der Beratung keineswegs überzogen, sondern finden sich in den unterschiedlichsten Empfehlungen von Fachgremien und auch in Gerichtsurteilen wieder.

### 2.3 Forderungen

So verlangt die Bundesarbeitsgemeinschaft der Landesjugendämter (BAG LJÄ): »Die Dynamik der Angebotspalette erfordert eine erhöhte Flexibilität und breitere Einsatzfähigkeit seitens des Personals. Technikunterstützte Formen der Information, Kommunikation und Dokumentation werden im Arbeitsalltag des Jugendamtes noch erheblich wichtiger werden und damit auch entsprechende Fähigkeiten zum Umgang damit. Das erforderliche hohe Problemlösungspotential des Jugendamtes ist durch ein entsprechendes Qualifikationsniveau des Personals und durch ein intensiviertes Fortbildungsprogramm zu fundieren. Dem Zuwachs an Entscheidungskompetenz muss durch personale Qualifikation entsprochen werden. Für die zunehmend auch im Jugendamt anfallenden Managementaufgaben bedarf es entsprechender Befähigung und qualifizierter Begleitung« (BAG LJÄ 1996, 27).

Als beraterische Qualifikation fordert die BAG LJÄ die Kompetenz, den Betroffenen ihre eigenen Fähigkeiten bewusst zu machen und sie zu motivieren, diese einzusetzen. Bezogen auf die Gestaltung von Situationen und Strukturen, die entsprechende Lern- und Entwicklungsmöglichkeiten oder Entlastungen für die Betroffenen bieten, geht es auch um praktische Handlungskompetenzen der Fachkräfte. Die Handlungskompetenz basiert auf umfassenden fachlichen Kenntnissen einschließlich entsprechender Rechts- und Verwaltungskenntnisse und schließt die Fähigkeit ein, auf problemverursachende Strukturen einwirken und sie verändern bzw. zu ihrer Veränderung beitragen zu können (BAG LJÄ 1996, 9).

Die BAG LJÄ präzisiert auch für einzelne Beratungsarten die erforderlichen Kompetenzen.

## 2 Psycho-soziale Beratung: Fachliche Standards im KJHG

- Für die Beratung in Fragen der Partnerschaft, Trennung und Scheidung nach § 17 KJHG sind neben allgemeinen Kompetenzen zur Beratung und Gesprächsführung spezifische Fähigkeiten im Bereich der Konfliktvermittlung und gegebenenfalls auch therapeutische Kompetenzen erforderlich. Für die unmittelbare Beratungstätigkeit ist der Nachweis einer entsprechenden methodischen Qualifikation (z.b. Mediation, Familienberatung) erforderlich.

- Für die Erziehungsberatung nach § 28 KJHG wird gefordert:
»Die Fachkräfte müssen über entsprechende spezielle Kenntnisse pädagogisch-therapeutischer, sozialpädagogischer sowie heilpädagogischer Methoden und Ansätze verfügen. Des Weiteren bedarf es der Fähigkeit, psychologische und soziale Probleme zu erkennen, entsprechende Hilfen zu erschließen und mit Einzelnen, Gruppen sowie erweiterten sozialen Systemen zu arbeiten. Die Fachkompetenz zur Durchführung konfliktorientierter Beratungsgespräche ist ebenso erforderlich wie die Fähigkeit zur Selbstreflexion und Kooperation, um in einem multidisziplinären Team mitzuarbeiten« (BAG LJÄ 1996, 17).

Die Deutsche Arbeitsgemeinschaft für Jugend- und Eheberatung e.V. und die Katholische Bundesarbeitsgemeinschaft für Beratung haben im Jahre 2001 Regeln fachlichen Könnens für die institutionelle Beratung vorgelegt.

Die Arbeitsgemeinschaften fordern zunächst Regeln für die *Personenkompetenz*. Hierzu ist personale Offenheit, reflektiertes Engagement der Arbeit und sich selbst gegenüber sowie ethisches Handeln erforderlich und die Fähigkeit, Beziehungen erhalten zu können, ohne zu ermüden und zu begrenzen.

Die Regeln für die *Fachkompetenz* verlangen von den Beraterinnen reflektiertes Wissen, Methodenerfahrung, die Berücksichtigung der Rahmenbedingungen, präventive Arbeit sowie Kooperationskompetenz (DAJEB & BAG 2001).

Aber auch die Gerichte haben zur Qualität der Beratung Stellung genommen. In einem Verfahren vor dem LAG Köln, in dem es um die Höhergruppierung eines Amtspflegers/Amtsvormundes ging, hat das Gericht sich zur Qualität der Beratung in der sozialen Arbeit geäußert. Der Amtspfleger/Amtsvormund sei höher einzugruppieren, u.a. deswegen, weil er gründliche, umfassende Fachkenntnisse bei Beratung und Betreuung von Einzelvormündern und -pflegern benötige.

»Anders als eine Privatperson für sich selbst darf der Kl. sich dabei keine Nachlässigkeiten und Lücken leisten, muss also im gesamten rechtlichen Rahmen solchen Handelns, der (...) eine Vielzahl von Rechtsgebieten überspannt – jederzeit einsetzbar – sein Wissen und Können parat haben. Anders als bei zahlreichen Verwaltungstätigkeiten des gehobenen Dienstes reicht dieses rechtliche Fachwissen jedoch nicht zur ordnungsgemäßen Erledigung

der Aufgaben des Kl. aus. (...) Er muss mit großem menschlichem Einfühlungsvermögen handeln. Beides setzt ein außergewöhnliches Erfahrungswissen voraus« (LAG Köln, ZfJ 1993, 50, 55).
Die besondere Klientel – nämlich Geisteskranke, Suizidgefährdete und Drogenabhängige – setzt ein spezielles, besonders komplexes Erfahrungswissen im Umgang mit solchen gefährdeten Personen voraus. Notwendig ist ein umfassendes Eingehen auf alle Anforderungen sachlicher und emotionaler Art (vgl. auch LAG Saarland, ZfJ 1997, 16).
Legt man insgesamt diese fachlichen Standards für die soziale Arbeit, insbesondere für die Beratung zugrunde, dann ist es eindeutig, dass eine Beratung nur durch speziell geschulte, professionelle Fachkräfte durchgeführt werden darf, um das verfassungsrechtlich verbürgte Sozialstaatsprinzip zu gewährleisten. Die Beratung in der sozialen Arbeit erfordert aus all diesen Gründen ein spezifisches Qualifikationsprofil (Straumann 1994).

## 3 Die Entwicklung und Sicherung der Qualität in der Beratung

Wenn es richtig ist, dass für die Beratung ein *allgemein anerkanntes Verständnis der Qualität* bzw. ihrer maßgeblichen Faktoren noch nicht vorhanden, sondern erst im Entstehen begriffen ist (vgl. allgemein für die soziale Arbeit Jordan 2001; Münder 2001; Merchel 2002), dann kommt der Qualitätsentwicklung in der Beratung eine nicht zu unterschätzende Bedeutung zu.

Die Qualität von Dienstleistungen, d.h. auch von Beratung, kann im Wesentlichen durch folgende Faktoren beeinflusst bzw. gesteuert werden:
- durch die Konkurrenz verschiedener Beratungsangebote – z.B. zwischen öffentlichen und privaten Leistungsträgern;
- durch die Auswahl des Personals;
- durch Qualitätsmanagement oder
- durch innerinstitutionelle bzw. gerichtliche Kontrollen.

### 3.1 Steuerung der Beratungsqualität durch Konkurrenz

Die Konkurrenz als Steuerungsmittel gewinnt im sozialen Sektor allmählich an Bedeutung. Erziehungshilfeträger konkurrieren um knapper werdende öffentliche Mittel, städtische Beratungsstellen sehen sich der Konkurrenz mit freigemeinnützigen Trägern ausgesetzt. Zugleich fördern Jugendämter gezielt den Wettbewerb zwischen unterschiedlichen Trägern. Allerdings befindet sich dies alles noch im Experimentierstadium (Schröder 1999), da das funktionierende Zusammenspiel zwischen öffentlichen und privaten Trägern, die finanzielle Verzahnung beider Systeme einen harten

Wettbewerb noch nicht zulässt. Im Übrigen wäre dies letztendlich auch nicht wünschenswert, da ernsthaft konkurrierende Systeme im Sozialsektor, die reine Marktregulierung, mit einer gewissen Wahrscheinlichkeit zulasten der Leistungsempfänger gehen würden.
Erste Erfahrungsberichte über »Partnerschaftliche Kooperation oder marktwirtschaftlichen Wettbewerb« in der Jugendhilfe lassen erkennen, dass eine allgemeine Wettbewerbseuphorie verfehlt ist. Vielmehr gibt es Klagen darüber, dass vernünftige Formen der Kooperation zwischen öffentlichen und privaten Trägern durch Wettbewerb zerstört werden und einige wenige große Träger das Jugendhilfeangebot dominieren, sodass kleinere Träger es schwer haben, auf dem Markt zu bestehen (Struck 2000).

## 3.2 Steuerung der Beratungsqualität durch Personalplanung

Die Durchsetzung von Fachlichkeit über die Personalplanung ist die wichtigste Form der Qualitätsentwicklung und -sicherung im privaten und öffentlichen Sektor. Professionelle Systeme rekrutieren ihre Fachkräfte in aller Regel nach einer entsprechenden Ausbildung. Die zweite juristische Staatsprüfung befähigt zum Richteramt und ermöglicht den Zugang zur Anwaltschaft, der Meisterbrief erlaubt die Ausübung eines Handwerks. Mediziner, Lehrer, Ingenieure, Architekten usw. müssen ihr Studium erfolgreich abgeschlossen haben, um in ihren Berufen arbeiten zu dürfen. Auf diese Art und Weise wird die Fachlichkeit garantiert.
Wie sieht es damit auf dem Gebiet der Jugend- und Sozialhilfe, insbesondere bei den beratenden Tätigkeiten aus? Das KJHG sowie das BSHG verhalten sich zu diesem Problem – vornehmlich aus Kostengründen[1] – ziemlich indifferent.

---

[1] In einem Bericht der KGSt vom Februar 1996 über die integrierte Fach- und Ressourcenplanung in der Jugendhilfe wird recht unverblümt der Kosteneinspareffekt der Budgetierung hervorgehoben. Sie dürfe zwar nicht dazu führen, dass »eine geeignete und notwendige Hilfe, auf die ein Rechtsanspruch besteht, eingeschränkt wird« (KGSt 1996, 16). Aber die Jugendhilfe dürfe keine neuen Bedürfnisse wecken.
»Konkret bedeutet dies, dass z.B. die öffentlichkeitswirksame Eröffnung einer neuen Erziehungsberatungsstelle nicht nur einen bisher artikulierten Bedarf deckt, sondern neue Wünsche und Bedürfnisse weckt« (KGSt 1996, 17).
Das bedeutet: Jugendhilfe soll sich nicht öffentlich einmischen, sondern möglichst im stillen Kämmerchen wirken. In diesem Bericht wird auch hervorgehoben, dass es keinen nur quantitativ zu bestimmenden Bedarf an bestimmten Leistungen gibt, »sondern dass dieser Bedarf selbst wiederum abhängig ist z.B. vom Selbsthilfepotential der Betroffenen und ihres Umfeldes« (KGSt 1996, 18), ein Plädoyer für vermehrte ehrenamtliche Tätigkeit und Selbsthilfe zur Lösung der sozialen Probleme.

Die zentrale Vorschrift des § 72 KJHG lautet in seinen entscheidenden Passagen:[1]

> **§ 72 KJHG Mitarbeiter, Fortbildung**
> (1) Die Träger der öffentlichen Jugendhilfe sollen bei den Jugendämtern und Landesjugendämtern hauptberuflich nur Personen beschäftigen, die sich für die jeweilige Aufgabe nach ihrer Persönlichkeit eignen und eine dieser Aufgabe entsprechende Ausbildung erhalten haben (Fachkräfte) oder aufgrund besonderer Erfahrungen in der sozialen Arbeit in der Lage sind, die Aufgaben zu erfüllen. Soweit die jeweilige Aufgabe dies erfordert, sind mit ihrer Wahrnehmung nur Fachkräfte oder Fachkräfte mit entsprechender Zusatzausbildung zu betrauen. Fachkräfte verschiedener Fachrichtungen sollen zusammenwirken, soweit die jeweilige Aufgabe dies erfordert.
> (2) Leitende Funktionen des Jugendamtes oder des Landesjugendamtes sollen in der Regel nur Fachkräften übertragen werden.

§ 102 BSHG enthält eine fast inhaltsgleiche Vorschrift für den Bereich der Sozialhilfe.

> **§ 102 BSHG Fachkräfte**
> (1) Bei der Durchführung dieses Gesetzes sollen Personen beschäftigt werden, die sich hierfür nach ihrer Persönlichkeit eignen und in der Regel entweder eine ihren Aufgaben entsprechende Ausbildung erhalten haben oder besondere Erfahrungen im Sozialwesen besitzen.

Was bedeuten diese Normen für die Fachlichkeit in der Jugendhilfe und der Sozialhilfe und somit auch für die Qualität der Beratung in der sozialen Arbeit? Beide Vorschriften regeln Grundsätze der Qualifikation von *hauptamtlichen* Mitarbeiterinnen in der Jugend- und Sozialhilfe. Die Rahmenbedingungen für die Beschäftigung ehrenamtlicher Mitarbeiter in der Jugendhilfe finden sich dagegen in § 73 KJHG.

---

[1] Neben § 72 KJHG ist noch in § 22 Abs. 3 KJHG im Zusammenhang mit den Grundsätzen der Förderung von Kindern in Tageseinrichtungen von in den Einrichtungen tätigen Fachkräften und anderen Mitarbeitern die Rede, während § 79 Abs. 3 KJHG vorsieht, dass die Träger der öffentlichen Jugendhilfe für eine ausreichende Ausstattung der Jugendämter und der Landesjugendämter zu sorgen haben. Hierzu gehört auch eine dem Bedarf entsprechende Zahl von Fachkräften.

§ 72 KJHG unterscheidet drei Regelungsbereiche:
- Zunächst sollen nach § 72 Abs. 1 Satz 1 KJHG hauptberuflich nur Fachkräfte oder Personen mit besonderen Erfahrungen in der sozialen Arbeit beschäftigt werden.
- § 72 Abs. 1 Satz 2 KJHG verschärft die Anforderungen. Falls es die jeweilige Aufgabe erfordert, sind zwingend Fachkräfte zu beschäftigen.
- Nach § 72 Abs. 2 KJHG dürfen leitende Funktionen in der Regel nur Fachkräften übertragen werden.
- Welche Rechtsqualität die §§ 72 KJHG und 102 BSHG besitzen, ist umstritten.[1]

§ 72 Abs. 1 Nr. 1 KJHG sowie § 102 Abs. 1 BSHG sind nicht nur programmatische Soll-Vorschriften, die keine strengen Bindungswirkungen entfalten (so aber Schellhorn/Schellhorn 2002, Anm. 7 zu § 102 BSHG sowie Schellhorn/Fischer 2000, Anm. 8 zu § 72 KJHG). Diese Auffassung hätte zur Folge, dass es fast völlig im Belieben des öffentlichen Trägers der Jugend- und Sozialhilfe stünde, in welcher Form er das Fachlichkeitsprinzip realisierte.

Juristisch gesichert ist dagegen, dass die Aufgaben der Jugendhilfe nicht nur irgendwie überhaupt erfüllt werden, sondern dies muss fachlich erfolgen. »Einsparungsbemühungen dürfen keine Rolle spielen und ziehen das Risiko einer Amtshaftung bei der Aufgabenerfüllung durch unqualifiziertes Personal nach sich« (Fieseler/Schleicher 2002, Anm. 3 zu § 72 KJHG).

Die Vorschriften sind aber auch keine Leistungsnormen mit Rechtswirkung nach außen (Wiesner u.a. 2000, Anm. 4 zu § 72 KJHG). Dies bedeutet: In der Jugend- und Sozialhilfe sollen Fachkräfte beschäftigt werden, ein betroffener Jugendlicher, seine Eltern oder Ratsuchende können es aber nicht erzwingen. Insofern bleibt die Personalhoheit der Träger der öffentlichen Jugendhilfe unangetastet.
Nach § 72 Abs. 1 Nr. 2 KJHG gelten besondere Anforderungen an die Beschäftigung von Fachkräften, falls es die *jeweilige Aufgabe* erfordert. Dies gilt für alle Kerngebiete der Jugendhilfe. Dazu zählen sämtliche allgemeinen und besonderen sozialen Dienste. Im ASD, in der Adoptionsvermittlung, den ambulanten oder stationären Erziehungshilfen dürfen Personen ohne eine entsprechende Ausbildung nicht beschäftigt werden. Es steht nicht im Ermessen des öffentlichen Trägers, ob er eine Fachkraft beschäftigen will (Münder u.a. 1998, Anm. 16 zu § 72 KJHG; Fieseler/Schleicher 2002, Anm. 9 zu § 72 KJHG). Darüber hinaus sieht § 72 Abs. 1 Nr. 2 KJHG vor, dass bestimmte Aufgaben

---

[1] § 72 KJHG verpflichtet zwar direkt nur die öffentlichen Träger. Über die inhaltlichen Voraussetzungen der Förderung der freien Jugendhilfe nach §§ 74 Abs. 1 Nr. 1 sowie 75 Abs. 1 Nr. 3 KJHG wirkt der Fachkräfteanspruch aber auch auf die Tätigkeit der freien Träger ein.

nur noch Fachkräften mit Zusatzausbildung übertragen werden dürfen. Hierzu gehört nun die Beratung in der Jugendhilfe. Es ist schlechterdings nicht vorstellbar, dass Erziehungs-, Trennungs- und Scheidungsberatung usw. ohne Zusatzqualifikationen adäquat durchgeführt werden können.

Trotz dieser gesetzlichen Anforderungen bleibt aber unklar, was eigentlich eine Fachkraft ist. Es existiert kein abschließend fixierter Kanon, wonach als Fachkraft nur Personen mit exakt vorgeschriebenen Ausbildungsgängen beschäftigt werden dürfen. Die Begründung zum Regierungsentwurf KJHG enthält einen Katalog derjenigen Berufsgruppen, die auf dem Gebiet der Jugendhilfe vorrangig beschäftigt werden sollen: Sozialarbeiterinnen, Sozialpädagogen, Erzieherinnen, Psychologinnen, Diplompädagoginnen, Sonderschulpädagogen, Psychagoginnen, Jugendpsychiater, Psychotherapeutinnen, Pädiater (BTDrucks 11/5948, 97). Er ist jedoch nicht abschließend zu verstehen. Daneben können Juristinnen, Soziologen und Politologinnen, Musiktherapeuten, Logopädinnen usw. beschäftigt werden (BAG LJÄ 1996; Münder u.a. 1998, Anm. 7 zu § 72 KJHG).

Wiesner hat darauf aufmerksam gemacht, dass im Hinblick auf die fachpolitischen Forderungen die Regelung des Qualifikationsprofils im KJHG unbefriedigend ist.»Sie kann angesichts gestiegener und weiter steigender Anforderungen an die Jugendhilfe allenfalls als Einstieg in eine Diskussion um die Sicherstellung nicht zu unterschreitender Standards und Qualitätsniveaus für alle Bereich der Jugendhilfe begriffen werden. (...) Die Offenheit der Regelung, die bereits den Wortlaut von § 102 BSHG kennzeichnet, dürfte vor allem auf den Einfluss der kommunalen Spitzenverbände zurückzuführen sein, die bei allzu strikten fachlichen Vorgaben ihre Personalhoheit und damit ein Element der kommunalen Selbstverwaltung gefährdet sehen« (Wiesner u.a. 2000, Anm. 2 zu § 72 KJHG).

Aus diesem Grunde hat der wissenschaftliche Beirat für Familienfragen beim Bundesministerium für Familie und Senioren 1993 die Forderung nach professioneller Ausbildung für BeraterInnen und eine entsprechende Qualitätssicherung der Beratungsprozesse erhoben. Der Beruf des Beraters sei zu professionalisieren, die Qualität seiner Arbeit zu sichern, indem Kriterien entwickelt werden, wer überhaupt in diesem Beruf arbeiten darf (BMFuS 1993, 9 f.).

Die *faktische* Durchsetzung fachlicher Standards ist letztendlich deswegen so eminent wichtig, weil sich aus § 72 KJHG und § 102 BSHG eben nicht zwingend herleiten lässt, dass eine spezifische Ausbildung für die Fachkräfte in der Jugend- und Sozialhilfe erforderlich ist. § 72 KJHG legt nicht fest, welche Qualifikation im konkreten Fall angemessen ist, für welche Aufgabe der öffentliche Träger welchen berufsqualifizierenden Abschluss als Einstellungsvoraussetzung fordern muss (Münder u.a. 1998, Anm. 10 zu § 72 KJHG). Dennoch ist es erstaunlich, dass in der sozialen Arbeit, besonders auch in der Beratung, die Anstellung von Fachkräften sowie das Qualifikationsprofil deutlich gestiegen sind. Der Akademisierungsgrad in den Beratungssystemen ist weit höher als in anderen Tätigkeitsfeldern der sozialen Arbeit. Dies ergab sich bereits 1990 aus einer statistischen Aufbereitung.

»In Beratungsstellen (zusammengefasst sind Erziehungs-, Jugend-, Familienberatung sowie Drogen- und Suchtberatung) sind 67,6% der Beschäftigten Hochschulabsolventen, in Jugendämtern 48,5%, in Verbandsgeschäftsstellen 43,5%, in der Jugendarbeit 37% und in der Fremdplazierung 20,7%« (BMJFFG 1990, 161).

Um die fachlichen Standards in der Beratung zu garantieren und zu erhöhen, kommt es daher darauf an, Maßstäbe für die Auswahl der Beraterinnen und Berater zu setzen, die tatsächlich nicht mehr unterschritten werden dürfen. In diesem Sinne hat die Bundesarbeitsgemeinschaft der Landesjugendämter 1996 das Fachkräftegebot des Kinder- und Jugendhilfegesetzes präzisiert.

Als Voraussetzungen für verantwortliche Tätigkeiten in der Jugendhilfe hat die BAG LJÄ folgende Anforderungen gestellt:
- kommunikative Fähigkeiten;
- analytische Kompetenz;
- konzeptionelle Kompetenz;
- grundlegende beraterische Fähigkeiten und praktische Handlungskompetenz;
- Fähigkeit zur Mitarbeit in der Jugendhilfeplanung;
- Kompetenzen im Bereich der Außendarstellung;
- Vertretung der Interessen von jungen Menschen und Eltern;
- Bereitschaft zur Fortbildung und Supervision
  (BAG LJÄ 1996, 8 ff.).

## 3.3  Steuerung durch Qualitätsentwicklung

Seit Beginn der 90er-Jahre wird über neue Steuerungsmodelle in der Verwaltung diskutiert und überlegt, wie derartige Reformansätze in der sozialen Arbeit umgesetzt werden können. In mehreren Veröffentlichungen der Kommunalen Gemeinschaftsstelle für Verwaltungsvereinfachung (KGSt) wird diese Problematik thematisiert. Das Erprobungsfeld soll nach den Vorstellungen der KGSt der Bereich Jugendhilfe sein (KGSt 1994, 7).

Begriffe, die bislang in der betriebswirtschaftlichen Diskussion dominierten, verdrängen das pädagogische Vokabular in der sozialen Arbeit. Controlling, outputorientierte Steuerung in der Jugendhilfe, Produkte, Kunden, Budgetierung, Qualitätskontrolle sind die neuen Zauberworte. Im Gegensatz zur Steuerung durch Personal, Finanzen, Räume (input) soll den Ämtern und Einrichtungen vorgegeben werden, welche Angebote (Produkte) zu erbringen sind. Das Produkt ist der Kernbegriff der neuen Steuerung.

Bezogen auf die Beratung im sozialen Bereich schlägt die KGSt u.a. folgende Produkte vor:
- Fallübergreifende Information/Beratung;
- allgemeine Beratung von Kindern, Jugendlichen und deren Familien;
- Partnerschafts-, Trennungs- und Scheidungsberatung im engeren Sinne;
- Erziehungsberatung im engeren Sinne nach § 28 KJHG ohne schriftlich fixierte Hilfeplanung nach § 36 KJHG;
- Erziehungsberatung im engeren Sinne mit schriftlich fixierter Hilfeplanung sowie
- sonstige Beratung (KGSt 1995 sowie KGSt 1996; zur Kritik an dieser Beschreibung des Produkts Beratung vgl. Müller 1996).

### Produkt Beratung?

»Am ›Produkt Beratung‹ spitzt sich der Gegensatz von ökonomischen Rationalitätskriterien und fachlichen/therapeutischen Qualitätsmerkmalen zu: Was ist das Produkt in der Erziehungs- und Familienberatung? Wird Zufriedenheit von Ratsuchenden produziert oder Erziehungsfähigkeit von Eltern?« (Menne 1996, 7, 8)

Kritiker sind der Auffassung, dass mit dem »Produkt Beratung« schlicht Etikettenschwindel betrieben wird. »Es wird Steuerung von Output, vom Ergebnis her gesagt, aber für die Ergebnisse von Beratung interessiert sich kein Schwein. Was interessiert, ist, ob der Input klein genug bleibt, kalkuliert werden und wenn möglich heruntergefahren werden kann« (Müller 1996, 35, 37).

Wie immer man das Produkt Beratung definieren will (im Einzelnen Finis Siegler 1997), bedarf es jedenfalls geeigneter Qualitätskriterien (Lenz/Gmür 1996). Ziel jeder Produktentwicklung ist auch die *Qualitätssicherung*, das Angebot quantitativ angemessen und qualitativ hochwertig den Bedürfnissen der »Kunden« anzupassen.

Für die Beratung im psycho-sozialen Bereich ergeben sich nun einige spezifische Schwierigkeiten. Jeder Beratungsprozess ist – anders als im Bereich der materiellen Produktion – auf die Koproduktion der Beratenden angewiesen (Müller 1996, Frenzke-Kulbach/Kulbach 1998). Darüber hinaus können die Vorstellungen über das, was den Beratungserfolg ausmacht, zwischen den Trägern der Beratungseinrichtungen, den Ratgebern sowie den »Kunden« recht unterschiedlich sein.

Ein weiterer wichtiger Einwand gegen die Produktdefinierung ist das Problem der Messbarkeit. In der Jugendhilfe (KGSt 1994, 31) wird die Produkteinheit überwiegend in »Dauer einer Dienstleistung in Stunden« und oder in »Zahl der bearbeiteten Fälle« beschrieben. Für die offene Kinder- und Jugendarbeit werden meist Öffnungszeiten, Zahl der Besucher, Raumangebot, Personalangebot in Stunden, Zielgruppen, pädagogische Betreuung von Angeboten in Stunden pro Jahr herangezogen (KGSt 1994, 46).

Die KGSt räumt denn auch ein, dass die Zielbestimmung der Produkte in der Jugendhilfe schwierig ist. Sie ist in der Jugendhilfe nur begrenzt möglich (KGSt 1994, 30). Eine derartige Quantifizierung – bleiben wir bei der Beratung – kann sehr schnell dazu führen, dass nicht mehr nach den Anforderungen des Einzelfalles beraten, sondern schematisch vorgegangen wird. Es kann – gemessen an dem Zeitaufwand – nicht festgestellt werden, ob eine Beratung völlig nutzlos ist oder aber aufgrund der spezifischen, schwierigen familiären Konstellation nur ein mit erheblichem Zeitaufwand verbundenes Beratungsangebot zum Erfolg verhilft.

### Überprüfung durch Selbstevaluation

Allerdings werden die Jugendhilfe und die beratenden Systeme unter professionellen Gesichtspunkten schon in ihrem Eigeninteresse eine Qualitätsbemessung und Qualitätssicherung der Arbeit unterstützen müssen.

Der Widerspruch zwischen der Notwendigkeit von Messbarkeit einerseits und den Grenzen der Messbarkeit von Qualität in der Beratung andererseits ist augenscheinlich und zurzeit schwer lösbar.
»Es ist einerseits nicht legitim, sich der Qualitätsdebatte mit dem Hinweis auf Grenzen der Messbarkeit sozialpädagogischen Handelns zu verweigern oder die Herausforderungen der neueren Qualitätsdebatte dadurch zu unterlaufen, dass man mit dem Hinweis auf mangelnde Messbarkeit sich nicht einmal der Mühe unterzieht, Kriterien für gute Arbeit transparent zu benennen und intersubjektiv bewertbar zu machen. Andererseits wäre es aber auch verfehlt, unreflektiert messbare Kennzahlen zu verwenden und zu glauben, man habe damit bereits alle zentralen Elemente von Qualität erfasst« (Merchel 2002, 126, 129; vgl. auch Menne 1998; Merchel 2000 sowie Klann 2002).

Überprüfbare Standards in der Beratung können jedoch dazu beitragen,
- das Selbstverständnis der Profession klarer zu bestimmen und sich gegenüber anderen Professionen selbstbewusster abzugrenzen;
- ihre politischen und finanziellen Spielräume zu sichern und
- ihre Wirksamkeit fall- und problemadäquat zu erhöhen sowie
- die Profession in ihrer Weiterentwicklung zu unterstützen.

Die entscheidende Frage ist, wer besitzt die Definitionsmacht über die Kriterien der Messbarkeit (Stähr/Hilke 1999). Hier besteht ein großer Bedarf an fachlichen Auseinandersetzungen. Statt abstrakter Messbarkeitsziffern verdinglichter Produkte (Olk 1996) bietet sich ein anderes Konzept, auf der Basis von Wirksamkeitsanalysen und Qualitätssicherung – unter Berücksichtigung der Erfahrungen und Beurteilungen der Klientel – durch die Fachkraft selbst, an. Durch Dokumentation und Reflexion der Praxis auf der Grundlage wissenschaftlich fundierter Methoden wie der Selbstevaluation kann durchaus die Effektivität einer Jugendhilfeleistung, einer Beratung gemessen werden (Straumann 2001).

In einer großen Studie zur Ergebnisqualitätssicherung in der Beratung konnte nachgewiesen werden, dass die in der Beratung erzielten Effekte mit denjenigen vergleichbar sind, die in den freien Praxen der Psychotherapeuten erreicht werden (Klann 2002). Statt nach abstrakten Ziffern wird nach der Wirksamkeit für den Klienten gefragt (Ergebnisqualität). Jedenfalls muss in der Diskussion klar werden, dass die Qualitätskontrolle nicht ausschließlich den Betriebswirten überlassen bleiben bzw. mittels betriebswirtschaftlicher Kriterien gesichert werden darf.

Diese Art und Weise der Qualitätsentwicklung von Beratung wird auch durch eine 1999 in Kraft getretene Änderung des Kinder- und Jugendhilfegesetzes befördert. Es handelt sich um die Neuregelung der Entgeltfinanzierung in der Jugendhilfe. Die neu eingefügten §§ 78a ff. KJHG enthalten – im Wesentlichen für die stationären und teilstationären Hilfen zur Erziehung – Rahmenbedingungen über Leistungsangebote, Entgelte und Qualitätsentwicklung. § 78b KJHG ist die zentrale Vorschrift der Reform. Sie macht den Abschluss von Vereinbarungen über Leistung, Entgelt und Qualitätsentwicklung zur Voraussetzung für die Kostenübernahme im Einzelfall. Durch § 78b KJHG wird erstmals die Qualitätsentwicklung im Bereich der Jugendhilfe eingefordert (Wiesner 1999; Wabnitz 1999).

In der vom Bundestagsausschuss für Arbeit und Sozialordnung formulierten Gesetzesbegründung wird im Zusammenhang mit der Qualitätsentwicklung u.a. auch auf die systematische Dokumentation verwiesen.
»Die wesentlichen Instrumente der Entwicklung und Gewährleistung fachlicher Qualität sind Beratung und Anleitung, die regelmäßige Supervision und Fortbildung sowie eine systematische Dokumentation der Entwicklung des Kindes bzw. des Jugendlichen. Zu diesen Maßnahmen gehören auch geeignete Formen der Prüfung der Qualität (Struktur-, Prozess-, Ergebnisqualität). Es ist grundsätzlich Aufgabe der Einrichtungsträger, Maßnahmen zur (Weiter-)Entwicklung der Qualität durchzuführen« (BTDrucks 13/10330, 1 f.).

Zweifelsohne hat die Einführung dieser gesetzlichen Regelung deutliche Auswirkungen auf die Qualitätsdebatte in der sozialen Arbeit (Merchel 2002). Ob die Gesetzesnovelle ein großes fachliches Innovationspotential bietet, bleibt abzuwarten. Einige sehen bei der Implementation erhebliche Risiken. So sei es nicht auszuschließen, dass bei der Umsetzung des Gesetzes die technischen Aspekte der Qualitätsentwicklung überwiegen und daher die Gefahr drohe, hinter die Dienstleistungsdebatte zurückzufallen (Hansbauer 2000).

## 3.4 Steuerung durch Kontrolle

Jetzt könnte man einwenden, alles schön und gut, wie ist es aber, wenn die Beratung lausig, der Berater nicht ansatzweise die vorausgesetzten Kompetenzen und Fähigkeiten besitzt. Eine Kontrollmöglichkeit ist dann vorhanden, wenn der Berater offensichtlich die oben geschilderten Standards nicht erfüllt, die fachliche Kompetenz nicht besitzt oder gar missbraucht. In diesen Fällen kann es zu arbeitsrechtlichen oder dienstrechtlichen Konsequenzen kommen. Dies betrifft die behörden- bzw. trägerinterne Kontrolle.

Darüber hinaus kann die Schädigung des Beratenen durch die Verletzung der Grundsätze fachlichen Könnens Schadensersatzansprüche zur Folge haben (Fieseler/Schleicher 2002, Anm. 3 zu § 72 KJHG; vgl. auch Kap. VIII → S. 185). Bei gravierenden Verstößen gegen die fachlich anerkannten Sorgfaltspflichten kann es schließlich zu Strafverfahren kommen.

Unübersehbar ist inzwischen, dass die Diskussion um die Fachlichkeit, die Qualitätsentwicklung oder um die Standards in der Jugendhilfe von ganz erheblicher professions-politischer Bedeutung ist. Ausgangspunkt sind nicht nur die gleichsam internen Debatten um die Entwicklung und Sicherung der Qualität in der sozialen Arbeit, sondern externe Kontrollen sozialarbeiterischen Handelns durch die Justiz (Jordan 2001). Aufgrund der Strafverfahren gegen Sozialarbeiter, der Haftungsprozesse wegen falscher oder unvollständiger Beratung, kurzum: der rechtlichen Konsequenzen bei Verletzung professioneller Standards (Münder 2001; Trenczek 2002) stellt sich verschärft die Frage nach der sozialpädagogischen Fachlichkeit. Es wird davor gewarnt, die Definitionsmacht im Hinblick auf die Qualität der sozialen Arbeit anderen Systemen mit spezifischen anderen Handlungslogiken zu überlassen (Meysen 2001).

Gewiss wäre es äußerst fatal, wenn Juristen letztendlich über Details des sozialarbeiterischen Berufsalltags zu befinden hätten. Jedoch: Auch alle anderen professionellen Berufe, seien es Ärzte, Anwälte oder Handwerker sind bei erheblichem fachlichem Versagen dem Risiko rechtlicher Überprüfung ausgesetzt. Jede Sozialpädagogin, die beispielsweise selbst von einem ärztlichen Kunstfehler betroffen ist, wird die Schadensersatzpflicht des Arztes für selbstverständlich halten, ja sogar begrüßen. Warum sollte also in der sozialen Arbeit, in der Beratung etwas anderes gelten? Abgewendet werden kann dieses Haftungsrisiko, indem das System der sozialen Arbeit in verstärktem Maße Qualitätskriterien »produziert« und dafür Sorge getragen wird, dass sie von allen Fachkräften eingehalten werden.

## 3.5 Zusammenfassung

Die Qualitätsentwicklung in der sozialen Arbeit steht vor spezifischen Problemen. Gerade in der Beratung, aber auch in der therapeutischen Arbeit erscheint die Entwicklung allgemeiner Qualitätsstandards schwierig. Die Evaluation und Dokumentation der Praxis, Supervision und Fortbildung sind fachlich plausible und erprobte Instrumente, die dazu beitragen, Qualitätsentwicklung in der Beratung zu sichern.

Ein weiteres, wichtiges Instrument der Qualitätssicherung bleibt die Personalplanung. Die repressiven Mechanismen – wie trägerinterne Kontrollen, Schadensersatzverpflichtungen bei Falsch- und Fehlberatung, Disziplinar- und Kündigungsrechte sowie strafrechtliche Sanktionen – flankieren die anderen Steuerungsinstrumente.

## 4 Ehrenamtliche Tätigkeit und Beratung

In jüngster Zeit wird in der Bundesrepublik Deutschland wieder verstärkt über den Beitrag, den die *ehrenamtliche Tätigkeit* in der sozialen Arbeit leisten kann, diskutiert. Es ist durchaus umstritten, welche Aufgaben ehrenamtliche Helfer übernehmen können, mit welchen Methoden sie arbeiten sollen und welche Qualifikationen sie besitzen müssen. Zunehmend werden die Vorzüge ehrenamtlichen Engagements und die Nachteile professionalisierter Systeme betont. Die ehrenamtliche Tätigkeit weise Vorzüge auf, die strukturell von der professionalisierten Sozialarbeit nicht erbracht werden könnten. Im Gegensatz zu der professionellen Arbeit dürften es sich die Ehrenamtlichen leisten, mit dem Faktor Sympathie zu arbeiten. Das Ehrenamt sei ganz allgemein wichtig für eine Gesellschaft mit menschlichem Antlitz. Ehrenamtliche Arbeit besitze größere Unabhängigkeit vom Dienstherren und den bürokratischen Organisationen, sei freier und flexibler. Beratung dürfe nicht nur von Professionellen auf wissenschaftlicher Grundlage betrieben werden, denn Bürokratisierung und die Interpretationsmacht der Experten entmündigten die Klienten.

»Wenn sich Sozialpädagogik zunehmend als Wissenschaft beruflich sozialpädagogischen Handelns erweist, ist sie einer Verengung ihres Diskussionshorizontes erlegen, wie er für die Entwicklung der Schulpädagogik schon länger sich abzeichnet« (Thiersch 1992, 9, 13).

Nun geht es freilich nicht darum, ehrenamtliche Arbeit zu denunzieren, ihr die Berechtigung abzusprechen. Die Chancen und Möglichkeiten ehrenamtlicher Tätigkeiten, aber auch das Innovationspotential von Selbsthilfegruppen dürfen nicht unterschätzt, aber auch nicht überbewertet werden. Ehrenamtliche Arbeit steckt jedoch in einem Dilemma. Der Vorteil der beruflichen Systeme liegt ja in ihrer Erwartungssicherung für die Betroffenen. Der Behinderte muss sich unbedingt darauf verlassen können, dass die Pflegedienste funktionieren, gegebenenfalls kann er nicht einmal auf die Toilette. Bei der ehrenamtlichen Arbeit besteht stets die Gefahr, dass sie »zurückgegeben« wird. Der leicht verklärende Blick auf die Potenzen und die Menschlichkeit des ehrenamtlichen Engagements lässt deren eigene Funktionsgesetzlichkeiten vergessen. Ehrenamtliche Arbeit ist eben nicht verrechtlicht und sanktionsbewehrt, also tendenziell unberechenbar.

Angesichts der Tatsache, dass die ehrenamtliche, unbezahlte Arbeit immer noch zu zwei Dritteln von Frauen erbracht wird, stößt man auf ein anderes Phänomen. Die Propagierung der »Mitmenschlichkeit« in der sozialen Arbeit korrespondiert augenscheinlich mit der jeweiligen aktuellen Arbeitsmarktentwicklung. Ein gewollter Nebeneffekt der nützlichen, unentgeltlichen Tätigkeit ist es ja, dass die ehrenamtlich Tätigen nicht dem Arbeitsmarkt zur Verfügung stehen. Auf diese Weise werden Frauen vom Arbeitsmarkt genommen oder stehen ihm nicht zur Verfügung, sie erfüllen ihre Rolle als Trösterin, Dulderin und Mutter.

Gleichwohl besitzt ehrenamtliche Tätigkeit ihren Stellenwert. In bestimmten Tätigkeitsfeldern, bei Ferienfreizeiten oder bei der Freizeitgestaltung von älteren Menschen usw. ist kaum einzusehen, warum nicht ehrenamtliches Engagement gefördert und genutzt werden sollte. Dabei ist aber zu berücksichtigen, dass die ehrenamtliche Arbeit angeleitet, überwacht und koordiniert werden muss.
Sowie jedoch »schwierige« Berufsfelder betroffen sind, z.B. sozialpädagogische Beratungstätigkeiten der unterschiedlichsten Art, institutionelle Beratung multifaktoriell belasteter Familien, Heimerziehung, um nur einige Beispiele zu nennen, kommt ehrenamtliche Arbeit nicht in Betracht.

Ein Letztes ist zu berücksichtigen: Die Rede von mehr Menschlichkeit durch das Ehrenamt klingt ein wenig danach, dass die professionell in der sozialen Arbeit Tätigen »unmenschlich« mit den Klienten umgingen. Nun ist zunächst augenscheinlich, dass Organisationen, Bürokratien und verrechtlichte Strukturen Distanz hervorrufen. Auf ein Amt geht man eben nicht gern. Die Alternative kann indessen nicht sein, das Prinzip Freiwilligkeit zu beschwören, sondern die Institutionen müssen verändert werden. Die sozialen Institutionen zu modernen Dienstleistungsanbietern auszubauen, das steht auf der Tagesordnung.

## 5 Qualitätssicherung in der Beratung durch gesetzgeberische Aktivitäten

### 5.1 Entwurf eines Gesetzes über Verträge auf dem Gebiet der gewerblichen Lebensbewältigungshilfe

Eine Möglichkeit, die Qualität in Beratungsprozessen zu gewährleisten, ist der Verbraucherschutz.
Ende 1997 hat der Bundesrat den Entwurf eines Gesetzes über Verträge auf dem Gebiet der gewerblichen Lebensbewältigungshilfe in den Bundestag eingebracht (BRDrucks 351/97 sowie BTDrucks 13/9717).

> Ziel des Gesetzentwurfes ist es, den Verbraucher vor der missbräuchlichen Anwendung von Techniken, mit denen Bewusstsein, Psyche und Persönlichkeit manipuliert werden können, zu schützen sowie ihn vor Übereilung und wirtschaftlicher Übervorteilung zu bewahren.

Unter der Vielzahl von Angeboten auf dem Psycho-Markt seien – so die Begründung zum Gesetzentwurf – auch solche vorhanden, die »Anstoß« erregten. Sie versuchten unter Einsatz bewusstseinsverändernder Psychotechniken die hilfesuchenden Personen abhängig zu machen und sie wirtschaftlich auszubeuten.
Unter Lebensbewältigung versteht der Gesetzentwurf im § 1 Abs. 2 eine *Dienstleistung*, die Helferinnen, Helfer oder Helfergruppen gegenüber einer anderen Person unter deren Mitwirkung *mit dem Ziel der Feststellung oder Verbesserung der seelischen Befindlichkeit oder der geistig-seelischen Fähigkeiten* erbringen. Lebensbewältigungshilfe kann durch Gespräch, Unterricht, mentales und/oder körperliches Training in sog. Selbsterfahrungsgruppen, Kursen, Workshops oder im Selbststudium und Selbsttraining unter Verwendung schriftlicher und/oder audiovisueller Unterrichtsmittel und/oder interaktiver Maschinen erfolgen. Die Verbraucher/Kunden derartiger *gewerblicher* Lebensbewältigungshilfen sollen vor allem durch folgende gesetzliche Vorgaben vor Benachteiligungen geschützt werden:

- Nach § 2 Abs. 1 bedürfen die Verträge über Lebensbewältigungshilfe der Schriftform. Die Vertragsurkunde muss u.a. enthalten:
  – die genaue Beschreibung der Leistung und des angestrebten Ziels einschließlich einer kurzen Beschreibung der angewandten Methoden und der theoretischen Grundlagen,
  – die berufliche Qualifikationen der Helfer,
  – die Art sowie die voraussichtliche Anzahl und Dauer der Veranstaltungen.

- § 2 Abs. 3 sieht vor, dass der hilfesuchenden Person eine deutliche, lesbare Abschrift der Vertragsurkunde auszuhändigen ist.
- § 3 enthält eine zweiwöchige Widerrufsfrist. Dies ist ein zentraler Eckpunkt zum Schutz der hilfesuchenden Person. Sie ist nicht mehr zwangsläufig an den schriftlichen Vertrag gebunden, sondern der Vertrag wird erst wirksam, wenn er nicht innerhalb einer Frist von zwei Wochen widerrufen wird. Es bleibt also nach dem Vertragsschluss eine zweiwöchige Frist, den Vertrag wieder aufzulösen.
- Durch § 5 erhält die hilfesuchende Person ein unabdingbares Kündigungsrecht, d.h., es kann nicht vertraglich ausgeschlossen werden. Die hilfesuchende Person kann ohne Angabe von Gründen mit einer Frist von vier Wochen den Vertrag jederzeit kündigen.

Nach § 1 Abs. 1 gilt dieses Gesetz nicht, soweit die Lebensbewältigungshilfe durch *Angehörige des ärztlichen Berufs oder des Heilpraktikerberufs* in Ausübung der Heilkunde geleistet wird. Die Stoßrichtung des Gesetzes zielt nicht auf diesen klassischen Bereich der Behandlung psychischer Krankheiten, sondern auf die »Hilfe« bei der Lösung allgemeiner Lebensprobleme durch häufig nicht qualifizierte Helfer.
Der Entwurf nimmt aus dem Anwendungsbereich des Gesetzes auch die gesamte *nichtgewerbliche* Lebensbewältigungshilfe aus, die durch gemeinnützige Organisationen und insbesondere durch die Amtskirchen ausgeübt wird. »Für diesen Bereich kann davon ausgegangen werden, dass eine Ausnutzung der besonderen Situation der hilfesuchenden Person nicht erfolgt« (BTDrucks 13/9717, 5).
Dies gilt auch für die öffentlich getragenen oder jedenfalls öffentlich finanzierten Volkshochschulen sowie andere gemeinnützige Einrichtungen.
Nach Ansicht der Bundesregierung ist der Gesetzentwurf nicht geeignet, das angestrebte Ziel, den Verbraucherschutz, zu realisieren (BTDrucks 13/9717). Die Bundesregierung weist vor allem darauf hin, dass nicht hinreichend trennscharf abzugrenzen ist, für welche Verträge dieses Gesetz gelten soll. Nach dem Wortlaut fallen unter das Gesetz Personal- oder Management-Beratung und wohl auch Consulting-Verträge (BTDrucks 13/9717, 12). Darüber hinaus kommt das Gesetz auch bei der psycho-sozialen Beratung – soweit sie gewerblich betrieben wird – zur Anwendung. Das beträfe die vielen selbständigen therapeutischen Praxen, die Therapieangebote für Kinder und Jugendliche und Erwachsene bereitstellen.

Abgesehen von dem nur schwer zu lösenden Problem, ob mit abstrakten, prohibitiven Regelungen eine Abgrenzung der seriösen Anbieter von den Scharlatanen zu erreichen ist, ist das Pro und Contra im Hinblick auf diesen Gesetzentwurf leicht zusammenzufassen.

Die Verfechter verweisen auf die Notwendigkeit des Verbraucherschutzes. Jedes Produkt müsse in der BRD gekennzeichnet werden. Jeder Winzer sei verpflichtet, auf dem Etikett den Erzeuger oder den Abfüller, die Alkoholstärke, den Jahrgang, den Orts- und Lagenamen anzugeben. Es sei daher den Anbietern von Lebensbewältigungshilfen zuzumuten, ihre Preise und Leistungen, die Qualität ihrer Angebote sowie ihre eigenen professionellen Qualifikationen offenzulegen.

Demgegenüber machen die Gegner des Gesetzentwurfes geltend, dass die Idee für dieses Gesetz aus dem Milieu der kirchlichen und staatlichen Sektenbekämpfer komme. Es gehe in Wahrheit nicht um den Verbraucherschutz, sondern um die Absicherung und Abschottung der derzeit großen Deutungs- und Lebenshilfesysteme: die Kirchen, die medizinischen Heilberufe einschließlich der wissenschaftlichen Psychotherapie. Um diese Monopole abzusichern, wolle der Gesetzgeber die Erwachsenenbildung, die Sozialtherapie und -beratung, die Esoterik sowie Beratung und das Training in der Wirtschaft, Körpertherapie und Selbsterfahrung mit den unseriösen Methoden der Sekten auf eine Stufe stellen. Dadurch werde die grundgesetzlich garantierte Berufsfreiheit eingeschränkt. Nicht zu übersehen sei auch, dass die verfassungsrechtlich geschützte Religions- und Weltanschauungsfreiheit tangiert werde.

Gegenüber diesen harschen verfassungsrechtlichen Bedenken ist zunächst darauf hinzuweisen, dass das geplante Gesetz ja keineswegs die Tätigkeiten auf dem Gebiet der Lebensbewältigungshilfen bestimmten Gruppen oder Einzelpersonen untersagen will. Es ist kein Verbotsgesetz, das die Berufsausübung verhindert. Insofern ist der Gesetzentwurf nicht mit dem Psychotherapeutengesetz oder dem Heilpraktikergesetz vergleichbar, die die Berufswahl und -ausübung reglementieren. Vielmehr soll durch das Gesetz lediglich das Angebot transparenter gestaltet werden. Die Hilfesuchenden sollen die entscheidungsrelevanten Fakten (Dauer, Kosten) wissen können und ihnen soll die rechtliche Möglichkeit eingeräumt werden, nach einer Bedenkzeit den Vertrag zu widerrufen.

Dieses gesetzgeberische Vorhaben liegt auf der Linie anderer Formen der »Lebensbewältigungshilfe«, z.B. der Hilfen zur Erziehung nach dem Kinder- und Jugendhilfegesetz. Das KJHG kennt ähnliche Verfahrensweisen, um die Transparenz der Leistungen der Jugendhilfe zu garantieren. Nach § 36 KJHG sind die Personensorgeberechtigten und das Kind oder der Jugendliche vor der Entscheidung über die Inanspruchnahme einer Hilfe und vor einer notwendigen Änderung von Art und Umfang der Hilfe zu beraten und auf die möglichen Folgen für die Entwicklung des Kindes oder des Jugendlichen hinzuweisen.

§ 36 KJHG fordert eine qualifizierte Planung und Überprüfung der Hilfeprozesse im Zusammenwirken der daran beteiligten Fachkräfte. Die Sorgeberechtigten sind über die in Betracht kommenden Hilfeformen umfassend zu informieren. Haben sich die Sorgeberechtigten entschlossen, Hilfe zu beantragen, so ist eine fachliche Problemanalyse vorzunehmen und eine Beratung und Entscheidung der im Einzelfall angezeigten Hilfeart im Zusammenwirken der einzelnen Fachkräfte vorzunehmen. Das Fachteam soll die Wünsche, Interessen und Erwartungen der Sorgeberechtigten, Kinder, Jugendlichen und jungen Volljährigen berücksichtigen. Der Hilfeplan soll u.a. enthalten: das Ziel der Hilfe, die Art und den Umfang der erforderlichen Hilfe, den voraussichtlichen Zeitraum der Hilfe.

Diese Form der Transparenz bei den Hilfen zur Erziehung nach dem KJHG, auch eine Art von Lebensbewältigungshilfen, ist wesentlich im Interesse der Personensorgeberechtigten und ihrer Kinder geschaffen worden. So gesehen, dient der Hilfeplan auch dem »Verbraucher-/Kundenschutz«. Was aber für eine spezifische psycho-soziale und pädagogische Leistung nach dem Kinder- und Jugendhilfegesetz erfolgreich umgesetzt wird, sollte auch für andere Lebensbewältigungshilfen gelten.

## 5.2 Beratergesetz

»Dichtere« Berufsregelungen als der Verbraucherschutz enthalten Gesetze, die abschließend die Zulassung zu einer bestimmten beruflichen Tätigkeit regeln. Ein die Zulassung zur Beratung strukturierendes Gesetz könnte insbesondere auf der Ebene der sog. *subjektiven Zulassungsvoraussetzungen* anknüpfen, also für eine Tätigkeit im Beratungssektor bestimmte fachliche Kenntnisse, Fähigkeiten und Fertigkeiten fordern, die durch ein entsprechendes Studium nachgewiesen werden müssen.

Art. 12 GG gewährleistet indessen allen Deutschen das Recht, Beruf, Arbeitsplatz und Ausbildungsstätte frei zu wählen. Diese Grundrechtsnorm erlaubt zunächst dem Einzelnen, jede Arbeit, die er glaubt, bewältigen zu können, als Beruf auszuüben, d.h. zur Grundlage seiner Lebensführung zu machen. Das bedeutet in unserem Kontext, dass bislang jeder ohne bestimmte Kenntnisse und ohne berufliche Fähigkeiten als Berater oder als Supervisorin arbeiten darf. Widersprechen also subjektive Zulassungsvoraussetzungen für einen Beraterberuf der Verfassung?

Unbestritten ist, dass dem Gesetzgeber eine Regelungsbefugnis sowohl für die Berufsausübung als auch für die Berufswahl zusteht, allerdings mit unterschiedlicher Intensität. Die Freiheit der Berufswahl kann durch sog. *subjektive Zulassungsvoraussetzungen* eingeschränkt werden. Sie beziehen sich z.B. auf Vor- und Ausbildung eines Bewerbers und auf andere Voraussetzungen, die der Berufsbewerber in seiner Person erfüllen muss. Das Bundesverfassungsgericht hat zu den subjektiven Zulassungsvoraussetzungen ausgeführt, »dass viele Berufe bestimmte, nur durch theoretische und praktische Schulung erwerbbare technische Kenntnisse und Fertigkeiten (im weiteren Sinne) erfor-

dern und dass die Ausübung dieser Berufe ohne solche Kenntnisse entweder unmöglich oder unsachgemäß wäre oder aber Schäden, ja Gefahren für die Allgemeinheit mit sich bringen würde. Der Gesetzgeber konkretisiert und ›formalisiert‹ nur dieses sich aus einem vorgegebenen Lebensverhältnis ergebende Erfordernis (...). Diese Freiheitsbeschränkung erweist sich so als das adäquate Mittel zur Verhütung möglicher Nachteile und Gefahren (...)« (BVerfGE 7, 377, 406 f.).
Subjektive Zulassungsvoraussetzungen sind daher zulässig, wenn ein schutzwürdiges Gemeinschaftsgut möglicherweise gefährdet wird. Was dieses Gefährdungspotenzial angeht, hat der Gesetzgeber einen weiten Prognosespielraum (Maunz/Dürig/Herzog 2001, Anm. 321 zu Art. 12 GG). Das soziale Prestige eines Berufes oder der Konkurrenzschutz für die bereits im Beruf Tätigen dürfen allerdings niemals Zweck der Beschränkung der Freiheit der Berufswahl sein (BVerfGE 7, 377).

Das Bundesverfassungsgericht hat subjektive Zulassungsvoraussetzungen für verfassungsrechtlich unbedenklich gehalten, wenn es beispielsweise um die Sicherung der Volksgesundheit, die Sicherung der Volksernährung, die Erhaltung des Leistungsstandes und der Leistungsfähigkeit des Handwerks oder um die Sicherung des Nachwuchses für die gesamte gewerbliche Wirtschaft geht (Maunz/Dürig/Herzog 2001, Anm. 336 zu Art. 12 GG). Das Gericht hat bei folgenden Berufen subjektive Zulassungsvoraussetzungen für mit der Verfassung vereinbar gehalten: den Befähigungsnachweis für das Handwerk (BVerfGE 13, 97), die Approbation als Zahnarzt für die Ausübung der Zahnheilkunde (BVerfGE 25, 247), den Erlaubniszwang nach dem Heilpraktikergesetz (BVerfGE 78, 192).

Aus der Verfassung ergibt sich kein Numerus clausus der schutzwürdigen Gemeinschaftsgüter. Vielmehr ist es so, dass der Gesetzgeber im Rahmen seines Ermessens entsprechende Gemeinschaftsgüter entwickeln und definieren kann. In der Entscheidung zum Befähigungsnachweis im Handwerk bemerkte das Bundesverfassungsgericht: Schutzwürdig können nicht nur allgemein anerkannte, sondern auch solche Gemeinschaftswerte sein, die sich erst aus den besonderen wirtschafts-, sozial- und gesellschaftspolitischen Vorstellungen und Zielen des Gesetzgebers ergeben (BVerfGE 13, 97, 107).

Die Gemeinschaftsgüter, die durch Ehe-, Familien-, Partner- und Lebensberatung aber auch durch Schuldner- und Suchtberatung, Trennungs- und Scheidungsberatung gesichert werden, beziehen sich auf Menschen mit seelischen und sozialen Problemen und auf die Qualität des zwischenmenschlichen Umgangs. Das Spektrum der Beratungstätigkeit reicht von der Informationsvermittlung bis zur Bewältigung von seelischen, körperlichen und sozialen Krisen und reagiert auf Probleme, die durch Lebenswelt, Beziehungen und das Individuum selbst bedingt sind (Straumann 2001).

## 5 Qualitätssicherung in der Beratung durch gesetzgeberische Aktivitäten

Die gesellschaftliche und individuelle Bedeutung der Beratungssysteme wächst kontinuierlich auch und gerade wegen des rasanten familiären Transformationsprozesses. Das unter besonderem verfassungsrechtlichem Schutz (Art. 6 GG) stehende System »Familie« ist in erheblichem Maße gefährdet. Das Ausmaß der Gewalt von Männern gegen Frauen und Kinder und der häuslichen Gewalt im Allgemeinen ist erschreckend.

In diesem Zusammenhang ist das im Jahre 2000 verabschiedete Gesetz zur Ächtung der Gewalt in der Erziehung zu sehen. In dem neu gefassten § 1631 Abs. 2 BGB wird das Recht des Kindes auf gewaltfreie Erziehung normiert. Nach dieser Vorschrift sind körperliche Bestrafungen, seelische Verletzungen und andere entwürdigende Maßnahmen unzulässig. Das Gewaltverbot bedeutet, dass Kinder und Jugendliche die Achtung ihrer Persönlichkeit auch von ihren Eltern verlangen können.

Durch das Gewaltschutzgesetz vom 2001 soll der Schutz bei Gewalttaten und Nachstellungen durch Erleichterung der Überlassung der Ehewohnung bei Trennung sowie durch Distanz zwischen Opfer und Täter erhöht werden (Schumacher 2002). Dies gilt auch für das Kinderrechtsverbesserungsgesetz aus dem Jahre 2002. Nunmehr besteht die Möglichkeit des zivilrechtlichen »Täterverweises« nicht nur bei Gewalt gegen Frauen, sondern auch bei Gewalt gegen Kinder.

All diese Gesetze machen hinreichend die dramatische Lage klar. Die gesetzgeberischen Intentionen verweisen darauf, dass es sich um ein Massenphänomen handelt. Es gibt in vielen Familien belastende interne Kommunikations- und Interaktionsmuster, die einzelne Familienmitglieder an einer adäquaten persönlichen Entwicklung hindern. Viele Familien sind durch besondere Lebensbelastungen wie Arbeitslosigkeit, Krankheit, Wohnungsnot oder durch die Schwierigkeiten bei der Kinderbetreuung überfordert und reagieren mit Gewalt.

Durch fachlich und methodisch fundierte Beratungssysteme können derartige familiären »Mängellagen« kompensiert werden. Durch Beratung werden daher Gemeinschaftsgüter von hoher Bedeutung geschützt. Durch inkompetente, fachlich ungeeignete Beratung können diese Gemeinschaftsgüter gefährdet werden. Es können Nachteile und Gefahren für die Allgemeinheit entstehen. Insofern entsprechen gesetzlich festgelegte subjektive Zulassungsvoraussetzungen, die Normierung fachlicher Ausbildungsstandards den verfassungsrechtlichen Anforderungen aus Art. 12 GG.

> Als Lösung für eine Qualifizierungsoffensive in der Beratung bietet sich aus diesem Grunde ein Beratergesetz an, das subjektive Zulassungsvoraussetzungen normiert.

Der Gesetzgeber hat allerdings in der Vergangenheit keineswegs Neigung gezeigt, Forderungen nach berufsregelnden Gesetzen zu erfüllen (Taupitz 1993), wenn nicht bereits innerhalb des Berufsstandes gewisse Vorarbeiten geleistet wurden. Hierzu gehört die Herausbildung eines *einheitlichen Berufsbildes* sowohl nach innen als auch nach außen durch einen Berufsverband. Nach innen bedeutet, in dem eigenen Berufsstand ein einheitliches Verständnis von dem Beruf zu schaffen und durchzusetzen. Dies geschieht im Allgemeinen durch eine schriftlich formulierte Darstellung der beruflichen Anforderungen und Pflichten, also durch eine Berufsordnung, Standesordnung oder Richtlinien für berufliches Verhalten (Taupitz 1993). Wichtig ist in diesem Zusammenhang, dass die überwiegende Anzahl der Mitglieder dieses berufliche Selbstverständnis teilt.

Die Bedeutung derartiger Berufsordnungen wird ganz erheblich gesteigert, wenn ein Berufsverband in der Lage ist, möglichst alle in diesem Beruf tätigen Fachkräfte zu vertreten. Konkurrierende Verbände, heterogene berufliche Tätigkeiten, unterschiedliche fachliche und methodische Konzepte, weltanschauliche Unterschiede, differierende Anstellungsträger erschweren die Durchsetzung eines einheitlichen Berufsbildes nach innen und außen.

In den beratenden Berufen ist es augenscheinlich so, dass ein einheitliches Berufsbild – repräsentiert durch einen einheitlichen Berufsverband – noch nicht realisiert ist. Das hat mehrere Ursachen. Zum einen gilt für den Bereich der Jugend- und Sozialhilfe die spezifische bundesrepublikanische Organisationsstruktur und Kompetenzaufteilung zwischen den öffentlichen und privaten Trägern. Die Beratungsverpflichtungen nach dem KJHG können sowohl von den öffentlichen als auch von privaten Trägern wahrgenommen werden. Beide Systeme haben aber zuweilen durchaus unterschiedliche Vorstellungen im Hinblick auf Konzepte, Methoden und finanzielle Ausstattung.

Die privaten Anbieter von Beratungsleistungen sind nicht in einem einheitlichen Berufsdachverband integriert. Das gilt bereits für die dem Deutschen Arbeitskreis für Jugend-, Ehe- und Familienberatung (DAK) angehörenden Verbände. Der DAK ist laut eigenen Angaben[1] ein Kontakt- und Koordinationsgremium von Organisationen und somit kein einheitlicher Berufsverband. Andere Beratungssektoren, die ebenfalls auf das Individuum in einer Notlage zielen, wie Schuldnerberatung, Suchtberatung, Beratung Behinderter, Aids-Beratung, fallen sowieso heraus.

Es wird aus diesen Gründen schwierig sein, ein derartiges Gesetz, das gleichermaßen für alle beratende Berufe gilt, zu realisieren. Denkbar ist jedoch, dass für spezifische Segmente des Beratungssektors, wie z.B. für die Jugend-, Ehe- und Familienberatung, für die Schuldner-, Drogen- oder Schwanger-

---

[1] Vgl. Rahmenordnung für die Weiterbildung zur/zum Ehe-, Partnerschafts-, Familien- und Lebensberaterin/berater vom 3.11.1998, Köln.

schaftsberatung, subjektive Zulassungsschranken durch den Gesetzgeber errichtet werden. Hilfreich zur Vorbereitung eines solchen Gesetzes wäre die Schaffung eines möglichst einheitlichen Berufsbildes sowie die wissenschaftliche Fundierung der Beratung durch verbandliche Aktivitäten und Reformen im Hochschulbereich.[1]
Die Befürchtungen aber, durch ein derartiges Beratergesetz gerate die »reiche Diversifität von Beratung in Gefahr, auf dem Altar borniert disziplinärer Abgrenzungen und eigeninteressierter berufspolitischer Strategien geopfert zu werden« (Nestmann/Engel 2002, 11, 14), ist zwar nicht gänzlich von der Hand zu weisen. Ob es zu derartigen »Verkürzungen« kommt, hängt u.a. davon ab, in welcher Weise und mit welchen Inhalten an den Hochschulen Beratungsstudiengänge errichtet werden und ob ein interdisziplinärer Beratungsdiskurs organisiert wird. Der an der Fachhochschule Frankfurt am Main seit dem Wintersemester 2002/2003 existierende Masterstudiengang »Beratung und Sozialrecht« ist nicht nur interdisziplinär angelegt, sondern ist eine wissenschaftliche Ausbildung für eine Vielzahl von unterschiedlichen beruflichen Beratertätigkeiten. Insofern ist Dietmar Chur zuzustimmen, der u.a. die folgende Vision hat:
»Beratung wird sich als eigenständiges Berufsfeld mit einem breit gefächerten Qualifikationsprofil institutionalisieren: Es werden entsprechende Bachelor- bzw. Masterstudiengänge eingerichtet, spezielle – später auch zu akkreditierende – Curricula zur Aus- und Weiterbildung angeboten sowie eigene Berufsverbände bzw. spezielle Sektionen von Berufsverbänden gegründet werden« (Chur 2002, 95, 134).

## Exkurs:
## Der Lebens- und Sozialberater in Österreich

Der Bedarf und die Notwendigkeit an einer, wie auch immer gearteten Ordnung auf dem Beratungsmarkt, lässt auch die gesetzliche Regelung in Österreich erkennen. In der Gewerbeordnung ist seit 1990 festgelegt, dass die berufliche Tätigkeit als »Lebens- und Sozialberater« der Bewilligungspflicht unterliegt (Bitzer-Gavornik 2002). Bis zu diesem Zeitpunkt war die Lebens- und Sozialberatung ein freies Gewerbe und daher an keinerlei Qualifikation gebunden.
Die Beratung und Betreuung von Menschen insbesondere im Zusammenhang mit Persönlichkeits-, Ehe- und Familienproblemen, Erziehungs- und Berufsproblemen sowie Sexualproblemen bedürfen einer behördlichen Konzession. Die gesetzliche Regelung wurde eingeführt, weil unseriöse und unfachmännische Praktiken bei der Lebens- und Sozialberatung nicht verhindert werden konnten. Unter die Gewerbeordnung fallen auch die Krisenintervention, die

---
[1] Zur »Verkammerung« der beratenden Berufe vgl. Barabas (2001).

Kommunikationsberatung, die Konflikt- und Gruppenberatung sowie die Supervision (Kinscher/Sedlak 1996). In der entsprechenden Vorschrift des § 261 Abs. 2 GewO ist ausdrücklich geregelt, dass auch die psychologische Beratung unter die Gewerbeordnung fällt. Ausgenommen ist die Psychotherapie.

Durch § 261 GewO sollen vor allem *unzuverlässige* Personen von der Ausübung des beratenden Gewerbes ferngehalten werden. Um dies zu erreichen, sind in einer entsprechenden Verordnung detailliert die Voraussetzungen für den Erwerb des Befähigungsnachweises für die Lebens- und Sozialberater festgelegt (BGBl 602/95). Um die Bewilligung zur Ausübung des Gewerbes »Lebens- und Sozialberater« zu erhalten, ist erforderlich:

- Ein *fachspezifischer Ausbildungslehrgang* für Lebens- und Sozialberatung von mindestens 560 Stunden. In diesem Qualifizierungsprozess geht es um die Vermittlung von Theorien und Methoden der Beratung und Krisenintervention auf der Grundlage sozialwissenschaftlicher, psychologischer, psychotherapeutischer, medizinischer, rechtlicher und betriebswirtschaftlicher Fachgebiete sowie 120 Stunden Gruppenselbsterfahrung.

- Darüber hinaus werden mindestens *50 Stunden Einzelselbsterfahrung* sowie eine mindestens *zweijährige fachliche Tätigkeit* (mindestens 1.000 Stunden) unter begleitender Supervision verlangt.

| Die zweijährige fachliche Tätigkeit umfasst | Stunden |
|---|---|
| Prozessreflexion, Vertiefung der Lehrinhalte, Übungen usw. in Gruppen beruflich einschlägig tätiger Personen | 60 – 200 |
| Beratungsgespräche in der Praxis einer ausbildungsberechtigten Person | 150 – 550 |
| Einzelsupervision | 40 – 80 |
| Gruppensupervision | 80 – 200 |
| Leitung oder Assistenz bei themenspezifischen Seminaren | 20 – 200 |
| Anfertigung von Protokollen | 50 – 200 |

Die Ausbildung wird mit einer *schriftlichen, mündlichen und praktischen Prüfung* abgeschlossen (vgl. auch Vogl 2002). Die gesetzliche Entwicklung in Österreich signalisiert unübersehbar den Bedarf an einer qualifizierten Beratung. Um den beratenden Beruf ausüben zu können, müssen in der Ausbildung die entsprechenden thematischen und methodischen Kenntnisse sowie selbstreflektorische Kompetenzen erworben werden. In der BRD wird zu diskutieren sein, ob die Sicherung der Standards in der Beratung besser durch eine Verbraucherschutzregelung oder eine obligatorische fachliche Ausbildung – geregelt durch ein Beratergesetz – zu erreichen ist.

## VIII  BERATUNG, THERAPIE UND HAFTUNG

Ein besonders spektakulärer Fall einer fehlgeschlagenen »Beratung« ging 1998 durch die Presse. Ein Wehrpflichtiger mit psychischen Problemen wandte sich an einen Arzt, um sich Rat zu holen. Der empfahl ihm, seine persönlichen Probleme mit Alkohol und Pornos zu bewältigen. Diese Form der Beratung war tödlich. Der Wehrpflichtige nahm sich das Leben. Dieser extreme »Fall« verdeutlicht mit hinreichender Klarheit, dass Beratung nicht im rechtsfreiem Raum stattfinden darf. Grobe Verletzungen der fachlich-methodischen Beratungsstandards, Übertretungen ethischer Prinzipien oder gar strafrechtlich relevantes Verhalten dürfen nicht folgenlos bleiben.

Die Qualität von Beratung und Therapie wird auch durch das *Haftungsrecht* gesteuert. Das Haftungsrecht der Bundesrepublik Deutschland regelt Im Einzelnen die Frage, ob und in welchem Umfang derjenige, der einen Schaden unmittelbar oder mittelbar verursacht, Entschädigung zu leisten hat. Ein Schaden ist jeder Nachteil oder jede Einbuße an einem rechtlich geschützten Gut, wie Eigentum, Gesundheit, Persönlichkeitsrecht (Palandt/Thomas 2001, Anm. 3 ff. zu § 823 BGB). Trifft jemand aufgrund einer fehlerhaften Beratung eine Entscheidung, die ihn schädigt, so ist der Ratgeber unter Umständen zum Ersatz des Schadens verpflichtet.

Das Haftungsrecht ist die Grundlage für den Ausgleich von Schäden, die zwischen Privatpersonen entstehen, aber auch für solche, die durch die öffentliche Hand – z.B. die Verwaltung – herbeigeführt werden.

Art, Inhalt und Umfang der Schadensersatzleistungen werden im Wesentlichen durch die §§ 249 – 254 BGB bestimmt. Der Schaden wird entweder durch die Wiederherstellung des ursprünglichen Zustandes (Naturalrestitution) oder durch Ersatz des entstandenen Nachteils durch Geld wieder gutgemacht. Der schadensrechtliche Ausgleich enthält – im Gegensatz zum Strafrecht – keinerlei Unwerturteil. Im Weiteren geht es nicht um das Strafrecht,[1] sondern um den zivilrechtlichen Ausgleich von Schäden.

Die allgemeinen Grundsätze des Haftungsrechts gelten prinzipiell auch für beratende Tätigkeiten in der sozialen Arbeit. *Fehlerhafte, unvollständige, aber auch pflichtwidrig unterlassene Beratungen können zur Folge haben, dass dem Beratenen ein Schaden entsteht.* Aufgrund einer mangelhaften Beratung unterlässt der Ratsuchende es, einen Antrag auf Sozialhilfe zu stellen oder er trifft eine für ihn persönlich verheerende Entscheidung. Es fragt sich, auf welche Weise und in welchem Umfang der durch die fehlerhafte Beratung entstandene Schaden ausgeglichen werden kann.

---

[1] Die strafrechtlichen Sanktionen bei Bruch des Vertrauensverhältnisses werden im Kap. X → S. 248 behandelt.

Schäden können nicht nur bei falscher Beratung, sondern auch bei einem Bruch des Vertrauensverhältnisses zwischen Ratsuchendem und Berater, Klienten und Therapeutin durch die Verletzung der Schweigepflicht entstehen. Schließlich kann die Verletzung ethischer Standards – z.B. sexuelle Übergriffe in Beratung und Therapie – zu Schadensersatzansprüchen führen.

Unter welchen Voraussetzungen eine Fachkraft in der sozialen Arbeit gegebenenfalls für eine »falsche« oder »schlechte« Beratung oder Therapie haftet, ist nicht pauschal zu beantworten, sondern sie richtet sich
- nach der Art der Beratung und
- danach, bei welchem öffentlichen Leistungsträger bzw. privaten Verband die Beratung durchgeführt wird;
- darüber hinaus können beraterische Fehlleistungen nicht nur unmittelbar in einem Beratungsgespräch vorkommen, sondern auch durch Verletzung von Pflichten im Zusammenhang mit dem Geheimnis- und Datenschutz entstehen.

Es ist hier nicht der Raum, das System des deutschen Entschädigungsrechts zu schildern. Vielmehr soll fallbezogen die Relevanz von Haftungsfragen in der Beratung und der Therapie dargestellt werden.

An die Qualität der Beratung in den Berufsfeldern der sozialen Arbeit werden durch die Justiz nach und nach professionelle Anforderungen gestellt. Es findet eine parallele Entwicklung zwischen den klassisch beratenden Berufen und der beratenden Tätigkeit in der sozialen Arbeit statt. In der aktuellen Qualitätsdebatte wird der Versuch unternommen, die sozialpädagogischen und sozialarbeiterischen Berufsfelder gleichsam von der Definitionsmacht der Juristen zu befreien (Jordan 2001 m.w.N.). Das ist höchst problematisch, wird doch für die Pädagogik ein Sonderstatus reklamiert, den andere professionelle Dienstleistungssysteme nicht besitzen. Es ist heutzutage selbstverständlich geworden, dass Ärzte, Lehrer, Anwälte sich immer auch an rechtlichen Vorgaben messen lassen müssen.

Wie Urteile im Arzthaftungsrecht zeigen, gewinnt die Pflicht des Arztes, zutreffend zu beraten, immer mehr an Bedeutung. So können die Eltern bei einer fehlerhaften genetischen Beratung, die zur Geburt eines behinderten Kindes geführt hat, von dem beratenden Arzt im Wege des Schadensersatzes den vollen Unterhaltsbedarf des Kindes verlangen, wenn sie bei richtiger und vollständiger Beratung auf die Zeugung des Kindes verzichtet hätten (BGH, FamRZ 1994, 364; vgl. auch BGH, FamRZ 1997, 669; BGH, NJW 1999, 863; sowie BGH, NJW 2000, 1782).

Diese Rechtsprechung des Bundesgerichtshofes zu dem hochkomplexen Problem, ob letztendlich die Existenz eines behinderten Kindes als Schaden begriffen werden kann, hat das Bundesverfassungsgericht bestätigt. Es hat entschieden, dass die Rechtsprechung der Zivilgerichte zur Arzthaftung bei fehlgeschlagener Sterilisation und fehlerhafter genetischer Beratung vor Zeugung eines Kindes nicht gegen die Menschenwürde verstößt (BVerfG, FamRZ 1998, 149; zu diesem Problemkreis Deutsch 1998; Laufs 1998).[1] Es handelt sich bei einer fehlgeschlagenen Sterilisation und einer fehlerhaften genetischen Beratung um eine typische Berufshaftung des Arztes. Wenn ein Arzt die genetische Beratung vor der Zeugung eines Kindes übernimmt, ist es rechtlich unbedenklich, dass er »für schuldhaftes Fehlverhalten eintreten muss« (BVerfG, FamRZ 1998, 149, 151).[2]

In einer neueren Entscheidung des Bundesgerichtshofes wird im Anschluss an die bisherige Rechtsprechung die Haftung des Arztes auch bei einer fehlerhaften Schwangerschaftsberatung betont. Durch den Behandlungsvertrag wird der Arzt verpflichtet, die Schwangere über die Gefahr einer genetischen Schädigung zu beraten. Der Arzt haftet aber nur, wenn aufgrund der nicht erkannten Vorschädigung des Kindes ein *zulässiger* Abbruch des Schwangerschaft unterblieben ist (BGH, FamRZ 2002, 386).

# 1 Haftung für fehlerhafte und unvollständige Beratung in der sozialen Arbeit

Auskunfts- und Beratungspflichten können – juristisch formuliert – durch Nichterfüllung (Unterlassung einer juristisch gebotenen Auskunft und Beratung) oder durch Schlechterfüllung (fehlerhafte Auskunft und Beratung) verletzt werden (Gröschner 1990; Schwede 1998).

Die Haftung für unterlassene oder fehlerhafte Beratung richtet sich zunächst danach, wer beraten hat. Beratungen können durch Beamte bei Jugend- oder Sozialämtern, durch Angestellte bei den Sozialversicherungsträgern oder durch Mitarbeiter von privaten Trägern erfolgen. Es macht auch einen Unterschied, ob es sich um eine vorwiegend rechtliche Beratung oder um eine eher psycho-soziale Beratung handelt.

---

[1] Zum Problemkreis »die Geburt eines behinderten Kindes als Schaden« vgl. Degener (1998); Losch/Radan (1999).
[2] Aber nicht nur Ärzte, sondern auch Architekten, Rechtsanwälte, Vermögensberater, Banken und Versicherungen usw. müssen für Fehlberatungen oder mangelhafte Gutachten haften. Mit dem Problem falscher Auskunftserteilung und Beratung sowie der Haftung im Bereich des Wirtschaftslebens beschäftigt sich Müssig (1997).

## VIII Beratung, Therapie und Haftung

### 1.1 Die Amtshaftung (PERSÖNLICHE HAFTUNG D. BEAMTEN)

Berät ein Beamter fehlerhaft oder unterlässt er eine Beratung, kann er nach den Grundsätzen über die Amtshaftung zum Ausgleich des Schadens herangezogen werden.
Rechtsgrundlage ist § 839 BGB.

> **§ 839 BGB Haftung bei Amtspflichtverletzungen**
> (1) Verletzt ein Beamter vorsätzlich oder fahrlässig die ihm einem Dritten gegenüber obliegende Amtspflicht, so hat er dem Dritten den daraus entstehenden Schaden zu ersetzen. Fällt dem Beamten nur Fahrlässigkeit zur Last, so kann er nur dann in Anspruch genommen werden, wenn der Verletzte nicht auf andere Weise Ersatz zu erlangen vermag.

Unter § 839 BGB fallen alle Bundes-, Landes- und Kommunalbeamte und die Beamten der öffentlich-rechtlichen Körperschaften, und zwar auch Beamte auf Probe und Widerruf sowie haupt- und nebenamtlich tätige Beamte (Palandt/Thomas 2001, Anm. 28 zu § 839 BGB).

An die Stelle der *persönlichen Haftung* durch den Beamten nach § 839 BGB tritt die *Staatshaftung* nach Art. 34 GG, wenn der Beamte in Ausübung eines ihm anvertrauten öffentlichen Amtes gehandelt hat. Bei derartigen Fallkonstellationen haftet nicht der Beamte, sondern der Staat.

> **Art. 34 GG Haftung bei Amtspflichtverletzungen** (STAATSHAFTUNG)
> Verletzt jemand in Ausübung eines ihm anvertrauten öffentlichen Amtes die ihm einem Dritten gegenüber obliegende Amtspflicht, so trifft die Verantwortlichkeit grundsätzlich den Staat oder die Körperschaft, in deren Dienst er steht. Bei Vorsatz oder grober Fahrlässigkeit bleibt der Rückgriff vorbehalten. Für den Anspruch auf Schadensersatz und für den Rückgriff darf der ordentliche Rechtsweg nicht ausgeschlossen werden.

Art. 34 GG regelt für den Bund, die Länder und Gemeinden und für alle sonstigen öffentlichen Rechtssubjekte (u.a. die Leistungsträger nach den Sozialgesetzen, § 12 SGB I, die Körperschaften, Anstalten und Behörden) bundeseinheitlich die Haftung des Staates.

Die Haftung des Staates ist für den hoheitlichen Sektor vorgeschrieben, der dadurch charakterisiert ist, dass öffentliches Recht zur Anwendung kommt. Hierzu zählt nicht nur die eingreifende Verwaltung, wie die Polizeibehörden, sondern auch die Leistungsverwaltung. Die Leistungsverwaltung besteht zum einen aus der gezielten Unterstützung der Bürger (Sozialhilfe, Studienbeihilfen, Leistungen nach dem KJHG usw.) und zum anderen aus der Bereitstellung öffentlicher Einrichtungen (Kindergärten, Schulen, Krankenhäuser, Versorgungsbetriebe), um die Lebensbedingungen der Bürger zu verbessern. Dies gilt auch für ein in der Trägerschaft einer Stadt stehendes Pflegeheim (BGH, NVwZ 2000, 963). Neben dem Erlass von Verwaltungsakten und anderen Rechtshandlungen kann auch faktisches Verwaltungshandeln und Nichthandeln eine Haftung auslösen.

### 1.1.1 Haftungsrechtlicher Beamtenbegriff

»Jemand« im Sinne des Staatshaftungsrechts sind nicht nur Beamte im staatsrechtlichen Sinne, sondern grundsätzlich auch die Angestellten und Arbeiter im öffentlichen Dienst, die mit der hoheitlichen Wahrnehmung von Verwaltungsaufgaben betraut sind. Man spricht von einem haftungsrechtlichen Beamtenbegriff. Entscheidend ist nicht der persönliche Rechtsstatus des Handelnden, sondern die öffentlich-rechtliche Funktionsausübung.

> Die Erteilung von Rat und Auskunft zum Beispiel nach den §§ 13, 14 SGB I ist regelmäßig eine derartige Hoheitsverwaltung.

Die Amtspflichtverletzung muss *schuldhaft* begangen worden sein, der Amtswalter muss seine Amtspflichten vorsätzlich oder fahrlässig verletzt haben. *Vorsätzlich* handelt derjenige, der den rechtswidrigen Erfolg mit Wissen und Wollen erreichen will, anders formuliert: Der Handelnde muss den rechtswidrigen Erfolg vorausgesehen und in seinen Willen aufgenommen haben. Der Beweggrund des Handelns ist unerheblich (Palandt/Heinrichs 2001, Anm. 10 zu § 276 BGB). In der sozialen Arbeit ist es nur schwer vorstellbar, dass ein Berater gezielt und bewusst einen Ratsuchenden schädigen will, es kommt jedoch vor.

Nach § 276 Abs. 2 BGB handelt dagegen *fahrlässig*, wer die im Verkehr erforderliche Sorgfalt außer Acht lässt und übersieht, dass er gegen eine ihm obliegende Amtspflicht verstößt. Nach dem objektivierten Sorgfaltsmaßstab, der für die Amtshaftung gilt, kommt es für die Beurteilung des Verschuldens auf die Kenntnisse und Fähigkeiten an, die für die Führung des ausgeübten Amtes im Durchschnitt erforderlich sind.

### 1.1.2 Verletzung von Amtspflichten

Um die Staatshaftung auszulösen, muss der Amtsträger seine Amtspflichten verletzt haben. Der Inhalt der Amtspflichten wird in erster Linie durch Gesetze und andere Rechtsnormen sowie durch Dienst- und Verwaltungsvorschriften konkretisiert. Für die Beratung durch Amtsträger ergeben sich aus den Normen, die dem Bürger Ansprüche auf Beratung einräumen, entsprechende Amtspflichten. Die Rechtsprechung hat Im Einzelnen konkretisiert, welche Anforderungen an die Beratung durch die Amtsträger, insbesondere an die Beratung im sozialen Bereich, zu stellen sind.

■ Bereits 1953 hat das OLG Bamberg entschieden, dass das Jugendamt nur mit fachlich vorgebildeten Kräften besetzt sein darf. An ihre Amtsführung sind hohe Anforderungen zu stellen. Eine Verletzung der Beratungspflicht begründet Schadensersatzpflichten (OLG Bamberg, RdJB 1954, 258; zu Amtspflichtverletzungen des Jugendamtes vgl. auch LG Aachen, RdJB 1954, 259).

■ Im sozialen Rechtsstaat gehört es zu den Amtspflichten der mit der Betreuung der sozial schwachen Volkskreise betrauten Beamten, diesen zur Erlangung und Wahrung der ihnen vom Gesetz zugedachten Rechte und Vorteile nach Kräften beizustehen (BGH, NJW 1957, 1873).

■ Unrichtige Gesetzesauslegung eines Beamten ist dann eine Amtspflichtverletzung, wenn sie gegen den bestimmten und völlig eindeutigen Wortlaut des Gesetzes verstößt oder nicht der ständigen höchstrichterlichen Rechtsprechung entspricht. Die Tatsache, dass eine Gerichtsentscheidung die rechtlich vertretbare Auffassung eines Beamten zurückweist, kann allerdings nicht rückwirkend eine schuldhafte Amtspflichtverletzung begründen (BGH, VersR 1968, 788).

■ Ein Beamter, der eine unrichtige, missverständliche oder unvollständige Auskunft gibt, verstößt auch dann gegen eine Amtspflicht, wenn sich die Auskunft oder Zusage auf eine künftige Entscheidung oder Leistung einer Behörde bezieht (BGH, NJW 1970, 1414).

■ Nach Auffassung des OLG Hamm gehört es im sozialen Rechtsstaat zu den Pflichten eines Beamten, im Rahmen seines Aufgabengebietes einen sozial schwachen und erkennbar rechtsunkundigen Gesuchssteller vor vermeidbaren Klagen zu bewahren (OLG Hamm, NJW 1989, 462).

■ Zum Schadensersatz verpflichtet auch, wenn Adoptionsbewerbern nicht mitgeteilt wird, dass das anzunehmende Kind möglicherweise geistig retardiert ist. Die Schadensersatzpflicht erstreckt sich auf den gesamten Unterhaltsaufwand für das Kind, wenn es bei entsprechender Aufklärung nicht zur Adoption gekommen wäre (OLG Hamm, ZfJ 1993, 208).

# 1 Haftung für fehlerhafte und unvollständige Beratung in der sozialen Arbeit

- Die Auskünfte, die ein Beamter erteilt, müssen dem Stand seiner Erkenntnismöglichkeit entsprechend sachgerecht, vollständig und richtig sein, sodass der Auskunftsuchende entsprechend handeln kann.
»Diese Amtspflicht besteht gegenüber jedem Dritten, in dessen Interesse oder auf dessen Auftrag die Auskunft erteilt wird. Für die Frage, ob die Auskunft den zu stellenden Anforderungen genügt, kommt es entscheidend darauf an, wie sie vom Empfänger aufgefasst wird und werden kann und welche Vorstellungen sie zu wecken geeignet ist« (BGH, NJW 1991, 3027).
Zu verlangen ist nach ständiger Rechtsprechung die Sorgfalt eines pflichtgetreuen Durchschnittsbeamten (Kretschmer/von Maydell/Schellhorn 1996, Anm. 38 zu § 14 SGB I).

- Ein Sachbearbeiter, der einer Studentin dahingehend Auskunft erteilt, die Voraussetzungen für die Bewilligung von BAföG seien gegeben, obwohl dies nicht zutrifft, ist schadensersatzpflichtig nach den Amtshaftungsgrundsätzen (OLG Karlsruhe, NJW 1997, 1992).

- Besteht entgegen der von einem Mitarbeiter der Fachbehörde fehlerhaft erteilten Auskunft ein Anspruch auf Pflegegeld und unterbleibt deshalb eine Antragstellung, so besteht eine Schadensersatzpflicht des Schädigers (OLG Karlsruhe, FamRZ 1997, 554).[1] In dieser Entscheidung ging es um Folgendes: Die Mutter eines schwerbehinderten Kindes hatte 1979 einen Antrag auf Gewährung von Pflegegeld beim Sozialamt abgeben wollen. Sie unterließ es, weil sie die unrichtige Auskunft erhielt, sie müsse ihre und ihres Ehemannes wirtschaftliche Verhältnisse offen legen. Das Gericht verurteilte die Beklagte zur Zahlung von ca. 63.000 DM wegen Amtspflichtverletzung.
»Nach dem Ergebnis der Beweisaufnahme hat die Mitarbeiterin der Bekl. ihr eine Auskunft erteilt, bei der, wäre sie zutreffend gewesen, keine Aussicht auf eine Bewilligung bestand. Dieser Auskunft der Fachbehörde durfte die Mutter des Kl. ohne weiteres vertrauen, ohne anderweitigen Rat einzuholen oder auf einer Entscheidung zu bestehen. Sie konnte sich vielmehr darauf verlassen, dass ein Amtsträger seiner Verpflichtung gerecht wird, den von ihm zu betreuenden Personenkreis ausreichend zu belehren, aufzuklären und ihm beizustehen, damit insbesondere ein Gesuchsteller das erreichen kann, was er zu erreichen wünscht und was das Gesetz ihm zubilligt, damit vermeidbarer Schaden von ihm ferngehalten wird« (OLG Karlsruhe, FamRZ 1997, 554).

- Nach Auffassung des BGH stellt es eine Amtspflichtverletzung dar, wenn ein Rentenversicherungsträger eine fehlerhafte Auskunft im familiengerichtlichen Verfahren zum Versorgungsausgleich erteilt (BGH, FamRZ 1998, 89).

---

[1] Das Oberlandesgericht hob damit ein Urteil des LG Offenburg auf, das eine Schadensersatzpflicht der Fachbehörde verneint hatte (LG Offenburg, FamRZ 1996, 1407, mit Anm. Müller 1997).

■ Zu den Amtspflichten des Jugendamtes gehört es, minderjährige Kinder bei der Geltendmachung ihrer Unterhaltsansprüche zu beraten und zu unterstützen (OLG Celle, ZfJ 1998, 220).

■ Unterbleibt der Hinweis auf die Möglichkeit, Mittel für die Erstausstattung einer Pflegestelle innerhalb der ersten zwei Jahre der Pflegschaft beantragen zu können, so ist Schadensersatz zu leisten. Im sozialen Rechtsstaat ist ein Beamter im Rahmen seines Aufgabengebietes dazu verpflichtet, sozial schwache und rechtsunkundige ratsuchende Bürger vor vermeidbaren Schäden zu bewahren. Er darf nicht zulassen, dass der bei ihm vorsprechende Bürger einen Schaden erleidet, den er durch eine kurze Belehrung abwenden kann (LG Itzehoe, Urteil vom 4.6.1998 – 6 O 523/97).

■ Es ist eine Amtspflichtverletzung, wenn der Amtswalter eines Jugendamtes Antragsteller erst verspätet darauf hingewiesen hat, dass sie Leistungen nach dem Unterhaltsvorschussgesetz beantragen können.

»Für den Bereich von Sozialleistungen ergibt sich aus §§ 14, 16 Abs. III SGB I die Pflicht des zuständigen Leistungsträgers, über sozialrechtliche Ansprüche zu beraten und erforderlichenfalls auch auf sachgerechte Anträge hinzuwirken. Diese Pflicht kann auch unabhängig von einem Beratungsverlangen oder einem konkreten Leistungsantrag dann bestehen, wenn aus konkretem Anlass offenbar wird, dass ein Leistungsanspruch gegeben ist, den jeder verständige Anspruchsberechtigte vermutlich wahrnehmen würde, wenn er Kenntnis von ihm hätte. (...) Das trägt dem Umstand Rechnung, dass erfahrungsgemäß gerade dann, wenn es um Sozialleistungen geht, allgemeine Informationen der Öffentlichkeit über Gesetzesänderungen (...) den anspruchsberechtigten Personenkreis nicht oder nur unvollkommen erreichen« (OLG Celle, ZfJ 1999, 71).

Eine *persönliche Haftung* des Amtsträgers kommt nur ausnahmsweise in Betracht. Grundsätzlich haftet der Staat oder die Körperschaft, in deren Diensten der Beamte tätig ist, wenn er in Ausübung eines ihm anvertrauten öffentlichen Amtes gehandelt hat, Art. 34 GG.

Bei Vorsatz und grober Fahrlässigkeit kann der Amtsträger indessen in Regress genommen werden. Aus der Formulierung im Grundgesetz, »der Rückgriff bleibt vorbehalten«, ergibt sich, dass die Verfassung den Rückgriff nicht bindend vorschreibt. Vorsätzlich handelt der Amtswalter, wenn er eine Vorschrift nicht beachtet und sich dieser Pflichtwidrigkeit bewusst ist (Palandt/Thomas 2001, Anm. 52 zu § 839 BGB). Das wäre dann der Fall, wenn ein Ratsuchender nicht beraten wird, obwohl dieser einen Rechtsanspruch auf Beratung besitzt. Vorsätzlich ist es auch, wenn bewusst falsch beraten wird, um z.B. Sozialhilfeempfänger über ihre Leistungsberechtigung zu täuschen. Grobe Fahrlässigkeit, die ebenfalls zu einem Rückgriff führen kann, liegt dann vor, wenn die im Verkehr erforderliche Sorgfalt in besonders schwerem Maße verletzt wird.

## 1.2 Der Herstellungsanspruch

Neben den Schadensersatzansprüchen aus der Amtshaftung hat die Rechtsprechung im Wege der höchstrichterlichen Rechtsfortbildung den sog. Herstellungsanspruch geschaffen (Ebsen 1987; Kressel 1994; A. Marschner 1997). Ein Herstellungsanspruch liegt vor, wenn eine Behörde eine Betreuungspflicht gegenüber Sozialleistungsberechtigten verletzt, insbesondere fehlerhaft berät oder falsche Auskünfte erteilt.[1] *Im Gegensatz zum Amtshaftungsanspruch erfordert der Herstellungsanspruch kein schuldhaftes Verhalten des Beraters* (BSGE 49, 76; Ebsen 1987; Möhle 1990; Wallerath 1998). Vorausgesetzt wird lediglich die objektive Pflichtwidrigkeit der Beratung (Kretschmer/von Maydell/Schellhorn 1996, Anm. 43 zu § 14 SGB I).

Ein weiterer Unterschied zwischen sozialrechtlichem Herstellungsanspruch und Amtshaftungsanspruch besteht darin, dass der Amtshaftungsanspruch auf Geldersatz gerichtet ist, während durch den Herstellungsanspruch die beklagte Behörde zu einer Amtshandlung verpflichtet wird.

Voraussetzung für den sozialrechtlichen Herstellungsanspruch ist ein Schaden in Form des Ausbleibens einer Leistung, auf die der Bürger einen Anspruch hat. Ein Herstellungsanspruch ist vor allen Dingen dann gegeben, wenn die Behörde pflichtwidrig Hinweise nicht gegeben, falsche Auskünfte erteilt oder fehlerhaft oder unvollständig beraten hat und der Betroffene es daraufhin unterlässt, Anträge zu stellen oder andere Gestaltungsrechte wahrzunehmen.

Voraussetzung für den Herstellungsanspruch ist ein Schaden, der durch ein Verhalten der Sozialleistungsträger wesentlich verursacht wurde. Das ist insbesondere dann der Fall, wenn die Beratungspflichten nach § 14 SGB I nicht ordnungsgemäß erfüllt werden. Der Herstellungsanspruch dient dazu, Nachteile abzuwenden, die dem Bürger durch pflichtwidriges Verwaltungshandeln entstanden sind. Sind die Voraussetzungen des sozialrechtlichen Herstellungsanspruches erfüllt, ist die Behörde verpflichtet, den Betroffenen so zu stellen, wie er bei pflichtgemäßem Handeln stehen würde.

Grundsätzlich gilt für die Beratung über Rechte und Pflichten nach dem Sozialgesetzbuch, dass bei etwaigen Falschinformationen der Bürger nicht so gestellt werden kann, als sei die Falschinformation richtig. Wenn also in einem Beratungsgespräch behauptet wird, dass ein rechtlicher Anspruch auf eine bestimmte Leistung besteht und diese Auskunft unrichtig ist, so hat der Bürger keinen Anspruch auf diese Leistung (BVerwG, NDV-RD 1998, 5). Ein extre-

---

[1] Bestritten ist, ob der Herstellungsanspruch auch für die Sozialhilfe gilt; zum Meinungsstand vgl. Möhle (1990); Wallerath (1998).

mes Beispiel: Wird ein Rentner dahingehend beraten, dass er für seinen jungen Hund Kindergeld beantragen kann, hat er selbstredend keinen entsprechenden Anspruch. Dies schon deswegen, weil auch die Sozialverwaltung an den Grundsatz der Gesetzmäßigkeit der Verwaltung gebunden ist. Der Vertrauensschutz des Bürgers muss demgegenüber zurückstehen.

Schematisch zusammengefasst sind die folgenden Voraussetzungen Grundlage für den sozialrechtlichen Herstellungsanspruch (Dörr 1993):

- Ein Sozialleistungsträger bzw. eine Behörde muss haftungsbegründend gehandelt haben; dies kann durch aktives Tun (z.B. Auskunft nach § 15 SGB I) oder durch Unterlassen (z.B. einer gebotenen Beratung nach § 14 SGB I) erfolgen.
- Dieses Handeln muss pflichtwidrig gewesen sein, d.h. nicht mit der Rechtslage übereinstimmen. Eine fehlerhafte Beratung oder Auskunft ist pflichtwidrig, weil sie gegen den Grundsatz der Gesetzmäßigkeit der Verwaltung verstößt. Auf ein Verschulden der Mitarbeiter des Sozialleistungsträgers kommt es nicht an.
- Aufseiten des Bürgers muss es zu einer Fehldisposition gekommen sein, etwa zu einer verspäteten Antragsstellung.
- Zwischen der Rechtsverletzung der Behörde und der Fehldisposition des Bürgers muss ein kausaler Zusammenhang bestehen.
- Die Fehldisposition hat zu einem sozialrechtlichen Schaden geführt. Geschädigt ist ein Bürger, z.B. durch eine verringerte Sozialleistung oder durch überhöhte Beitragsbelastung.

Liegen diese Voraussetzungen vor, kann der Betroffene verlangen, rechtlich so gestellt zu werden, wie er stehen würde, wenn der Sozialleistungsträger rechtmäßig gehandelt hätte. Hauptanwendungsfall des Herstellungsanspruchs ist die Wiederherstellung nicht eingehaltener Fristen. Wer falsch beraten wurde und aus diesem Grunde eine Frist versäumt hat, dem kann dieses Fristversäumnis nicht angerechnet werden (Mrozynski 1995, Anm. 31 zu § 14 SGB I; zur Hinweispflicht der Rentenversicherungsträger vgl. Marschner 1998).

Der sozialrechtliche Herstellungsanspruch gilt aber auch beispielsweise in den folgenden Fallgestaltungen:

- Wenn infolge einer falschen Beratung die monatlich bezahlten Rentenbeiträge zu niedrig waren, um in den Genuss der Rente zu kommen, dann kann der Betroffene verlangen, dass die von ihm nachgezahlten Rentenbeiträge als rechtzeitig geleistet anerkannt werden (BSGE 41, 126).
- Wenn infolge einer fehlerhaften Beratung die entrichteten Beitragsleistungen für den Betroffenen ungünstig sind, kommt eine Umbuchung oder Erstattung in Betracht (BSGE 60, 43).

# 1 Haftung für fehlerhafte und unvollständige Beratung in der sozialen Arbeit

- Die Bundesanstalt für Arbeit ist verpflichtet, einen Antragsteller zu beraten, seinen Anspruch auf Arbeitslosengeld erst zu einem späteren Zeitpunkt zu stellen, wenn offensichtlich ist, dass diese Verschiebung für den Antragsteller vorteilhaft sein könnte. Unterlässt die Behörde die Beratung, hat der Antragsteller einen Herstellungsanspruch (BSG, NJW 2000, 2043).

> Die praktischen Auswirkungen der Amtshaftung und des sozialrechtlichen Herstellungsanspruches bestehen in der Konkretisierung des Umfangs der Beratungspflichten. Amtshaftung und Herstellungsanspruch haben daher den vielfältigen Beratungsansprüchen nach den Sozialgesetzen deutlich den Charakter des »unverbindlichen Gesprächs« genommen.

## 1.3 Die Haftung bei der Beratung durch Träger der freien Wohlfahrtsverbände

Die bisher dargestellten Möglichkeiten des Schadensersatzes bei der Amtshaftung oder des sozialrechtlichen Herstellungsanspruches bei einer unterlassenen oder fehlerhaften Beratung und Auskunft richten sich gegen die öffentliche Hand, die Verwaltung bzw. die Sozialleistungsträger nach den Sozialgesetzbüchern.

Wie aber, wenn ein privater Träger Erziehungs-, Trennungs- und Scheidungsberatung, Drogen- oder Aidsberatung anbietet und falsch berät oder informiert, wer haftet und in welchem Umfang? Zu diesem Problemkreis existiert eine Vorschrift im Bürgerlichem Gesetzbuch.

> **§ 675 Abs. 2 BGB Rat oder Empfehlung**
> Wer einem anderen einen Rat oder eine Empfehlung erteilt, ist, unbeschadet der sich aus einem Vertragsverhältnis, einer unerlaubten Handlung oder einer sonstigen gesetzlichen Bestimmung ergebenden Verantwortlichkeit, zum Ersatze des aus der Befolgung des Rates oder der Empfehlung entstehenden Schadens nicht verpflichtet.

Das klingt so, dass eine Beratung weitestgehend unverbindlich und ohne rechtliche Konsequenzen ist. Dem ist aber nicht so. Lediglich bei einer reinen *Gefälligkeit*, bei einem Gespräch unter Freunden, bei der Alltagsberatung führt die unbeabsichtigte Falschauskunft zu keiner Haftung (Palandt/Sprau

2001, Anm. 27 zu § 675 BGB). Eine reine Gefälligkeit liegt allerdings nicht mehr vor, wenn die Beteiligten einen sog. Rechtsbindungswillen besitzen. Nach Ansicht des Bundesgerichtshofs spricht für einen derartigen Rechtsbindungswillen:

»Der Wert einer anvertrauten Sache, die wirtschaftliche Bedeutung einer Angelegenheit, das erkennbare Interesse des Begünstigten und die nicht ihm, wohl aber dem Leistenden erkennbare Gefahr, in die er durch eine fehlerhafte Leistung geraten kann, können auf einen rechtlichen Bindungswillen schließen lassen. (...) Hat der Leistende selbst ein rechtliches oder wirtschaftliches Interesse an der dem Begünstigten gewährten Hilfe, so wird dies in der Regel für seinen Rechtsbindungswillen sprechen« (BGHZ 21, 102, 107).

Wird also ein Rat in einer bedeutsamen ökonomischen Angelegenheit mit erheblichen Risiken außerhalb von menschlichen oder freundschaftlichen Beziehungen erteilt, ist der Bereich der Gefälligkeit verlassen.

Derjenige, der Empfehlungen erteilt oder rät, kann im Schadensfall dann haften, wenn:
- ein Vertragsverhältnis oder
- eine unerlaubte Handlung vorliegen.

Insoweit gelten die allgemeinen Bestimmungen des BGB zur Schlechterfüllung und zu dem Schadensersatzrecht aus unerlaubten Handlungen (zum Ersatz des Vertrauensschadens wegen falscher Auskunft vgl. BGH, NJW 1999, 211, sowie BGH, JuS 1999, 496).

- Darüber hinaus haftet man, wenn wissentlich falscher Rat oder falsche Auskunft erteilt wird, um dem Ratsuchenden Schaden zuzufügen, § 826 BGB.

Der Beratung in den Einrichtungen der freien Träger liegt in aller Regel ein Vertrags- oder ein ähnlich zu bewertendes Vertrauensverhältnis zugrunde. Wird für die Beratung ein Entgelt vereinbart oder eine Gebühr erhoben, so besteht die Verpflichtung zur Haftung im Schadensfall.

Aber auch wenn die Beratung unentgeltlich erfolgt, ist bei einer professionellen Beratung nicht davon auszugehen, dass sie außerhalb des Rechts stattfindet. Beratungen und Auskünfte werden in Erfüllung einer vertraglichen Aufklärungs-, Beratungs- oder Warnpflicht erteilt (Staudinger/Wittmann 1995, Anm. 8 zu § 676 BGB).

Sind die Voraussetzungen einer vertraglichen oder deliktischen Haftung gegeben, so ist der Ratgeber nach § 249 BGB zum Ersatz des Schadens verpflichtet, der dem Ratsuchenden und Auskunftsempfänger entstanden ist.

1 Haftung für fehlerhafte und unvollständige Beratung in der sozialen Arbeit 197

## 1.4 Die Haftung bei psycho-sozialer Beratung[1]

Bei Beratungen, die sich nicht vorwiegend auf Rechte und Pflichten nach den Sozialgesetzen beziehen, sondern helfen sollen, individuelle Problemlagen zu überwinden, haben wir es mit der Besonderheit zu tun, dass diese Art der Beratung auf den ersten Blick nur schwerlich justiziabel erscheint. Eine fehlerhafte Auskunft kann bei einer eher rechtlichen/fachlichen Beratung ursächlich für einen Schaden sein. Das ist im Einzelnen nachweisbar und führt zur Verpflichtung, den Schaden zu ersetzen. Die Gerichtsurteile belegen dies.

Wie ist aber zu entscheiden, wenn es um die Frage geht, ob eine Beratung in einer Krisenintervention die »richtige« war, ob eine Beratung fehlerhaft war? Bei der Trennungs- und Scheidungsberatung, bei der Beratung von Kindern und Jugendlichen oder der Erziehungsberatung ist es durchaus möglich, dass die konkrete Beratung fehlerhaft erfolgt und der Ratsuchende geschädigt wird.

*Allerdings wird bei derartigen Beratungen kein »Erfolg« geschuldet. Die Beraterin kann und muss nicht vertraglich garantieren, dass durch die Beratung die Krise beseitigt, der Drogenkonsum beendigt, der Bestand der Ehe gesichert wird. Wenn eine Beratung daher ohne das gewünschte Ergebnis geblieben ist, so haftet man nicht für den ausgebliebenen Erfolg.[2]*

Maßstab für eine Haftung, vorausgesetzt die sonstigen Haftungsvoraussetzungen liegen vor (Schadensersatzanspruch oder Vertragsverletzung), ist § 276 BGB. Danach haftet, wer die im Verkehr erforderliche Sorgfalt außer Acht lässt (Fahrlässigkeit). Es gilt ein objektiver Sorgfaltsmaßstab und nicht etwa eine individuelle Betrachtungsweise (Palandt/Heinrichs 2001, Anm. 15 zu § 276 BGB). Fehlende Fachkenntnisse entlasten den Haftenden keineswegs. Die Sorgfaltsanforderungen richten sich nach den jeweiligen Verkehrs- bzw. Berufskreisen (BGH, NJW 1970, 1038). Die berufsspezifische Konkretisierung der Sorgfaltspflichten bezieht sich auf besonnene und gewissenhafte Angehörige der jeweiligen Berufsgruppe. Auf das Expertenwissen eines Professors oder einer Spezialistin wird nicht abgestellt.

---

[1] Therapieschäden sowie die Risiken und Nebenwirkungen von Psychotherapie werden ausführlich in dem von Märtens/Petzold (2002) herausgegebenen Buch behandelt. Die Herausgeber weisen in ihrem Vorwort eindringlich darauf hin, dass die Profession derartige Risiken und Schädigungen keineswegs verdrängen dürfe, vielmehr im Gegenteil aktiv kommunizieren und erforschen müsse.

[2] Für den Bereich der psychotherapeutischen Behandlung Gründel (2000) sowie Boemke/Gründel (2002).

Für die Fachkräfte in der psycho-sozialen Beratung gelten die Grundsätze des fachlichen Könnens. Sie enthalten Standards für die psycho-soziale Beratung (vgl. Kap. VII → S. 157) und geben damit Anhaltspunkte für die Qualität und den Sorgfaltsmaßstab. Diese Maßstäbe sind mit Aufmerksamkeit und Sorgfalt zu beachten. Das bedeutet indessen nicht, dass durch das Prinzip der Fachlichkeit schematische Handlungsmuster festgelegt sind. Professionelle Beratung erweist sich am Einzelfall und muss auf die individuellen Besonderheiten ausgerichtet sein. Im Rahmen der Einzelfallerfordernisse sind professionelle Standards zu beachten.[1]

> Eine Haftung kommt infolgedessen nur dann in Betracht, wenn der beratenden Fachkraft nachzuweisen ist, dass sie nicht nach den Regeln der Profession gearbeitet hat und dieses Vorgehen ursächlich für den Schaden war.

## 2   Haftung bei Bruch des Vertrauensverhältnisses

Ein *Vertrauensbruch* durch Berater kann ebenfalls zivilrechtliche Schadensersatzansprüche nach sich ziehen. Eine Beraterin erzählt einer »guten« Freundin, dass sie sich mal vorstellen müsste, der nach außen so seriöse Herr X sei Alkoholiker und zudem noch tablettenabhängig. Die Freundin berichtet dies sofort ihrem Lebensgefährten, der ein Arbeitskollege von X ist. Die Sache wird in der Firma publik. Die Folge: Herr X verliert seinen Arbeitsplatz.

Das Ausplaudern von Beratungsgeheimnissen kann für den Klienten schwerwiegende Folgen haben: Nicht nur gesellschaftliche Ächtung, sondern auch massive finanzielle Nachteile. Ein Arbeitsverhältnis wird gekündigt, ein in Aussicht stehender lukrativer Vertrag platzt, eine Ehe geht zu Bruch. Selbstverständlich hat sich der Berater – soweit er nach § 203 StGB schweigepflichtig ist – strafbar gemacht. *Eine Bestrafung des Beraters bringt jedoch keinen finanziellen Ausgleich, ersetzt dem Geschädigten weder den materiellen noch den immateriellen Schaden*, z.B. die psychischen Verletzungen und ihre Folgen.

Bei einem Bruch des Vertrauensverhältnisses kommt eine Haftung nach den Grundsätzen des Schadensersatzrechts infrage.

---

[1] Zu dem Umfang der Sorgfaltspflichten bei Ärzten und Heilpraktikern vgl. BGHZ 113, 297.

## 2 Haftung bei Bruch des Vertrauensverhältnisses

Nach § 823 Abs. 1 BGB ist schadenersatzpflichtig, wer vorsätzlich oder fahrlässig das Leben, den Körper, die Gesundheit oder ein sonstiges, jedermann gegenüber geschütztes Recht verletzt. Zu diesen Rechtsgütern gehört das umfassende Recht auf *Achtung und Entfaltung der Persönlichkeit*. (= IVILRECHTL.)

Im Einzelnen zählen dazu:
- die *Individualsphäre*, die das Selbstbestimmungsrecht des Menschen schützt;
- die *Privatsphäre*, die das Leben im häuslichen oder im Familienkreis betrifft sowie
- die *Intimsphäre*, die die inneren Gedanken und die Gefühlswelt umfasst und alle Angelegenheiten, auf die ihrer Natur nach ein Anspruch auf Geheimhaltung besteht, wie z.B. der Gesundheitszustand. Die Intimsphäre genießt grundsätzlich absoluten Persönlichkeitsschutz (BGH, NJW 1988, 1984). Es braucht kaum darauf verwiesen zu werden, dass Probleme aus der Intimsphäre ein äußerst wichtiges Thema in vielen Beratungsgesprächen sind.[1]

Eine Verletzung der Individual-, Privat- sowie Intimsphäre liegt u.a. dann vor, wenn geheim zu haltende Umstände an Dritte weitergegeben werden. Diese Weitergabe ist grundsätzlich rechtswidrig, es sei denn, es lägen rechtfertigende Umstände vor. Das ist nur ausnahmsweise der Fall (vgl. Kap. X → S. 248).

### 2.1 Schutz der Privatsphäre

Der Bundesgerichtshof hat in einer Entscheidung erneut die Bedeutung des Schutzes der Privatsphäre hervorgehoben. So genannte absolute Personen der Zeitgeschichte müssen zwar hinnehmen, dass Bildaufnahmen von ihnen veröffentlicht werden, nicht nur, wenn sie in öffentlicher Funktion tätig sind, sondern auch wenn ihr Privatleben im weitesten Sinne betroffen ist. Aber, so der Bundesgerichtshof, kann auch außerhalb des eigenen Hauses ein schützenswertes Interesse bestehen, wenn sich jemand in eine örtliche Abgeschiedenheit zurückgezogen hat, in der er objektiv erkennbar für sich allein sein will und in der er sich in der konkreten Situation im Vertrauen auf die Abgeschiedenheit so verhält, wie er es in der breiten Öffentlichkeit nicht tun würde. Der BGH begründete diesen Anspruch auf Achtung und Schutz der Privatsphäre, dass jedem ein autonomer Bereich der Lebensgestaltung

---

[1] Nach § 823 Abs. 2 BGB ist ebenfalls schadensersatzpflichtig, wer gegen ein den Schutz eines anderen bezweckendes Gesetz verstößt. Ein derartiges Schutzgesetz ist nun ganz ohne Frage das Strafgesetzbuch und in unserem Zusammenhang insbesondere der § 203 StGB, der u.a. das Vertrauensverhältnis zwischen staatlich anerkannten Sozialpädagoginnen und Sozialarbeitern zu ihren Klienten strafrechtlich absichert.

zustehe, »in der er seine Individualität unter Ausschluss anderer entwickeln und wahrnehmen kann. Dazu gehört in diesem Bereich auch das Recht, für sich zu sein, sich selbst zu gehören« (BGH, NJW 1996, 1128, 1129).

Diese Ansicht hat das Bundesverfassungsgericht bestätigt. Es hat ausgeführt, dass der Schutz der Privatsphäre sowohl thematisch als auch räumlich bestimmt ist. »Er umfasst zum einen Angelegenheiten, die wegen ihres Informationsinhalts typischerweise als ›privat‹ eingestuft werden, weil ihre öffentliche Erörterung oder Zurschaustellung als unschicklich gilt, das Bekanntwerden als peinlich empfunden wird oder nachteilige Reaktionen der Umwelt auslöst, wie es etwa bei Auseinandersetzungen mit sich selbst in Tagebüchern (...), bei vertraulicher Kommunikation unter Eheleuten (...), im Bereich der Sexualität (...), bei sozial abweichendem Verhalten (...) oder bei Krankheiten der Fall ist. Fehlte es hier an einem *Schutz vor der Kenntniserlangung anderer*, wären die Auseinandersetzungen mit sich selbst, die unbefangene Kommunikation unter Nahestehenden, die sexuelle Entfaltung oder die Inanspruchnahme ärztlicher Hilfe beeinträchtigt oder unmöglich, obwohl es sich um grundsätzlich geschützte Verhaltensweisen handelt« (BVerfG, FamRZ 2000, 409).
Die thematische Abschottung des Privaten wird durch den Schutz des räumlichen Bereichs ergänzt, in dem der Einzelne das Recht hat, ohne durch andere gestört zu werden, sich zu entspannen, aber auch gehen zu lassen.[1]
Der Schutz der Privatsphäre ist durch diese Entscheidungen verstärkt worden.[2]

### 2.2 Schutz der Intimsphäre

Hervorzuheben ist: Die Intimsphäre eines Menschen ist absolut geschützt (BGH, NJW 1981, 1366; Palandt/Thomas 2001, Anm. 185 zu § 823 BGB). Eine öffentliche Darstellung ist unzulässig.

> Daher darf es weder zu ungenehmigten Veröffentlichungen von Informationen aus vertraulichen Gesprächen kommen (BGH, NJW 1987, 2667), noch dürfen ungenehmigt Tonbandmitschnitte aus einem vertraulichen Gespräch veröffentlicht werden. Die ungenehmigte Weitergabe von Tonbandaufzeichnungen durch den Gesprächspartner, auch wenn das Gespräch mit dessen Zustimmung aufgezeichnet worden ist, verletzt grundsätzlich das Recht der Person zur Selbstbestimmung über das gesprochene Wort.

---

[1] Zum Persönlichkeitsschutz des Kindes vgl. BVerfG, FamRZ (2000, 941).
[2] Zum Persönlichkeitsschutz durch das Strafrecht vgl. Peglau (1998).

»Das Festhalten der Stimme auf einem Tonträger, durch das nicht nur die Äußerungen ihrem Inhalt nach, sondern in allen Einzelheiten auch des Ausdrucks fixiert und aus der Sphäre einer von der Flüchtigkeit des Wortes geprägten Unterhaltung herausgehoben sowie für eine jederzeitige Reproduzierbarkeit in einem gänzlich anderen Kreis und einer anderen Situation objektiviert und konserviert werden, stellt eine derart intensive ›Verdinglichung‹ der Persönlichkeit dar, dass über ihren Kopf hinweg nicht über derartige Aufzeichnungen verfügt werden darf« (BGH, NJW 1987, 2667, 2668).[1]

## 2.3 Schadensersatzpflichten

Verletzt daher eine Beraterin das Vertrauensverhältnis, ist sie nicht nur strafrechtlich verantwortlich, sondern muss auch zivilrechtlich Ersatz für den eingetretenen Schadens leisten. Das bedeutet zunächst, dass der *materielle Schaden* ersetzt werden muss. Zu ersetzen ist jedweder Vermögensschaden, der durch den Vertrauensbruch entstanden ist. Der Geschädigte ist so zu stellen, wie er vor dem schädigenden Ereignis gestanden hat.

Wer zum Schadensersatz verpflichtet ist, hat indessen auch den *immateriellen Schaden* zu ersetzen. Die Verletzung des Persönlichkeitsrechts kann u.U. zu erheblichen seelischen Belastungen bei dem Ratsuchenden führen. Wenn das soziale Umfeld durch das »Geschwätz« des Beraters erfährt, dass massive sexuelle Probleme gepaart mit Drogenabhängigkeit vorliegen, dann sind psychische Reaktionen des Betroffenen sehr wahrscheinlich. Die Rechtsprechung hat inzwischen anerkannt, dass bei Verletzung des allgemeinen Persönlichkeitsrechtes prinzipiell auch ein Ersatz des immateriellen Schadens in Betracht kommen kann – allerdings unter zwei einschränkenden Voraussetzungen:

- Es muss sich um eine schwere Verletzung des Persönlichkeitsrechts handeln, und
- eine Genugtuung für den Geschädigten durch eine Gegendarstellung oder einen Widerruf ist nicht möglich.

---

[1] Das Landgericht Hamburg hat dagegen die Schmerzensgeldklage eines Vaters, der von einer Psychologin in einer gutachterlichen Stellungnahme in den Verdacht gebracht worden ist, seine Tochter sexuell missbraucht zu haben, abgewiesen. Nach Ansicht des Landgerichts liegt kein rechtswidriger und schuldhafter Eingriff in das Persönlichkeitsrechts vor, weil die Behauptung in einem von der Rechtsordnung vorgesehenen Verfahren erfolgte. Etwas anderes gilt indessen bei leichtfertiger oder gar mutwilliger Beschuldigung (LG Hamburg, NJW 1998, 85; vgl. auch BVerfG, NJW 1998, 2889, das die öffentliche Nennung des eigenen Namens im Fall des sexuellen Missbrauchs durch den Vater für zulässig gehalten hat).

Ob ein Eingriff so gravierend ist, dass der immaterielle Schaden zu ersetzen ist, richtet sich nach dem Einzelfall. Allerdings dürfte gerade der Bruch eines vertraulichen Beratungsgesprächs und die Preisgabe intimer Details in aller Regel als schwerwiegende Verletzung des Persönlichkeitsrechtes anzusehen sein. Ein Beispiel: Das LG München verurteilte einen Psychologen zu einem Schmerzensgeld von 1.000 DM, weil er ohne Einwilligung seines Klienten Befunddaten an dessen Hausarzt weitergeleitet hatte (Az.: 23 O 2157/91). Wenn der Patient nicht in die Weitergabe von Befunddaten einwilligt, so das Gericht, ist der behandelnde Psychologe auch gegenüber einem Kollegen an die Schweigepflicht gebunden.

Eine Entscheidung des Bundesgerichtshof zeigt auch recht deutlich, dass die Rechtsprechung den Schutz des Beratungsgeheimnisses ernst nimmt. Es handelte sich um folgenden Fall: Der Strafgefangene G bewarb sich bei der Klägerin, die ein Autohaus betreibt, um eine Stellung als Autoverkäufer. G verbüßte in einer Justizvollzugsanstalt eine Gesamtfreiheitsstrafe von fünf Jahren, zu der er wegen Betruges sowie wegen Steuerhinterziehung verurteilt wurde. Er war bereits wiederholt zu Freiheitsstrafen, darunter mehrfach wegen Betruges, Urkundenfälschung und Unterschlagung verurteilt worden. Sein Strafregisterauszug enthielt 22 Eintragungen. Es war vorgesehen, dass G als Freigänger einer Beschäftigung nachgehen sollte.

Bei der Vorstellung erklärte G dem Verkaufsleiter der Klägerin, er sitze wegen betrügerischen Konkurses und Steuerhinterziehung ein; sonst sei er nicht straffällig geworden. Dies könne sein Sozialarbeiter in der Vollzugsanstalt bestätigen. Der Verkaufsleiter rief daraufhin im Beisein des G den Sozialarbeiter an. Ein weiteres Telefongespräch mit dem Sozialarbeiter führte der Geschäftsführer der Klägerin. In beiden Unterredungen ging es um die strafrechtliche Vergangenheit des G und die Prognosen für sein künftiges Verhalten. Daraufhin stellte die Klägerin den G als Autoverkäufer mit Inkassovollmacht ein. In der Folgezeit behielt G von den von ihm einkassierten Beträgen insgesamt 170.000 DM privat für sich.

Die Klägerin hat das Land unter dem Gesichtspunkt der Amtshaftung auf Zahlung von 170.000 DM verklagt. Die Klägerin behauptet, dass der Sozialarbeiter die wiederholte Bestrafung des G und seine Verurteilung wegen Betruges wissentlich verschwiegen habe, um die Einstellung des G nicht zu gefährden. Dabei habe er die Familienverhältnisse des G als günstig geschildert und hinzugefügt, G sei auf dem richtigen Weg und resozialisierungsfähig, es könne gar nichts passieren.

Das beklagte Land behauptete, dass der beanstandete Ratschlag im Rahmen eines unvorbereiteten Telefongesprächs erteilt worden sei, der Sozialarbeiter könne nicht alle Einzelheiten über die Vorstrafen im Gedächtnis haben.

Der Bundesgerichtshof hob hervor, dass Auskünfte, die ein Beamter erteilt, dem Stand seiner Erkenntnismöglichkeit entsprechend sachgerecht, d.h. vollständig, richtig und unmissverständlich sein müssen. Diese Amtspflicht bestehe gegenüber jedem Dritten, der Auskunft von einem Beamten haben will. Die Auskunft durch den Beamten im zu entscheidenden Fall war zwar nicht vollständig, dennoch stellt sie keine Amtspflichtverletzung dar. Denn der Sozialarbeiter musste bei seiner Auskunft auch berücksichtigen, dass die »Preisgabe weiterer Einzelheiten über das strafrechtliche Vorleben des G dessen Wiedereingliederungschancen entscheidend mindern und sogar eine Amtspflichtverletzung gegenüber dem als resozialisierungsfähig beurteilten G darstellen konnte« (BGH, NJW 1991, 3027, 3028). Das verpflichtet einen Sozialarbeiter, den Umfang der Auskunft unter sorgfältiger Abwägung der Interessen aller Beteiligten zu bestimmen und einem Auskunftsuchenden nicht ungefragt Tatsachen mitzuteilen, die die Resozialisierung gefährden könnten.

## 3 Rechtliche Konsequenzen bei Verletzung ethischer Standards

In psychotherapeutischen bzw. beraterischen Verfahren kommt es immer wieder zu Grenzüberschreitungen der unterschiedlichsten Art. Berater oder Therapeuten versuchen, das Machtgefälle zwischen ihnen und den Rat- und Hilfesuchenden auszunutzen (zum Machtmissbrauch in der Therapie Hafke 1998 sowie Becker-Fischer 1997). Auf sexuellem Gebiet werden nicht selten die ethischen und professionellen Grundsätze verletzt. Soweit es sich um Sexualdelikte nach den §§ 174 ff. StGB handelt, wird der Berater oder der Psychotherapeut strafrechtlich zur Verantwortung gezogen (zu den Einzelheiten vgl. Barabas 1998).

Für alle sexuellen Handlungen unterhalb der Strafrechtsschwelle gilt das Gebot der Abstinenz. Nach diesem Gebot darf der Therapeut weder persönliche oder geschäftliche noch familiäre Kontakte zu seinem Klienten aufnehmen. Der Bruch dieses Gebotes gilt als grober Behandlungsfehler (Boemke/Gründel 2002, Anm. 39). Psychotherapeuten ist es daher strikt untersagt, emotionale persönliche Beziehungen, vor allen Dingen sexuelle Beziehungen, zu ihren Klienten aufzunehmen.
Der Grund ist einleuchtend. Die Methode der Psychotherapie verlangt, dass der Therapeut die Persönlichkeit des Klienten umfassend kennen lernen muss. Dies führt in der Therapie, aber auch in der Trennungs- und Scheidungsberatung, der Familienberatung usw. notwendig zu einem engen Verhältnis zwischen den Beteiligten. Der Ratsuchende und der Klient müssen sich in Gesprächen und Interviews den Beratern und Therapeuten mit ihren Problemen offenbaren. Seine Aufgabe kann der Therapeut nur wirksam wahrnehmen, wenn er jeden privaten Kontakt mit dem Klienten meidet. Persönliche Beziehungen mit emotionaler Bindung sind daher unverantwortlich und grob fehlerhaft, unabhängig davon, ob sie aus eigenem Antrieb oder

durch die Patientin herbeigeführt erfolgen. Ein Therapeut kann sich daher keineswegs dadurch entlasten, dass seine Klientin die treibende Kraft bei der Anbahnung der sexuellen Beziehung gewesen sei.

- Lehrreich ist ein Fall, den das Oberlandesgericht Düsseldorf entschieden hat. Eine Frau, die von ihrem Stiefvater missbraucht wurde, wählte wegen einer Depression und massiven sexuellen Schwierigkeiten mit ihrem Partner eine psychotherapeutische Behandlung. Der Therapeut nahm während der Behandlung intime Beziehungen zur der Frau auf und sprach mit ihr von einer gemeinsamen Zukunft. Nachdem die Klientin u.a. feststellte, dass der Therapeut eine Beziehung zu einer anderen Frau aufgenommen hatte, geriet sie verstärkt in Alkohol- und Tablettenabhängigkeit sowie in Suizidgefahr und musste sich stationär in ein Krankenhaus begeben.
Das Gericht in erster Instanz hatte den Therapeuten zur Rückzahlung des Honorars verurteilt und den geltend gemachten Schmerzensgeldanspruch mit der Begründung zurückgewiesen, für eine enttäuschte Liebe gebe es kein Schmerzensgeld. Das sahen die Richter der nächsten Instanz jedoch anders. Sie werteten das Verhalten des Therapeuten als eine Missachtung des Abstinenzgebotes. Der Therapeut kann seine Aufgabe nur wirksam erfüllen, »wenn er, solange die Behandlung dauert, jeden privaten Kontakt mit dem Patienten meidet. Denn durch die Aufnahme emotionaler persönlicher Beziehungen (zum Therapeuten) werden beim Patienten neue Reaktionen mobilisiert, die einer Überwindung neurotischer Störungen im Wege stehen. Das Abstinenzgebot ist deshalb (...) ein Grundsatz, dessen peinliche Beachtung von der in der Medizin herrschenden Auffassung im Interesse des Patienten gefordert wird. Der Psychotherapeut handelt folglich unverantwortlich und grob fehlerhaft, wenn er aus eigenem Antrieb oder dem Verlangen einer weiblichen Patientin folgend persönliche Beziehungen mit emotionaler Bindung begründet.« Das Oberlandesgericht hat daher den Therapeuten zu einem Schmerzensgeld von 10.000 DM verurteilt (OLG Düsseldorf, NJW 1990, 1543; vgl. auch OLG Köln, Az.: 15 U 186/91).

- Zu einem Schmerzensgeld in Höhe von 5.000 DM verurteilte das LG Hannover einen Heilpraktiker, weil er persönliche Beziehungen zu einer Patientin aufgenommen hatte, in deren Verlauf es jedenfalls einmal zum Austausch von Intimitäten zwischen den Parteien gekommen war. Darüber hinaus besteht kein Zahlungsanspruch des Therapeuten, weil der Behandlungsvertrag wegen der standesrechtlichen Verstoßes sittenwidrig und damit nichtig ist (LG Hannover, Streit 1999, 21).

- Einem Diplompsychologen kann das Zertifikat »Klinischer Psychologe/Psychotherapeut BDP« entzogen werden, wenn er seine Sexualität nicht steuern kann und dadurch seine therapeutische Verantwortlichkeit verletzt (Schieds- und Ehrengericht des BDP, Streit 1996, 20).

- Aber auch, wenn es *nicht zu einer sexuellen Beziehung* kommt, kann das Abstinenzgebot verletzt werden und zu Geldbußen führen. Hierzu ist es schon ausreichend, wenn ein Therapeut außerhalb der therapeutischen Sphäre private Kontakte zu seiner Klientin aufnimmt, etwa in der Form, dass er eine Klientin für sich Übersetzungsarbeiten vornehmen und abends privat bei seiner Arbeit anwesend sein lässt (Schieds- und Ehrengericht des Berufsverbandes Deutscher Psychologen, Streit 1993, 156).

*Das Abstinenzgebot gilt auch für Beratungsverhältnisse*, in denen nicht finanzielle Aspekte – wie zum Beispiel bei der Schuldnerberatung – im Vordergrund stehen, sondern psycho-soziale Problemstellungen aufgearbeitet werden müssen. Bei derartigen Beratungen kommt es naturgemäß zu einem engen Verhältnis der Beteiligten. Der Klient muss sich offenbaren, damit wirksam und fachlich kompetent geholfen werden kann. In einer Trennungs- und Scheidungsberatung etwa, in der Drogen- oder der Schwangerschaftsberatung besteht ein Machtgefälle, das die Berater nicht für eigene Interessen instrumentalisieren dürfen.

## 4 Sexueller Missbrauch in Beratungs-, Behandlungs- oder Betreuungsverhältnissen

Der Gesetzgeber war der Auffassung, dass der zivil- und berufsrechtliche Schutz vor sexuellem Missbrauch in beraterischen und therapeutischen Verfahren nicht ausreichend war. 1998 ist der strafrechtliche Schutz geistig und seelisch behinderter Menschen vor sexuellen Übergriffen im Rahmen von Beratungs-, Behandlungs- und Betreuungsverhältnissen durch § 174c StGB verbessert worden. Die Vorschrift lautet:

> **§ 174c StGB Sexueller Missbrauch unter Ausnutzung eines Beratungs-, Behandlungs- oder Betreuungsverhältnisses**
> (1) Wer sexuelle Handlungen an einer Person, die ihm wegen einer geistigen oder seelischen Krankheit oder Behinderung einschließlich einer Suchtkrankheit zur Beratung, Behandlung oder Betreuung anvertraut ist, unter Missbrauch des Beratungs-, Behandlungs- oder Betreuungsverhältnisses vornimmt oder an sich von ihr vornehmen lässt, wird mit Freiheitsstrafe bis zu fünf Jahren oder mit Geldstrafe bestraft.
> (2) Ebenso wird bestraft, wer sexuelle Handlungen an einer Person, die ihm zur psycho-therapeutischen Behandlung anvertraut ist, unter Missbrauch des Behandlungsverhältnisses vornimmt oder an sich von ihr vornehmen lässt.

Geschütztes Rechtsgut ist die sexuelle Selbstbestimmung von Personen, deren Widerstandsfähigkeit gegen sexuelle Übergriffe innerhalb therapeutischer und beraterischer Verfahren aufgrund ihrer psychischen oder seelischen Krankheiten herabgesetzt ist. Mittelbar wird durch diese Norm auch das Vertrauen in die Integrität von Beratern, Betreuern und Psychotherapeuten geschützt. Sie müssen nämlich damit rechnen, dass sie bei Verletzung des Abstinenzgebotes auch strafrechtlich belangt werden können.

Die Einführung des strafrechtlichen Schutzes lässt einerseits die wachsende Bedeutung der Beratung erkennen und war andererseits auch notwendig, denn die Anzahl der Sexualstraftaten im Rahmen der Beratungs-, Behandlungs- und Betreuungsverhältnisse sowie in der Psychotherapie sind nicht unbeträchtlich. Die Bundesregierung geht davon aus, dass sexuelle Angriffe gegenüber geistig behinderten Personen auch im Rahmen teilstationärer Behandlung »gleichsam zum Alltag gehörten« (BRDrucks 295/97/7). In therapeutischen Behandlungsverhältnissen ist mit jährlich etwa 600 Fällen sexueller Übergriffe zu rechnen, so die Ergebnisse eines Forschungsberichtes aus dem Jahre 1995 (BRDrucks 295/97/8). Die psychischen Folgen für die Opfer sind oft erheblich und die Dunkelziffer ist naturgemäß sehr hoch (Tröndle/Fischer 2001, Anm. 2 zu § 174c StGB).

Nach § 174c Abs. 1 StGB können sich Ärzte, Psychiater, Heilpraktiker und das an Therapien teilnehmende Hilfspersonal, Betreuer von Wohngruppen sowie Berater in Sucht- und psycho-sozialen Beratungsstellen strafbar machen.

Durch § 174c Abs. 2 StGB wird der Missbrauch in psychotherapeutischen Behandlungsverhältnissen unter Strafe gestellt. Hierzu zählen nicht nur alle anerkannten Psychotherapieformen, sondern auch die »alternativen Therapien«, die beispielsweise von Weltanschauungsgemeinschaften angeboten werden. Nicht unter § 174c Abs. 2 StGB fallen Veranstaltungen, Kurse, Workshops, die mit psychologischen Methoden arbeiten, aber »nur« der Erlernung oder Erhaltung der sozialen Kompetenz dienen (Tröndle/Fischer 2001, Anm. 6 zu § 174c StGB).

In der Beratung, der Betreuung, der Psychotherapie ist die Grenze zwischen legitimen Behandlungsformen und den strafbaren, erheblichen sexuellen Handlungen nicht einfach zu bestimmen, da die Übergänge fließend sind.

Was im Rahmen des § 174c StGB als strafbare sexuelle Handlung anzusehen ist, ergibt sich aus § 184c StGB und hängt weitgehend vom Einzelfall ab. Aus der Gesetzesfassung des § 184c StGB ist zu entnehmen, dass die Erheblichkeit einer sexuellen Handlung generell im Hinblick auf das jeweils geschützte Rechtsgut zu ermitteln ist. § 184c StGB erfordert, dass für jede einzelne Norm des Sexualstrafrechts das Rechtsgut festzulegen ist. Dadurch kann es geschehen, dass ein und dieselbe Verhaltensweise einmal als sexuelle Handlung bestraft wird oder aber – wegen der nicht vorhandenen Erheblichkeit im Hinblick auf das geschützte Rechtsgut – straffrei bleibt. Um es an einem Beispiel zu verdeutlichen: Ein aufgenötigter Zungenkuss ist nicht stets und ohne Rücksicht auf die Begleitumstände nach Auffassung der Rechtsprechung eine erhebliche sexuelle Handlung. Es bedarf vielmehr einer Wertung, bei der es eben darauf ankommt, welche Strafvorschrift betroffen ist.

»Was sich gegenüber einem Kind unter 14 Jahren oder bei Bestehen eines Unterordnungsverhältnisses als unzüchtige (sexuelle) Handlung von einiger Erheblichkeit darstellen kann, kann im Rahmen des § 178 StGB (...) je nach den Begleitumständen eine andere Beurteilung erfahren. Als maßgebliche Umstände für die vorzunehmende Bewertung hat der BGH – neben den genannten Kriterien wie Alter und Verhältnis zwischen Täter und Opfer – Dauer und Intensität des Zungenkusses und etwaiger begleitender Handlungen – wie Berührung des Körpers – angesehen« (BGH, StV 1983, 415, 416).

Körperliche Kontakte in einer psycho-sozialen Beratung können z.B. die Grenze der Erheblichkeitsschwelle überschreiten, ebenso zahlreiche Formen »therapeutischer Körpererfahrungen«. Das Strafrecht kommt auch bei den sog. echten Liebesbeziehungen zur Anwendung, da Beratungs- und Therapieverhältnisse sich durch ein erhebliches Machtgefälle auszeichnen. Der Einwand, es handele sich um keine oder jedenfalls nur eine eingeschränkte Strafbarkeit, da es sich um eine echte Liebesbeziehung handelt, verharmlost die hohe Manipulationsgefahr in derartigen Verhältnissen. Allzu leicht können Machtgefälle instrumentalisiert werden, um eigene sexuelle Bedürfnisse zu befriedigen (so auch Tröndle/Fischer 2001, Anm. 11 zu § 174c StGB).

Eine Straftat nach § 174c StGB kann auch dann erfüllt sein, wenn das therapeutische Verhältnis pro forma beendet ist und es anschließend zu sexuellen Handlungen kommt.

Zur Strafbarkeit ist jedoch erforderlich, dass der Täter neben der sexuellen Handlung das Beratungs-, Behandlungs- und Betreuungsverhältnis missbraucht. Für den Missbrauch ist es nicht erforderlich, dass der Täter mit Gewalt oder Drohung mit einem empfindlichen Übel das Opfer zu einer sexuellen Handlung nötigt. Es muss sich keineswegs um eine strafrechtliche Nötigung handeln, vielmehr sind Verhaltensweisen unterhalb der Nötigung ausreichend, um den Tatbestand des § 174c StGB zu erfüllen. Da es sich um Klienten mit einer geistigen oder seelischen Krankheit oder Behinderung bzw. mit einer Suchtkrankheit handeln muss, sind sexuelle Handlungen als solche meistenteils bereits missbräuchlich.

Wichtig ist schließlich, dass § 174c StGB ein Offizialdelikt ist. Es bedarf mithin keines Strafantrages des Opfers, im Gegenteil: Es kann sogar gegen seinen Willen zu einem Strafverfahren kommen.

> **Zusammenfassung:**
> Als ein wirksames Instrument, die Qualität der Beratung zu sichern, erweisen sich die unterschiedlichen Formen der Schadensersatz- und Wiederherstellungspflichten bei fehlerhafter oder unterlassener Beratung oder Auskunft. Die Amtshaftung, der sozialrechtliche Wiederherstellungsanspruch, der zivilrechtliche Schadensersatzanspruch sind geeignete Instrumente, Professionalität von Beratungsprozessen zu garantieren. Flankierend sollen strafrechtliche Normen gewährleisten, dass Beratungsprozesse frei von sexuellen Übergriffen bleiben.

# IX KRISENINTERVENTION, SUIZID UND UNTERBRINGUNG

Berater und Therapeutinnen sind häufig – allemal in Krisensituationen unterschiedlichster Art – mit Grenzsituationen konfrontiert, in denen schnell und kompetent reagiert werden muss:

- Ein völlig überschuldeter Mann kündigt seiner Beraterin an, er werde sich »was antun«.

- In einer Eheberatung droht ein Mann völlig auszurasten, er beginnt seine Ehefrau als Flittchen und Hure zu beschimpfen.

- Ein Suchtberater stellt fest, dass sein Klient auf dem besten Wege ist, sich in kürzester Zeit totzusaufen.

- In einer Beratung fängt ein Klient an, Möbel aus dem Fenster zu werfen und den Berater massiv zu beleidigen.

- Bei einer Ernährungsberatung in einem Esszentrum kommt die Beraterin zu dem Ergebnis, dass ein junges Mädchen zu verhungern droht, und überlegt, ob eine Zwangsernährung in Betracht kommt.

In derartigen Fällen kann sich die Frage stellen, ob die Klienten zu ihrer eigenen Sicherheit oder um die Gefährdung fremder Rechtsgüter zu verhindern, in Verwahrung genommen werden können – oder sogar die Pflicht besteht, sie zu verwahren. Es geht im Kern um den Schutz des Menschen vor sich selbst. Zur Lösung dieses »Problems« sind zwei äußerst gegensätzliche staatliche Strategien denkbar. Ein *überfürsorglicher Staat* könnte es sich zur Aufgabe setzen, seine Bürger zu einem gesundem Leben anzuhalten und sie zwingen, keinen Alkohol zu trinken, nicht zu rauchen oder keine gefährlichen Sportarten zu betreiben. Dagegen wäre es einem *Rabenvaterstaat* völlig egal, ob seine Bürger Suizid begehen, sich als Kampftrinker ins Jenseits befördern oder durch Drogen ihrem Leben ein Ende setzen. Das derzeit geltende Recht vermeidet beide Extreme und enthält fürsorgliche Aspekte (so ist es rechtmäßig, wenn die Polizei gegen eine Selbsttötung einschreitet) wie auch freiheitsverbürgende Elemente (Schwabe 1998).

Die Anzahl der Unterbringungsanträge nach § 1906 BGB belief sich im Jahre 1995 auf ca. 55.000, während ca. 57.000 Anträge nach den Psychiatrie- und Kranken- sowie den Unterbringungsgesetzen der Länder gestellt wurden (Deinert 1998). Crefeld (1998), der sich mit der Zwangseinweisung befasst, kommt zu dem Ergebnis: »Exakte Zahlen sind Mangelware.«

## 1 Juristische Grundlagen des Unterbringungsrechts[1]

Die *zivilrechtliche Unterbringung* für Volljährige ist in § 1906 BGB geregelt.[2] Die Vorschrift lautet:

> **§ 1906 BGB Unterbringung mit Freiheitsentziehung**
> (1) Eine Unterbringung des Betreuten durch den Betreuer, die mit Freiheitsentziehung verbunden ist, ist nur zulässig, solange sie zum Wohl des Betreuten erforderlich ist, weil
> 1. auf Grund einer psychischen Krankheit oder geistigen oder seelischen Behinderung des Betreuten die Gefahr besteht, dass er sich selbst tötet oder erheblichen gesundheitlichen Schaden zufügt, oder
> 2. eine Untersuchung des Gesundheitszustandes, eine Heilbehandlung oder ein ärztlicher Eingriff notwendig ist, ohne die Unterbringung des Betreuten nicht durchgeführt werden kann und der Betreute auf Grund einer psychischen Krankheit oder geistigen oder seelischen Behinderung die Notwendigkeit der Unterbringung nicht erkennen oder nicht nach dieser Einsicht handeln kann.
> (2) Die Unterbringung ist nur mit Genehmigung des Vormundschaftsgerichts zulässig. Ohne die Genehmigung ist die Unterbringung nur zulässig, wenn mit dem Aufschub Gefahr verbunden ist; die Genehmigung ist unverzüglich nachzuholen.

Die Unterbringung eines Menschen gegen seinen Willen in einer geschlossenen Anstalt ist stets mit einem weitreichenden Eingriff in seine verfassungsrechtlich geschützten Grundrechte verbunden.

Der freiwillige Aufenthalt eines psychisch Kranken stellt ihn dagegen anderen Patienten gleich. Er kann die Klinik jederzeit verlassen, er ist Auftraggeber des Krankenhauses. Er unterliegt selbstverständlich nicht den Regeln des Unterbringungsrechts. Eine freiwillige Entscheidung setzt voraus, dass sie nicht erzwungen wurde.
Ferner muss garantiert sein, dass der Betroffene in der Lage ist, selbstverantwortlich zu entscheiden (vgl. Marschner/Volckart 2001, 2 ff.).[3]

---

[1] Die Entwicklung des Betreuungsrechts behandeln Dodegge (2001); Dodegge (2002) sowie Zimmermann (2001).
[2] § 1631b BGB regelt die zivilrechtliche Unterbringung für Minderjährige.
[3] Am 1.1.1999 trat eine Reform des Betreuungsrechtes in Kraft. Die Reform beabsichtigt u.a. eine Stärkung der ehrenamtlichen Betreuung, eine Eingrenzung und leichtere Feststellung der Berufsbetreuungsvergütung sowie Verfahrenserleichterungen; zur Reform vgl. Wagenitz (1998).

# 1 Juristische Grundlagen des Unterbringungsrechts

> Ist der Betroffene jedoch mit einer Unterbringung *nicht einverstanden*, dann sieht das geltende Recht die Möglichkeit einer zivilrechtlichen oder einer öffentlich-rechtlichen Unterbringung vor.

Das *zivilrechtliche Betreuungsrecht* regelt die Unterbringung von Betreuten durch den Betreuer. Für die Unterzubringenden muss daher zumindest ein vorläufiger Betreuer bestellt sein (Bienwald 1999, Anm. 33 zu § 1906 BGB).

Allerdings ist der Bundesgerichtshof nunmehr der Auffassung, dass es grundsätzlich in Eilfällen zulässig ist, eine zivilrechtliche Unterbringung anzuordnen, ohne dass zugleich ein Betreuer bestellt wird. Das anordnende Gericht ist aber in einem solchen Fall verpflichtet, gleichzeitig mit der Unterbringungsanordnung dafür zu sorgen, dass dem Betroffenen unverzüglich (binnen weniger Tage) ein Betreuer zur Seite gestellt wird. Dieser habe dann mit Genehmigung des Vormundschaftsgerichtes zu entscheiden, ob die Unterbringung beendet oder fortgesetzt wird (BGH, FamRZ 2002, 1801; a.A. OLG Frankfurt am Main, FamRZ 1993, 357).

Für die freiheitsentziehende Unterbringung des Betreuten ist die Genehmigung des Vormundschaftsgerichtes erforderlich.

Die *öffentlich-rechtliche Unterbringung* ist in den Ländergesetzen zur Unterbringung psychisch kranker und süchtiger Menschen geregelt.[1]

Die Gesetze der jeweiligen Bundesländer gehen im Wesentlichen davon aus, dass die Anordnung der Unterbringung erforderlich sein muss,
- um eine erhebliche Gefährdung des Kranken selbst oder
- anderer Personen bzw.
- um eine Gefährdung der öffentlichen Sicherheit und Ordnung zu vermeiden.

Die Unterbringungsgesetze der Länder sind keineswegs einheitlich und teilweise noch weit entfernt von modernen Einsichten in die den psychisch Kranken gerecht werdenden Strukturen (zu den rechtspolitischen Anforderungen an die Versorgung von psychisch Kranken vgl. Marschner/Volckart 2001, 69 ff.; Crefeld 1998).

---

[1] Die Landesgesetze zur Unterbringung psychisch Kranker finden sich bei Bienwald (1999, 1063 ff.). In NRW gilt seit dem 24.12.1999 ein neues Unterbringungsrecht. Das Gesetz über Hilfen und Schutzmaßnahmen bei psychischen Krankheiten/Nordrhein-Westfalen (PsychKG/NRW) soll die Rechte der Betroffenen stärken, vgl. Dodegge (2000).

Öffentlich-rechtliche und zivilrechtliche Unterbringungsformen stehen gleichrangig nebeneinander. Allein die materiell-rechtlichen Voraussetzungen entscheiden, welche Unterbringungsform zur Anwendung kommt. Ist bereits, wenn auch nur vorläufig, ein Betreuer bestellt und liegen die Voraussetzungen des § 1906 BGB vor, ist die zivilrechtliche Unterbringung vorrangig, falls sich der Betreuer zu einer Unterbringung entschließt. Für eine öffentlich-rechtliche Unterbringung nach Landesrecht ist dann kein Raum, wenn der für den Betroffenen bestellte Betreuer diesen mit dessen Zustimmung zivilrechtlich unterbringen will (OLG Hamm, FamRZ 2000, 1122).

Liegen die materiell-rechtlichen Voraussetzungen der zivilrechtlichen Unterbringung indessen nicht vor, z.B. bei einer Fremdgefährdung, dann muss nach öffentlich-rechtlichen Vorschriften untergebracht werden (Jürgens/Klüsener u.a. 2001, Anm. 48 zu § 1906 BGB).

> »Das Nebeneinander von zivilrechtlicher und öffentlich-rechtlicher Unterbringung ist auch aus praktischen Gründen sinnvoll. Es erleichtert die Beachtung des für das ganze Betreuungsrecht geltenden Erforderlichkeitsgrundsatzes. *Öffentlich-rechtliche Unterbringungen sind in der Regel nur von kurzer Dauer. Sie dienen vielfach der Intervention bei vorübergehenden Krisen, die nicht die Bestellung eines Betreuers erfordern.* Bei länger dauernden Unterbringungen wird es in aller Regel zum Wohl des Betroffenen erforderlich sein, ihm einen Betreuer zu bestellen, der im persönlichen Umgang mit ihm dazu beitragen kann, Probleme auch außerhalb des Freiheitsentzuges zu regeln« (BTDrucks 11/4528/81).

Um es an einem Beispiel (aus Meier 2001) zu erläutern:
Die 18-jährige, 1,64 m große Henriette K. wiegt nur noch 33 kg. Sie verweigert jegliche Nahrungsaufnahme, weil sie sich zu dick fühlt. Die verzweifelte Mutter kontaktiert den Sozialpsychiatrischen Dienst, der eine Einweisung von Henriette K. auf eine geschlossene psychiatrische Station im Wege einer vorläufigen behördlichen Unterbringung nach § 26 PsychKG Berlin veranlasst. Das Gericht beschließt die Unterbringung von Henriette K. für die gesetzliche Höchstdauer von zwei Monaten gem. § 22 Abs. 2 PsychKG Berlin.
Es zeichnet sich jedoch schnell ab, dass für Henriette K. eine Langzeittherapie in einer geschlossenen Einrichtung erforderlich ist. Aus diesem Grund ist eine Betreuung mit dem Aufgabenkreis »Zustimmung zu Heilbehandlungsmaßnahmen« und »Aufenthaltsbestimmungsrecht« installiert, um die erforderliche längerfristige Behandlung der Betroffenen gegen ihren Willen durchsetzen zu können.

## 2 Die zivilrechtliche Unterbringung

§ 1906 BGB regelt die materiell-rechtlichen Voraussetzungen für eine zivilrechtliche Unterbringung.[1] Sie ist im Falle einer Freiheitsentziehung nur zulässig, wenn sie zum Wohle des Betreuten erforderlich ist, weil aufgrund einer psychischen Krankheit oder geistigen oder seelischen Behinderung des Betreuten die Gefahr besteht, dass er sich selbst tötet oder sich erheblichen gesundheitlichen Schaden zufügt (Selbstgefährdung). *Interessen Dritter oder der Allgemeinheit sind nicht geeignet, eine zivilrechtliche Freiheitsentziehung zu begründen.* Insoweit kommt nur eine Unterbringung nach den Psychisch-Kranken-Gesetzen in Betracht (Bauer/Birk/Klie/Rink 1997, Anm. 9 zu § 1906 BGB; Dodegge 1998; Bienwald 1999, Anm. 37 zu § 1906 BGB; a.A. Pardey 1995).

Freiheitsentziehung nach § 1906 BGB ist die Unterbringung in einer geschlossenen Anstalt, einem geschlossenen Krankenhaus oder in einem geschlossenen Heim ohne oder gegen den Willen des Betroffenen (Bienwald 1999, Anm. 25 zu § 1906 BGB). Dabei kommt es auf den natürlichen Willen des Betroffenen an. Entscheidend ist die natürliche Einsichts- und Urteilsfähigkeit, nicht dagegen die Geschäftsfähigkeit (BayObLG, FamRZ 1996, 1375).

---

[1] In § 1896 Abs. 1 BGB sind die Voraussetzungen für die Anordnung einer *Zwangsbetreuung* geregelt. Die Vorschrift lautet:

> **§ 1896 BGB Bestellung eines Betreuers**
> (1) Kann ein Volljähriger auf Grund einer psychischen Krankheit oder einer körperlichen, geistigen oder seelischen Behinderung seine Angelegenheiten ganz oder teilweise nicht besorgen, so bestellt das Vormundschaftsgericht auf seinen Antrag oder von Amts wegen für ihn einen Betreuer. Den Antrag kann auch ein Geschäftsunfähiger stellen. Soweit der Volljährige auf Grund einer körperlichen Behinderung seine Angelegenheiten nicht besorgen kann, darf der Betreuer nur auf Antrag des Volljährigen bestellt werden, es sei denn, dass dieser seinen Willen nicht kundtun kann.

Eine Betreuung darf dann nicht gegen den Willen des Betroffenen angeordnet werden, wenn dieser sich zwar selbst gefährdet, aber noch in der Lage ist, eigenverantwortlich zu handeln. Die Anordnung einer Zwangsbetreuung ist daher in den Fällen der bloßen Selbstgefährdung, die nicht in Suizidabsicht vorgenommen wird, nicht zulässig; vgl. Dröge (1998). Leidet jemand an einer senilen Demenz (Altersstarrsinn) ist für eine Betreuerbestellung erforderlich, dass eine psychische Krankheit oder seelische Behinderung fachpsychiatrisch konkretisiert und ihre Auswirkungen auf die kognitiven und voluntativen Fähigkeiten des Betroffenen festgestellt werden. Auf diese Weise soll verhindert werden, dass unverhältnismäßig und vorschnell in die Rechtsstellung des Betroffenen eingegriffen wird (BayObLG, FamRZ 2002, 494).

Anknüpfungspunkt für die Unterbringung eines Betreuten ist die mögliche *Selbstgefährdung*, die allerdings ihre Ursache in einer psychischen Krankheit oder einer geistigen oder seelischen Behinderung haben muss. Wer sich aus Leichtsinn oder aus Freude durch Zigaretten, Alkohol oder Essen gesundheitlich selbst schädigt, kann natürlich nicht untergebracht werden (Bienwald 1999, Anm. 36 zu § 1906 BGB). Die Gefahr eines philosophischen oder Bilanzsuizids reicht ebenfalls zur Unterbringung nicht aus (Palandt/Diederichsen 2001, Anm. 9 zu § 1906 BGB).

Das Gesetz differenziert zwischen Selbstgefährdung in Form der Selbsttötung oder einer sonstigen erheblichen Gesundheitsgefährdung.

### 2.1 Die Gefahr der Selbsttötung
§ 1906 Abs. 1 Ziff. 1 BGB

Eine Gefahr der Selbsttötung ist dann zu bejahen, wenn objektivierbare, konkrete und ernstliche Anhaltspunkte für eine akute Suizidgefahr vorliegen (Bienwald 1999, Anm. 35 zu § 1906 BGB). Erforderlich ist ferner, dass die Gefahr der Selbsttötung aufgrund einer psychischen Krankheit oder geistigen oder seelischen Behinderung besteht. Sind diese Voraussetzungen gegeben, erlaubt das Gesetz eine zwangsweise Unterbringung. Allerdings ist nicht jede mögliche Gefährdung ein Grund für eine Unterbringung.

■ Nicht ausreichend für eine Unterbringung ist es, wenn der Betroffene eine geringe Anzahl von Schlaftabletten und Beruhigungsmittel zu sich genommen hat oder wenn er aus dem Fenster einer Erdgeschosswohnung springt, wenn dies die einzige Möglichkeit darstellt, die versperrte Wohnung zu verlassen (BayObLG, R & P 1986, 115).

■ Eine Unterbringung ist rechtlich auch dann nicht möglich, wenn eine geäußerte Suizidabsicht mehrere Monate zurückliegt und keinerlei greifbare Anhaltspunkte für eine konkrete Suizidgefährdung vorliegen (OLG Frankfurt am Main, R & P 1992, 66).

■ Eine Unterbringung in einer geschlossenen Abteilung ist nach Ansicht des OLG Köln rechtlich bei Belastungsreaktionen und neurotischen Depressionen nicht geboten. »Bei der Patientin habe sich vielmehr seit Jahren eine krisenhafte Entwicklung gezeigt, die pubertäre Züge gehabt habe. Auf diese Depression sei sowohl medikamentös als auch mittels anderer therapeutischer Maßnahmen (Gespräche, Beschäftigungstherapie) richtig reagiert worden. Die geäußerten Suizidgedanken seien erkannt und ernst genommen worden. Eine Unterbringung in eine geschlossene Abteilung sei nicht veranlasst gewesen. Eine solche, die Menschenwürde missachtende (Zwangs-)Maßnahme wäre hier sogar als Kunstfehler zu bezeichnen gewesen (...) Die geäußerten

Schlafstörungen und Angstanfälle seien mehr oder weniger ausgeprägt durchgehend (...) vorhanden gewesen. Auf die Unruhe und Ängstlichkeit der Patientin sei durch ein Gespräch und die Ankündigung einer Überprüfung der Medikation angemessen reagiert worden« (OLG Köln, R & P 1993, 33, 34).

- *Ein in freier Willensbestimmung durchgeführter Selbsttötungsversuch erlaubt keine Unterbringung durch den Betreuer* (Palandt/Diederichsen 2001, Anm. 9 zu § 1906 BGB). Die Schwierigkeit besteht indessen darin, unter welchen Umständen eine Bilanzselbsttötung zu bejahen ist, bzw. ein Entschluss, dem Leben ein Ende zu setzen, auf einer Krankheit oder Behinderung basiert, somit nicht in freier Willensbestimmung erfolgt (zur Freiwilligkeit vgl. auch BayObLG, FamRZ 1993).

Objektivierbare und ernstliche Anhaltspunkte für die akute Gefahr einer Selbsttötung sind etwa:
- suizidale Gedanken,
- Todeswünsche,
- ernste Suiziddrohungen,
- frühere Suizidversuche, darüber hinaus
- die Zugehörigkeit zu Risikogruppen, die aber nur ein Indiz für das Vorliegen einer akuten Suizidalität sein kann

(Jürgens/Klüsener u.a. 2001, Anm. 11 zu § 1906 BGB).

## 2.2 Die Gefahr der erheblichen gesundheitlichen Selbstgefährdung
§ 1906 Abs. 1 Ziff. 1 BGB

Der in § 1906 BGB weiter vorgesehene Unterbringungsgrund ist die Gefahr einer krankheitsbedingten erheblichen gesundheitlichen Selbstgefährdung. Ein erheblicher gesundheitlicher Schaden liegt dann vor, wenn er nicht heilbar ist oder der Patient längere Zeit an den Folgen zu leiden hat (Bienwald 1999, Anm. 39 zu § 1906 BGB). Grundsätzlich darf jedoch jeder über seine eigene Gesundheit verfügen. Er allein kann entscheiden, ob er ein gesundes Lebens führen will.[1]

Es besteht auch für den psychisch Kranken in gewissen Grenzen die »Freiheit zur Krankheit« (BVerfG, NJW 1998, 1774).

---

[1] Lange vor Verabschiedung des Grundgesetzes ging bereits das Preußische Oberverwaltungsgericht davon aus, dass »jeder über seinen Körper verfügen und insbesondere bestimmen kann, welche Nahrungs- und Genussmittel er seinem Körper zuführen will« (PrOVG 39, 390, 391).

> Es ist daher immer zu berücksichtigen, dass ein Betreuer einen einsichtigen, geschäftsfähigen Betroffenen nicht gegen seinen Willen unterbringen darf, selbst wenn er seine Gesundheit gefährdet.

Als Unterbringungsgründe gelten aber:

- die krankhaft bedingte Verweigerung der Nahrungsaufnahme;
- wenn ein altersverwirrter Betreuer planlos nachts oder bei Kälte oder ohne Beachtung des Straßenverkehrs umherläuft und seine Gesundheit oder sein Leben dadurch gefährdet, überfahren zu werden oder zu erfrieren (vgl. BTDrucks 11/4528, 146 f.);
- wenn jemand krankheitsbedingt sein Leben dadurch gefährdet, dass er die Einnahme lebenswichtiger Medikamente verweigert. Dies ist z.B. dann der Fall, wenn ein an einer Psychose erkrankter Diabetiker krankheitsbedingt seine Medikamente nicht nimmt und das Koma droht.

Ein *nicht* hinreichender Unterbringungsgrund ist dagegen,

- wenn ein Betreuer die Einnahme der zu seiner Behandlung erforderlichen Medikamente ablehnt und dadurch »lediglich« ein *gesundheitlicher Rückfall* befürchtet werden muss. Es muss in jedem Einzelfall festgestellt werden, ob die Verweigerung der Medikamenteneinnahme zu einer erheblichen Gesundheitsschädigung führt und ob die Gesundheitsschädigung auf der Krankheit bzw. Behinderung des Betreuten beruht. Ein erheblicher Gesundheitsschaden wird dann angenommen, wenn die Verweigerung der Medikamenteneinnahme zu einem länger dauernden *Siechtum* führen würde (Jürgens/Klüsener u.a. 2001, Anm. 13 zu § 1906 BGB).

- Für eine Unterbringung *nicht* ausreichend ist im Allgemeinen auch die *Alkoholsucht*. Häufig scheitert die Unterbringung von alkoholabhängigen Personen bereits daran, dass keine psychische Krankheit im Sinne des Betreuungsrechts vorliegt. »Trunksucht (Alkoholismus) und Rauschgiftsucht sind für sich allein keine geistigen Gebrechen und rechtfertigen daher eine Pflegerbestellung nicht« (BayObLG, R & P 1994, 30; BayObLG, FamRZ 1999, 1306). Suchtverhalten, das noch nicht in eine psychische Krankheit oder seelische Behinderung umgeschlagen ist, erlaubt es nicht, den Betreuten unterzubringen. Ein Betroffener darf ebenfalls dann nicht untergebracht werden, um Alkoholabstinenz durch eine Freiheitsentziehung zu erzwingen, auch wenn es das Ziel ist, ihn vor einem weiteren Verfall seiner Persönlichkeit zu schützen (OLG Hamm, R & P 2001, 109).

Wenn allerdings der Alkoholismus im ursächlichen Zusammenhang mit einem geistigen Gebrechen steht oder aber aufgrund des Alkoholmissbrauches ein Persönlichkeitsabbau vorliegt, ist nach h.M. eine Unterbringung gerechtfertigt (BayObLG, FamRZ 1994, 1617; Bienwald 1999, Anm. 40 zu § 1906 BGB). Der langjährige, übermäßige Alkoholmissbrauch muss zu einer organischen Veränderung im Gehirn, zu einem organischen Psychosyndrom geführt haben (LG Regensburg, FamRZ 1994, 125). Die Unterbringung zur Verhinderung einer Selbstschädigung infolge einer psychischen Krankheit setzt voraus, dass der Kranke seinen Willen nicht frei bestimmen kann (BayObLG, FamRZ 1993, 600; BayObLG, FamRZ 2001, 576; vgl. auch BayObLG, FamRZ 2002, 908). Ein zucker- und alkoholkranker Betroffener kann untergebracht werden, wenn er bei freiem Zugang zum Alkohol in einen lebensbedrohlichen Zustand gerät und medizinische Hilfe nicht schnell genug geleistet werden kann (BayObLG, NJW-FER 2001, 150).

Letztendlich muss der Alkoholkranke aber selbst entscheiden, ob er geheilt werden will oder nicht (OLG Frankfurt am Main, NJW 1988, 1527). Insofern gilt auch in diesem Zusammenhang die Freiheit zur Krankheit (BVerfGE 58, 208). In einer Entscheidung hat das OLG Schleswig hervorgehoben: »Ist eine Alkoholsucht weder Symptom einer bereits vorhandenen psychischen Krankheit oder geistigen oder seelischen Behinderung noch Ursache eines bereits eingetretenen entsprechenden Persönlichkeitsabbaus und ist die Betroffene auch nicht zu einer Alkoholentwöhnungsbehandlung bereit, fehlen die Voraussetzungen für eine Unterbringung durch den Betreuer« (OLG Schleswig, FamRZ 1998, 1328).

### 2.3 Die Unterbringung wegen der Untersuchung des Gesundheitszustandes, einer Heilbehandlung oder eines ärztlichen Eingriffs
§ 1906 Abs. 1 Ziff. 2 BGB

§ 1906 Abs. 1 Ziff. 2 BGB ermächtigt u.a. zur Erteilung einer vormundschaftsgerichtlichen Genehmigung für eine Freiheitsentziehung, soweit sie zu einer Heilbehandlung erforderlich ist. Der Bundesgerichtshof hat zur Frage Stellung genommen, ob das geltende Betreuungsrecht als Rechtsgrundlage für eine zwangsweise, kurzfristige Unterbringung eines Betreuten in einer Klinik zur regelmäßigen ambulanten Durchführung einer Behandlung mit Neuroleptika in Betracht kommt. Der Entscheidung des Bundesgerichtshofs lag folgende Begebenheit zugrunde.
Der betroffene Betreute litt an einer Psychose aus dem schizophrenen Formenkreis. Er lehnte eine von den Ärzten für erforderlich gehaltene Dauermedikation mit Neuroleptika ab und setzte jeweils nach der Entlassung aus vorausgegangenen Klinikaufenthalten die Medikamente ab. Der Betreute sollte daher in einem Abstand von zwei Wochen zur Verabreichung einer Depotspritze kurzfristig geschlossen untergebracht und nach der Einnahme der Me-

dikamente wieder entlassen werden. Die zwangsweise Vorführung des Betreuten zur Medikation wurde in der 1. Instanz durch das Vormundschaftsgericht genehmigt und der zuständigen Behörde die Anwendung von Gewalt gestattet.

Dieser Praxis schob der Bundesgerichtshof einen Riegel vor. Nach Ansicht des Gerichts folgt aus dem Recht des Betreuers, für den einwilligungsunfähigen Betreuten in ärztliche Heilbehandlung auch mit Psychopharmaka einzuwilligen, nun keineswegs auch die Befugnis, den körperlichen Widerstand des Betreuten zu brechen. Hierzu gäbe es im Betreuungsrecht keine rechtliche Grundlage. Zwar könne eine freiheitsentziehende Unterbringung nach dem Betreuungsrecht zwangsweise durchgesetzt werden. Andere Zwangsmaßnahmen lasse das Betreuungsrecht indessen nicht zu, auch wenn dann in Kauf genommen werden muss, dass ein Betreuer, der einen neuen Krankheitsschub erleide, u.U. langfristig untergebracht werden müsste. Wenn, so der Bundesgerichtshof,»das Anliegen des Betreuungsrechts ernst genommen wird, die Rechtsstellung psychisch kranker und körperlich, geistig und seelisch behinderter Menschen durch eine grundlegende Reform des Rechts der Vormundschaft und Pflegschaft zu verbessern (...), dürfen deren verfassungsrechtlich garantierte Rechte nicht aus *Zweckmäßigkeitsgründen* – auch nicht im wohlverstandenen Interesse des Betr. – missachtet werden« (BGH, FamRZ 2001, 149, 152; vgl. auch Marschner 2001).[1]

Eine Unterbringung zu einer Heilbehandlung ist dann nicht erforderlich, weil nicht erfolgsversprechend, wenn der Betroffene zu der beabsichtigten psychiatrischen Behandlung nicht bereit ist. Die Krankheits- und Behandlungseinsicht darf durch die Unterbringung nicht erzwungen werden.

### 2.4 Die konkrete Gefahr

Voraussetzung für die zivilrechtliche Unterbringung ist ferner das Vorliegen einer konkreten Gefahr (Palandt/Diederichsen 2001, Anm. 9 zu § 1906 BGB). Es muss die Wahrscheinlichkeit bestehen, dass eine Gefahr eintritt, die bloße Möglichkeit ist keineswegs ausreichend. Die Gefahr muss ernstlich sein. Eine solche Annahme setzt eine Prognose anhand tatsächlicher Würdigung voraus (Bienwald 1999, Anm. 35 zu § 1906 BGB; BayObLG, FamRZ 1994, 1617). Aufschlussreich für die inhaltliche Präzisierung der konkreten Gefahr sind Entscheidungen des OLG Saarbrücken sowie des Bundesverfassungsgerichtes.

---

[1] Der BGH hat in Übereinstimmung mit dem OLG Zweibrücken (FamRZ 2000, 1114) gegen das OLG Hamm (FamRZ 2000, 1115) entschieden; vgl. auch OLG Schleswig (FamRZ 2002, 984), Sonnenfeld (2002) sowie Dodegge (2002).

- Das OLG Saarbrücken hatte darüber zu befinden, ob eine Frau, die an einer akuten endogenen Psychose aus dem schizophrenen Formenkreis leidet, zwangsweise untergebracht werden darf. Die Behörde und die behandelnde Ärztin des psychiatrischen Krankenhauses begründeten die Notwendigkeit der Unterbringung u.a. damit, dass die Frau ihre Mutter bedrohe. Das Gericht wies diese Argumentation zurück und stellte fest, dass von einer konkreten Gefahr nur gesprochen werden könne, wenn eine Lage bestehe, die in überschaubarer Zukunft einen Schadenseintritt hinreichend wahrscheinlich mache. Eine konkrete Gefahr sei nicht damit festgestellt, dass ohne nähere Angaben behauptet werde, dass jemand andere Personen bedrohe.

»Im Hinblick darauf, dass mit einer Unterbringung in die grundrechtliche geschützte Freiheit der Person eines Betroffenen eingegriffen wird, bedarf es (auch zur Gewährleistung eines effektiven Rechtsschutzes) bestimmter und nachvollziehbarer Feststellungen, welche Umstände eine konkrete und erhebliche Gefährdung Dritter ausmachen sollen« (OLG Saarbrücken, R & P 1998, 45).

- Eine drohende Gefahr, die eine sofortige Unterbringung rechtfertigt, liegt nicht vor, wenn jemand die Vorstellung hat, man habe ihm im Alter von fünf Jahren »Wanzen« in beide Ohren eingepflanzt. Die zwangsweise Unterbringung wurde in diesem Fall durch ein Amtsgericht damit begründet, dass eine Verzögerung des Behandlungsbeginns eine erhebliche konkrete Gefahr für den Betroffenen darstelle. Das Bundesverfassungsgericht wies demgegenüber daraufhin, dass die Einschätzung der Ärzte, das Wahnsystem des Betroffenen verfestige sich, keineswegs ausreiche, eine konkrete Gefahr zu begründen. Dies gelte schon deswegen, weil auch dem psychisch Kranken in gewissen Grenzen die »Freiheit zur Krankheit« belassen werden müsse (BVerfG, NJW 1998, 1774).

## 2.5 Die »unzulässige« zivilrechtliche Unterbringung

Nicht ausreichend für die zivilrechtliche Unterbringung ist die Gefahr für andere Rechtsgüter als das Leben oder die Gesundheit des Betreuten. Ebenfalls nicht ausreichend ist die Gefahr, dass Dritte oder die Allgemeinheit durch den Betreuten geschädigt werden könnten (Bienwald 1999, Anm. 37 zu § 1906 BGB). Ein bloßes unsoziales Verhalten, der Betroffene beißt, kratzt Dritte, reißt jemandem die Brille herunter (LG Hildesheim, BtPrax 1994, 106) kann eine zivilrechtliche Unterbringung nicht rechtfertigen. Eine zivilrechtliche Unterbringung kommt auch dann nicht infrage, wenn Ordnungs- und Rechtsverstöße durch den Betroffenen drohen (R & P 2001, 109).

In derartigen Fällen kann eine Unterbringung nur durch das öffentliche Unterbringungsrecht veranlasst werden.

## 3 Die öffentlich-rechtliche Unterbringung

Die öffentlich-rechtliche Unterbringung ist jeweils in den einzelnen Bundesländern geregelt.[1] Zum Teil ist die polizeirechtliche Herkunft der Regelungen noch unverkennbar (R. Marschner 1997).

Nach § 1 des Hessischen Gesetzes über die Entziehung der Freiheit geisteskranker, geistesschwacher, rauschgift- oder alkoholsüchtiger Personen vom 19.5.1952 (GVBl 111) in der Fassung vom 5.2.1992 (GVBl 66) kann eine Person auch gegen ihren Willen in einer geschlossenen Krankenabteilung oder in einer anderen geeigneten Verwahrung untergebracht werden, wenn aus ihrem Geisteszustand oder ihrer Sucht eine erhebliche Gefahr für ihre Mitmenschen droht und diese nicht anders abgewendet werden kann. Bildet eine Person infolge ihres Geisteszustandes oder ihrer Sucht eine Gefahr für sich selbst, so kann sie in gleicher Weise untergebracht werden, wenn die Gefährdung erheblich ist und nicht anders abgewendet werden kann.

Das Bundesverfassungsgericht hat in mehreren Entscheidungen im Hinblick auf die öffentlich-rechtliche Unterbringung das Spannungsverhältnis zwischen dem Freiheitsanspruch des Individuums, dem Sicherungsbedürfnis der Allgemeinheit und den fürsorglichen Pflichten des Staates präzisiert. Praktisch geht es um die Sachverhalte, in denen sich jemand extrem selbst gefährdet, sei es durch Drogen, sei es durch Selbsttötungstendenzen. In solchen Fällen stellt sich nämlich für die Therapeutinnen und Berater das Problem, ob sie in irgendeiner Weise tätig werden müssen, um ihre Klienten zu schützen.

*Da sie nicht als Betreuer im Sinne des Betreuungsrechts tätig sind, können sie nicht selbst eine zivilrechtliche Unterbringung in Gang bringen.*

> »Der Staat hat aber nicht die Aufgabe, seine Bürger zu ›bessern‹ und deshalb auch nicht das Recht, ihnen die Freiheit zu entziehen, nur um sie zu ›bessern‹, ohne dass sie sich selbst oder andere gefährdeten, wenn sie in Freiheit blieben« (BVerfGE 22, 180, 219 f.).

---

[1] Z.B. Bayern: Gesetz über die Unterbringung psychisch Kranker und deren Betreuung (Unterbringungsgesetz – UnterbrG) in der Fassung vom 5.4.1992 (Bayer. GVBl 60, berichtigt 851); Niedersachsen: Gesetz über Hilfen und Schutzmaßnahmen für psychisch Kranke (NPsychKG) vom 16.6.1997 (Nds. GVBl 272); NRW: Gesetz über Hilfen und Schutzmaßnahmen bei psychischen Krankheiten (PsychKG/NRW) vom 17.12.1999.

Schon 1967 hat das Bundesverfassungsgericht fürsorglichen Tendenzen eine eindeutige Absage erteilt (Neumann 1982). Die Unterbringung einer Person, die gefährdet ist, weil sie aus Mangel an innerer Festigkeit ein geordnetes Leben nicht führen kann und zu »verwahrlosen« droht, ist unzulässig. Eine Besserung des Betroffenen, die Hinführung zu einem geordneten Leben, zu regelmäßiger Arbeit lassen eine Unterbringung nicht zu.

Diese Auffassung hat das Bundesverfassungsgericht in mehreren Entscheidungen bekräftigt. 1983 hat es den Grundsatz »in dubio pro libertate« hervorgehoben. Vor allen Dingen bei befürchteter Selbstgefährdung muss der Richter eine besonders sorgfältige Prüfung der Unterbringungsvoraussetzungen vornehmen. Eine Freiheitsentziehung darf nur angeordnet und aufrecht erhalten werden, wenn kein Zweifel am Vorliegen sämtlicher gesetzlicher Voraussetzungen besteht. Bei der Unterbringung ausschließlich zum Schutz vor Selbstgefährdung ist dies die selbstverständliche Folge der grundgesetzlichen Freiheitsvermutung (BVerfG, NJW 1983, 2627). Das Bundesverfassungsgericht betont gerade bei der Selbstgefährdung die Freiheitsvermutung (so BVerfG, NJW 1998, 1774).

Allerdings hat das Bundesverfassungsgericht in einer anderen Entscheidung auch hervorgehoben, dass bei psychisch Kranken ein aufgezwungener Schutz rechtmäßig sein kann.

»Zwar steht es unter der Herrschaft des Grundgesetzes in der Regel jedermann frei, Hilfe zurückzuweisen, sofern dadurch nicht Rechtsgüter anderer oder der Allgemeinheit in Mitleidenschaft gezogen werden. (...) Nur wenn überwiegende Belange des Gemeinwohls, wie sie mit den Schranken des Art. 2 Abs. 1 GG bestimmt sind, es zwingend gebieten, muss der Freiheitsanspruch des Einzelnen insoweit zurücktreten. Das Gewicht, das dem Freiheitsanspruch gegenüber dem Gemeinwohl zukommt, darf aber nicht losgelöst von den tatsächlichen Möglichkeiten des Fürsorgebedürftigen bestimmt werden, sich frei zu entschließen. Bei psychischer Erkrankung wird die Fähigkeit zur Selbstbestimmung häufig erheblich beeinträchtigt sein. In solchen Fällen ist dem Staat fürsorgerisches Eingreifen auch dort erlaubt, wo beim Gesunden Halt geboten ist« (BVerfGE 58, 208, 225).

> Die Psychiatrie- und Kranken- sowie die Unterbringungsgesetze gelten im Wesentlichen für die Fälle, in denen für psychisch Kranke noch keine Betreuung angeordnet ist und die Kranken sich in einer akuten Gefahrenlage für sich befinden oder andere gefährden. Durch die Unterbringungsgesetze soll ein sofortiges behördliches Handeln ermöglicht werden.

Unterbringungen sind also nach den Landesgesetzen rechtlich zulässig
- bei Selbstgefährdung und
- bei Fremdgefährdung.

Insoweit ist die öffentlich-rechtliche Unterbringung weitergehender als die zivilrechtliche, da sie auch möglich ist, wenn Gefahren für Dritte bestehen.

So bestimmt beispielsweise § 11 Abs. 1 PsychKG/NRW, dass ein Betroffener, der durch krankheitsbedingtes Verhalten aktuell gefährdet ist, sich selbst erheblich zu schädigen oder krankheitsbedingt für andere bedeutende Rechtsgüter eine Gefahr darstellt, untergebracht werden kann. Die Selbstgefährdung setzt die gegenwärtige Gefahr voraus, dass der Betroffene sich selbst töten oder sich erheblichen gesundheitlichen Schaden zufügen kann. Dritte werden insbesondere gegen Gefahren für Leib und Leben geschützt, aber auch vor erheblichen Schäden an Sachgütern.

In den Unterbringungsgesetzen der Länder wird das Tatbestandsmerkmal *Gefahr* als Voraussetzung für die Unterbringung festgeschrieben. Alle Gesetze gehen davon aus, dass eine konkrete oder gegenwärtige Gefahr für die geschützten Rechtsgüter vorliegen muss (Marschner/Volckart 2001, 113 ff.). Eine gegenwärtige Gefahr ist dann gegeben, wenn ein schadensstiftendes Ereignis unmittelbar bevorsteht oder sein Eintritt wegen der Unberechenbarkeit des Kranken zwar unvorhersehbar, wegen besonderer Umstände jedoch jederzeit zu erwarten ist.

Zentrales Problem ist, welche Rechtsgüter durch eine Unterbringung geschützt werden dürfen. Klar ist, dass unter den verfassungsrechtlichen Vorgaben der Verhältnismäßigkeit und Erforderlichkeit nicht die Gefahr der Verletzung irgendeines Rechtsgutes ausreicht. Prinzipiell wird zwischen Selbstgefährdung und der Gefährdung von Rechtsgütern Dritter differenziert.

### 3.1 Die Selbstgefährdung

In einigen Ländern wird die *Selbstgefährdung* als eigenständiger Unterbringungsgrund normiert. In anderen Bundesländern ist die Selbstgefährdung ein Aspekt der Gefährdung der öffentlichen Sicherheit und Ordnung und berechtigt zur Unterbringung. In welcher Intensität die Selbstgefährdung vorliegen muss, hängt nicht zuletzt davon ab, welchen rechtspolitischen Interpretationen gefolgt wird. Nach einer eher polizeirechtlichen Anschauungsweise dient die Unterbringung ihrem Wesen und ihrer Zielrichtung nach der Erhaltung der öffentlichen Ordnung und der Abwehr von Gefahren für die öffentliche Sicherheit. Demgemäß verfolgen auch die eine Zwangsunterbringung regelnden Vorschriften den Zweck, den Schutz der öffentlichen Sicherheit und Ordnung zu gewährleisten.

Die gegenteilige Auffassung stellt fürsorgerechtliche Überlegungen in den Vordergrund. Nach dieser Meinung ist eine Unterbringung bei einer Selbstgefährdung auch möglich, wenn die öffentliche Sicherheit und Ordnung nicht gestört werden. Andere kombinieren beide Gesichtspunkte (Marschner/Volckart 2001, 113 ff.). Die für die Praxis relevanten Fälle der Selbstgefährdung sind der Suizid, die Gesundheitsgefahren durch Suchtverhalten sowie die Verweigerung einer ärztlichen, vor allen Dingen psychiatrischen Behandlung.

> Ein *drohender Suizid* bedeutet nicht nur ein hohes Potential an Selbstgefährdung, sondern kann nach der herrschenden juristischen Meinung auch eine Gefährdung für die öffentliche Sicherheit und Ordnung darstellen und kann daher zu einer öffentlich-rechtlichen Unterbringung nach den Landesgesetzen führen (Marschner/Volckart 2001, 122; zur Frage, wie konkret die suizidale Gefahr sein muss, vgl. OLG Saarbrücken, R & P 1998, 45).

- *Gesundheitsgefahren* durch eigenes Suchtverhalten berechtigen im Prinzip zu keiner Unterbringung. Im Zusammenhang mit der beabsichtigten Unterbringung eines Alkoholsüchtigen nach dem HessFreihEntzGes hat das Oberlandesgericht Frankfurt am Main entschieden, dass auch der Alkoholsüchtige grundsätzlich allein zu entscheiden hat, ob er geschützt werden will. Auch ihm steht das Grundrecht der persönlichen Freiheit und damit auch das Recht zu, sein Leben völlig falsch und chaotisch zu führen. »Die Geisteskrankheit oder Sucht als solche und der durch sie bedingte Zustand eines Betr. vermag daher die Unterbringung zum Schutz seiner eigenen Person noch nicht zu begründen. Sie ist deshalb nur zulässig, wenn die Auswirkungen der Geisteskrankheit oder Sucht die Öffentlichkeit unmittelbar berühren. Die Selbstgefährdung eines Betr. kann erst zu einer Gefahr für die öffentliche Sicherheit und Ordnung werden, wenn besondere Umstände hinzutreten.«
Ein derartiger Umstand kann ein drohender Suizidversuch sein, »wobei eine Tangierung der Öffentlichkeit mehr oder weniger fingiert wird« (OLG Frankfurt am Main, NJW 1988, 1527, 1528; vgl. auch OLG Schleswig, FamRZ 1998, 1328).
Danach stört der Suizident die öffentliche Ordnung. Die Polizei ist daher befugt, Maßnahmen zur Verhinderung einer Selbsttötung zu treffen, gleichgültig aus welchen Motiven sie begangen wird (Schwabe 1998).

- Bei der Gefährdung der eigenen Gesundheit muss es sich stets um eine erhebliche oder ernstliche Gefahr handeln. Nicht jede krankheitsbedingte Gesundheitsgefährdung kann zu einer Unterbringung führen. Der notwendige

Schweregrad liegt dann vor, wenn jemand krankheitsbedingt die Nahrung verweigert und zu verhungern droht oder die Einnahme lebenswichtiger Medikamente oder die Behandlung einer Diabetes ablehnt und dadurch die Gefahr eines Komas besteht. Die eigene Gesundheit ist auch gefährdet, wenn eine dringend notwendige Operation unterlassen wird, wenn jemand ohne witterungsadäquate Bekleidung planlos umherirrt oder sich selbst verstümmelt (Dodegge 2000). Dies gilt ebenso für Magersüchtige, wenn sie ein bestimmtes Gewicht unterschritten haben.

### 3.2 Die Gefährdung von Rechtsgütern Dritter

Neben der Selbstgefährdung kommt als Unterbringungsgrund auch die Gefährdung von Rechtsgütern Dritter in Betracht, wenn sie auf eine psychische Erkrankung usw. zurückzuführen ist.
Gefahren für Leben und in den meisten Fällen auch für die Gesundheit Dritter reichen unter Umständen, um eine öffentlich-rechtliche Unterbringung zu rechtfertigen. Die Erheblichkeit derartiger Gefährdungen ist unter verfassungsrechtlichen Aspekten im Einzelfall zu bestimmen. Beschimpfungen, querulatorische Verhaltensweisen jeder Art, Belästigungen sowie leichte körperlich zugefügte Beeinträchtigungen rechtfertigen keinen Eingriff in die Freiheitsgrundrechte des Kranken (BayObLGE 1989, 17; OLG Saarbrücken, R & P 1998, 45).
Instruktiv ist ein Fall, mit dem das Bayerische Oberste Landesgericht befasst war. Es entschied, dass gegen seinen Willen in ein psychiatrisches Krankenhaus eingewiesen werden kann, wer psychisch krank ist und dadurch in erheblichem Maß die öffentliche Sicherheit und Ordnung gefährdet. Es handelte sich um einen Mann mit einer HIV-Infektion und einer erheblichen Persönlichkeitsstörung. Eine Unterbringung sei deswegen gerechtfertigt gewesen, weil die Gefahr drohte, dass er weiterhin ungeschützten Geschlechtsverkehr auch mit Kindern unter 14 Jahren ausüben würde (BayObLG, FamRZ 1998, 1329).

Das BayObLG hatte auch zu entscheiden, ob ein wegen Sexualdelikten an Kindern vorbestrafter Mann bei seiner Entlassung aus der Strafhaft zwangsweise untergebracht werden darf. Die zuständige Behörde beantragte eine Unterbringung, weil der Täter an einer Psychopathie mit pädophiler Ausprägung, an einer schweren Persönlichkeits- und Verhaltensstörung leide. Wegen der massiven sexuellen Deviation und der fehlenden Krankheitseinsicht, der Täter zudem sämtliche Therapieangebote ablehne, bestehe eine hohe Wiederholungsgefahr. Das BayObLG lehnte eine Unterbringung ab, weil der Betroffene noch zu einer freien Willensbildung in der Lage sei.
»Auch um zu vermeiden, dass in unverhältnismäßiger Weise in die Freiheit des Betr. eingegriffen wird, ist es erforderlich, dass der Persönlichkeitsstörung ein die Freiheitsentziehung rechtfertigender Schweregrad zukommt. (...)

Handlungen, die eine Person in freier Verantwortung und im Vollbesitz ihrer geistigen Kräfte vornimmt, rechtfertigen daher nicht die Unterbringung nach Art. 1 Abs. 1 Satz 1 UnterbrG (...) Deshalb reicht auch der Umstand, dass eine Person zu kriminellen Handlungen neigt, für sich genommen keinesfalls aus« (BayObLG, FamRZ 2002, 909, 910; vgl. auch BayObLG, FamRZ 2002, 765, sowie LG München, NJW 2000, 883).
Streitig ist dagegen, ob bei einer Gefährdung für *Eigentum und Vermögen* Dritter eine Unterbringung in Betracht kommt (Marschner/Volckart 2001, 124 f.). Es steht außer Frage, dass bei Sachgefahren eine besondere Verhältnismäßigkeitsprüfung geboten ist. Als Einweisungsgrund kommen Sachgefahren *nur ausnahmsweise* zur Anwendung. Nach dem PsychKG/NRW kann jemand bei Verletzungen von Rechtsgütern, die nach den strafrechtlichen Vorschriften Verbrechen sind, untergebracht werden. Zu nennen sind in diesem Zusammenhang: Gefährdung und Zerstörung durch Brandlegung u.a. bei Gebäuden, Schienen-, Luft- oder Wasserfahrzeugen und Wäldern, durch umweltgefährdende Einwirkungen auf Gewässer oder Grundstücke sowie die Zerstörung unwiderbringlicher Kunstgegenstände in privaten und öffentlichen Sammlungen. Wer also die Mona Lisa attackiert, muss damit rechnen, öffentlich-rechtlich untergebracht zu werden.

## 4 Verfahrensfragen

Das Unterbringungsverfahren ist für alle Formen der Unterbringung bundeseinheitlich im Gesetz über die Angelegenheiten der freiwilligen Gerichtsbarkeit (FGG) geregelt. Nach § 70 FGG sind Unterbringungssachen:
- die Genehmigung einer freiheitsentziehenden Unterbringung eines Minderjährigen,
- die Genehmigung einer Unterbringung eines volljährigen Betreuten,
- die Genehmigung einer Maßnahme nach § 1906 Abs. 4 BGB (Freiheitsentzug durch den Einsatz mechanischer Vorrichtungen, Medikamente und Ähnlichem) sowie
- die Anordnung einer freiheitsentziehenden Unterbringung nach den Landesgesetzen über die Unterbringung psychisch Kranker.

Für die zivil- wie die öffentlich-rechtliche Unterbringung gelten im Prinzip die gleichen Verfahrensregeln.

*Zuständig* für die Genehmigung der Unterbringung ist das Amtsgericht – Vormundschaftsgericht, in dessen Bezirk das Bedürfnis für die Unterbringung auftritt, § 70 Abs. 5 FGG.
Der Betroffene ist nach § 70a FGG im Unterbringungsverfahren ohne Rücksicht auf seine Geschäftsfähigkeit *verfahrensfähig*, wenn er das 14. Lebensjahr vollendet hat.

Nach § 70c FGG ist der Betroffene vor einer Unterbringungsmaßnahme *persönlich anzuhören*. Die persönliche Anhörung beruht auf dem verfassungsrechtlichen Gebot der Gewährung rechtlichen Gehörs. Das Gericht hat sich einen unmittelbaren Eindruck von ihm zu verschaffen. Die Anhörung dient der Tatsachenfeststellung und gibt dem Betroffenen die Möglichkeit, sich gegen die drohende Unterbringung zu wehren. Unterbleibt die Anhörung verfahrensfehlerhaft, ist sie schnellstmöglichst nachzuholen (OLG Brandenburg, FamRZ 2001, 38). Das OLG Schleswig hält eine Unterbringung ohne vorherige Anhörung nur bei Gefahr im Verzuge für zulässig (OLG Schleswig, FamRZ 1994, 781). Der Ort der Anhörung und der Verschaffung eines unmittelbaren persönlichen Eindruckes ist die normale Umgebung des Betroffenen, d.h. in der Regel seine Wohnung bzw. das Heim oder Krankenhaus, in dem er sich befindet (zu Durchführung und Inhalt der Anhörung in Betreuungs- und Unterbringungssachen vgl. Coeppicus 1991).

Vor einer freiheitsentziehenden Unterbringungsmaßnahme hat das Vormundschaftsgericht das *Gutachten eines Sachverständigen* einzuholen, der den Betroffenen persönlich zu untersuchen und zu befragen hat. Darüber hinaus muss das Gutachten zeitnah erstellt werden (vgl. auch BayObLG, FamRZ 1999, 1692). Der Sachverständige soll in der Regel ein Arzt für Psychiatrie sein; in jedem Fall muss es aber ein Arzt sein, der Erfahrungen auf dem Gebiet der Psychiatrie besitzt, § 70e FGG. Nach Auffassung des BayObLG kann ein Gutachten grundsätzlich nur durch einen Arzt für Psychiatrie erstellt werden. Im Regelfall reicht es nicht aus, wenn ein Assistenzarzt einer psychiatrischen Klinik ein Gutachten erstellt, es sei denn, es kann im Einzelfall festgestellt werden, dass er die erforderliche Sachkenntnis besitzt (BayObLG, FamRZ 1993, 351; ausführlich zur erforderlichen Qualifikation der Sachverständigen Bienwald 1999, Anm. 6 ff. zu § 70e FGG). Das Gutachten hat konkrete Angaben zur laufenden und zukünftigen Behandlung in einer geschlossenen Einrichtung sowie zur Prognose zu enthalten (OLG Bremen, R & P 1995, 187; zu den Anforderungen an ein Gutachten vgl. auch OLG Düsseldorf, FamRZ 1995, 118).

### 4.1 Die vorläufige gerichtliche Unterbringung

Nach § 70h FGG kann durch einstweilige Anordnung eine vorläufige Unterbringungsmaßnahme angeordnet werden. Diese Vorschrift erfasst sowohl die zivilrechtliche als auch die öffentlich-rechtliche Unterbringung (Bienwald 1999, Anm. 2 zu § 70h FGG). Derartige Eilentscheidungen dienen insbesondere als Intervention bei akuten Krisen, bei der Zuspitzung psychischer Störungen. In der Regel werden sie bald wieder aufgehoben (Marschner/Volckart 2001). Materiell-rechtliche Voraussetzungen für eine derartig rasche Unterbringung nach § 70h FGG sind:
- dringende Gründe für die Annahme, dass auch eine endgültige Unterbringung angeordnet werden kann und

- dass mit einem Aufschub der Entscheidung über die Unterbringung Gefahr verbunden ist.
- Ferner ist ein ärztliches Kurzgutachten erforderlich und
- gegebenenfalls ist ein Verfahrenspfleger zu bestellen.
- Der Betroffene ist persönlich anzuhören. Auf eine persönliche Anhörung kann nur verzichtet werden, wenn Gefahr im Verzuge ist; dies muss aber durch konkrete Tatsachen begründet werden (OLG Schleswig, FamRZ 1994, 781; Dodegge 2001). Ein Verstoß gegen die Pflicht zur persönlichen Anhörung kann im vorläufigen Unterbringungsverfahren nicht durch eine unverzügliche Nachholung der Anhörung geheilt werden (BayObLG, FamRZ 2001, 578).

Die zulässige Höchstdauer für die einstweilige Anordnung beträgt nach § 70h Abs. 2 FGG sechs Wochen. Die Frist kann, wenn sie nicht ausreicht, nach Anhörung eines Sachverständigen durch eine weitere einstweilige Anordnung bis zu einer Gesamtdauer von drei Monaten verlängert werden. Wurde im Wege der einstweiligen Anordnung eine vorläufige Unterbringung angeordnet, so wird diese mit Ablauf der festgesetzten Frist wirkungslos (KG Berlin, FamRZ 1993, 84).

Mit den rechtlichen Voraussetzungen einer vorläufigen Unterbringung befasst sich das OLG Schleswig. Es ging um eine öffentlich-rechtliche Unterbringung nach dem PsychKG in Schleswig-Holstein. Eine Frau, die aufgrund einer manischen Psychose an einem »akut psychotischen Zustand« litt, wurde nach § 24 PsychKG vorläufig in einer Fachklinik untergebracht. Die Betroffene war u.a. durch störende nächtliche Telefonanrufe und in der Praxis ihrer Hausärztin durch Verwirrtheit aufgefallen. Bei einem Hausbesuch des Facharztes für Neurologie und Psychiatrie des Kreisgesundheitsamtes, dem der chaotische Zustand ihrer Wohnung auffiel, äußerte sie sich zusammenhanglos und gedankenflüchtig. Während des etwa eineinhalbstündigen Besuches gelang es ihr nicht, ihre Absicht zu verwirklichen, einen Becher Tee zu trinken.

Die Betroffene wurde alsdann ohne Anhörung durch einstweilige Anordnung in einer Fachklinik untergebracht. Eine Anhörung wurde nachgeholt und ein Gutachten des Stationsarztes erstellt. Dieser bestätigte aufgrund der manischen und psychotischen Gedankeninhalte eine akute Eigen- sowie auch Fremdgefährdung, die nur durch eine stationäre Behandlung therapiert werden könne.

Das sah das Oberlandesgericht ganz anders. Zunächst hob es hervor, dass die Unterbringung der Betroffenen krass verfahrensfehlerhaft war, denn *die vorherige Anhörung der Betroffenen sei grundsätzlich auch bei Unterbringungsmaßnahmen im Wege einstweiliger Anordnungen notwendig.*
Darüber hinaus fehle es materiell-rechtlich an hinreichend konkreten Feststellungen zu den Voraussetzungen einer vorläufigen Unterbringung. Die vom

Landgericht »allein angenommene Selbstgefährdung ist im Wesentlichen auf die Folgerungen in der nervenärztlichen Stellungnahme (...) gestützt, insbesondere auf den Umstand, dass die Betr. während des ärztlichen Hausbesuchs keinen Tee getrunken hat. Der daraus und aus dem allgemeinen Verwirrtheitszustand der Betr. gezogene Schluss, die Betr. habe sich nicht mehr ausreichend ernähren können, ist nicht haltbar. Abgesehen davon, dass es auch zu dem Einzelvorgang an hinreichenden Feststellungen fehlt (z.B.: Hat die Betr. beim Eintreffen des Arztes schon zubereiteten Tee nicht ausgetrunken? Ist ihre Absicht, Tee zu trinken, an der Zubereitung gescheitert? Hat sie Tee während des Hausbesuchs zubereitet, aber nicht getrunken?), die allenfalls Aufschluss über ihre Fähigkeiten zur Selbstversorgung geben könnten, wird der Hausbesuch eines Arztes des Kreisgesundheitsamtes als Ausnahmesituation kaum die geeignete Gelegenheit zur Aufnahme von Speisen oder warmen Getränken sein.

Darüber hinaus sind vor allem objektive Befunde zum Ernährungszustand der Betr. weder aktenkundig noch auch nur angedeutet. Der ›chaotische‹ Zustand der Wohnung und die verwirrten bzw. wahnhaften Äußerungen der Betr., von denen die Ärzte berichtet haben, besagen für eine Unfähigkeit zur ausreichenden Ernährung nichts. (...) Die sich ›nur‹ in Stimmungsschwankungen, zusammenhanglosen Erklärungen, nächtlichen Anrufen und dem Verkleben des eigenen Briefschlitzes sowie ähnlichen Verhaltensweisen außerhalb der Norm äußernde manische Psychose führt (...) nicht ohne weiteres zur Annahme einer relevanten Eigengefährdung (...)« (OLG Schleswig, FamRZ 1994, 781, 782 f.; vgl. auch BayObLG, FamRZ 2000, 566).

## 4.2 Die vorläufige behördliche Unterbringung

In fast allen Landesgesetzen ist die Möglichkeit vorgesehen, im Wege einer behördlichen Eilmaßnahme vor einer gerichtlichen Entscheidung eine Unterbringung durchzuführen. Die gesetzliche Terminologie ist in den Gesetzen recht unterschiedlich.

Nach den meisten Landesgesetzen ist auch bei einer vorläufigen behördlichen Unterbringung ein ärztliches Zeugnis erforderlich, das auf einer frühestens am Vortage durchgeführten Untersuchung beruhen muss.

Die Anordnung einer vorläufigen behördlichen Unterbringung setzt voraus,
- dass dringende Gründe oder Anhaltspunkte dafür bestehen müssen, dass die Voraussetzungen für eine Unterbringung vorliegen, sowie
- eine gerichtliche Eilentscheidung nicht rechtzeitig erfolgen kann.

Das Eingreifen der Behörde setzt eine akute Gefahrenlage voraus. Das ist der Fall bei einer Selbsttötungsgefahr. Der *Verdacht* einer Selbsttötungshandlung genügt indessen nicht. Bevor vorläufige behördliche Unterbringungen zum Zuge kommen können, sind alternative Maßnahmen wie die Betreuung und Überwachung durch Angehörige oder Mitarbeiter Sozialpsychiatrischer Dienste für einen vorübergehenden Zeitraum bis zu einer gerichtlichen Entscheidung in besonderem Maß auszuschöpfen. »Durch entsprechende *Kriseninterventionsmöglichkeiten* oder die Einschaltung eines psychiatrischen Notdienstes vor Verbringung des Betroffenen in die Einrichtung kann in vielen Fällen eine Unterbringung vermieden werden« (Marschner/Volckart 2001).

Mit anderen Worten: Die vorläufige behördliche Unterbringung kommt nur als letztes Mittel in Betracht.

### Unterbringung gegen den Willen des Betroffenen

| Zivilrechtliche Unterbringung § 1906 BGB | Öffentlich-rechtliche Unterbringung Ländergesetze |
|---|---|
| **Materiell-rechtliche Voraussetzungen** | **Materiell-rechtliche Voraussetzungen** |
| - Betreuer bzw. vorläufige Betreuung | - Kein Betreuungsverhältnis |
| - Psychische Krankheit oder geistige oder seelische Behinderung | - Antrag der nach Landesrecht zuständigen Behörde |
| - und dadurch Gefahr **des Suizides** oder **eines erheblichen gesundheitlichen Schadens** | - Selbst- und Fremdgefährdung |

#### Verfahren nach FGG

- Genehmigung bzw. Anordnung durch Amtsgericht – Vormundschaftsgericht
- § 70b FGG Bestellung eines Verfahrenspflegers
  § 70c FGG Persönliche Anhörung des Betroffenen
  § 70e FGG Sachverständigengutachten

#### Eilverfahren

- Dringende Gründe für die Annahme, dass auch eine endgültige Unterbringung angeordnet werden kann und
- dass mit einem Aufschub der Entscheidung über die Unterbringung Gefahr verbunden ist.
- Ferner ist ein ärztliches Kurzgutachten erforderlich und
- der Betroffene ist persönlich anzuhören; hierauf kann nur verzichtet werden, wenn Gefahr im Verzuge ist.

## 5 Schadensersatzansprüche bei unrichtigen Gutachten und rechtswidriger Unterbringung

Bundesrepublikanische Gerichte haben sich wiederholt mit der Frage auseinandersetzen müssen, ob und in welcher Höhe Schadensersatz für unrichtige Gutachten und rechtswidrige Unterbringung zu leisten ist. In chronologischer Reihenfolge folgen einige Urteile zur Problematik des Schadensersatzes. Die Rechtsprechung geht davon aus, dass ein psychiatrischer Sachverständiger nur dann haftet, wenn eine grob fahrlässige Falschbegutachtung vorliegt (OLG Schleswig, MedR 1994, 325).
Grobe Fahrlässigkeit ist u.a. dann anzunehmen, wenn der Arzt vor Abgabe seiner gutachterlichen Stellungnahme den Unterzubringenden nicht gründlich untersucht hat (Wigge 1996).

- Das OLG Nürnberg hat 1988 eine vom Gericht hinzugezogene psychiatrische Sachverständige unter dem Gesichtspunkt der unerlaubten Handlung für eine grob fahrlässige Falschbegutachtung zu 30.000 DM Schmerzensgeld verurteilt, weil die Klägerin zu Unrecht entmündigt und in einer geschlossenen Anstalt untergebracht wurde (OLG Nürnberg, R & P 1988, 28).

- Das OLG Frankfurt am Main sprach einer Klägerin 2.000 DM Schmerzensgeld zu, weil bei der Vorbereitung einer Unterbringung kein fachlich im Umgang mit psychisch Auffälligen geschultes Personal eingesetzt wurde (OLG Frankfurt am Main, R & P 1992, 66).

- Ein Arzt, der durch seine Anzeige an die Gesundheitsbehörde ein Unterbringungsverfahren veranlasst, haftet nur im Fall vorsätzlicher sittenwidriger Schädigung des Betroffenen. Dies bedeutet für die psycho-soziale Beratung: Wer subjektiv redlich durch eine Anzeige ein Unterbringungsverfahren initiiert, haftet nach gesicherter Rechtsprechung auch dann nicht auf Ersatz des immateriellen und materiellen Schadens, wenn die Unterbringung objektiv zu Unrecht erfolgt sein sollte (OLG Schleswig, MedR 1994, 325).

- Der Bundesgerichtshof hat 1995 entschieden, dass die Begutachtung im Unterbringungsverfahren auch die Pflicht beinhaltet, den Betroffenen nicht durch Fehldiagnosen zu schädlichen Vermögensdispositionen zu veranlassen (BGH, R & P 1995, 184).

- Aufgrund einer rechtswidrigen Unterbringung über einen langen Zeitraum (ca. neun Jahre) und rechtswidriger Medikamentenverabreichung verurteilte das Landgericht Marburg die Anstellungskörperschaft der im Unterbringungsverfahren falsch gutachtenden Ärzte zu einem Schmerzensgeld in Höhe von 500.000 DM (LG Marburg, R & P 1996, 137).

## 6 Aufsichtspflichten und Haftung in Psychiatrie und Therapie

Der Jahrhunderte andauernde, autoritär disziplinierende Umgang mit psychisch Kranken, mit den »Irren«, letztendlich mit allen »Abweichlern« von der Normalität, prägt noch heutzutage das Bewusstsein der Bevölkerungsmehrheit. Die Sicherung und Kontrolle des Erkrankten, sein Einschluss, waren die üblichen, aber auch anerkannten Methoden der Behandlung. Das Ziel war der Schutz der Allgemeinheit. Die Ausgrenzung der Unvernunft mit Ketten und Fesseln galten als probates Mittel, das Problem zu lösen.

»Es scheint, als habe trotz aller Aufgeklärtheit und Rationalität unserer Zeit die ›gesunde‹ Umwelt noch immer kein von Emotionen freies Verhältnis zum Phänomen geistiger oder psychischer Krankheit gewonnen, als schwinge vielmehr in der Beurteilung Geisteskranker immer noch ein Rest jener auf Unwissenheit beruhenden, zu mancherlei Vorurteilen führenden Furcht vor dem Unberechenbaren, Unheilvollen, Dämonischen mit, die in vergangenen Zeiten Kranke zu Besessenen oder Hexen stempelte und der Verfolgung preisgab oder sie einer unmenschlichen Einkerkerung unterwarf« (Marburger 1971, 777).

Dass auf dieser Grundlage keine Handlungserfolge erzielt werden können, ist heute Allgemeingut. Selbständigkeit und Eigenverantwortlichkeit des Patienten und größtmögliche Freiheit in den Einrichtungen der Psychiatrie versprechen bessere Heilungsaussichten. Durch die vielfältigen Versuche, die Psychiatrie zu reformieren, durch das »Open-Door-System« stellt sich verschärft das Problem der zivilrechtlichen Aufsichtspflicht und der gegebenenfalls strafrechtlichen Verantwortung des Klinikpersonals.

Die Rechtsprechung hat zunehmend anerkannt, dass ein Suizid während des Aufenthaltes in einer Klinik niemals mit absoluter Sicherheit vermieden werden kann. Eine lückenlose Überwachung und Sicherung, die jede noch so fernliegende Gefahrenquelle ausschalten könnte, ist ausgeschlossen (Wolfslast 1987). Die Rechtsprechung betont die Sicherheit des Patienten, der untergebracht ist, als wichtigste Aufgabe. Dieses Sicherheitsgebot besteht indessen nicht uneingeschränkt, sondern es ist abzuwägen gegen die mögliche Therapiegefährdung aufgrund strikter Verwahrung. Der Klinik obliegt eine Verkehrssicherungspflicht. »Diese Pflicht ist allerdings (...) beschränkt auf das Erforderliche und das für das Krankenhauspersonal und die Patienten Zumutbare. Das Sicherheitsgebot ist abzuwägen gegen Gesichtspunkte der Therapiegefährdung durch allzu strikte Verwahrung« (BGH, R & P 2001, 42).

Stets sind die Erfordernisse der Medizin zu beachten. Nach neueren Erkenntnissen ist gerade bei psychisch Kranken eine vertrauensvolle Beziehung und Zusammenarbeit zwischen Patient und Arzt sowie Krankenhauspersonal aus therapeutischen Gründen dringend erforderlich. Entwürdigende Überwachungs- und Sicherungsmaßnahmen, soweit sie überhaupt zulässig sind, können nach modernen medizinischen Erkenntnissen eine erfolgversprechende Therapie gefährden (BGH, R & P 1994, 141). Es muss gewährleistet werden, dass zwischen dem Klinikpersonal und dem Patienten ein aus psychiatrischer Sicht wünschenswertes Vertrauensverhältnis im Sinne eines »therapeutischen Arbeitsbündnisses« hergestellt werden kann. Allerdings muss ein psychiatrisches Krankenhaus mindestens so organisiert sein, dass kein Patient unbemerkt vom Personal seine Station oder gar das Haus verlassen kann (OLG Frankfurt am Main, VersR 1979, 451). Eine Verletzung von Aufsichtspflichten kann zu Schadensersatzansprüchen führen.

▪ Verursacht ein wegen Geisteskrankheit entmündigter volljähriger Heimbewohner außerhalb des Heimes ein Verkehrsunfall, so ist die allgemeine Aufsichtspflicht des Heimes nur dann verletzt, wenn bekannt oder erkennbar war, dass der Heimbewohner infolge seiner körperlichen oder geistigen Verfassung eine Verkehrsgefährdung darstellt und geeignete Maßnahmen zur Abwendung der der Allgemeinheit drohenden Gefahr unterlassen wurden (OLG München, NJW 1966, 404).

▪ Eine Verletzung der Aufsichtspflicht ist zu bejahen, wenn eine suizidgefährdete Patientin, die an einer endogenen Depression leidet, in eine offene Station einer neurologisch-psychiatrischen Abteilung verlegt wird, ohne dass ganz besondere und konkrete Vorsichtsmaßnahmen zum Schutz der Patientin ergriffen werden (OLG Frankfurt am Main, VersR 1979, 451).

▪ Dagegen ist es für die Erfüllung der Aufsichtspflicht ausreichend, wenn bei einer Suzidgefährdeten die Nachtschwester stündlich nach der Patientin, die sich allein im Zimmer befindet, schaut und sich die Patientin zwischen zwei Kontrollen mit einem Bettlaken am gekippten Fenster aufhängt (OLG Hamm, VersR 1983, 43). Das Oberlandesgericht Hamm ist der Auffassung, dass Maßnahmen technischer Art zur Verhinderung oder Erschwerung einer Selbsttötung – wie Entfernung von Türklinken, Sicherungsflügeln an Fenstern oder ähnliche Einrichtungen – nicht beseitigt werden müssen. Dies mag früher üblich gewesen sein, entspreche indessen nicht mehr einer modernen Auffassung von der humanen Unterbringung psychisch Kranker.

▪ Wenn psychisch auffällige Jugendliche im Alter von 16 und 17 Jahren, bei denen eine Neigung zur Schädigung Dritter vorhanden ist, die sich allerdings noch nicht erkennbar konkretisiert hat, als Patienten in eine Klinik stationär aufgenommen werden, dann haften die Bediensteten der Klinik für angerichtete Schäden, wenn sie nicht stichprobenartig das Freizeitverhalten der Jugendlichen überwachen. Bei Kindern, die zu üblen Streichen und Straftaten neigen, besteht eine erhöhte Aufsichtspflicht. Andererseits sind der Überwachung vor allem bei älteren Jugendlichen naturgemäß Grenzen gesetzt. Sie brauchen nicht ständig überwacht zu werden. Insoweit besteht auch kein Anlass, die therapeutisch gebotene Bewegungsfreiheit einzuschränken. Dagegen ist es geboten, ihr Verhalten in der Freizeit stichprobenartig zu überwachen. »Diese Überwachung musste sich insbesondere darauf erstrecken, welche Örtlichkeiten in der Freizeit aufgesucht wurden, ob diese ›günstige Gelegenheiten‹ zur Schadensstiftung boten, welche Patienten häufiger gemeinsam die Freizeit miteinander verbrachten und ob sich dadurch eine erkennbare Verstärkung der Schädigungsneigung ergab, der durch weitere geeignete Maßnahmen vorzubeugen war« (BGH, NJW 1985, 677).

■ Bei einem 17-jährigen geistig Behinderten, der schon wiederholt durch Brandstiftungen aufgefallen ist und in einem Wohnheim und der Werkstatt für Behinderte aufgenommen wurde, haftet u.U. der Träger, wenn er dem Behinderten unbeaufsichtigten Ausgang gewährt oder ihm bei Antritt des Ausgangs vorhandene Zündmittel nicht wegnimmt. Allerdings ist die Frage der Haftung nicht leicht zu beantworten, wenn trotz der Behinderung der Jugendliche erziehbar ist und aus diesem Grunde eine pädagogische Beeinflussung zu einem weitgehend selbständigen und verantwortungsbewussten Verhalten eine Reduzierung von Reglementierungen als vernünftig erscheinen lassen (OLG Frankfurt am Main, FamRZ 1987, 519).

■ Es besteht keine Verletzung der Aufsichtspflicht der Bediensteten eines Krankenhauses, wenn eine suizidgefährdete Patientin auf dem Gang zur Toilette nicht überwacht wird und mit einem aus dem Patientenzimmer mitgenommenen Feuerzeug sich selbst zu verbrennen versucht. Es besteht kein Anlass, dass die Patientin beim Verlassen des Krankenzimmers durch Abtasten untersucht wird, ob sie im Besitz eines Feuerzeuges ist (BGH, R & P 1994, 141).

■ Es besteht kein Verstoß gegen die psychiatrischen Sorgfaltspflichten, wenn einer suizidgefährdeten Patientin der Ausgang mit ihrer Mutter erlaubt wird und sie einen Selbsttötungsversuch unternimmt. Eine Ausschaltung jeglicher vermeidbarer Risiken liefe nämlich darauf hinaus, dass eine solche Patientin dauerhaft unter Aufsicht des Klinikpersonals hinter gesicherten Türen und Fenstern verbleiben müsste (OLG Stuttgart, Urteil vom 20.10.1994 – 14 U 38/93).

■ Zwar haben auch allgemeine Krankenhäuser, wenn sie bewusstseinsgetrübte Patienten behandeln, dafür zu sorgen, dass jede vermeidbare Selbstgefährdung ausgeschlossen wird; es muss aber nicht jedes nur vorstellbare Risiko verhindert werden. Eine permanente Sitzwache ist auch bei einer 68-jährigen Patientin mit ausgeprägtem hirnorganischen Psychosyndrom nur in ganz besonderen Fällen erforderlich (LG Heidelberg, NJW 1998, 2747).

■ Unfälle während einer Suchtbehandlung können mit ausreichender Sicherheit nur durch strenge Fixation im Bett verhindert werden. Solche freiheitsentziehenden Maßnahmen sind ohne eindeutige Anzeichen einer Selbstgefährdung oder Suizidalität unzulässig und medizinisch nicht vertretbar (OLG München, MedR 1998, 366).

■ Eine Patientin begab sich mit der Einweisungsdiagnose »Psychose« zur stationären Behandlung in eine Nervenklinik. Die Anamnese ergab, dass sie früher an einen Freitod gedacht, einen Versuch jedoch noch nicht unternommen hatte. Die Behandlung in der Klinik erfolgte auf einer offenen Station, in der die Fenstergriffe entfernt waren. Die Patientin lenkte eine Nachtschwester ab, öffnete die Balkontür eines Aufenthaltsraumes im dritten Stock und sprang in die Tiefe. Sie zog sich schwere Verletzungen zu. Der BGH entschied, dass der Krankenhausträger zwar verpflichtet sei, Patienten vor Selbstschädigungen zu schützen. Diese Verpflichtung beschränke sich aber auf das Erforderliche und für den Patienten Zumutbare. Der Schutz der Patienten vor sich selbst müsse gegen die Therapiegefährdung durch zu strikte Verwahrung abgewogen werden. Auch die bei einem Patienten in einer offenen Station möglicherweise vorhandene Selbstmordgefahr erfordere nicht, jede Gelegenheit zu einer Selbstschädigung auszuschließen (BGH, R & P 2001, 42).

■ Eine psychiatrische Klinik ist zum Schadensersatz wegen Verletzung der Aufsichtspflicht verpflichtet, wenn sie einseitig einen psychisch Kranken und Drogenabhängigen mit einer Depotspritze sowie Medikamenten und etwa 500 DM Bargeld aus dem Krankenhaus entlässt und dieser anschließend eine Frau mit einem Messer lebensgefährlich verletzt. Zur Begründung führt das LG Bremen aus: Rehabilitation sei eine Aufgabe der Gesellschaft, die auch die Risiken eines Fehlschlagens von Wiedereingliederungsversuchen tragen müsse. Solange es kein kollektives Schadenstragungs- oder Versicherungssystem gäbe, dürfe dies nicht dazu führen, »dass ein geschädigter Einzelner für einen deliktsrechtlich zurechenbaren Schaden keinen Ersatz erhält und gleichsam schicksalhaft das gesamtgesellschaftliche Risiko alleine tragen soll« (LG Bremen, R & P 2001, 159, 161).

> **Zusammenfassung**
> Bei der stationären Therapie psychisch Kranker, besonders suizidaler Patienten, geht die einschlägige Rechtsprechung zwar im Grundsatz von der Sicherheit des Patienten als gleichsam oberstem Gebot aus. Das Sicherheitsgebot besteht indessen nicht uneingeschränkt. Es ist vielmehr abzuwägen gegenüber der möglichen Therapiegefährdung durch strikte Verwahrung. Eine Ausschaltung jeglichen Risikos kann selbst durch permanente Überwachung und dauerhafte Einschließung nicht gewährleistet werden. Solche Sicherungsmaßnahmen lässt das Recht zudem nicht zu.

## Exkurs:
### Der Beitrag des Strafrechts zur Suizidprävention

▪ In einer Krisenintervention stellt die Eheberaterin fest, dass ihre Klientin mit den Nerven am Ende ist und ernsthaft Angst vor einer Selbsttötung hat, weil sich ihre Lebenssituation dramatisch verschlechtert hat. Sie ist nicht mehr in der Lage, eigenverantwortlich zu entscheiden. Ein Freitod ist nicht auszuschließen. Die Eheberaterin unternimmt noch nichts, weil sie der Auffassung ist, sie werde die Angelegenheit in den Griff bekommen. Die Klientin nimmt sich das Leben.

▪ Eine unheilbar an Krebs erkrankte Klientin ruft gegen Mitternacht ihre Psychotherapeutin an und erklärt ihr, dass sie 60 Schlaftabletten geschluckt habe. Die Psychotherapeutin solle weder Notdienst noch Ärzte einschalten; sie habe bilanziert und mit ihrem Leben abgeschlossen.

▪ Die Chefin einer Sekte auf den kanarischen Inseln stiftet die Sektenmitglieder – unter ihnen Kinder – an, sich zu einem bestimmten Zeitpunkt umzubringen. Alle Mitglieder befolgen die Anordnung und töten sich.

Bei familiären oder individuellen Krisen erscheint häufig der Suizid als letzter Ausweg. Die Zahlen sprechen für sich. Jährlich werden ca. 150.000 Menschen nach Suizidversuchen in Krankenhäuser eingeliefert. In der Süddeutschen Zeitung sind die Ergebnisse einer auf Europa bezogenen WHO-Studie veröffentlicht worden.
»Die höchsten Raten an Suizid-Versuchen werden in Finnland, Frankreich, England und Dänemark gefunden, die niedrigsten in Spanien und Italien. Die deutschen Raten liegen mit 91 pro 100.000 bei Männern und 116 pro 100.000 bei Frauen etwas unterhalb des europäischen Mittelwerts. Das Verhältnis Suizid zu Suizidversuch beträgt etwa eins zu zehn« (Süddeutsche Zeitung vom 9./10.3.2002, 13).

Bei mehr als 11.000 Menschen kam im Jahre 2000 jede Hilfe zu spät.[1] Polizisten, Sozialarbeiterinnen, psychosoziale Berater, aber auch Theologen, Psy-

---

[1] Die folgenden Daten beruhen auf den Todesursachenstatistiken, die vom Statistischen Bundesamt bzw. von den entsprechenden Landesämtern erhoben werden. Bezogen auf 100.000 Einwohner gab es in Deutschland im Jahre 2000 ca. 15 Selbsttötungen (absolute Zahlen, 1996: 12.235; 1998: 11.648; 2000: 11.079 Menschen).
Hinzu müssen die verdeckten Suicide gezählt werden. So geht man davon aus, dass bei den Drogen- und bei den Verkehrstoten ein nicht unerheblicher Prozentsatz verdeckte Freitode sind (bei Drogentoten ca. 18%), vgl. http://www.franz-ruppert.de/Suizidskript.doc vom 17.7.2002.

chotherapeuten und Ärztinnen sind mit der Frage konfrontiert, welche Anforderungen das Recht an sie stellt, was sie unternehmen müssen, um nicht mit dem *Strafrecht* in Konflikt zu geraten.
Die Juristinnen und Juristen selbst sind sich keineswegs einig und kommen zudem bei entsprechenden Strafverfahren ohne ärztliche oder psychologische Gutachten selten aus. Die juristischen Kontroversen sind in kaum lösbare Probleme menschlicher Existenz eingebettet. Es geht um die Selbstverfügbarkeit des Lebens. Unbezweifelbar steht der sanfte, schmerzlose, humane Tod auf der Wunschliste der meisten Menschen weit oben. Die Forderung nach Selbstbestimmung auch über das eigene Leben widerspricht indessen der christlich-abendländischen Auffassung über die Unverfügbarkeit des Lebens. Dementsprechend prallen fast unversöhnlich weltanschauliche, aber auch juristische Meinungen aufeinander.

Um die rechtlichen Probleme der möglichen Strafbarkeit der »Teilnahme« an Selbsttötungsdelikten besser verstehen zu können, ist ein Blick auf die strafrechtliche Systematik der Straftaten gegen das menschliche Leben hilfreich. Die Bandbreite der Tötungsdelikte ist erheblich. Sie reicht vom Mord bis hin zur fahrlässigen Tötung. Der Unrechtsgehalt der Tötungsdelikte ist sehr unterschiedlich, und dies schlägt sich dementsprechend im Strafmaß nieder.

- Der *Totschlag* nach § 212 StGB ist nach der h.M. sozusagen der Durchschnittsfall einer vorsätzlichen Tötung und wird mit Freiheitsstrafe nicht unter fünf Jahren bestraft.

- Vom Totschlag wird strafverschärfend der *Mord* nach § 211 StGB abgegrenzt. Danach wird derjenige, der vorsätzlich einen Menschen tötet, als Mörder mit lebenslanger Freiheitsstrafe bestraft, wenn die Tötung als besonders verwerflich anzusehen ist. Das ist dann der Fall, wenn der Täter aus niedrigen Beweggründen handelt (z.B. aus Mordlust oder zur Befriedigung des Geschlechtstriebes) oder seine Tatausführung unmenschlich ist oder wenn der Täter tötet, um eine Straftat zu ermöglichen oder zu verdecken. Der Mord wird mit lebenslanger Freiheitsstrafe geahndet.

- Strafmildernd wirkt sich dagegen die *Tötung auf Verlangen* aus. Nach § 216 StGB wird jemand mit einer Freiheitsstrafe von sechs Monaten bis zu fünf Jahren bestraft, wenn er durch das ausdrückliche und ernstliche Verlangen des Getöteten zur Tötung bestimmt worden ist. Ernstlich ist ein Verlangen dann, wenn es zielbewusst auf Tötung gerichtet ist und vor allen Dingen auf einem freiverantwortlichen Entschluss des Opfers beruht.

- Am »unteren Ende« der Tötungsdelikte steht die *fahrlässige Tötung*. Nach § 222 StGB wird mit Freiheitsstrafe bis zu fünf Jahren oder mit Geldstrafe bestraft, wer durch Fahrlässigkeit den Tod eines Menschen verursacht.

Besondere Bedeutung hat das Problem des selbstverantworteten Sterbens im medizinischen Bereich. Menschen am Ende ihres Lebens können prinzipiell selbst bestimmen, ob und wie lange sie medizinisch behandelt werden wollen. Sie haben das Recht auf »ihren« Tod. Aus dem allgemeinen Persönlichkeitsrecht, dem Selbstbestimmungsrecht des Patienten folgt, dass gegen seinen Willen »eine ärztliche Behandlung grundsätzlich weder eingeleitet noch fortgesetzt werden darf« (BGH, NJW 1995, 204, 205).

Wie aber, wenn der Patient nicht mehr ansprechbar ist, nicht mehr selbst entscheiden kann? Durch den enormen Fortschritt in der Diagnose und Therapie kann der Tod nämlich in bislang unbekannter Weise hinausgezögert werden. Das kann aber eben auch Leiden und Schmerzen in unerträglicher Weise verlängern. Während die einen das menschenwürdige Sterben und Grenzen für eine entfesselte Apparatemedizin einfordern, beklagen die anderen die »Normalisierung von Tötungshandlungen« im deutschen Rechtsleben (Feyerabend 2000).[1]

Völlig unstreitig ist zunächst, dass die *aktive Sterbehilfe* – die *gezielte* Tötung eines Kranken, um das von ihm als unerträglich empfundene Leben zu beenden – entweder als Tötung auf Verlangen nach § 216 StGB bzw. als Mord oder Totschlag bestraft wird (Kutzer 1994). Wer seinen lebensmüden Freund erschießt, wird bestraft. Das strafrechtliche Tötungsverbot verbietet natürlich auch der Ärztin, alle *aktiv* durchgeführten Maßnahmen, die eine Lebensverkürzung herbeiführen, selbst wenn sie von einem Lebensmüden nachdrücklichst verlangt werden (BGH, NJW 1995, 204).

Insoweit wird das Selbstverfügungsrecht über den eigenen Körper eingeschränkt. Es ist eine strafbare Tötung auf Verlangen, wenn ein Arzt einem gelähmten Patienten eine tödliche Injektion verabreicht, nachdem dieser darum gebeten hat. Dies ist auch vom Europäischen Gerichtshof bestätigt worden. Eine Engländerin war wegen einer schweren, unheilbaren Muskel- und Nervenlähmung vom Hals an abwärts nicht mehr in der Lage, das von ihr als schmerzvoll und unwürdig empfundene und todgeweihte Leben selbst zu beenden. Sie wollte gerichtlich durchsetzen, dass ihr Ehemann ihr bei dem Freitod helfen darf, ohne hierfür strafrechtlich belangt zu werden. Der Gerichtshof entschied, dass die Weigerung des englischen Generalstaatsanwaltes, Straffreiheit zu garantieren, nicht gegen die Europäische Menschenrechtskonvention verstoße (EuGHMR, FamRZ 2002, 1020).

Allerdings sind die Grenzen zur straflosen Suizidteilnahme fließend und zuweilen sehr durchlässig. Jeder Arzt weiß, »dass bei der heute immer rasante-

---

[1] Zu diesem Problemkreis sind zahlreiche juristische Abhandlungen erschienen. Um nur einige zu nennen: Höfling (2000); Fröschle (2000); Lipp (2002).

ren Entwicklung in der Medizin die Grauzonen zwischen aktiver und passiver Sterbehilfe immer größer werden. Konkret gefragt: Warum soll der Abbruch einer lebenserhaltenden medizinischen Maßnahme – etwa das Abstellen einer Beatmungsmaschine – nur eine passive und deshalb erlaubte Sterbehilfe sein? (...) Die Grenzen zwischen all diesen Hilfsbegriffen – aktiv und passiv, natürlich und künstlich, lebenserhaltend und lebensbedrohend – sind fließend« (Jens/Küng 1996, 56).

Der Arzt, der dem lebensmüden Patienten das Gift auf den Tisch stellt, das der Patient selbst schluckt, leistet lediglich Beihilfe zur Selbsttötung; dies ist nicht strafbar. Nun könnte man einwenden, das sei ein typische juristische Spitzfindigkeit, die Differenzierung ist jedoch sinnvoll. Ein Suizid liegt vor, *»wenn das Opfer die Schwelle zum Tode selbst überschreitet, eine Tötung auf Verlangen, wenn es sich hinüberstoßen lässt.* Diese Lösung findet ihre Rechtfertigung in der Erwägung, dass es von einem Todeswunsch bis zu seiner Realisierung ein weiter Weg ist: Denn viele haben sich die Pistole an die Schläfe gesetzt, aber wenige haben die Kraft aufgebracht, abzudrücken. Wer – die Zurechnungsfähigkeit vorausgesetzt – diesen letzten Entschluss besteht, muss seinen Tod selbst verantworten« (Roxin 1994, 75, 78 f.).

Erlaubt sind dagegen die *indirekte* und die *passive* Sterbehilfe. Hierüber besteht in der juristischen Diskussion ein gefestigter Grundkonsens.

■ Von der *indirekten Sterbehilfe* spricht man, wenn ein Sterbender eine schmerzlindernde oder bewusstseinsdämpfende Medikation erhält und unbeabsichtigt, aber als unvermeidbare Nebenfolge in Kauf genommen wird, dass der Todeseintritt beschleunigt wird. Voraussetzung für die Straflosigkeit dieser Form der Sterbehilfe ist die ausdrückliche oder mutmaßliche Einwilligung des Patienten.

■ *Passive Sterbehilfe* liegt dann vor, wenn bei einem tödlich erkrankten Menschen, dessen Leiden mit »aussichtsloser Prognose einen irreversiblen Verlauf genommen hat, die der Lebensverlängerung dienende medizinische Behandlung eingestellt wird« (Kutzer 1994, 110,113).
In einer berühmten Entscheidung hat der Bundesgerichtshof entschieden, dass auch, wenn der Sterbevorgang noch nicht eingesetzt hat, ausnahmsweise ein Behandlungsabbruch infrage kommt. Dies ist nach Auffassung des Bundesgerichtshofes dann zulässig, wenn der Abbruch dem mutmaßlichen Willen des Patienten entspricht (BGH, NJW 1995, 204).

## 1 Die Straflosigkeit der Teilnahme an einem Suizid bei einer freiverantwortlichen Willensentscheidung

Die Selbsttötung[1] ist nach dem Strafrecht prinzipiell nicht unter Strafe gestellt. *Dem deutschen Strafrecht ist daher – teilweise im Gegensatz zu ausländischen Rechtssystemen – weder die Strafbarkeit des Selbsttötungsversuches noch die Strafbarkeit der Anstiftung oder Beihilfe zur Selbsttötung bekannt* (Tröndle/Fischer 2001, Anm. 10 Vor § 211 StGB; zu Einzelheiten vgl. Bottke 1993; Schöch 1996; BGH, NJW 2001, 1802). Wer einem anderen rät, sein Leben zu beenden oder ihm ein tödliches Gift beschafft, kann nach deutschem Recht nicht bestraft werden. Schutzzweck bei den Straftaten gegen das Leben ist immer das Leben eines anderen Menschen. Auch eine sittliche Missbilligung des Freitodes, wie sie früher von der Rechtsprechung noch vertreten wurde, ist überholt. Das hat der Bundesgerichtshof wiederholt betont. Nach stRspr und der einheitlichen Auffassung in der Lehre ist die Teilnahme an der Selbsttötung eines vollverantwortlich Handelnden mangels einer Haupttat straflos.

»Die eigenverantwortlich gewollte und verwirklichte Selbstgefährdung unterfällt grundsätzlich nicht den Tatbeständen eines Körperverletzungs- oder Tötungsdelikts, wenn das mit der Gefährdung vom Opfer bewusst eingegangene Risiko sich realisiert. Wer lediglich eine solche Gefährdung veranlasst, ermöglicht oder fördert, macht sich danach nicht wegen eines Körperverletzungs- oder Tötungsdelikts strafbar. (...) Dabei hat der BGH darauf abgestellt, dass derjenige, der sich an einem Akt der eigenverantwortlich gewollten und bewirkten Selbstgefährdung beteiligt, an einem Geschehen teilnimmt, welches – soweit es um die Strafbarkeit wegen Tötung oder Körperverletzung geht – kein tatbestandsmäßiger und damit kein strafbarer Vorgang ist« (BGH, NJW 2001, 1802, 1804).

Das schlichte *Unterlassen* im Zusammenhang mit einem Freitod ist ebenfalls nicht strafbar. Es geht u.a. um die folgende Fallkonstellation: Ein Ehemann besorgt seiner unheilbar an Krebs erkrankten Ehefrau, die ihrem Leiden ein Ende setzen will, eine Überdosis Schlaftabletten, die sie in seiner Gegenwart einnimmt. Nachdem sie bewusstlos wird, bleibt der Ehemann bis zu ihrem Tode bei ihr, ohne die Rettungsdienste zu alarmieren. Der Bundesgerichtshof hielt ein derartiges Unterlassen für strafbar (BGHSt 32, 367). Nach Auffassung

---

[1] Es ist sprachlich noch immer ein Skandal, dass in der Literatur sowie im allgemeinen Sprachgebrauch überwiegend das Wort »Selbstmord« verwendet wird. Damit wird über jemanden, der aus welchen Gründen auch immer, aus dem Leben scheiden will, sprachlich das härteste Unwerturteil gefällt, denn Mörder ist, der aus besonders verwerflichen Gründen einen anderen tötet, wie zum Beispiel aus Mordlust oder aus Habgier.

des Gerichts darf jemand, der einem Suizidenten bei seinem Freitod geholfen hat, bei dessen Bewusstlosigkeit nicht einfach untätig bleiben (vgl. auch OLG München, NJW 1987, 2940).

Diese Rechtsmeinung führt zu dem einigermaßen erstaunlichem Ergebnis, dass der Strick für den Lebensmüden besorgt werden darf, wenn er ihn indessen benutzt hat und bewusstlos wird, muss der Helfer sofort Rettungshandlungen einleiten. Das ist Unsinn und nicht nachvollziehbar. Dementsprechend wird in dem juristischem Schrifttum fast übereinstimmend die Meinung vertreten, dass das Nichtstun in einem derartigem Fall straflos ist. Auch in diesem Zusammenhang zählt das Argument: Wenn die aktive Teilnahme an einem Freitod straflos ist, kann das sich anschließende Unterlassen nicht anders beurteilt werden (Wessels/Hettinger 2001, 17 f.).[1] Das Unterlassen kann aber dann strafbar sein, wenn deutlich wird, dass der Lebensmüde seine Ansicht geändert hat und gerettet werden will.

Auch die *fahrlässige Mitverursachung* einer freiverantwortlichen Selbsttötung z.B. durch das Herumliegenlassen einer schussbereiten Waffe ist nicht strafbar. Aus diesem Grunde können auch Verfasser von Anleitungsbüchern zum Suizid nicht strafrechtlich belangt werden. Dies ergibt sich schon daraus, dass es inkonsequent wäre, die vorsätzliche Hilfe zur Selbsttötung nicht zu bestrafen, einen fahrlässigen Tatbeitrag indessen strafrechtlich zu ahnden.

Ein frei verantworteter Freitötungsversuch ist nach der ganz herrschenden Meinung schließlich *kein Unglücksfall im Sinne des § 323c StGB*. Wenn klar ist, dass der Suizident aus dem Leben scheiden will und keinerlei Rettungsversuche wünscht, dann ist weder der Lebensschutzgarant noch ein anderer zu einer Hilfeleistung verpflichtet (BGH, NStZ 1983, 117). Die Respektierung des Willens des Suizidenten bleibt straflos (Schönke/Schröder 2001, Anm. 7 zu § 323c StGB). Ein Unglücksfall ist jedoch bei einem Sinneswandel des Lebensmüden anzunehmen. Demjenigen, der frei verantwortlich ins Wasser gegangen ist und dann aber um Hilfe ruft, muss jedermann helfen.

Alle Teilnahmeformen am Suizid sind indessen nach der herrschenden juristischen Meinung nur straflos, wenn die Selbsttötung auf einer frei verantwortlichen Willensentschließung beruht. Die Abgrenzung im Einzelnen ist schwierig. Die Diskussionen und die Meinungsverschiedenheiten über die Strafbarkeit der Beteiligung an einer Selbsttötung bzw. ihre Nichtverhinderung drehen sich im Prinzip um die Frage, welche Funktion dem Strafrecht bei der Suizidprävention zukommt.

---

[1] So muss auch in einer Wohn- und Lebensgemeinschaft der Wohnungsgenosse keine Ärztin herbeirufen, um einen Freitod zu verhindern (vgl. Tröndle/Fischer 2001, Anm. 10 zu § 13 StGB).

Eine Auffassung geht dahin, das Strafrecht aus den sozialen und emotionalen Tragödien so weit wie möglich herauszuhalten. Die Mitwirkung bei derartigen Taten oder ihre unterlassene Hinderung sollen im Wesentlichen nur dann bestraft werden, wenn der Suizident im Zustand der Verantwortungsunfähigkeit gehandelt hat. Die Gegenposition hofft darauf, die Selbsttötungsrate durch das Strafrecht vermindern zu können. Das soll dadurch erreicht werden, dass das soziale und professionelle Umfeld des Suizidgefährdeten durch Drohung mit Strafe zum Eingreifen angehalten wird.

Die herrschende juristische Meinung steht auf dem Standpunkt, dass bei nicht frei verantwortlichem Handeln des Suizidenten die Teilnahme an Selbsttötungen strafbar ist. Teilnahme sind die Anstiftung und die Beihilfe, also die Beteiligung an einer fremden Tat. *Die entscheidende Grenzlinie ist die freie Verantwortlichkeit* (vgl. Gropp 1996; BGH, NJW 2001, 1802). Will ein Mensch in geistiger Umnachtung aus dem Leben scheiden und ein Außenstehender, der dies erkennt, reicht ihm einen Giftbecher, so ist dies strafbar.

Nun kann man natürlich der Auffassung sein, dass jeder, der den Freitod wählen will, nicht mehr in der Lage ist, frei verantwortlich zu entscheiden. Diese Auffassung hat sich indessen nicht durchgesetzt, würde sie doch dazu führen, bei allen Selbsttötungen, selbst bei einem echten Bilanzsuizid, zu Rettungspflichten zu gelangen. Der freie, wohlüberlegte Schritt aus dem Leben wäre kaum noch möglich, von dem sozialen und professionellen Umfeld würden erhebliche Anstrengungen verlangt, die Selbsttötung zu verhindern. »Teilte das Strafrecht die These, alle Suizidenten seien krank und eigenverantwortungsunfähig, könnte jeder, der mit Suizidgefährdeten privat oder professionell zu tun hat, ihnen nur in Angst um eigene Strafbarkeitsrisiken begegnen. Solcher Sorge Vorschub zu leisten, wäre dem Erhalt lebenswahrender, bereitwilliger Kommunikation abträglich« (Bottke 1993, 174, 181).

Nach einem Standardkommentar zum Strafgesetzbuch liegt die freie Verantwortlichkeit dann vor, wenn »keinerlei Anzeichen für psychische Störungen oder Zwangsvorstellungen erkennbar sind, aufgrund derer die natürliche Einsichts- oder Urteilsfähigkeit hinsichtlich der Tragweite und Unwiderruflichkeit dieses Schrittes ausgeschlossen oder wesentlich beeinträchtigt sein könnte« (Schönke/Schröder 2001, Vorbem. 36 zu § 211 StGB).

▪ Einigkeit besteht darin, dass von einer fehlenden Freiverantwortlichkeit jedenfalls dann ausgegangen werden muss, wenn der Suizident noch ein Kind ist. Nach § 19 StGB ist schuldunfähig, wer noch nicht 14 Jahre alt ist. Die Anstiftung eines Kindes zu einer Selbsttötung ist demnach strafbar. Das Gleiche gilt auch für einen Jugendlichen zwischen 14 und 18 Jahren, der nach seiner sittlichen und geistigen Entwicklung noch nicht reif genug ist, frei verantwortlich entscheiden zu können (vgl. OLG Stuttgart, NJW 1997, 3103).

- Juristisch gesichert ist auch, dass ein Suizident, der schuldunfähig ist, weil er an einer krankhaften seelischen Störung (z.B. hirnorganisch bedingte Zustände, endogenen Psychosen aus dem Formenkreis der Schizophrenie), an einer tiefgreifenden Bewusstseinsstörung[1] (Vollrausch, Erschöpfung, Ermüdung, hochgradiger Affekt), Schwachsinn oder schweren anderen seelischen Abartigkeit (Psychopathien, Neurosen, Triebstörungen) im Sinne des § 20 StGB leidet und aus diesem Grunde nicht in der Lage ist, die Problematik der Selbsttötung zu erkennen, nicht frei verantwortlich handeln kann. Unter § 20 StGB können auch Formen der schweren Trunkenheit und der aktuellen Drogenabhängigkeit fallen.[2]

## 2 Strafbare Teilnahme an einem Suizid

### Mittelbare Täterschaft

Liegt keine Freiverantwortlichkeit des Betroffenen vor und ein Dritter, der dies erkennt, *veranlasst* oder *unterstützt* die Selbsttötung, dann kann dieser sich der Tötung in sog. mittelbarer Täterschaft strafbar machen (Tröndle/Fischer 2001, Anm. 11 Vor § 211 StGB). Charakteristisch für eine mittelbare Täterschaft ist die beherrschende Rolle des Hintermannes, der gleichsam das gesamte Geschehen im Einzelnen bestimmt. Eine beherrschende Rolle spielt der Hintermann, wenn er durch Zwang, Täuschung oder Missbrauch eines Abhängigkeitsverhältnisses sein Opfer dazu bringt, sich zu töten. Der Täter wird strafrechtlich so behandelt, als habe er sein Opfer selbst getötet und wird wegen eines Tötungsdelikte bestraft.
Gleiches gilt nun auch, wenn ein Opfer nicht frei verantwortlich handeln kann, nicht in der Lage ist, die Tragweite seines Handelns sachgemäß einschätzen zu können und ein Hintermann bei Kenntnis und Ausnützen dieser Sachlage den Freitod durch Anstiftung oder sonst wie herbeiführt (Wessels/Hettinger 2001, 16). Nun ist es in beraterischen, in psychotherapeutischen bzw. in sozialarbeiterischen Berufsfeldern so gut wie ausgeschlossen, dass der Tod eines lebensmüden Klienten in dieser Form *vorsätzlich* herbeigeführt wird.

Bei beraterischen oder psychotherapeutischen Tätigkeiten sind die rechtlichen Konfigurationen nämlich andere. Dort geht es im Kern darum, dass nichts oder nicht genügend getan wurde, um die Selbsttötung eines Klienten zu verhindern. Es geht also um einen *Unterlassungs- und Fahrlässigkeitsvorwurf*.

---

[1] Die Störung muss tiefgreifend sein, d.h. von solcher Intensität, dass das seelische Gefüge des Betroffenen teilweise zerstört oder erschüttert ist (vgl. Tröndle/Fischer 2001, Anm. 10a zu § 20 StGB).

[2] Zu den Einzelheiten der Schuldunfähigkeit wegen seelischer Störungen vgl. Tröndle/Fischer (2001, Anm. 7a ff. zu § 20 StGB).

## Strafbarkeit wegen Unterlassens

In den Fällen des *nicht frei verantwortlichen Freitodes* ist es möglich, dass derjenige, der den Suizid nur geschehen lässt, strafrechtlich zur Rechenschaft gezogen werden kann, weil ein Delikt im Prinzip auch durch Unterlassen begangen werden kann. Das regelt § 13 StGB.

> **§ 13 StGB Begehen durch Unterlassen**
> Wer es unterlässt, einen Erfolg abzuwenden, der zum Tatbestand eines Strafgesetzes gehört, ist nach diesem Gesetz nur dann strafbar, wenn er rechtlich dafür einzustehen hat, dass der Erfolg nicht eintritt, und wenn das Unterlassen der Verwirklichung des gesetzlichen Tatbestandes durch ein Tun entspricht.

Die einleuchtende Grundfeststellung dieser Norm ist, dass es bei bestimmten Delikten keinen Unterschied macht, ob man eine Strafvorschrift durch aktives Tun oder durch Unterlassen erfüllt. Es besteht nämlich im Ergebnis kein Unterschied, ob ein Vater sein Kind erschlägt oder es aber durch Nahrungsentzug verhungern lässt. Ein Unterlassen ist jedoch nur dann strafbar, wenn der Unterlassende eine sog. *Garantenstellung* besitzt. Das bedeutet, der Täter muss zur Erfolgsabwendung verpflichtet sein, wie z.B. die Eltern, die ihr Kind nicht verhungern lassen dürfen.

Wer eine derartige Garantenstellung hat, ergibt sich nicht aus dem Strafgesetzbuch, sondern wird im Wesentlichen von der Rechtsprechung, aber auch von der rechtswissenschaftlichen Literatur im Einzelfall entschieden. Wer unter welchen Umständen als Garant in betracht kommt, ist noch keineswegs abschließend geklärt. Früher wurde das Entstehen der Garantenstellung aus Gesetz, aus Vertrag, aus vorangegangenem gefährlichem Tun oder aus engen Lebensbeziehungen begründet. Nach neuerer Auffassung beruht die Garantenstellung auf materiellen Kriterien. Es wird zwischen einem Beschützersowie einem Überwachungsgaranten unterschieden. In der Beratungsarbeit kann eine Garantenstellung durch die Übernahme besonderer Schutzpflichten für bestimmte Rechtsgüter entstehen.

In der sozialen Arbeit ist in den vergangenen Jahren vehement über die Frage gestritten worden, unter welchen Voraussetzungen Sozialarbeiter im Bereich der Jugendhilfe zu Garanten werden. Ausgangspunkt sind zwei Entscheidungen bundesrepublikanischer Oberlandesgerichte. Das OLG Oldenburg hat im Falle eines Säuglings, der starb, entschieden, dass die zuständige Fachkraft des Jugendamtes ihre Schutzpflichten gegenüber dem Kind verletzt, weil sie keine ausreichende Kontrolle gewährleistet habe (OLG Oldenburg, ZfJ 1997, 56). In ähnlicher Weise entschied das OLG Stuttgart. In diesem Fall war ein zweijähriges Kind durch die Misshandlung eines Bekannten der Mutter zu Tode gekommen. Nach Ansicht des Gerichts haben Mitarbeiter von kommunalen Jugendämtern und Sozialdiensten sowie die von ihnen beauftragten Mitarbeiter von Trägern der freien Jugendhilfe eine Garantenstellung (OLG Stuttgart, ZfJ 1998, 382; vgl. auch OLG Düsseldorf, ZfJ 2000, 309).[1] Beide Gerichte haben also prinzipiell, wenn auch mit unterschiedlichen Begründungen eine Garantenpflicht für Mitarbeiter in der Jugendhilfe bejaht.

In der Beratung mit ihren vielfältigen Erscheinungsformen – von der Rechtsberatung bis hin zur psychosozialen Beratung bzw. zu einer psychologischen Tätigkeit, die die Aufarbeitung und Überwindung sozialer Konflikte zum Gegenstand hat, § 1 Abs. 2 PschThG – ist es nicht einfach zu bestimmen, ob eine Garantenstellung übernommen wird.

Bloße Beratung begründet nach Ansicht des Bundesgerichtshofes keine Garantenstellung (BGH, NJW 1983, 350). In dieser Entscheidung ging es um eine ärztliche Beratung im Rahmen einer Schwangerschaftskonfliktberatung. Die Beratung beschränkte sich in der Aufklärung der Schwangeren über alle Gesichtspunkte, die aus ärztlicher Sicht für das Austragen oder den Abbruch der Schwangerschaft von Bedeutung sind. Eine derartige einmalige Beratung begründet keine Garantenstellung.[2] Eine Garantenstellung aus Übernahme besonderer Schutzpflichten haben dagegen unzweifelhaft Ärzte und Psychologische Psychotherapeuten. In Beratungsverhältnissen können sich je nach Intensität der professionellen Tätigkeit Schutzpflichten, mithin Garantenstellungen ergeben. Nach der Rechtsprechung zur Garantenstellung in der Jugendhilfe ist davon auszugehen, dass je nach Art des Beratungsverhältnisses von der Fachkraft eine Lebensschutzgarantie übernommen wird.
Ob sich der Garant jedoch wegen eines vorsätzlichen oder fahrlässigen Unterlassens strafbar macht, hängt noch von weiteren Faktoren ab.

### Vorsätzliches Unterlassen

Fest steht jedoch, dass diejenigen, die eine Garantenstellung für das Leben des Gefährdeten innehaben, sich des Totschlags durch Unterlassen schuldig machen können, wenn sie den unfreien Suizid vorsätzlich geschehen lassen (Schönke/Schröder 2001, Anm. 40, Vorbem. zu §§ 211 StGB).

---

[1] Zu der strafrechtlichen Problematik derartiger Fälle und zur Frage, in welcher Weise das Strafrecht die sozialpädagogische Fachlichkeit beeinflussen darf oder soll, vgl. Bringewat (2000); Münder (2001); Meysen (2001).
[2] Zur rechtlichen Problematik der Garantenstellung in der sozialen Arbeit vgl. Mörsberger/Restemeier (1997); Wiesner (1999a); Bringewat (2000); Bringewat (2001).

Allerdings muss der Lebensschutzgarant überhaupt die tatsächliche Möglichkeit besitzen, den Freitod zu verhindern. Unmögliches kann nicht eingefordert werden. Darüber hinaus muss dem Lebensschutzgaranten eine Rettungshandlung auch zumutbar sein. Das hängt von der Schwere der Gefahr und der Bedeutung des Rechtsgutes einerseits und von den Fähigkeiten des Lebensschutzgaranten ab. Es ist ihm nicht zuzumuten ist, eigene billigenswerte Interessen in erheblichem Umfange zu gefährden (Tröndle/Fischer 2001, Anm. 16 zu § 13 StGB).

Dieses vorsätzliche Unterlassen einer Rettungshandlung ist eher im privaten oder medizinischen Bereich zu finden. Man lässt einen Lebensmüden »gehen«, auch wenn er nicht frei verantwortlich handeln kann. Allerdings kann es in der Alten-, in der Drogenarbeit oder der psychosozialen Beratung durchaus vorkommen, dass ein Berater einen Suizid vorsätzlich geschehen lässt. Das ist strafbar.

Für diejenigen, die keine Garantenstellung besitzen, kommt eine Bestrafung wegen unterlassener Hilfeleistung nach § 323c StGB in Betracht. Nach dieser Vorschrift wird mit Freiheitsstrafe bis zu einem Jahr oder Geldstrafe bestraft, wer bei Unglücksfällen oder gemeiner Gefahr oder Not nicht Hilfe leistet, obwohl dies erforderlich und ihm den Umständen nach zuzumuten, insbesondere ihm ohne erhebliche eigene Gefahr und ohne Verletzung anderer wichtiger Pflichten möglich ist.

Diese Vorschrift kann zur Anwendung kommen, wenn der Lebensmüde nicht frei verantwortlich entscheiden kann oder wenn die Gefahr besteht, dass Dritte durch die Selbsttötung gefährdet werden (Aufdrehen des Gashahnes) oder wenn der Suizident seinen Entschluss ändert. Es handelt sich um einen Unglücksfall, wenn der Suizident ins Wasser geht und bei der Gefahr des Ertrinkens um Hilfe ruft (Tröndle/Fischer 2001, Anm. 3a zu § 323c StGB).

### Fahrlässiges Unterlassen

Tötungs- bzw. Körperverletzungen können indessen auch durch fahrlässiges Unterlassen verwirklicht werden. Sie können dann als fahrlässige Tötung nach § 222 StGB oder als fahrlässige Körperverletzung nach § 229 StGB bestraft werden.

Eine zentrale Frage in diesem Zusammenhang ist, ob einer Beraterin, die eine Garantenstellung innehat und es mit einem nicht verantwortlichen Suizidgefährdeten zu tun hat, der Vorwurf gemacht werden kann, nicht mit den fachlich anerkannten *Sorgfaltspflichten* auf einen drohenden Suizid reagiert zu haben (Wiesner 1999a, Bringewat 2000; Münder 2001; Verrel 2001).

Welche Sorgfaltspflichten haben Beraterinnen, wenn sie feststellen, dass in einer Erziehungsberatung ein Kind oder Jugendlicher akut suizidgefährdet ist oder wenn in einer Drogenberatung ein Abhängiger den Freitod ankündigt? Das hängt weitgehend vom Einzelfall ab.

Zu den Sorgfaltspflichten kann es gehören, Supervision durch erfahrene Supervisorinnen in Anspruch zu nehmen, gegebenenfalls auch einen Rechtsrat einzuholen. In extremen Situationen kann eine Einweisung nach den jeweiligen Landesunterbringungsgesetzen in eine psychiatrische Klinik notwendig werden. Die Unterbringung kommt nur als wirklich letztes Mittel zur Anwendung, weil durch sie in aller Regel die für die Therapie und Beratung konstitutive Vertrauensbeziehung zerstört wird.

Nach Boemke/Gründel (2002, Anm. 60) sprechen u.a. folgende Kriterien für eine stationäre Unterbringung:
- Während der Therapie erfolgter Suizidversuch;
- akute Verschlechterung der Symptomatik;
- krisenhafte Zuspitzung der Lebenssituation;
- eigene Angst des Klienten vor Selbstschädigung;
- ausdrücklicher Wunsch des Betroffenen nach stationärer Unterbringung.

Neben einer Unterbringung kann auch eine Information Dritter notwendig sein, z.B. wenn Angehörige gebeten werden, auf bestimmte Alarmsignale zu achten, um die Zuspitzung einer suizidalen Krise besser erkennen zu können. Auch diese Vorgehensweise kommt nur als allerletztes Mittel in betracht, weil es sich um eine Durchbrechung der Schweigepflicht nach § 203 StGB handelt. Sie ist nur erlaubt, wenn der Klient einwilligt oder ein übergesetzlicher Notstand vorliegt.

Wenn eine Sorgfaltspflichtverletzung vorliegt, ist weiterhin zur Strafbarkeit die *Kausalität* des Unterlassens erforderlich. Die unerlassene Rettungshandlung müsste den Freitod mit an Sicherheit grenzender Wahrscheinlichkeit verhindert haben. Wenn die unterlassene Handlung die Gefahr des Freitodes nur vermindert hätte, ist die Kausalität nicht gegeben (OLG Düsseldorf, ZfJ 2000, 309, 311). Mit anderen Worten: Um in einer derartigen Fallkonstellation zu einer Strafbarkeit zu gelangen, muss die Fachkraft ihre Sorgfaltspflichten verletzt haben und die Verletzung kausal für den Erfolg gewesen sein.

Darüber hinaus muss der Berater die Selbsttötung voraussehen können. Das Strafgericht muss zur der Überzeugung gelangen, dass die Beraterin den Freitod voraussehen und vermeiden konnte. Jeder vernünftige Zweifel an einer dieser Voraussetzungen muss zu einem Freispruch führen. Das OLG Stuttgart hat einen verantwortlichen Arzt einer psychiatrischen Klinik für Kinder und Jugendliche wegen fahrlässiger Tötung durch Unterlassen belangt, weil er nicht dafür gesorgt hatte, dass eine 17-jährige Patientin, bei der eine latente Freitodgefahr diagnostiziert wurde, bei ihrer Aufnahme durchsucht wurde. Die Jugendliche hatte in die Klinik einen Kälberstrick und Spiegelscherben mitgebracht und sich erhängt. Das Gericht bejahte in diesem Fall die Sorgfaltspflichtverletzung, die Kausalität sowie die Vorhersehbarkeit (OLG Stuttgart, NJW 1997, 3103). Das Verfahren wurde gegen Zahlung einer Geldbuße nach § 153a StPO eingestellt.

> Die Verhinderungspflicht eines Freitods besteht in all den Fällen nicht, in denen von einem frei verantworteten Handeln ausgegangen werden kann. Bei einem »Bilanzsuizid« oder einer Selbsttötung bei schwerer Erkrankung – der unheilbar Kranke bittet ausdrücklich darum, ihn nach der Einnahme einer Überdosis nicht in das Leben zurückzuholen – besteht keine strafrechtlich erzwingbare Pflicht, zu handeln. Soweit mit hinreichender Wahrscheinlichkeit von einem frei verantwortlichen und bis zum tödlichen Ende durchgehaltenen Suizidwillen ausgegangen werden kann, lässt sich bei Respektierung dieses Entschlusses für die Nichtverhinderung des Suizides oder für den Verzicht auf Rettungsmaßnahmen eine strafrechtliche Konsequenz weder aus einer Garantenstellung noch wegen unterlassener Hilfeleistung begründen. Daher kann auch die Psychotherapeutin in dem Eingangsbeispiel, die nichts unternimmt, nachdem sie durch ihre krebskranke Patientin von deren Selbsttötungsabsicht unterrichtet worden ist, nicht bestraft werden.
>
> Etwas anderes gilt, wenn der Lebensmüde – aus welchem Grunde auch immer – nicht oder nicht mehr in der Lage ist, frei verantwortlich zu entscheiden. In diesem Zusammenhang kann es bei einer entsprechenden Garantenstellung sowie der vorsätzlichen oder fahrlässigen kausalen Verletzung von Sorgfaltspflichten zu strafbaren Handlungen kommen.

## X    DER VERTRAUENSSCHUTZ IN DER BERATUNG

In allen rechtlichen Erläuterungen und Hinweisen zu Beratung, Therapie oder Supervision wird die immense Bedeutung des Vertrauensschutzes zwischen Berater und Ratsuchendem herausgestellt. Die berufliche Schweigepflicht, der Datenschutz sowie die Zeugnisverweigerungsrechte sollen das beraterische Verhältnis gegen den Zugriff durch Dritte absichern und schützen.

Ein Konflikt ist offensichtlich. Schon der kurze Blick auf einen gewöhnlichen Beratungsfall genügt, um zu erkennen, welche höchst unterschiedlichen Interessen im Raum stehen. So ist es durchaus nichts Ungewöhnliches, dass die Polizei oder die Staatsanwaltschaft Daten aus einem Beratungsgespräch erfahren will, um gezielt gegen einen Straftäter vorgehen zu können. In einer derartigen Konstellation können die Interessen der Beteiligten weit auseinander gehen. Während Berater und Therapeutinnen die Belange der Kinder und Jugendlichen sowie ihrer Familien zu vertreten haben, ist Aufgabe der Polizei und der Staatsanwaltschaft die Strafverfolgung (vgl. zu diesem Problemkreis Kaufmann 1990; Riekenbrauk 1992; Weichert 1993; Wolter 1995; Proksch 1996; Stange 1997; Simitis 1997; Ollmann 1998; Beckmann 1998; Falterbaum 1999; Kunkel 2002).

Die Bedeutung und Reichweite des Datenschutzes und der strafrechtlichen Schweigepflicht sind umstritten. Es geht im Kern um die Effizienz staatlicher wie privater Institutionen und Verbände einerseits und um den Schutz der Würde des Menschen andererseits (Hassemer 1996; Simitis 1998). Die »Datensammler« führen im Wesentlichen das Argument ins Feld, je mehr Daten vorhanden sind, umso aussichtsreicher kann gearbeitet werden. Der Missbrauch sozialstaatlicher Leistungen lasse sich mit einem vernetzten Datensystem erfolgreich ausschalten, präventiv könnten schädliche soziale Verhaltensweisen und strafbare Handlungen gezielt bekämpft werden. In der Tat: Wer wollte ernsthaft dagegen sein, dass Verbrechern das Handwerk gelegt wird, dass staatliche Leistungen nur die wirklich Anspruchsberechtigten erhalten und die öffentlichen und privaten Administrationen nach dem letzten Stand der Dinge arbeiten?
Die rasanten Entwicklungen im Informations- und Kommunikationssektor, die umwälzenden Veränderungen der Arbeitswelt durch den Einsatz der Mikroelektronik sind letztendlich irreversibel. Es gibt kein Zurück zur guten alten Zeit, keine Neuauflage von Tintenfässern oder Schreibmaschinen. Die Lösung, die bleibt, um eine demokratisch verfasste Gesellschaft zu erhalten, ist – in welcher Form auch immer – der Schutz der Daten. Das Bundesverfassungsgericht hat dem Einzelnen grundsätzlich die Befugnis eingeräumt, selbst zu entscheiden, wann und innerhalb welcher Grenzen persönliche Lebenssachverhalte offenbart werden dürfen (BVerfGE 65,1).

»Mit dem Recht auf informationelle Selbstbestimmung wären eine Gesellschaftsordnung und eine diese ermöglichende Rechtsordnung nicht vereinbar, in der Bürger nicht mehr wissen können, wer was wann und bei welcher Gelegenheit über sie weiß. Wer unsicher ist, ob abweichende Verhaltensweisen jederzeit notiert und als Information dauerhaft gespeichert, verwendet oder weitergegeben werden, wird versuchen, nicht durch solche Verhaltensweisen aufzufallen. (...) Dies würde nicht nur die individuellen Entfaltungschancen des Einzelnen beeinträchtigen, sondern auch das Gemeinwohl, weil Selbstbestimmung eine elementare Funktionsbedingung eines auf Handlungs- und Mitwirkungsfähigkeit seiner Bürger begründeten freiheitlich demokratischen Gemeinwesens ist« (BVerfGE 1, 43).

Der Streit um den Stellenwert des Datenschutzes ist im Zusammenhang mit den Anti-Terror-Gesetzen wieder heftiger geworden. Mit den zum 1.1.2002 in Kraft getretenen Gesetzen zur Bekämpfung des internationalen Terrorismus wurden zahlreiche Sicherheitsgesetze in der Bundesrepublik verschärft. In der Debatte um die Ausweitung der Aufgaben und Befugnisse der Geheimdienste, der Erweiterung des Personenkreises, der einer Sicherheitsüberprüfung unterliegt, den Veränderungen im Personalausweiswesen usw. wurden wiederum unterschiedliche staatliche Funktionslogiken deutlich. Während die einen vor dem Abbau rechtsstaatlicher Garantien, der Einschränkung von Freiheit und Autonomie warnen, fordern andere den Ausbau und die Stärkung des Präventionsstaates, der sich strikt an Sicherheit und Effizienz zu orientieren habe. Diese Auseinandersetzung wird auch zukünftig ein thematischer Dauerbrenner sein, wobei sich allerdings mehr und mehr der Eindruck aufdrängt, dass Sicherheitsaspekte zunehmend vor den Rechtsgütern Freiheit und Autonomie rangieren.

In Beratung und Therapie hängt die Qualität professionellen Handelns davon ab, das Vertrauen der Betroffenen zu gewinnen und zu erhalten. Das Bundesverfassungsgericht hat mehrfach den hohen Stellenwert des persönlichen Vertrauens in der sozialen Arbeit, in der psycho-sozialen Beratung betont. »Unabdingbare Voraussetzung für die Arbeit solcher Stellen ist die Bildung eines Vertrauensverhältnisses zwischen Berater und Klient. Dies gilt sowohl für die Anbahnung der Berater-Klienten-Beziehung als auch für deren Aufrechterhaltung. Muss der Klient damit rechnen, dass seine während der Beratung gemachten Äußerungen und die dabei mitgeteilten Tatsachen aus seinem persönlichem Lebensbereich (...) Dritten zugänglich werden, so wird er regelmäßig gar nicht erst bereit sein, von der Möglichkeit, sich beraten zu lassen, Gebrauch zu machen. Darüber hinaus kann er vom Berater wirksame Hilfe zumeist nur erwarten, wenn er sich rückhaltlos offenbart und ihn zum Mitwisser von Angelegenheiten seines privaten Lebensbereichs macht« (BVerfG, NJW 1977, 1489, 1491; vgl. auch BVerfG, NJW 1993, 2365).
Das Vertrauen des Betroffenen kann nur durch hohe Diskretion erreicht werden.

- Die Ratlosigkeit indessen, was bei Misshandlungen in einer Familie, bei Straftaten gegen die sexuelle Selbstbestimmung, bei Straftaten schlechthin bzw. bei dem Verdacht derartiger Delikte rechtlich veranlasst werden soll, ist weit verbreitet. Mitarbeiterinnen von Beratungsstellen, von psycho-sozialen Diensten, staatlich anerkannte Sozialarbeiterinnen und Sozialpädagogen sowie Psychologen erfahren in Beratung und Therapie von Straftaten oder unerträglichen familiären Verhältnissen und sind verunsichert, was geschehen soll. Häufig stellt sich auch die Frage, ob etwa eine Pflicht zur Anzeige besteht, wenn ein Berater von einer Straftat erfährt.

Neben dem spannungsreichen Verhältnis zwischen beratenden und strafverfolgenden Systemen stellen sich für die Beraterinnen und Therapeuten im Zusammenhang mit dem Vertrauensschutz und der befugten Offenbarung noch vielfältige weitere Probleme, wie etwa:

- Was darf in einer internen bzw. externen Supervision besprochen werden?
- Müssen Eltern über die Beratung ihrer Kinder durch Mitarbeiter des Jugendamtes stets informiert werden?
- Wie sieht es mit der innerbehördlichen Schweigepflicht aus? Darf man gegenüber Vorgesetzten auf Fragen nach den Inhalten eines Beratungsgespräches die Anwort verweigern?
- Können Richterinnen Berater zur Zeugenaussage zwingen?

Therapeutinnen und Berater haben zweifelsohne das Wohl der Ratsuchenden, ihre Privat- und Intimsphäre zu garantieren und zu schützen und auch zu bedenken, welches Unheil für alle Beteiligten angerichtet werden kann, wenn Informationen an eine »falsche Stelle« gelangen.[1] Die Beratertätigkeit ist häufig eine schwierige Gratwanderung zwischen dem Vertrauensschutz in Beratung und Therapie einerseits und Behördeninteressen andererseits.

### Fälle

Die Fülle der höchst praktischen rechtlichen Probleme verdeutlichen die folgenden, teilweise von bundesrepublikanischen Gerichten entschiedenen Fälle.

- Eine Sozialpädagogin erfährt in einem Beratungsgespräch mit einem 10-jährigen Kind, dass eine Gruppe schon älterer Jugendlicher im Stadtteil Kinder bedroht, sie in Schlägereien verwickelt und ihnen Sachen wegnimmt. Sie er-

---

[1] Mit der Zulässigkeit einer Strafanzeige des Jugendamtes bei sexuellem Kindesmissbrauch und möglichen Schadensersatzpflichten bei vorschneller Einschaltung der Strafverfolgungsbehörden befasst sich Ollmann (1998).

fährt auch die Namen der jugendlichen Schläger. Der zuständige Polizeibeamte wendet sich an die Sozialpädagogin mit der Bitte um Unterstützung bei der Tataufklärung. Nur wenn die Rädelsführer der »Jugendgang« bestraft werden könnten, seien die Kinder wieder sicher.
*Darf die Sozialpädagogin den Polizeibeamten informieren?* NEW ; § 138 StGB greift nicht

- Ein Diplompsychologe arbeitete als Therapeut in einem Heim, zuletzt als Erziehungsleiter. In dem Heim wurden psychisch gestörte, schwer erziehbare Jugendliche betreut. Er übernahm die Therapie einer 21-jährigen Frau, die Borderline-Persönlichkeitsstörungen, geringe Belastbarkeit und eine starke affektive Impulsivität aufwies. Unter Druck und Spannungen kam es zu autoagressiven Handlungen, z.B. brachte sie sich Ritze oder Schnitte im Bereich des Unterarms bei, äußerte Selbstmordgedanken und unternahm einmal entsprechende Handlungen. Der Psychologe kam zu der Ansicht, Ursache dieser psychischen Störung seien »sexuelle Missbrauchserfahrungen«, wenngleich diese Symptome gelegentlich auch andere Ursachen hätten.
Die junge Frau eröffnete dem Diplompsychologen bei einer von ihr erbetenen außerplanmäßigen Unterredung – nachdem sie ihn zuvor gefragt hatte, ob er zur Verschwiegenheit verpflichtet sei –, dass sie in der Zeit seines Urlaubes sexuelle Beziehungen zum Heimleiter, der sie in dieser Zeit betreut hatte, aufgenommen habe. Der Psychologe war der Meinung, dieses Verhältnis zu dem Heimleiter könnte schwerste psychische Störungen zur Folge haben, auch Suizidgefahr hielt er für nicht ausschließbar. Zudem erschien es ihm unerträglich, dass dem Heim ein Leiter vorstand, der sexuelle Kontakte zu den Schutzbefohlenen aufnahm. Er trug den Fall der Supervision vor, einem Gremium von Therapeuten des Heimes, dem er selbst und zwei Diplom-Pädagogen angehörten, die ebenso wie er selbst zur Verschwiegenheit verpflichtet waren (vgl. BayObLG, NJW 1995, 1623).
*Hat sich der Psychologe strafbar gemacht?*

- Eine Sozialpädagogin wird per Dienstanweisung aufgefordert, bestimmte Verhaltensweisen der von ihr beratenen Jugendlichen (Drogenmissbrauch und andere schwerwiegende Vergehen) an ihren Dienstvorgesetzten weiterzumelden (vgl. Deutscher Verein 1997a).
*Sie lehnt dies mit der Begründung auf ihre Schweigepflicht ab, zu Recht?*

- Eine vom Jugendamt W beauftragte freiberuflich tätige Erzieherin betreut im Rahmen einer Erziehungsbeistandschaft gem. § 30 SGB VIII eine Minderjährige. Im Rahmen ihrer Betreuungsarbeit ist dieser Erzieherin zur Kenntnis gekommen, dass die Minderjährige vom früheren Lebensgefährten der Mutter wiederholt körperlich und seelisch misshandelt wurde.
Die Minderjährige drängt gegenüber der Erzieherin als Erziehungsbeistand auf Erstattung einer Strafanzeige. Das Mädchen ist sich nach Aussage der Erzieherin der Tragweite ihrer Forderung voll bewusst. Allerdings scheint die

sorgeberechtigte Mutter des Mädchens noch nicht so weit gefestigt, ein Strafverfahren durchzustehen. Sie befürchtet Repressalien ihres früheren Lebensgefährten.
Auf Anfrage bei der Polizei, wie mit einer solchen Situation umgegangen werden soll, vertritt diese die Auffassung, dass eine Bezirkssozialarbeiterin bzw. ein Erziehungsbeistand in Kenntnis eines Offizialdeliktes zur Erstattung einer Strafanzeige verpflichtet sei. Hieran bestehen im Jugendamt Zweifel.
*Ist ein Erziehungsbeistand dem Personenkreis des § 203 StGB zuzuordnen und ist er gegebenenfalls berechtigt, Anzeige zu erstatten (vgl.* DIJuF *2002)?*

■ Eine Sozialpädagogin ist als Familienhelferin in der Familie A tätig. Den Eltern soll die Personensorge entzogen werden. Zwei Sachverständige haben bei den Kindern Verhaltensauffälligkeiten in Form des familiären Hospitalismus festgestellt. Allerdings steht nicht fest, ob die Eltern gegenüber den Kindern ein ausgesprochen rohes, von völliger Nichtachtung der Bedürfnisse der Kinder geprägtes Erziehungsverhalten gezeigt haben (vgl. OLG Hamm, FamRZ 1992, 201).
*Darf das Gericht die Sozialpädagogin zu diesem Problem als Zeugin vernehmen?*

■ Eine Diplompsychologin, die bei »Frauenhorizonte«, einer Anlaufstelle für sexuell missbrauchte Frauen tätig ist, wandte sich an die Staatsanwaltschaft. Eine ihrer Klientinnen habe von ihrer 20-jährigen Tochter erfahren, dass diese vor 13 Jahren sexuell missbraucht worden sei. Die Klientin sei zu Angaben bereit, doch wolle sie namentlich nicht erwähnt werden, da sie befürchte, ihre Tochter werde in die Sache hineingezogen. Mithilfe anonymer Angaben konnte der Tatverdächtige identifiziert werden. In dem von der Staatsanwaltschaft eingeleiteten Ermittlungsverfahren wegen sexuellen Missbrauchs beantragte die Staatsanwaltschaft die richterliche Vernehmung der Diplompsychologin (vgl. LG Freiburg, NJW 1997, 813).
*Darf sie das Zeugnis verweigern?*

■ Das Jugendamt führt über ein 15-jähriges Mädchen und ihre Eltern eine Sozialakte, die unter anderem Aufzeichnungen über Beratungsgespräche der zuständigen Sozialarbeiterin enthält. Dem Vater des Mädchens sowie ihrem Bruder wird in einem Strafverfahren der Vorwurf gemacht, das Mädchen misshandelt zu haben. Aufgrund eines Durchsuchungsbeschlusses des Amtsgerichts hat die Polizei die Sozialakte beschlagnahmt. Das Jugendamt hat sie unter ausdrücklichem Widerspruch herausgegeben (vgl. LG Berlin, NDV 1992, 417).
*Ist die richterliche Beschlagnahme der Akte rechtmäßig?*

Die Geheimhaltungspflichten und die Offenbarungs- bzw. Übermittlungsbefugnisse beruhen in Beratung, Therapie und Supervision auf unterschiedlichen und verzahnten Rechtsgrundlagen. Die Heterogenität der je verschiedenen Rechtsmaterien sowie die verschiedenen Normadressaten erschweren den Überblick. Ein Nachteil für die Rechtsentwicklung ist darin zu sehen, dass die Grundnorm der Schweigepflicht im Strafrecht zu finden ist, obwohl »im modernen Rechtsstaat versucht werden sollte, gesellschaftliche Steuerung per Strafrecht nur i.S. einer Ultima Ratio auszuüben« (Wiesner u.a. 2000, Anm. 3 zu § 65 KJHG).

## 1 Ausgangspunkt: Schweigepflicht, Daten- und Vertrauensschutz

Der Vertrauensschutz in Beratung, Therapie und Supervision ist recht neuen Datums. Es ist daher nicht verwunderlich, dass sich noch keine rechtliche Sicherheit für alle Beteiligten abzeichnet. Informationskonflikte gehören zur Realität eines demokratisch verfassten Rechts- und Sozialstaates. Es mangelt jedoch an Berechenbarkeit und Transparenz im Datenschutzrecht, sodass dessen Anwendung und Umsetzung in der Praxis erhebliche Probleme mit sich bringt.

Aus diesem Grunde ist es nicht einfach, im konkreten Fall zu entscheiden, welche Gesetze und welche Normen in Betracht kommen, welches Geheimnis bzw. Sozialdatum durch wen geschützt ist, wann und unter welchen Voraussetzungen ein Sozialdatum bzw. ein Geheimnis offenbart oder übermittelt werden darf. Wenig überraschend ist folglich auch, dass sich bei den unterschiedlichsten Fragestellungen Kontroversen über den Stellenwert des Vertrauensschutzes und die »rechte« juristische Interpretation ergeben. Zusätzliche Schwierigkeiten entstehen durch das duale Angebot von öffentlichen und privaten Trägern in Beratung und Therapie.

Die juristische Absicherung des Vertrauensverhältnisses basiert auf strafrechtlichen Normen, den §§ 203 ff. StGB und datenschutzrechtlichen Vorschriften.

§ 203 Abs. 1 StGB folgt alten Berufstraditionen, nämlich der strafrechtlichen Absicherung der Vertrauensverhältnisse bestimmter Berufsgruppen. Dieser Vertrauensschutz für professionelle – im weitesten Sinne beratende Tätigkeit – ist historisch das älteste Mittel, um für Klienten, Patienten, Mandanten die Möglichkeit zu eröffnen, sich vorbehaltlos den Vertretern dieser Berufsgruppen zu offenbaren. Der strafrechtliche Geheimnisschutz richtet sich als persönliche Verpflichtung an die Mitglieder der genannten Berufsgruppen. Verletzen sie diese Pflicht, machen sie sich strafbar und sind gegebenenfalls schadensersatzpflichtig.

> **§ 203 StGB Verletzung von Privatgeheimnissen**
> (1) Wer unbefugt ein fremdes Geheimnis, namentlich ein zum persönlichen Lebensbereich gehörendes Geheimnis oder ein Betriebs- oder Geschäftsgeheimnis, offenbart, das ihm als
> 1. Arzt, Zahnarzt, Tierarzt, Apotheker oder Angehöriger eines anderen Heilberufs, der für die Berufsausübung oder die Führung der Berufsbezeichnung eine staatlich geregelte Ausbildung erfordert,
> 2. Berufspsychologen mit staatlich anerkannter wissenschaftlicher Abschlussprüfung,
> 3. Rechtsanwalt, Patentanwalt, Notar, Verteidiger in einem gesetzlich geordneten Verfahren, Wirtschaftsprüfer, vereidigtem Buchprüfer, Steuerberater, Steuerbevollmächtigten oder Organ oder Mitglied eines Organs einer Wirtschaftsprüfungs-, Buchprüfungs- oder Steuerberatungsgesellschaft,
> 4. Ehe-, Familien-, Erziehungs- oder Jugendberater sowie Berater für Suchtfragen in einer Beratungsstelle, die von einer Behörde oder Körperschaft, Anstalt oder Stiftung des öffentlichen Rechts anerkannt ist,
> 4a. Mitglied oder Beauftragten einer anerkannten Beratungsstelle nach den §§ 3 und 8 des Schwangerschaftskonfliktgesetzes,
> 5. staatlich anerkanntem Sozialarbeiter oder staatlich anerkanntem Sozialpädagogen oder
> 6. Angehörigen eines Unternehmens der privaten Kranken-, Unfall- oder Lebensversicherung oder einer privatärztlichen Verrechnungsstelle
> anvertraut worden oder sonst bekannt geworden ist, wird mit Freiheitsstrafe bis zu einem Jahr oder mit Geldstrafe bestraft.

Der *Sozialdatenschutz* hat einen anderen Bezugspunkt. Der Schutz des Sozialgeheimnisses wird durch § 35 SGB I sowie §§ 67 ff. SGB X und für die Jugendhilfe nochmals gesondert durch die §§ 61 ff. KJHG geregelt.

Normadressat des § 35 SGB I sind allein die dort genannten Sozialleistungsträger. Sie sind zur Wahrung des Sozialgeheimnisses verpflichtet. § 35 SGB I hat so gesehen eine »*institutionelle Ausrichtung*« (Mrozynski 1995, Anm. 17 zu § 35 SGB I; Beckmann 1998). Das bedeutet, dass die Mitarbeiter der Sozialleistungsträger nicht unmittelbar Adressat dieser Vorschrift sind, sondern sie sind dienstrechtlich zum Geheimnisschutz verpflichtet. Wichtig ist jedoch, dass *alle Mitarbeiter* – unabhängig von ihrer jeweiligen Qualifikation – an den Sozialdatenschutz gebunden sind.[1]

---

[1] Zur Schweigepflicht von Mitarbeitern öffentlicher Sozialleistungsträger vgl. Ensslen (1999).

Durch die institutionelle Ausrichtung auf die in § 35 SGB I erwähnten Leistungsträger ergibt sich schließlich, dass private und kirchliche Träger ebenso wie staatliche Institutionen, die nicht gleichzeitig Leistungsträger für soziale Leistungen sind, nicht unter § 35 SGB I fallen. Justizbehörden mit der Aufgabe der Strafverfolgung sowie des Strafvollzuges und der Bewährungshilfe, Schulen mit Aufgaben der Schulsozialarbeit und sonstigen Sozialdienste werden von § 35 SGB I nicht berührt.

> **§ 35 SGB I Sozialgeheimnis**
>
> (1) Jeder hat Anspruch darauf, dass die ihn betreffenden Sozialdaten (§ 67 Abs. 1 Zehntes Buch) von den Leistungsträgern nicht unbefugt erhoben, verarbeitet oder genutzt werden (Sozialgeheimnis). Die Wahrung des Sozialgeheimnisses umfasst die Verpflichtung, auch innerhalb des Leistungsträgers sicherzustellen, dass die Sozialdaten nur Befugten zugänglich sind oder nur an diese weitergegeben werden. Sozialdaten der Beschäftigen und ihrer Angehörigen dürfen Personen, die Personalentscheidungen treffen oder daran mitwirken können, weder zugänglich sein noch von Zugriffsberechtigten weitergegeben werden. (...) Die Beschäftigen haben auch nach Beendigung ihrer Tätigkeit bei den genannten Stellen das Sozialgeheimnis zu wahren.
> (...)
> (3) Soweit eine Übermittlung nicht zulässig ist, besteht keine Auskunftpflicht, keine Zeugnispflicht und keine Pflicht zur Vorlegung oder Auslieferung von Schriftstücken, nicht automatisierten Dateien und atomatisiert erhobenen, verarbeiteten oder genutzten Sozialdaten.

Betrachten wir nunmehr *den speziellen Datenschutz im Kinder- und Jugendhilfegesetz*. Das KJHG enthält eigenständige Datenschutzregelungen für die Jugendhilfe. Sie gehen über den allgemeinen Sozialdatenschutz hinaus und erfüllen die Anforderungen des Bundesverfassungsgerichtes, für jeden Eingriff in das informationelle Selbstbestimmungsrecht des Bürgers eine eindeutige Rechtsgrundlage zu schaffen (BVerfGE 65, 1). Durch die §§ 61 ff. KJHG ist der Datenschutz nicht nur als Datenmissbrauchsschutz, sondern als aktiver Persönlichkeitsschutz normiert.

Der besondere Vertrauensschutz in der persönlichen und erzieherischen Hilfe ist in § 65 KJHG geregelt. Dieser sieht vor, dass personenbezogene Daten, die Mitarbeitern eines Trägers der öffentliche Jugendhilfe zum Zwecke persönlicher und erzieherischer Hilfe anvertraut worden sind, einem gesteigertem Vertrauensschutz unterworfen sind.

Der Vertrauensschutz des § 65 KJHG ist nicht an eine bestimmte Berufsgruppe gebunden, sondern muss von denjenigen garantiert werden, die in der Jugendhilfe persönliche und erzieherische Hilfe leisten. Unter persönliche und erzieherische Hilfe fallen alle Formen der Betreuung, Beratung, Unterstützung und Hilfe, die im Zusammenhang von »Leistungen« und im Rahmen der »anderen Aufgaben« der Jugendhilfe vorgesehen sind (Münder u.a. 1998, Anm. 4 zu § 65 KJHG).

Damit fallen unter § 65 KJHG alle beratenden Leistungen des Jugendamtes, soweit sie einen persönlichen Bezug aufweisen.

Daraus folgt zugleich, dass nach § 65 KJHG *jeder* Mitarbeiter des Jugendamtes, dem Sozialdaten zum Zwecke persönlicher und erzieherischer Hilfen anvertraut sind, mithin auch die nicht unter § 203 StGB fallenden Mitarbeiterinnen, z.B. Erzieherinnen oder Diplomsozialpädagoginnen ohne staatliche Anerkennung, dem erhöhten Sozialdatenschutz unterworfen sind. Insoweit wird der *strafrechtliche Schutz durch einen sozialrechtlichen Schutzschild* ergänzt, wenn ein nicht zu den Berufsgruppen des § 203 Abs. 1 StGB gehörender Mitarbeiter des Jugendamtes mit ihm anvertrauten Daten umgeht (Fieseler/Schleicher [Kunkel] 2002, Anm. 2 zu § 65 KJHG).

> **§ 65 KJHG Besonderer Vertrauensschutz in der persönlichen und erzieherischen Hilfe**
>
> (1) Sozialdaten, die dem Mitarbeiter eines Trägers der öffentlichen Jugendhilfe zum Zwecke persönlicher und erzieherischer Hilfe anvertraut worden sind, dürfen von diesem nur weitergegeben werden
> 1. mit der Einwilligung dessen, der die Daten anvertraut hat, oder
> 2. dem Vormundschafts- oder dem Familiengericht zur Erfüllung der Aufgaben nach § 50 Abs. 3, wenn angesichts einer Gefährdung des Wohls eines Kindes oder eines Jugendlichen ohne diese Mitteilung eine für die Gewährung von Leistungen notwendige gerichtliche Entscheidung nicht ermöglicht werden könnte,
> 3. unter den Voraussetzungen, unter denen eine der in § 203 Abs. 1 oder 3 des Strafgesetzbuches genannten Personen dazu befugt wäre.
>
> Gibt der Mitarbeiter anvertraute Sozialdaten weiter, so dürfen sie vom Empfänger nur zu dem Zwecke weitergegeben werden, zu dem er diese befugt erhalten hat.
>
> (2) § 35 Abs. 3 des Ersten Buches gilt auch, soweit ein behördeninternes Weitergabeverbot nach Absatz 1 besteht.

Inzwischen liegen umfangreiche Publikationen vor, die systematisch den Sozialdatenschutz wie auch den Datenschutz nach dem Kinder- und Jugendhilferecht darstellen (Mrozynski 1995; Proksch 1996; Krahmer 1996; Busch 1997; Beckmann 1998; Falterbaum 1999; Wiesner u.a. 2000; Papenheim/Baltes/Tiemann 2002).

## 2 Die strafrechtliche Schweigepflicht nach § 203 StGB

Art. 1 Abs. 1 sowie Art. 2 Abs. 1 GG schützen den Menschen vor Eingriffen in seine Persönlichkeitssphäre. Unter die Schutzgüter dieses verfassungsrechtlich garantierten allgemeinen Persönlichkeitsrechts fallen die Privat- und Intimsphäre, die persönliche Ehre und das verfassungsrechtlich geschützte Recht, grundsätzlich selbst zu entscheiden, wann und in welchen Grenzen persönliche Lebenssachverhalte von einem Dritten offenbart werden dürfen (BVerfGE 65, 1).

Dies ist auch der Grundgedanke des § 203 StGB, der das unbefugte Offenbaren eines fremden Geheimnisses, das dem Täter in seiner professionellen Tätigkeit anvertraut oder sonst bekannt geworden ist, bestraft. Durch die strafrechtlich gebotene Schweigepflicht soll das »allgemeine Vertrauen in die Verschwiegenheit der Angehörigen bestimmter Berufe, der Verwaltung usw. als Voraussetzung dafür, dass diese ihre im Interesse der Allgemeinheit liegenden Aufgaben erfüllen können«, hergestellt bzw. erhöht werden (Schönke/Schröder 2001, Anm. 3 zu § 203 StGB). Der strafrechtliche Schutz des ärztlichen Berufsgeheimnisses z.B. dient letztendlich dem allgemeinen Interesse an einer funktionsfähigen ärztlichen Gesundheitspflege.

Die Verpflichtung, das Vertrauensverhältnis zwischen Klienten und Beratern zu schützen, galt bislang für die klassischen Professionen, die Ärzte, Rechtsanwälte und die wirtschafts- und steuerberatenden Berufe. Sie ist auf diejenigen ausgedehnt worden, die in materielle Not oder psychische Konfliktsituationen geratene Menschen auf unterschiedlichste Art und Weise betreuen und beraten (Barabas 1992). Die selbstverständliche Respektierung der Sphären Gesundheit und Eigentum durch das ärztliche und anwaltliche Berufsgeheimnis ist durch den Schutz der »sozialen und psychischen Sphäre« ergänzt worden.

Wiederholt hat der BGH die Bedeutung der Schweigepflicht hervorgehoben. In einem Strafverfahren wollte ein Landgericht die Identität des Angeklagten durch Vernehmung eines Arztes feststellen. Der Angeklagte verweigerte die Aussage und entband den Arzt nicht von seiner Schweigepflicht. Das Landgericht folgerte daraus, dass der Angeklagte gerade von diesem Arzt behandelt wurde, denn nur als Patient habe er das Recht, ihn nicht von seiner Schweigepflicht zu entbinden. Falsch, urteilte der Bundesgerichtshof. Zum einen werde das Recht des Angeklagten, zu schweigen, unterlaufen und zum anderen das Schweigerecht des Arztes zu eng interpretiert. Ein Arzt habe nämlich ein Schweigerecht unabhängig davon, ob er einen Patienten tatsächlich behandelt (BGH, NJW 2000, 1426).

Die Funktion der Schweigepflicht für das System soziale Arbeit liegt vor allem darin, dass diese Vorschrift gegenüber dem Auskunftsverlangen von Dritten eine solide Schranke bildet. Mit dem Hinweis, man mache sich strafbar, kann das Informations- und Ausforschungsinteresse anderer wirksam blockiert werden (Papenheim/Baltes/Tiemann 2002, 187).

## 2.1 Wer ist zum Schweigen verpflichtet?

Unter § 203 Abs. 1 StGB fallen u.a.:
- Berufspsychologen; zu dieser Berufsgruppe zählen die Psychologischen Psychotherapeuten sowie die Kinder- und Jugendlichenpsychotherapeuten;
- Ehe-, Familien-, Erziehungs- oder Jugendberater sowie Berater für Suchtfragen;
- Mitglieder oder Beauftragte einer Beratungsstelle nach dem Schwangerschaftskonfliktgesetz sowie
- staatlich anerkannte Sozialarbeiter und Sozialpädagogen, unerheblich davon, in welchem Berufsfeld sie tätig sind.

Zu den nach § 203 Abs. 1 StGB Schweigepflichtigen gehören nicht Diplompädagogen, Erzieher, Kindergärtnerinnen usw., die weder staatlich anerkannte Sozialarbeiter noch Sozialpädagogen sind (Tröndle/Fischer 2001, Anm. 19 zu § 203 StGB; Schönke/Schröder 2001, Anm. 40 zu § 203 StGB). Sie können jedoch gegebenenfalls nach § 203 Abs. 1 Ziff. 4 bzw. 4a StGB oder nach § 203 Abs. 2 StGB strafbar sein.

Nach § 203 Abs. 3 StGB sind in die Schweigepflicht auch die berufsmäßigen Gehilfen der genannten Fachkräfte und die Personen, die bei ihnen zur Vorbereitung auf den Beruf tätig sind, eingebunden. Hierzu zählen insbesondere die Schreib- und Teilzeitkräfte sowie Auszubildende, Studenten und Praktikanten, wenn sie bei einer schweigepflichtigen Person in Ausbildung sind (Schönke/Schröder 2001, Anm. 65 zu § 203 StGB). Nicht darunter fallen indessen das Reinigungspersonal oder – für die Standortbestimmung der sozialen Arbeit von einiger Erheblichkeit – die ehrenamtlich Tätigen, da sie nicht berufsmäßig arbeiten (Wiesner u.a. 2000, Anm. 6 Anhang zu § 65 KJHG).

Hervorzuheben ist, dass der strafrechtliche Schutz des Vertrauens in *Beratung* und *Therapie* gleichsam doppelt gesichert ist. Zum einen muss das Geheimnis von allen in § 203 Abs. 1 StGB genannten Berufsgruppen gewahrt werden, aber auch von denjenigen, die als Berater in der Ehe-, Familien-, Erziehungs-, Jugend-, Drogen- oder Schwangerschaftskonfliktberatung arbeiten, ohne dass es auf deren konkrete berufliche Qualifikation ankommt.

Den Schweigepflichtigen muss das Geheimnis in ihrer Eigenschaft als Angehörige der vom Gesetz erfassten Berufsgruppen anvertraut oder sonst bekannt geworden sein. *Anvertraut* ist ein Geheimnis, wenn es in funktionalem Zusammenhang der Berufsausübung mündlich, schriftlich oder auf sonstige Weise bekannt gegeben worden ist, und zwar mit der Erwartung, dass die Mitteilung vertraulich behandelt wird. Ist einer Beraterin nicht klar, ob eine Information als Geheimnis anvertraut wurde, empfiehlt es sich, nachzufragen, ob und in welchem Umfang das Geheimnis an wen weitergegeben werden darf (Schönke/Schröder 2001, Anm. 13 zu § 203 StGB). Es ist nicht erforderlich, dass das Geheimnis während der Sprech- und Dienstzeiten übermittelt wurde. Es ist ausreichend, wenn der Geheimnisträger auf der Straße oder bei gesellschaftlichen Ereignissen in seiner beruflichen Eigenschaft von dem Geheimnis erfährt. *Sonst bekannt geworden* ist ein Geheimnis, wenn es der Geheimnisträger auf andere Weise, aber in innerem Zusammenhang mit der Ausübung seines Berufes erfahren hat. Das ist z.b. dann der Fall, wenn eine Eheberaterin eine Familie aufsucht, um sie in ihrer häuslichen Umgebung kennen zu lernen und Gespräche von Familienangehörigen mithört. Ebenso sind Beobachtungen, die der Schweigepflichtige bei der Anbahnung des Beratungs- oder Therapieverhältnisses macht, sonst bekannt geworden.

## 2.2 Der Geheimnisbegriff

Der Begriff Geheimnis ist weit auszulegen. Nach der Rechtsprechung sind Geheimnisse solche Tatsachen, die nur einem beschränktem Personenkreis bekannt sind und nach dem verständlichen Interesse des Geheimnisträgers nicht weiter bekannt werden sollen (Tröndle/Fischer 2001, Anm. 4 zu § 203 StGB; vgl. auch OLG Hamm, NJW 2001, 1957). Das Geheimnis muss zum persönlichen Lebensbereich gehören und umfasst z.B. die wirtschaftlichen und beruflichen Verhältnisse, Charaktermerkmale, die psychischen Auffälligkeiten, körperlichen Besonderheiten und familiären Verhältnisse des Klienten (Langkeit 1994). Aber auch bereits der Name eines Klienten oder allein der Umstand des Besuchs einer Beratungsstelle unterfallen dem Geheimnisbegriff:
»Schon die Tatsache, dass jemand die Beratung oder Behandlung des Klägers in seiner Eigenschaft als Berufspsychologe in Anspruch nimmt, ist ein solches Geheimnis im Sinne von § 203 StGB und nicht erst das Problem oder die Krankheit, die Anlass für die Inanspruchnahme des Berufspsychologen ist« (BAG, NDV 1987, 333 mit Anm. Mörsberger 1987).

Der Arbeitgeber darf sich durch die Erfassung der Telefonnummern der Ratsuchenden keine Kenntnisse verschaffen (vgl. auch KG Berlin, NDV 1985, 52 mit Anm. Molitor; BVerwG, NJW 1995, 410). Die in Klientenakten oder Dateien enthaltenen Fakten, Berichte oder Wertungen sind klassische fremde Geheimnisse.

## 2.3 Die Offenbarung des Geheimnisses

Ein Geheimnis ist offenbart, wenn es in irgendeiner Weise an einen anderen gelangt ist. Unerheblich ist dabei, ob der Dritte selbst schweigepflichtig ist oder ob es sich um einen Angehörigen handelt. Bestraft werden kann auch grundsätzlich die Informationsvermittlung an andere Geheimnisträger (BGH, NJW 1991, 2955). Eine Ausdehnung der Offenbarungsbefugnisse gegenüber allen Schweigepflichtigen würde einen großen Kreis von »Wissenden« schaffen, unter denen relativ problemlos fremde Geheimnisse zirkulieren dürften: vom Tierarzt zum Psychologischen Psychotherapeuten, von der Anwältin zur staatlich anerkannten Sozialarbeiterin.

Das darf nicht sein. In einer Entscheidung aus dem Jahre 1995 hat das Bayerische Oberste Landesgericht diesen Grundsatz betont und den Schutz des Berufsgeheimnisses in der Beratung und Therapie präzisiert. Das Gericht stellt zunächst heraus, dass ein Psychologe ein fremdes Geheimnis auch dann offenbart, wenn es »nur« in einer internen Supervision an andere Geheimnisträger weitergegeben wird. Es ist selbstverständlich, dass »auch die Weitergabe des Geheimnisses an einen Schweigepflichtigen« den Tatbestand des § 203 StGB erfüllt.

»Angesichts der nicht eingrenzbaren Vielzahl von Personen, die einer Schweigepflicht unterworfen sind, wäre im Übrigen der Schutz des § 203 StGB illusorisch, wollte man die Mitteilung an jede von ihnen als nicht tatbestandsmäßig ansehen« (BayObLG, NJW 1995, 1623).

Ein Offenbaren ist es daher, wenn Geheimnisse an Vorgesetzte, Kolleginnen, Praxisanleiter, Supervisorinnen, Schreibkräfte usw. weitergegeben werden.

Die Art und Weise der Offenbarung ist im Übrigen gleichgültig. Offenbart ist ein Geheimnis, wenn es in irgendeiner Weise an einen anderen gelangt. Jedes Mitteilen – auch durch schlüssiges Verhalten oder durch Unterlassen (Tröndle/Fischer 2001, Anm. 26 zu § 203 StGB) – ist daher ein Offenbaren. Das Offenbaren kann auch darin bestehen, dass man Dokumente, Akten und Ähnliches auf seinem Schreibtisch herumliegen lässt, sie nicht verschließt und damit die Möglichkeit eröffnet, dass sie Nichtbefugte zu Gesicht bekommen (Langkeit 1994; a.A. Schönke/Schröder 2001, Anm. 20 zu § 203 StGB).

Kein Offenbaren im Sinne des Strafgesetzbuches und der Datenschutzgesetze liegt dagegen vor, wenn die Person des Betroffenen nicht ersichtlich ist, Daten also *anonymisiert* übermittelt werden (Schönke/Schröder 2001, Anm. 19 zu § 203 StGB). Im Sozialgesetzbuch X findet sich eine Vorschrift, die das Anonymisieren definiert. Nach § 67 Abs. 8 SGB X sind Sozialdaten anonymisiert, wenn sie derart verändert sind, dass die Einzelangaben über persönliche oder sachliche Verhältnisse nicht mehr oder nur mit einem unverhältnismäßig großem Aufwand an Zeit, Kosten und Arbeitskraft einer bestimmten oder bestimmbaren natürlichen Person zugeordnet werden können. Die Daten müssen mithin so verändert werden, dass die personenbezogene Bestimmbarkeit unmöglich gemacht wird (zu den Einzelheiten vgl. Krahmer 1996, Anm. 18 zu § 67 SGB X).

## 2.4 Die Offenbarungsbefugnisse

Vielfältige Fragen stellen sich im Zusammenhang mit der befugten Offenbarung: Unter welchen Bedingungen und Voraussetzungen dürfen Informationen weitergegeben werden? Wann ist es gerechtfertigt, die Schweigepflicht zu brechen, wo liegt die Grenze des pflichtgemäßen Schweigens? § 203 StGB selbst legt nicht fest, wann eine Offenbarung befugt ist, vielmehr ergeben sich unterschiedliche Fallgruppen, nach denen eine Offenbarung zulässig bzw. gesetzlich vorgeschrieben ist.

### Die Einwilligung

Die Einwilligung des Betroffenen erlaubt die Offenbarung durch den Schweigepflichtigen. Die Einwilligung ist kein Rechtsgeschäft, sondern eine geschäftsähnliche Handlung.

■ Eine rechtsgültige Einwilligung muss freiwillig erfolgen, darf also nicht auf Drohung, Zwang oder Täuschung beruhen.

■ Die ausdrückliche Einwilligung kann grundsätzlich nur von dem Verfügungsberechtigten ausgesprochen werden.

■ Die Verfügungsberechtigten sind darüber aufzuklären, was die Einwilligung bedeutet und an wen die Informationen weitergegeben werden sollen. Sie müssen die Bedeutung und Tragweite der Datenweitergabe in den Grundzügen begriffen, also einen zutreffenden Eindruck von der Einschränkung ihres informationellen Selbstbestimmungsrechts erhalten haben (Giebel/Wienke 2001). Unzulässig sind pauschale Einwilligungserklärungen und solche, die sich auf zukünftige, ungewisse Ereignisse und Handlungen beziehen (Papenheim/Baltes/Tiemann 2002, 191).

■ Die rechtliche Fähigkeit zur Einwilligung besitzt jede geschäftsfähige Person, soweit sie in der Lage ist, Wesen, Bedeutung und Tragweite der Einwilligung zu überblicken. Wann diese natürliche Einsichts- und Urteilsfähigkeit zu bejahen ist, entscheiden die Gerichte im Einzelfall. Sie liegt nur dann nicht vor, wenn der Erwachsene an einer psychischen Krankheit leidet, die seine Entscheidungen verzerrt. Wenn daher eine geistig normale Frau – aus welchen Gründen auch immer – darauf besteht, dass ihr alle gesunden Zähne des Oberkiefers gezogen werden, so macht sich der Zahnarzt nicht strafbar (so aber BGH, NJW 1987, 1206; vgl. auch Amelung/Eymann 2001), da eine wirksame Einwilligung vorliegt.

Förmliche Anforderungen sind für eine rechtswirksame Einwilligung zwar nicht erforderlich. Die Einwilligung kann mündlich, auch telefonisch erteilt werden. Aus Gründen der Beweisbarkeit ist jedoch dringend zu raten, sich die Einwilligung schriftlich geben zu lassen (Münder u.a. 1998, Anm. 8 zu § 65 KJHG).

Eine Entscheidung des Bundesgerichtshofes aus dem Jahre 1998 lässt erkennen, welche Anforderungen die Gerichte an die Einwilligung stellen. Die Bundesrichter sprachen einer Patientin Schmerzensgeld und Schadensersatzansprüche zu, weil sie im Hinblick auf die Einwilligung zu einer Operation nicht ordnungsgemäß aufgeklärt wurde. Die Patientin unterschrieb die Einwilligungserklärung erst auf dem Weg in den Operationssaal, als sie bereits unter dem Einfluss einer Beruhigungsspritze stand. Außerdem äußerte der Arzt, man könne die Operation andernfalls unterlassen. Der BGH entschied, dass die Patientin in ihrer Entscheidungsfreiheit eingeschränkt worden sei.

»Bei einem solchen Vorgehen wird das Selbstbestimmungsrecht des Patienten als Grundlage einer wirksamen Einwilligung nicht ausreichend gewahrt« (BGH, NJW 1998, 1784, 1785; vgl. auch Hoppe 1998 und BGH, NJW 2000, 885).

### Die stillschweigende Einwilligung

Die Einwilligung kann auch stillschweigend erfolgen. Von einer stillschweigenden Einwilligung ist auszugehen, wenn für den Verfügungsberechtigten erkennbar ist, dass seine Geheimnisse/Daten an weitere Personen übermittelt werden sollen und er damit *ersichtlich* einverstanden ist. Allerdings hat der Bundesgerichtshof an die rechtlichen Voraussetzungen einer stillschweigenden Einwilligung erhebliche Anforderungen gestellt (BGH, NJW 1991, 2955; BGH, NJW 1992, 737; vgl. auch BGH, NJW 1993, 2795; BGH, NJW 1993, 1638). Das Gericht hat die Reichweite der Schweigepflicht ausgedehnt. Eingriffe in das Recht auf informationelle Selbstbestimmung dürfen nur auf der Grundlage klar definierter, überschaubarer Eingriffsnormen erfolgen. Eine stillschweigende Einwilligung kann daher nur noch angenommen werden, wenn der Verfügungsberechtigte zweifelsfrei und erkennbar kein Interesse daran hat, dass sein Geheimnis gewahrt wird oder aber, dass er nicht rechtzeitig befragt werden kann. Die Notwendigkeit einer Einwilligung darf nicht mehr unter dem Aspekt der Praktikabilität unterlaufen werden. Weder höhere Kosten noch Gründe der Arbeitsorganisation dürfen herhalten, um eine fehlende Einwilligung zu ersetzen.

Nach der neueren Rechtsprechung ist daher im Allgemeinen die stillschweigende Einwilligung keine Rechtsgrundlage mehr, Daten an Dritte weiterzugeben (Münder u.a. 1998, Anm. 9 zu § 65 KJHG; Gramberg-Danielsen/Kern 1998). So verstößt beispielsweise die Abtretung von ärztlichen Honorarforderungen – ohne die ausdrückliche Zustimmung der Patienten – an Verrechnungsstellen gegen die strafrechtliche Schweigepflicht und gegen den Datenschutz. Die Erforderlichkeit der ausdrücklichen und informierten Einwilligung betont auch das OLG Karlsruhe. Es weist darauf hin, dass der Betroffenen wissen muss, aus welchem Anlass und mit welcher Zielsetzung er welche Personen von der Schweigepflicht entbindet (OLG Karlsruhe, NJW 1998, 831).

Es liegt auf der Hand, dass diese Rechtsprechung unmittelbar Konsequenzen für die Schweigepflicht in Beratung und Therapie hat. Die zuweilen anzutreffende Neigung, den Datenfluss über stillschweigende Einwilligungen der Klienten zu ermöglichen, ist rechtlich nicht mehr haltbar.

### Die Einwilligung Minderjähriger

Wenn sich in einem Beratungsgespräch ergibt, dass Kinder und Jugendliche Opfer einer Straftat sind, stellt sich das Problem, ab welchem Alter sie selbst in die Offenbarung einwilligen können. Bei Minderjährigen sind zunächst die Personensorgeberechtigten rechtlich befugt, die Einwilligung für eine Offenbarung zu geben. Sobald sie aber selbst als Täter, Hilfeleistende oder Mitwissende in Betracht kommen, werden sie schwerlich durch ihre eigene Einwilligung dazu beitragen, sich selbst zu belasten.

Aus diesem Grunde ist es wichtig, unter welchen Voraussetzungen Minderjährige in die Weitergabe von Daten einwilligen dürfen. Bei der Einwilligung Minderjähriger wird im Strafrecht und dem Datenschutzrecht auf deren *Einsichts- und Urteilsfähigkeiten* abgestellt (Ollmann 1994; Dickmeis 1995; Scherer 1997; Moritz 1999; Frommel 2001; Amelung/Eymann 2001). Den Minderjährigen werden bei Vorliegen der Einsichtsfähigkeit entgegen den allgemeinen Altersregelungen Rechte eingeräumt. Dies gilt u.a. für ärztliche Heilbehandlungen unter Einbezug des Schwangerschaftsabbruches, der Wahrnehmung prozessualer Verweigerungsrechte und bei der Einwilligung im Strafrecht.

Für die *Einwilligung in die Offenbarung* von Geheimnissen im Rahmen des § 203 StGB gilt das Folgende:

- Nach der herrschenden Meinung ist die Einwilligungsfähigkeit bis zur Vollendung des 14. Lebensjahres zu verneinen,
- ab dem 16. Lebensjahr dagegen zu bejahen.
- Für das Alter zwischen 14 und 16 Jahren ist jeweils nach dem individuellen Reifegrad zu entscheiden. Wenn eine Minderjährige fähig ist, die Bedeutung und Folgen der Rechtshandlung zu erkennen und nach dieser Einsicht zu handeln, ist ihre Einwilligung rechtswirksam (Weichert 1993; Dickmeis 1995; Stange 1997). Diese Einsicht wird in aller Regel bei 15-Jährigen vorliegen, da die Minderjährigen in diesem Alter nach § 36 Abs. 1 SGB I auch eigenständig An-

träge auf Sozialleistungen stellen können (vgl. AG Schlüchtern, NJW 1998, 832; Fieseler/Schleicher [Kunkel] 2002, Anm. 14 zu § 65 KJHG). Berichtet daher ein einsichtsfähiges 15-jähriges Mädchen ihrer Beraterin oder Therapeutin vom inzestuösen Handeln ihres Stiefvaters, so ist ihre ausdrückliche Einwilligung für die Offenbarung bzw. Übermittlung dieser Daten rechtlich ausreichend.

### Die innerbehördliche Schweigepflicht, Teamkonferenz und Supervision

Im Zusammenhang mit dem befugten Offenbaren und der ausdrücklichen oder stillschweigenden Einwilligung stellt sich das Problem der innerbehördlichen Schweigepflicht – oder von einer anderen Warte aus betrachtet die Frage, wer gehört in einer Behörde zum Kreis, der von einem fremden Geheimnis wissen darf.[1]

- Offenbart eine staatlich anerkannte Sozialpädagogin befugt ein Geheimnis, wenn sie sich ihrer Behördenleiterin anvertraut?

- Wie ist die rechtliche Lage zu beurteilen, wenn in Teambesprechungen Einzelfälle erörtert werden oder was gilt für interne Supervisionen?

Das Bundesarbeitsgericht hat einen Arbeitgeber gegenüber einem bei ihm angestellten Psychologen für verpflichtet gehalten,»alles zu unterlassen, was diesen in einen Konflikt mit seiner Geheimhaltungspflicht bringen kann. Er darf vom angestellten Diplom-Psychologen nicht Auskunft darüber verlangen, wer ihn in seiner Eigenschaft als Berater in Anspruch genommen hat. Er muss die Arbeitsbedingungen so gestalten, dass der angestellte Diplom-Psychologe seiner Geheimhaltungspflicht auch nachkommen kann und bei Erfüllung seiner Arbeitspflicht mit den ihm zur Verfügung gestellten Arbeitsmitteln nicht notwendig und unvermeidbar von ihm zu wahrende fremde Geheimnisse offenbart« (BAG, NDV 1987, 333, 334).

---

[1] Bei einem im Strafvollzug tätigen Anstaltszahnarzt erstreckt sich die Schweigepflicht auch auf die Beziehungen zur Anstaltsleitung und zur übergeordneten Behörde.
»Die das ärztliche Schweigegebot unter strafrechtlichen Schutz stellende Vorschrift des § 203 I Nr. 1 StGB wird nicht dadurch außer Kraft gesetzt, dass ein beamteter oder für den öffentlichen Dienst besonders verpflichteter Arzt (§ 203 II Nr. 1 und 2 StGB) im Rahmen der gesundheitlichen Fürsorgepflicht der Vollzugsbehörde gegenüber einem Strafgefangenen tätig wird. Auch im innerbehördlichen Verkehr besteht die ärztliche Schweigepflicht weiter. Eine unbefugte Geheimnisoffenbarung ist nicht schon durch das spezielle dienstrechtliche Verhältnis gedeckt« (OLG Karlsruhe, NStZ 1993, 405, 406).

Angesichts der besonderen Bedeutung des informationellen Selbstbestimmungsrechtes kann es daher letztendlich nur einen Weg geben: Die staatlich anerkannten Sozialarbeiterinnen und Sozialpädagogen, die in Behörden tätig sind, müssen die Einwilligung des Betroffenen für die Weitergabe »seiner« Daten einholen (Frommann 1985; Proksch 1996; BayObLG, NJW 1995, 1623; Papenheim/Baltes/Tiemann 2002, 191). Dies gilt auf jeden Fall für alle Daten, die anlässlich persönlicher oder erzieherischer Hilfe bei beraterischen und therapeutischen Leistungen anvertraut werden (Schönke/Schröder 2001, Anm. 45 zu § 203 StGB). Der Betroffene ist auf die möglichen nachteiligen Folgen fehlender Einwilligung hinzuweisen.

Diese konsequent an den Grundsätzen des Datenschutzes, der Schweigepflicht sowie des informationellen Selbstbestimmungsrechtes der Klienten ausgerichtete Handhabung des Umganges mit Klientendaten zwingt die Fachkräfte, die Klienten darüber zu informieren, was mit ihren Daten geschieht. Das beinhaltet die Chance, sich jeweils über das eigene professionelle Vorgehen selbst zu vergewissern und auf diese Weise unnötige Arbeitsschritte zu vermeiden. Im Ergebnis bleibt festzuhalten, dass ein Vorgesetzter nur dann Einblick in die Beratungsakten nehmen darf, wenn der Klient eingewilligt hat (Awenius 2001).

Nichts anderes gilt auch für *Teamkonferenzen und Supervisionen*. Bei Teamkonferenzen ist zunächst an den Hilfeplan nach § 36 KJHG zu denken. Die Entwicklung eines Hilfeplans gemäß § 36 KJHG gehört mit zu den anspruchsvollsten Aufgaben, die von den Jugendämtern unter Mitwirkung der betroffenen Kinder, Jugendlichen, jungen Volljährigen, Personensorgeberechtigten, Fachkräften und Institutionen, die die Erziehungshilfe durchführen, geleistet werden müssen. Es geht darum, sozialpädagogische Fachlichkeit zu garantieren und in rechtsstaatliches Verwaltungshandeln umzusetzen. Für eine effektive sowie methodisch fundierte Hilfeplanung sind vielfältige Daten und Informationen unterschiedlichster Art erforderlich. Sie reichen von hochsensiblen Daten aus therapeutischen Prozessen bis zu Daten, die zum Zwecke der Leistungsgewährung erforderlich sind.

Zu den rechtsstaatlichen Strukturen gehört es, dass der Schutz der Sozialdaten im Prozess der Hilfe gewährleistet wird. Das bedeutet, dass Daten im Sinne von § 65 KJHG nur unter den dort genannten Voraussetzungen verwendet werden dürfen, im Wesentlichen mit Einwilligung der Betroffenen (Münder u.a. 1998, Anm. 24 zu § 36 KJHG; Wiesner u.a. 2000, Anm. 51 ff. zu § 36 KJHG; Meysen 2002).

Die Offenbarung der Daten innerhalb einer Teamkonferenz nach § 36 Abs. 2 KJHG unterliegt ebenfalls strengen Anforderungen. So ist der Einzelfall grundsätzlich anonymisiert zu behandeln oder, wenn eine Anonymisierung nicht möglich ist, mit Einwilligung der Betroffenen (Deutscher Verein 1994);

dagegen ist Münder der Auffassung, dass die am Verfahren beteiligten Fachkräfte des öffentlichen Trägers der Jugendhilfe keine dritten Personen, sondern Verfahrensbeteiligte sind (Münder u.a. 1998, Anm. 24 zu § 36 KJHG). Der Hinweis, dass die Fachkräfte, die an der Teamkonferenz teilnehmen, ebenfalls schweigepflichtig sind, geht fehl. Da der Kreis der Schweigepflichtigen sehr groß ist, wäre die Anzahl der »Wissenden« nicht mehr überschaubar. Diese Grundsätze gelten auch für interne Supervisionen (BayObLG, NJW 1995, 1623).

### Der rechtfertigende Notstand nach § 34 StGB

Die Offenbarung eines Geheimnisses ist rechtlich ebenfalls erlaubt, wenn ein sog. Notstand gegeben ist. Dieser rechtfertigende Notstand ist in § 34 StGB geregelt.

> **§ 34 StGB Rechtfertigender Notstand**
> Wer in einer gegenwärtigen, nicht anders abwendbaren Gefahr für Leben, Leib, Freiheit, Ehre, Eigentum oder ein anderes Rechtsgut eine Tat begeht, um die Gefahr von sich oder einem anderen abzuwenden, handelt nicht rechtswidrig, wenn bei Abwägung der widerstreitenden Interessen, namentlich der betroffenen Rechtsgüter und des Grades der ihnen drohenden Gefahren, das geschützte Interesse das beeinträchtigte wesentlich überwiegt. Dies gilt jedoch nur, soweit die Tat ein angemessenes Mittel ist, die Gefahr abzuwenden.

Nach § 34 StGB ist eine Offenbarung gerechtfertigt, wenn die Verletzung der Schweigepflicht erforderlich und angemessen ist, um eine gegenwärtige Gefahr für ein höherrangiges Rechtsgut abzuwenden (Neumann 1988; Bergmann 1989; Pelz 1995). Das wäre der Fall, wenn ein Autofahrer die Geschwindigkeitsregeln übertritt, um einen Schwerverletzten in ein Krankenhaus zu schaffen.

### Die Notstandslage

§ 34 StGB setzt eine Notstandslage voraus. Sie besteht in einer gegenwärtigen Gefahr für Leben, Leib, Freiheit, Ehre, Eigentum oder ein anderes Rechtsgut, die nicht anders als durch Beschädigung anderer rechtlich geschützter Interessen abgewendet werden kann. Unter Gefahr ist eine Sachlage zu verstehen, deren Hinnahme den Eintritt oder die Intensivierung eines Schadens ernstlich befürchten lässt, falls nicht Abwehrmaßnahmen ergriffen werden. Gefahr kann auch Dauergefahr sein, z.B. weiterer sexueller

Missbrauch in einer Familie (Schönke/Schröder 2001, Anm. 17 zu § 34 StGB). Sie ist gegenwärtig, wenn sie nur durch unverzügliches Handeln wirksam abgewendet werden kann. Die bloße Möglichkeit eines Schadens ist nicht ausreichend.

### Die Notstandshandlung

Die Notstandshandlung als Mittel der Gefahrenabwendung muss erforderlich und subjektiv vom Rettungswillen gekennzeichnet sein. Ob die Gefahr von sich selbst oder einem Dritten abgewendet werden soll, ist belanglos. Nach § 34 StGB kann die Offenbarung anvertrauter Daten vor allem dann gerechtfertigt sein, wenn es um die Abwendung ernster Gefahren für Leib und Leben geht. Allerdings rechtfertigen Strafverfolgungsinteressen im Hinblick auf bereits begangene Delikte die Verletzung der Schweigepflicht grundsätzlich nicht. Wenn jedoch die Gefahr weiterer erheblicher Straftaten droht, kann eine Offenbarungsbefugnis gegeben sein.
»Beruht die Kenntnis des Schweigepflichtigen von der Tat freilich gerade darauf, dass der Täter sein Patient, Mandant usw. ist, so besteht eine Offenbarungsbefugnis nur bei hochgradiger Gefährlichkeit für die Zukunft, und auch dies nicht, wenn sich der Täter wegen dieser Tat an einen Anwalt (Übernahme der Verteidigung) oder Arzt (z.B. zur Behandlung einer die Gefährlichkeit begründenden Triebanomalie) gewandt hat« (Schönke/Schröder 2001, Anm. 32 zu § 203 StGB).

Nach der rechtswissenschaftlichen Literatur bietet § 34 StGB – allerdings unter engen Voraussetzungen – eine Rechtsgrundlage zur Offenbarung, wenn sie das einzige Mittel ist, die konkreten Gefahren für Leben, Leib usw. zu beseitigen (Weichert 1993; Stange 1997; Wiesner u.a. 2000, Anm. 88 ff. zu § 50 KJHG). Ein rechtfertigender Notstand ist z.B. dann anzunehmen, wenn ein Arzt bei einer Untersuchung feststellt, dass ein Kind Verletzungen an dem äußeren Genital oder dem Anus aufweist, geschlechtskrank ist oder Spermien nachzuweisen sind (Dickmeis 1995). Das Gleiche gilt, wenn eine Drogenberaterin bei einem Hausbesuch einen bewusstlosen Fixer findet und den Arzt informiert.[1]

---

[1] Das OLG Frankfurt am Main hat in einer Entscheidung entgegen dem Gesetzeswortlaut aus § 34 StGB eine Mitteilungspflicht hergeleitet (MedR 2000, 196). Wenn ein HIV-infizierter Patient es an der Bereitschaft fehlen lässt, seinen Sexualpartner zu schützen, und sind beide Lebenspartner Patienten des gleichen Arztes, ist dieser nicht nur berechtigt, sondern nach Ansicht des OLG sogar verpflichtet, den anderen Partner über die bestehende Ansteckungsgefahr aufzuklären. Diese Auffassung ist schon deswegen nicht überzeugend, weil § 34 StGB nur eine Erlaubnisnorm, nicht jedoch eine Verpflichtungsnorm, wie etwa § 138 StGB, darstellt (Engländer 2001).

### Der rechtfertigende Notstand als letztes Mittel

Allerdings ist Vorsicht geboten. Der rechtfertigende Notstand kann nur unter engen Voraussetzungen zur Anwendung kommen (Münder u.a. 1998, Anm. 7 zu § 65 KJHG; BayObLG, NJW 2000, 888). Dies hat auch das Bayerische Oberste Landesgericht in der bereits genannten Entscheidung zum Bruch der Schweigepflicht durch einen Diplompsychologen deutlich hervorgehoben. Das Gericht untersuchte zunächst, ob die sexuellen Kontakte des Heimleiters mit einer erwachsenen jungen Frau, die in einer außenbetreuten Wohngruppe wohnt, eine gegenwärtige Gefahr i.S. des § 34 StGB darstellen. »Eine Gefahr ist gegenwärtig, wenn bei natürlicher Weiterentwicklung der Dinge der Eintritt eines Schadens sicher oder doch höchstwahrscheinlich ist, falls nicht alsbald Abwehrmaßnahmen ergriffen werden, oder wenn der ungewöhnliche Zustand nach menschlicher Erfahrung und natürlicher Weiterentwicklung der gegebenen Sachlage jederzeit in einen Schaden umschlagen kann« (BayObLG, NJW 1995, 1623, 1624).

Darüber hinaus müsse stets geprüft werden, ob die Gefahr durch ein milderes Mittel – als den Bruch der Schweigepflicht – abgewendet werden könne. In dem konkreten Fall liege es nahe, dass mit therapeutischen Mitteln der Gefahr begegnet werden könne.
»Es ist deshalb nicht von vornherein auszuschließen, dass der Angekl. aufgrund seiner eigenen therapeutischen Fähigkeiten die von ihm angenommene Gefahr, nach seiner Ansicht begründet durch sexuellen Missbrauch der Zeugin, hätte abwenden können. In erster Linie hätte sich dem Angekl. aufdrängen müssen, zu explorieren, ob tatsächlich Anhaltspunkte für die von ihm angenommene Gefährdung der Zeugin zu finden waren« (BayObLG, NJW 1995, 1624, 1625).

Als ein milderes Mittel komme eine *externe Supervision* in Betracht, weil dadurch die Anonymität der Zeugin gewahrt werden könne. Die Frage, ob ein milderes Mittel hätte angewendet werden können, ist jeweils im Rahmen der Rechtsgüterabwägung genauestens zu prüfen. Handlungsalternativen, die einen weniger schwerwiegenden Eingriff in das Rechtsgut des § 203 Abs. 1 StGB beinhalten, sind jeweils in Erwägung zu ziehen, im konkreten Fall eben die Möglichkeit, selbst therapeutisch zu helfen. Dieses Urteil zeigt, dass die Schweigepflicht in Beratung und Therapie eine immer bedeutsamere Rolle spielt (Keßler 1997; Longino 1997).

Die Verletzung der Schweigepflicht kann mit einer Geldstrafe, aber auch mit einer Freiheitsstrafe bis zu einem Jahr geahndet werden. Wenn der Täter das fremde Geheimnis verwertet, d.h. das fremde Geheimnis wirtschaftlich ausnutzt, um Gewinn zu erzielen, kann eine Gefängnisstrafe bis zu zwei Jahren oder eine Geldstrafe verhängt werden, § 204 StGB. Nach § 205 StGB ist die

Verletzung fremder Geheimnisse – mit Ausnahme von § 201 Abs. 3 StGB – ein *Antragsdelikt*. Das bedeutet, die Tat wird nur auf Antrag verfolgt. Der Geheimnisträger muss, wenn er will, dass der Täter bestraft wird, einen Strafantrag stellen.

> Die nach § 203 Abs. 1 StGB Schweigepflichtigen dürfen »reden«, wenn sie die Einwilligung des Verfügungsberechtigten besitzen oder ein Fall des rechtfertigenden Notstandes gegeben ist. Für die Schweigepflichtigen, die zugleich im Jugendamt tätig sind, gilt zusätzlich § 50 Abs. 3 KJHG. Ansonsten: Man darf auch bei Verbrechen schweigen.

### Anzeigepflichten

#### Die Pflicht zur Anzeige bei geplanten Straftaten

Die Pflicht zur Anzeige ist in den §§ 138, 139 StGB geregelt. In der Beratung, Therapie und Supervision stellt sich zuweilen das Problem, ob gesetzliche Verpflichtungen bestehen, bestimmte Sachverhalte gegenüber der Polizei oder der Staatsanwaltschaft zur Anzeige zu bringen. Zu denken ist an sexuellen Missbrauch oder aber auch an andere Straftatbestände wie z.B. Raub, Mord oder Totschlag. Es bestehen erhebliche Missverständnisse über die Reichweite der Anzeigepflichten. Das bundesrepublikanische Recht kennt nur in äußerst begrenztem Umfang die Pflicht, Straftaten den Behörden oder dem Bedrohten anzuzeigen.

§ 138 StGB bestimmt, dass lediglich bei den dort genannten Delikten die Nichtanzeige *geplanter* Straftaten bestraft wird. Nur wer von dem Vorhaben oder der Ausführung eines Angriffskrieges, eines Hochverrates, eines Menschenhandels, Mordes, Totschlages, Völkermordes, Raubes, einer räuberischen Erpressung usw., also einer schwersten Straftat erfährt, muss der Behörde oder dem Bedrohten Anzeige machen, allerdings auch nicht immer:

- Zur Anzeige ist nur gezwungen, wer von der geplanten Tat zu einem Zeitpunkt Kenntnis erlangt hat, zu dem die Ausführung oder der Erfolg noch abgewendet werden kann. Es genügt zur Anzeigepflicht auch nicht, wenn man nur einen vagen Verdacht hat. Es sind glaubhafte Kenntnisse erforderlich. Darüber hinaus ist es nach dem Zweck dieser Norm nicht notwendig, immer unverzüglich Anzeige zu erstatten (BGH, StV 1997, 244).

- Straffrei bleibt auch, wer die Ausführung oder den Erfolg der Tat anders abwendet als durch Anzeige. Unterbleibt die Ausführung oder der Erfolg der Tat ohne Zutun des zur Anzeige Verpflichteten, so genügt zu seiner Straflosigkeit sein ernsthaftes Bemühen, den Erfolg abzuwenden.

Nur unter diesen sehr eingeschränkten Voraussetzungen besteht eine Anzeigepflicht. Wichtig in diesem Zusammenhang ist, dass § 138 StGB nicht die Strafverfolgung zum Ziel hat; die Vorschrift soll dazu beitragen, geplante Straftaten zu verhindern.

§ 138 StGB erfasst beispielsweise nicht das Sexualstrafrecht, sodass bei Straftaten gegen die sexuelle Selbstbestimmung keine Pflicht zur Anzeige nach dem Strafgesetzbuch existiert. Bei drohendem sexuellem Missbrauch, aber auch bei Kindesmisshandlungen besteht weder für Privatpersonen noch für die in pädagogischen Berufsfeldern arbeitenden Fachkräfte nach dem Strafgesetzbuch die Pflicht, die Strafverfolgungsorgane einzuschalten.[1] Dies ist auch die herrschende Meinung in der Rechtswissenschaft (Kaufmann 1990; DIV-Gutachten 1992; Menne 1993; Ollmann 1994; Keßler 1997; Münder u.a. 1998, Anm. 18 zu § 50 KJHG; Ollmann 1998; Fieseler/Herborth 2001). Dickmeis weist allerdings für die Ärzte daraufhin, dass z.B. bei schwerwiegendem sexuellem Missbrauch der Grenzbereich zur Anzeigepflicht gegenüber den Strafverfolgungsbehörden tangiert sein kann, »sodass ein trotz der Gefahrenlage fortbestehendes Schweigen des Arztes unter Umständen ein strafrechtlich relevantes Unterlassen darstellen kann (...)« (Dickmeis 1995, 474, 479).

### Keine »Pflicht« zur Anzeige bei abgeschlossenen Straftaten

Nach der Strafprozessordnung ist es Aufgabe der Polizei und Staatsanwaltschaft, Straftaten, die ihnen dienstlich bekannt geworden sind, zu erforschen und zu verfolgen, §§ 160, 163 StPO (vgl. auch BGH, NStZ 1993, 383). Die Strafprozessordnung trifft keine Aussage, ob andere Personen, insbesondere öffentliche Bedienstete, verpflichtet sind, den Strafverfolgungsbehörden Mitteilungen über ein ihnen bekannt gewordenes Delikt zu machen. Es ist aber unbestritten, dass Beschäftigte des öffentlichen Dienstes in diesem Zusammenhang nicht anders zu behandeln sind als Privatpersonen. Es besteht daher im Allgemeinen auch für abgeschlossene Delikte keine behördliche oder private Anzeigepflicht.

---

[1] Zur Garantenstellung und sich daraus ergebenden Handlungspflichten vgl. auch BGH, NStZ 1993, 383. Zur Notwendigkeit der Verbesserung der Rechtsstellung der nach § 138 StGB Anzeigepflichtigen siehe Schomberg/Korte (1990).

Eine Dienstvorschrift etwa, die vorschreibt, dass einschlägige Erkenntnisse des Jugendamtes den Strafverfolgungsbehörden zu übermitteln sind, ist rechtswidrig. Ergebnis wäre nämlich, dass alle Mitglieder des Jugendamtes Aufgaben der Staatsanwaltschaft wahrnehmen müssten. Auf diesem Wege würde der je eigene Behördenauftrag – z.b. die Realisierung der Ziele des KJHG – untergraben. Nicht ausreichend für eine Offenbarung sind daher die dienst- und fachaufsichtlichen Befugnisse des Arbeitgebers oder des Dienstherren. In diese Richtung weist eine Entscheidung des LAG Hamm: »Das Direktionsrecht des Arbeitgebers kann sich nicht auf die Art und Weise der Handhabung der dem Arbeitnehmer auferlegten Schweigepflicht erstrecken. Er darf dem Arbeitnehmer nicht ein bestimmtes Verhalten in Bezug auf die Schweigepflicht aufzwingen. Die Verantwortung für die sachgerechte Wahrnehmung seiner Schweigepflicht trägt allein der Arbeitnehmer, sodass der Arbeitgeber ihm auch die Handhabung dieser seiner Verpflichtung selbst überlassen muss« (LAG Hamm, zit. nach Mörsberger 1987; vgl. auch Urteil des BAG, NDV 1987, 333 sowie OLG Karlsruhe, NStZ 1993, 405; Schönke/Schröder 2001, Anm. 53c zu § 203 StGB).

Erfährt eine Beraterin oder Therapeutin in professionellen Zusammenhängen davon, dass ein Ratsuchender eine Straftat begangen hat, ist sie rechtlich nicht gehalten, die Strafverfolgungsorgane einzuschalten. Ist sie jedoch aus moralischen und ethischen Gründen zu der Überzeugung gelangt, dass die Straftat ihres Klienten gesühnt werden sollte und ist sie zugleich schweigepflichtig, dann darf sie ihre Schweigepflicht nur brechen, wenn ein übergesetzlicher Notstand vorliegt.

### Die Aufgaben des Jugendamtes bei Kindeswohlgefährdung

§ 50 Abs. 3 KJHG verpflichtet das Jugendamt, bei einer Kindeswohlgefährdung das Vormundschaftsgericht oder das Familiengericht anzurufen. Staatlich anerkannten, schweigepflichtigen Sozialpädagogen und Sozialarbeiterinnen, die im Jugendamt tätig sind, sind bei Straftaten zum Beispiel gegen die sexuelle Selbstbestimmung keineswegs die Hände gebunden. Sie müssen bei Straftaten gegen die Jugendlichen nicht immer und unter allen Umständen schweigen. Die entscheidende Frage ist: Erfährt das Jugendamt von einer Kindeswohlgefährdung, muss es dann zwingend das Vormundschafts- bzw. Familiengericht informieren, z.B. dass Eltern ihre Kinder übermäßig züchtigen, die Wohnverhältnisse völlig desolat sind, die Kinder zum Betteln angehalten oder sexuell missbraucht werden?
Aufgabe des Jugendamtes und der Gerichte ist es, zum Wohle der Kinder und Jugendlichen das staatliche Wächteramt auszuüben, allerdings aus unterschiedlicher Perspektive. Während das Gericht streitentscheidend tätig wird,

ist das Jugendamt sozialpädagogische Fachbehörde. Bei den Verfahren vor den Gerichten nimmt das Jugendamt gleichsam als Anwalt des Kindes teil, im Vordergrund steht die Sicherung des Kindeswohls (Münder u.a. 1998, Anm. 1 ff. zu § 50 KJHG).

Nach § 50 Abs. 3 KJHG ist das Jugendamt verpflichtet, das Gericht anzurufen, wenn es das Tätigwerden des Gerichtes zur Abwendung einer Gefährdung des Kindes oder Jugendlichen für erforderlich hält. Es ist unbestritten, dass das Jugendamt ein eigenständiges Prüfungsrecht und einen Beurteilungsspielraum besitzt, ob es das Gericht einschaltet.[1] Dabei ist der Grundsatz zu beachten, dass auch im Rahmen des § 50 Abs. 3 KJHG das sozialpädagogische Leistungsangebot Vorrang gegenüber dem gerichtlichen Eingriff hat (Wiesner u.a. 2000, Anm. 78 zu § 50 KJHG). Konkret: Mitarbeiter des Jugendamtes erfahren in einer Beratung von einem Kindesmissbrauch in einer Familie und sind aus fachlichen und pädagogischen Überlegungen der Auffassung, dass ein Einschalten des Gerichtes noch nicht geboten ist, um noch einen Zugang zu der Familie zu finden. Sie sind unter diesen Umständen nicht verpflichtet, das Gericht zu informieren.

»So ist die Anrufungspflicht nicht zugleich eine Verpflichtung zu einer Durchbrechung der Schweigepflicht, auch nicht bei den Mitarbeitern einer Beratungsstelle des JAmts i.S. des § 203 Abs. 1 Nr. 4 StGB« (Wiesner u.a. 2000, Anm. 88 zu § 50 KJHG).

Ein Weiteres: Die Anrufungspflicht gilt nur gegenüber dem Vormundschafts- und dem Familiengericht, nicht jedoch gegenüber den Strafgerichten und den Strafverfolgungsbehörden. Eine Anzeigepflicht – abgesehen von § 138 StGB – existiert im deutschen Recht nicht (Münder u.a. 1998, Anm. 18 zu § 50 KJHG).

### Gesetzliche Offenbarungspflichten

Nach dem am 1.1.2001 in Kraft getretenen Infektionsschutzgesetz (IfSG), das das Bundesseuchengesetz sowie das Geschlechtskrankheitsgesetz abgelöst hat, bestehen Melde- und Mitteilungspflichten. So sind u.a. Ärzte sowie Leiter von Pflegeeinrichtungen, Justizvollzugsanstalten, Heimen, Lagern oder ähnlichen Einrichtungen verpflichtet, das zuständige Gesundheitsamt zu informieren, wenn eine meldepflichtige Krankheit nach § 6 IfSG vorliegt. Eine HIV-Infektion und eine AIDS-Erkrankung sind nicht meldepflichtig (Papenheim/Baltes/Tiemann 2002, 195).

Bei einem betäubungsmittelabhängigen Straftäter kann unter bestimmten Voraussetzungen die Strafvollstreckung zurückgestellt werden, wenn er sich

---

[1] Zur Frage, in welcher Beziehung die Schweigepflicht und der Datenschutz einerseits und das Wohl des Kindes andererseits stehen, ob der Kinderschutz vor dem Datenschutz rangiert oder umgekehrt, vgl. Salgo (2001) und Mörsberger (2000).

in einer seiner Rehabilitation dienenden Behandlung befindet oder kurz vor Behandlungsbeginn steht. Nach § 35 Abs. 4 BtMG sind die behandelnden Personen oder Drogentherapieeinrichtungen verpflichtet, die Vollstreckungsbehörden zu informieren, wenn ein Patient die Behandlung abbricht.
Die Schweigepflicht wird auch durch § 182 Abs. 2 StVollzG eingeschränkt. Nach dieser Vorschrift sind u.a. Ärztinnen, Psychotherapeuten sowie staatlich anerkannte Sozialarbeiterinnen und Sozialpädagogen verpflichtet, sich der Anstaltsleitung zu offenbaren, soweit dies für die Aufgabenerfüllung der Vollzugsbehörde oder zur Abwehr von erheblichen Gefahren für Leib oder Leben des Gefangenen oder Dritter erforderlich ist.

### Exkurs:
### Das Recht zur Anzeige

Für Berater und Therapeutinnen kann es in Extremsituationen notwendig werden, die Strafverfolgungsbehörden einzuschalten, einen Täter anzuzeigen.
Rechtlich stellt sich die Lage folgendermaßen dar: Eine Strafanzeige kann von jedem erstattet werden, der von einem Straftatbestand Kenntnis erlangt hat, auch von Kindern und Handlungsunfähigen.[1] Sie ist an keine besondere Form gebunden, kann im Regelfall schriftlich, mündlich oder telefonisch gegenüber den Beamten des Polizeidienstes und den Amtsgerichten erklärt werden, § 158 Abs. 1 StPO. Die Anzeige kann vertraulich erfolgen.

Anders ist die Rechtslage bei den nach § 203 StGB Verpflichteten zu beantworten. Durch die Weitergabe von anvertrauten oder sonst bekannt gewordenen Geheimnissen an die Strafverfolgungsbehörden kann sich der Verpflichtete strafbar machen. Nach § 34 StGB, dem rechtfertigenden Notstand, ist aber eine Offenbarung vor allem dann gerechtfertigt, wenn es um die Abwendung ernstlicher Gefahren für Leib und Leben geht. In derartigen Fällen hat der Verpflichtete im Wege der Güterabwägung zu entscheiden.
Zu beachten ist indessen: Haben die Strafverfolgungsbehörden erst einmal Kenntnis von einem Straftatbestand, müssen sie von Amts wegen weiter ermitteln. Eine einmal erstatte Anzeige kann nicht zurückgezogen werden. Das Ermittlungs- und gegebenenfalls das Strafverfahren werden unabhängig vom Willen des Anzeigenden durchgeführt.

---

[1] Etwas anderes gilt für den *Strafantrag*. Das Strafgesetzbuch kennt bestimmte Delikte, die nur verfolgt werden, wenn ein Strafantrag vorliegt, so z.B. den Hausfriedensbruch sowie die Verletzung der Schweigepflicht. Voraussetzung, einen Strafantrag stellen zu können, ist die Volljährigkeit, § 77 StGB. Ein von einer Minderjährigen gestellter Strafantrag ist daher unwirksam, vgl. auch BGH, NJW 1994, 1165.

## 3 Datenschutz und Beratung

Kaum in einem anderen Bereich der öffentlichen Verwaltung werden so viele sensible Daten gespeichert und bearbeitet wie bei den Jugend- und Sozialämtern. Die Verlockung für die Strafverfolgungsorgane und andere Behörden ist daher groß, auf diesen Datensatz zuzugreifen, um ihre Aufgaben optimal erfüllen zu können (Kaufmann 1990; Wolter 1995; Hassemer 1996; Simitis 1997; Stange 1997; Gola 1998; zu den Problemen des Datenschutzes im Sozialamt Beckmann 1998; vgl. auch Rasmussen 1998). Die Strafjustiz hat einen Informationsanspruch nach § 161 StPO. So kann die Staatsanwaltschaft von allen öffentlichen Behörden Auskunft verlangen und Ermittlungen jeder Art entweder selbst vornehmen oder durch die Behörden und Beamten des Polizeidienstes durchführen lassen.

Diesem umfassenden Auskunftsanspruch steht im Sozialbereich zunächst als *Zugriffsbarriere* der § 35 SGB I entgegen. Durch diese Vorschrift hat der Informations- und Amtshilfeanspruch der Ermittlungsbehörden eine Einschränkung erfahren. Mit § 35 SGB I wurde für den Sozialbereich eine Vorschrift geschaffen, die das Sozialgeheimnis in ähnlicher Weise absichert wie das Steuer-, Bank-, Post- und Fernmelde-geheimnis. § 35 Abs. 1 SGB I entspricht den Grundsätzen des Volkszählungsurteils des Bundesverfassungsgerichts. Die Zulässigkeit jeder Informationsverarbeitung unterliegt einem *Begründungsvorbehalt*. So gesehen gibt es prinzipiell im sozialen Bereich keine »freien« Daten mehr.

Sofern Sozialdaten vorliegen, sind die Leistungsträger nicht nur zur Geheimhaltung, sondern nach § 35 Abs. 1 SGB I auch verpflichtet, aktiv – durch technische und organisatorische Maßnahmen – sicherzustellen, dass auch innerhalb des Leistungsträgers Sozialdaten nur Befugten zugänglich sind. § 78a SGB X enthält technische und organisatorische Maßnahmen, um den Sozialdatenschutz zu garantieren. Das Gebot des Wahrens des Sozialgeheimnisses tritt neben das Verbot der Übermittlung. Es schützt das Sozialgeheimnis gegen Verletzungen durch Unterlassen von Sicherungsmaßnahmen. Von daher ist es selbstverständlich, dass Einzelberatungsgespräche, wenn erforderlich, in einem besonderen Dienstraum stattfinden (Mrozynski 1995, Anm. 25 zu § 35 SGB I) und Akten vor dem Zugriff durch Unbefugte gesichert werden müssen. Durch § 35 SGB I wird der Sozialbereich datenschutzrechtlich im Prinzip von anderen administrativen Systemen, der Finanz- und Steuerverwaltung, den Ordnungs- und Strafverfolgungsbehörden getrennt.

## 4 Der Datenschutz nach dem Kinder- und Jugendhilfegesetz

Eine weitere Zugriffsbarriere stellt der Datenschutz des Kinder- und Jugendhilfegesetzes dar. Das KJHG hat der beratenden Tätigkeit einen hohen Stellenwert eingeräumt. Dies kommt insbesondere in § 65 KJHG zum Ausdruck. Diese Vorschrift regelt, dass personenbezogene Daten, die Mitarbeitern eines Trägers der öffentliche Jugendhilfe zum *Zwecke persönlicher und erzieherischer Hilfe anvertraut* werden, einem gesteigertem Vertrauensschutz unterworfen sind (zu den Einzelheiten vgl. Kunkel 1995; Proksch 1996; Busch 1997; Falterbaum 1999; Fieseler/Schleicher [Kunkel] 2002, Anm. zu § 65 KJHG).

Erkenntnisse aus der Beratungstätigkeit sollen nicht bei der sonstigen Aufgabenerfüllung der Jugendämter verwertet und gegebenenfalls gegen den Ratsuchenden verwendet werden.

- *Normadressat* sind die jeweiligen Mitarbeiter des Trägers der öffentlichen Jugendhilfe – und zwar ungeachtet ihrer jeweiligen Profession. § 65 KJHG gilt daher nicht nur für die nach § 203 StGB Schweigepflichtigen, sondern für alle Mitarbeiter, denen zum Zwecke persönlicher und erzieherischer Hilfen Daten anvertraut werden. Der gesteigerte Vertrauensschutz wirkt auch gegenüber den Kollegen und den Vorgesetzten. Eine Weitergabe ist nicht schon dann befugt, wenn auch der Empfänger zur Verschwiegenheit verpflichtet ist.

- Von § 65 KJHG sind *alle Beratungs-, Unterstützungs- und Hilfeleistungen* des KJHG erfasst. Es kommt nicht darauf an, ob die Daten im Zusammenhang von »Leistungen« oder bei der Erfüllung »anderer Aufgaben« anvertraut worden sind. Auch in einem Beratungsgespräch anlässlich einer Inobhutnahme nach § 42 KJHG muss der Datenschutz gewährleistet sein.

- Die anvertrauten Sozialdaten dürfen nur unter den engen Voraussetzungen des § 65 KJHG *übermittelt* werden, sind mithin praktisch unter den gleichen Voraussetzungen wie die fremden Geheimnisse nach § 203 StGB geschützt.

- Diese Tatsache ist besonders bedeutsam für alle Beratungsangebote nach dem KJHG. Die anvertrauten Informationen dürfen im Grunde nur mit *Einwilligung* dessen, der die Daten anvertraut hat, übermittelt werden. Darüber hinaus dürfen sie nur weitergegeben werden, wenn zur Abwendung einer Gefährdung des Wohles eines Kindes oder Jugendlichen eine Entscheidung des Familien- oder Vormundschaftsgerichts erforderlich ist. Schließlich kommen noch die im Rahmen des § 203 StGB geltenden Offenbarungsbefugnisse zur Anwendung, insbesondere § 34 StGB, der eine Offenbarung – bei Vornahme einer entsprechenden Güterabwägung – zulässt. Die Frage, ob § 34 StGB oder aber § 69 SGB X als Offenbarungstatbestand im Rahmen des § 65 KJHG zur Anwendung kommt, behandelt Ollmann (1998) mit Verweis auf die einschlägige Literatur.

Rechtlich unbestritten ist, dass das Jugendamt auch Strafanzeigen wegen Kindesmisshandlung oder sexuellem Missbrauch erstatten darf, auch wenn die Daten in einem Beratungsgespräch anvertraut wurden. Das Jugendamt hat die Aufgabe, das Kindeswohl zu sichern. Es muss Straftaten gegen Kinder oder deren Fortsetzung unterbinden. Um dieses Ziel zu erreichen, sind zunächst alle pädagogischen Leistungen und Maßnahmen auszuschöpfen. Wenn die pädagogischen Strategien nicht ausreichen oder von vornherein ungeeignet sind, dann ist eine Strafanzeige zulässig.

Allerdings muss stets eine Beurteilung im Einzelfall erfolgen. Wenn die Erforderlichkeit bejaht wird, liegen nach Auffassungen von Landesdatenschutzbeauftragten auch regelmäßig die Voraussetzungen des rechtfertigenden Notstandes nach § 34 StGB vor. Deshalb steht der Einschaltung der Strafverfolgungsbehörden weder der besondere Vertrauensschutz in der persönlichen und erzieherischen Hilfe nach § 65 KJHG noch die berufliche Schweigepflicht entgegen (Hessischer Datenschutzbeauftragter 1998).

Wenn die Weitergabe von Informationen zulässig sein sollte, müssen die Mitarbeiterinnen des Jugendamtes aber noch § 64 Abs. 2 KJHG berücksichtigen. Danach darf durch die Übermittlung von Daten der Erfolg einer zu gewährenden Leistung nicht infrage gestellt werden.

> Soweit Beratung im Rahmen der persönlichen und erzieherischen Hilfen erfolgt, also vertrauensvolle Beziehungen von Ratsuchenden zu den Beratern hergestellt werden müssen, haben die Mitarbeiter des Jugendamtes im Prinzip – abgesehen vom Zeugnisverweigerungsrecht in Strafprozessen und den Verpflichtungen nach § 50 Abs. 3 KJHG – eine berufsrechtliche Stellung wie Anwälte oder Ärzte.

## 5 Der Vertrauensschutz bei privaten Trägern und in privaten Praxen

Bei den kirchlichen und anderen privaten Trägern sowie bei Personen, die professionell beraten oder eine psychotherapeutische bzw. therapeutische Praxis betreiben, ist im Hinblick auf die Garantie der Vertraulichkeit zu differenzieren.

- Soweit die einzelne Fachkraft zu einer Berufsgruppe nach § 203 StGB gehört, ist sie schweigepflichtig. Der die einzelne Person verpflichtende Geheimnisschutz gilt uneingeschränkt in den jeweiligen Berufsvollzügen. Berufspsychologen, Psychologische Psychotherapeutinnen, Kinder- und Jugendlichenpsychotherapeuten, Ehe-, Familien-, Erziehungs- oder Jugendberater sowie Berater für Suchtfragen, Schwangerschaftskonfliktberaterinnen, staatlich anerkannte Sozialarbeiterinnen und Sozialpädagogen müssen die ihnen anvertrauten Daten schützen. Wenn sie sie unbefugt offenbaren, machen sie sich strafbar.

- Der institutionell ausgerichtete Datenschutz des § 35 SGB I und der Datenschutz des KJHG richten sich gegen die öffentlich-rechtlichen Leistungsträger und kommen daher unmittelbar für die privaten Träger und in privaten Praxen nicht zur Anwendung. Allerdings müssen sich die Privaten an den verlängerten Sozialdatenschutz des § 78 SGB X halten. Nach dieser Vorschrift müssen andere Personen oder Stellen, denen Sozialdaten nach den Grundsätzen der §§ 67 ff. SGB X übermittelt worden sind, das Sozialgeheimnis wahren. Hat demnach ein freier Träger Daten von einem öffentlich-rechtlichen Leistungsträger erhalten, rückt er kraft Gesetzes in dessen datenschutzrechtliche Stellung ein (Fieseler/Schleicher [Kunkel] 2002, Anm. 282 zu § 61 KJHG).

- Im Kinder- und Jugendhilfegesetz ist eine weiterreichende Regelung vorhanden. Nach § 61 Abs. 4 KJHG gilt das Folgende: Werden Einrichtungen und Dienste der Träger der freien Jugendhilfe in Anspruch genommen, so ist über § 78 SGB X hinaus sicherzustellen, dass der Schutz personenbezogener Daten – wie bei dem Träger der öffentlichen Jugendhilfe selbst – gewährleistet ist. Der öffentliche Träger muss garantieren, dass der Datenschutz eingehalten wird, wenn er Aufgaben der Jugendhilfe durch freie Träger besorgen lässt.

- Neben diesem – gleichsam in den Privatbereich hineinwirkenden öffentlich-rechtlichen Datenschutz – gilt bei den kirchlichen Trägern der kirchliche Datenschutz und bei den anderen privaten Trägern oder privaten Leistungsanbietern ein vertraglicher Datenschutz. Nimmt ein Ratsuchender ein Beratungsangebot eines privaten Trägers an, kommt regelmäßig ein Vertrag zustande. Eine Nebenpflicht aus diesem Beratungs- oder Betreuungsvertrag besteht darin, die im Zusammenhang mit der Beratung bekannt gewordenen Daten als Sozialgeheimnis zu bewahren. Bei Verletzung dieser Nebenpflicht ergeben sich Schadensersatzansprüche aus Vertrag oder gegebenenfalls aus unerlaubter Handlung (Fieseler/Schleicher [Kunkel] 2002, Anm. 285 zu § 61 KJHG).

> Alles in allem:
> Ein Verstoß gegen die Schweigepflicht liegt nicht vor,
> - wenn die Betroffenen mit der Weitergabe der Informationen über sich und ihre Problematik einverstanden sind. Hierzu ist eine ausdrückliche Einwilligung erforderlich. Bei Minderjährigen sind die Personensorgeberechtigten zu fragen, es sei denn, dass bei den Minderjährigen bereits eine ausreichende Einsichtsfähigkeit vorhanden ist. Der Einwilligende muss verstanden haben und sinnhaft verstehen können, dass seine Daten weitergegeben werden. Eine mündliche Einwilligung genügt. Sie sollte jedoch unter Zeugen erfolgen und notiert werden;
> - wenn zwar keine Einwilligung vorliegt, der Fall aber ausreichend anonymisiert und/oder zeitlich, örtlich und vom Kontext her so verfremdet ist, dass ein Rückschluss auf die betroffene Person praktisch ausgeschlossen ist.
> 
> Falls eine Einwilligung der betroffenen Person nicht vorliegt bzw. eine ausreichend sichere Anonymisierung nicht möglich ist, etwa bei kleineren Einrichtungen oder in Verhältnissen, wo fast jeder jeden kennt, dann darf über einen konkreten Fall nicht berichtet werden, wohl aber über die abstrakte Problematik als solche.
> - Eine Verletzung der Schweigepflicht liegt schließlich dann nicht vor, wenn die Voraussetzungen des rechtfertigenden Notstandes nach § 34 StGB gegeben sind.

## 6 Zeugnisverweigerungsrechte und Beschlagnahmeverbote bei Beratung und Therapie

Haben wir bislang das Problem der Schweigepflicht im Wesentlichen unter dem Gesichtspunkt betrachtet, unter welchen Voraussetzungen ein Schweigepflichtiger gegenüber Kollegen, Vorgesetzten und anderen Behörden Daten offenbaren darf oder gar muss, ist die Konstellation bei den Zeugnisverweigerungsrechten eine andere. Bei den Zeugnisverweigerungsrechten geht es darum, dass die Gerichte von Beratern Informationen, die mit ihrer Berufsausübung in Zusammenhang stehen, im Wege der Zeugenaussage erhalten wollen, um einen Straftäter zu verurteilen oder um zivilrechtliche Streitigkeiten zu entscheiden.

Seit langem wird darüber kontrovers diskutiert, in welchem Umfang in der sozialen Arbeit und in der psycho-sozialen Beratung Zeugnisverweigerungsrechte existieren. Die Auseinandersetzung dreht sich letztendlich, ganz ähnlich wie bei der Schweigepflicht, um die Effizienz staatlicher Institutionen und den Vertrauensschutz in der psycho-sozialen Arbeit. Die Justiz benötigt, um einen Straftäter überführen zu können, beispielsweise die Aussage einer Sozialpädagogin, die in einer Beratungseinrichtung arbeitet und als Einzige bezeugen kann, dass der verdächtigte Jugendliche X an einer Vergewaltigung beteiligt war.
Ausgangspunkt ist die strafrechtliche Schweigepflicht. Nach § 203 Abs. 1 StGB sind Psychologische Psychotherapeuten, Kinder- und Jugendlichenpsychotherapeuten, Psychologen, Sozialarbeiter und Sozialpädagogen, Ehe-, Familien-, Erziehungs- und Jugendberater sowie Berater für Suchtfragen nach dem Strafrecht schweigepflichtig.

> Aus dieser strafrechtlich gebotenen Schweigepflicht ergibt sich aber keineswegs automatisch das Recht, vor Gerichten das Zeugnis zu verweigern. Ein solches Recht muss vielmehr ausdrücklich in den jeweiligen Prozessordnungen verankert sein.

## 6.1 Das Zeugnisverweigerungsrecht im Zivilprozess

Vor den Zivilgerichten werden Prozesse geführt, in denen Beraterinnen und Therapeuten als Zeugen auftreten und aussagen sollen, was sie in ihrer beruflichen Eigenschaft erfahren haben. Es handelt sich um Verfahren, in denen es um den Entzug der elterlichen Sorge, um Scheidung, Unterhalt, elterliches Umgangsrecht, aber auch um Mietstreitigkeiten, Schmerzensgeldansprüche und Ähnliches geht. Nach § 383 Abs. 1 Nr. 6 ZPO sind zur Zeugnisverweigerung diejenigen berechtigt, denen kraft ihres Amtes, Standes oder Gewerbes Tatsachen anvertraut sind, deren Geheimhaltung durch ihre Natur oder durch gesetzliche Vorschriften geboten ist.

Ob sich aus dieser Vorschrift ein generelles Zeugnisverweigerungsrecht für staatlich anerkannte Sozialarbeiter und Sozialpädagogen ergibt, ist bislang noch umstritten. Das OLG Köln sowie das Bayerische Oberste Landesgericht haben entschieden, dass für diese Berufsgruppe sich ein Zeugnisverweigerungsrecht aus § 383 ZPO nicht ableiten lasse (OLG Köln,[1] FamRZ 1986, 708; BayObLG, FamRZ 1990, 1857). Ebenso ist ein Teil der juristischen Kommentarliteratur dieser Auffassung (Baumbach/Lauterbach/Albers/Hartmann 2002, Anm. 17 zu § 383 ZPO). Es beginnt sich jedoch mehr und mehr die Auffassung durchzusetzen, die ein Zeugnisverweigerungsrecht für Sozialarbeiter und Sozialpädagogen im Zivilprozess bejaht, und dies mit überzeugenden Gründen.[2]

Schon 1966 hat das Landgericht Berlin in einer Familienrechtssache klargestellt, dass eine Sozialarbeiterin nicht zulasten ihrer Klienten aussagen muss: »Als Sozialinspektorin muss sie, um ihren Aufgaben gerecht werden zu können, ein Vertrauensverhältnis zu den Eltern der von ihr betreuten Kinder schaffen. Es liegt auf der Hand, dass aufgrund ihrer dienstlichen Stellung und ihrer Aufgaben ihr auch intime Tatsachen in der Erwartung anvertraut werden, sie werde diese auf jeden Fall geheim halten. Ihre Tätigkeit gleicht insoweit der der Geistlichen, Ärzte und Rechtsanwälte. Die Beteiligten müssen sich darauf verlassen können, dass sie einer Sozialinspektorin in dienstlicher Eigenschaft auch geheime persönliche Dinge offenbaren können, ohne dass ihnen daraus später Nachteile entstehen können« (LG Berlin, RdJB 1966, 159, 160).

Die Auffassung, dass ein Zeugnisverweigerungsrecht für Sozialarbeiter und Sozialpädagogen besteht, wird nunmehr auch in der Kommentarliteratur vertreten (Mrozynski 1995, Anm. 24 zu § 35 SGB I; Münder u.a. 1998, Anm. 16 zu § 4 KJHG; Zöller/Greger 2002, Anm. 18 zu § 383 ZPO; (Fieseler/Schleicher [Kunkel] 2002, Anm. 53 zu § 61 KJHG; Hartmann 2002).

1991 hatte das OLG Hamm folgenden Fall zu entscheiden: In einem Verfahren der freiwilligen Gerichtsbarkeit ging es um die Frage, ob rechtlich ein Erziehungsversagen der Eltern anzunehmen sei, wenn sie sich gegenüber ihren Kindern ausgesprochen roh verhielten und die Bedürfnisse der Kinder völlig missachteten. Von der Beantwortung dieser Frage hingen vormundschaftsgerichtliche Massnahmen zur Einschränkung des Elternrechts ab. Die die Familie beratenden Sozialpädagoginnen verweigerten die Aussage.

Das OLG Hamm hat die Frage, ob sich ein Zeugnisverweigerungsrecht aus der Zivilprozessordnung ergibt, letztendlich nicht abschließend entschieden, weil im konkreten Fall sich ein solches Recht bereits unmittelbar aus der Ver-

---

[1] Allerdings hat auch das OLG Köln hervorgehoben, dass jedenfalls dann ein Zeugnisverweigerungsrecht anzunehmen ist, wenn sich jemand aus schutzwürdigen Individualinteressen dem Sozialarbeiter als Berater anvertraut.
[2] Für Dipl.-Psychologen hat dies bereits frühzeitig Kaiser (1971) vertreten; vgl. auch Papenheim (2000).

fassung ableiten ließ. Das Oberlandesgericht hat aber alle Argumente, die für ein zivilrechtliches Zeugnisverweigerungsrecht in der Beratung und in der sozialen Arbeit sprechen, zusammengetragen.

Zunächst geht es – so das Oberlandesgericht – in den Verfahren vor den Zivilgerichten nicht um das staatliche Strafverfolgungsinteresse, um das staatliche Gemeinschaftsinteresse an einer effektiven Strafverfolgung. Der Ausgangspunkt eines Zivilprozesses »ist demgegenüber ein anderer, da die durch eine berufliche Tätigkeit begründete Vertrauenssphäre uneingeschränkt ohne Eingrenzung auf bestimmte Berufsgruppen geschützt wird. Dementsprechend ist einhellig anerkannt, dass das Zeugnisverweigerungsrecht über § 53 I StPO hinaus den Angehörigen auch sonstiger Berufe zusteht, deren Ausübung die Kenntnis schutzwürdiger Geheimnisse Dritter bedingt, u.a. den Mitarbeitern von Banken. Hat aber im Rahmen des § 383 Abs. 1 Nr. 6 ZPO der Schutz der Vertrauenssphäre uneingeschränkt Vorrang, bestehen keine überzeugenden Gründe dafür, das zu einem Sozialarbeiter bzw. Sozialpädagogen begründete Vertrauensverhältnis generell von dem Schutz durch das Zeugnisverweigerungsrecht auszunehmen. Ein Wertungswiderspruch zwischen dem Schutz des Bankgeheimnisses einerseits und dem im Regelfall vorwiegend die private Lebensführung und die Intimsphäre betreffenden Vertrauensbereich zwischen einem Sozialarbeiter bzw. Sozialpädagogen und dem jeweiligen Klienten, der ohne Schutz durch das Zeugnisverweigerungsrecht bliebe, wäre unverkennbar.
Hinzu kommt, dass § 203 Abs. 1 Nr. 5 StGB die unbefugte Offenbarung eines zum persönlichen Lebensbereich gehörenden Geheimnisses durch einen staatlich anerkannten Sozialarbeiter oder staatlich anerkannten Sozialpädagogen unter Strafe stellt. Die strafbewehrte Geheimhaltungspflicht und das Zeugnisverweigerungsrecht sind zwar nicht in allen Bereichen deckungsgleich. Für die Auslegung der zivilprozessualen Vorschrift im Lichte dieser strafrechtlichen Bestimmung bestehen jedoch keine Hinderungsgründe. § 383 Abs. 1 Nr. 6 ZPO räumt gerade den Angehörigen derjenigen Berufe ein uneingeschränktes Zeugnisverweigerungsrecht ein, denen durch gesetzliche Vorschrift die Geheimhaltung der ihnen im Rahmen ihrer beruflichen Tätigkeit anvertrauten Tatsachen geboten ist« (OLG Hamm, FamRZ 1992, 201, 202).

Aber selbst wenn man der Auffassung wäre, dass staatlich anerkannte Sozialpädagoginnen und Sozialarbeiter, Psychologinnen usw. nicht unter § 383 ZPO fielen, dann bedürfen sie jedoch zu einer Aussage, soweit sie im öffentlichen Dienst tätig sind, der Genehmigung durch den Dienstherrn. Dies gilt auch für eine bei einer Diözese als Eheberaterin tätige Diplom-Psychologin, die zu den anderen Personen des öffentlichen Dienstes gehört und daher für eine Aussage über Umstände, welche ihrer Verschwiegenheitspflicht unterliegen, die Genehmigung des Dienstherren benötigt (OLG Zweibrücken, FamRZ 1995, 679).

Die Verfahrensordnungen anderer Gerichtszweige beziehen sich häufig auf die Zivilprozessordnung. Das Zeugnisverweigerungsrecht, das die ZPO den staatlich anerkannten Sozialpädagogen und Sozialarbeitern einräumt, gilt daher auch für andere Verfahrensarten. Für die Verwaltungsgerichtsbarkeit regelt dies § 98 VwGO, für die Sozialgerichtsbarkeit § 118 SGG, für die freiwillige Gerichtsbarkeit § 15 FGG und für die Arbeitsgerichtsbarkeit § 46 ArbGG. Das bedeutet, dass staatlich anerkannte Sozialpädagogen und Sozialarbeiter in Zivilprozessen, Ehe- und Kindschaftssachen, Sozial- und Arbeitsgerichtsverfahren sowie Verwaltungsprozessen ein Zeugnisverweigerungsrecht haben, soweit von ihnen Informationen, die mit ihrer Berufsausübung im Zusammenhang stehen, erfragt werden sollen.

### 6.2 Das Zeugnisverweigerungsrecht im Strafprozess

Das strafprozessuale Zeugnisverweigerungsrecht ist enger und steht im Prinzip nur den in § 53 StPO genannten Personen zu. Das Recht in einem Strafverfahren, die Aussage zu verweigern, räumt § 53 StPO im Wesentlichen den Geistlichen, den Ärztinnen, den Anwältinnen und steuerberatenden Berufen ein. § 53 Abs. 1 StPO enthält eine abschließende Aufzählung der Berufsgeheimnisträger, deren Schweigerecht der Pflicht zur Zeugenaussage vor dem Strafgericht vorgeht. Fachkräften aus dem Bereich der psychosozialen Beratung und der Therapie wird durch das Gesetz nur in wenigen Berufsfeldern ein Zeugnisverweigerungsrecht eingeräumt.

- Nach § 53 Abs. 1 Ziff. 3b StPO haben Berater für Fragen der Betäubungsmittelabhängigkeit in einer *Drogenberatungsstelle*, die eine Behörde oder eine Körperschaft, Anstalt oder Stiftung des öffentlichen Rechtes anerkannt oder bei sich eingerichtet hat, ein Zeugnisverweigerungsrecht über das, was ihnen in dieser Eigenschaft anvertraut wurde oder bekannt geworden ist. Allerdings ist es verfassungsrechtlich nicht geboten, das für Drogenberater bestehende Zeugnisverweigerungsrecht auf ehrenamtliche Berater in einer Selbsthilfegruppe von Eltern drogenabhängiger Kinder zu erstrecken (BVerfG, StV 1998, 355 mit Anm. Kühne 1998).

- Ein strafrechtliches Zeugnisverweigerungsrecht aus beruflichen Gründen nach § 53 Abs. 1 Ziff. 3a StPO haben ebenfalls Mitglieder oder Beauftragte einer anerkannten Beratungsstelle nach dem *Schwangerschaftskonfliktgesetz* über das, was ihnen in dieser Eigenschaft bekannt geworden ist. Das Zeugnisverweigerungsrecht in den Beratungsstellen können die dort tätigen Sozialarbeiterinnen, Sozialpädagogen, Psychologinnen, Therapeuten usw. für sich in Anspruch nehmen.

Nach Ansicht des LG Köln besitzen Betreuer von sog. »Babyklappen« kein Zeugnisverweigerungsrecht. Da es sich nicht um eine Schwangerschaftskonfliktberatung handele, komme § 53 Abs. 1 Ziff. 3a nicht zur Anwendung (LG Köln, NJW 2002, 909).

■ Seit In-Kraft-Treten des Psychotherapeutengesetzes gehören zu den Berufen, die das Zeugnis verweigern dürfen, auch die *Psychologischen Psychotherapeuten* sowie die *Kinder- und Jugendlichenpsychotherapeuten*.

> Von diesen Ausnahmen abgesehen dürfen Psychologinnen, Berater oder Therapeutinnen im Strafprozess die Zeugenaussage zunächst einmal nicht verweigern. Aus diesem Grunde gibt es Personen, die schweigepflichtig nach dem Strafgesetzbuch sind und gleichwohl einem Aussagezwang vor den Strafgerichten unterliegen.

Diese Eingrenzung des Kreises der Zeugnisverweigerungsberechtigten, vor allen Dingen der Ausschluss derjenigen, die nach § 203 StGB schweigepflichtig sind, wird seit langem kritisiert (Schilling 1976; Hager 1990; Freund 1993; Arbeitskreis 1996; Eisenberg 1997; Papenheim 2000; Fieseler/Schleicher [Kunkel] 2002, Anm. 54 zu § 61 KJHG). Vorschläge, eine Übereinstimmung des Strafgesetzbuches mit der Strafprozessordnung durch die Zuerkennung eines Zeugnisverweigerungsrechtes für *alle* Schweigepflichtigen herzustellen, wurden nicht realisiert. Der Gesetzgeber hat insofern die Interessen an der Strafverfolgung höher eingestuft als den Schutz der Vertrauensverhältnisse. Zwar wird nicht bestritten, dass in einem – an rechtsstaatliche Grundsätze gebundenen Strafprozess – keine Wahrheitsforschung um jeden Preis erfolgen muss. Aber die Effektivität der staatlichen Strafverfolgung gebietet nach der herrschenden Meinung, dass der Kreis der Zeugnisverweigerungsberechtigten durch eine extensive Gesetzesauslegung nicht erweitert werden darf.

Diese Auffassung ist deswegen unverständlich und verfassungsrechtlich nicht haltbar, weil Sozialarbeiter und Sozialpädagogen im Strafprozess Informationen offenbaren müssen, die nach Ansicht des Bundesverfassungsgerichtes schutzwürdiger sind als medizinische Befunde. Das Gericht hat 1992 entschieden, dass Daten, die sich z.B. auf den Lebenslauf, das Elternhaus, Ausbildung, Kinder, auf besondere Krankheiten, Operationen, Alkohol, Rauchen, Freizeitgestaltung, auf Leistungsfähigkeit sowie auf Verhalten unter Leistungsdruck beziehen, dem unantastbaren Bereich der privaten Lebensgestaltung näher stehen als rein medizinische Feststellungen. Aus diesem Grunde seien sie stärker durch die Grundrechte geschützt (BVerfG, NJW 1993, 2365).

Es ist daher ein unübersehbarer Wertungswiderspruch (OLG Hamm, FamRZ 1992, 201), wenn die in der Beratung »anfallenden« hochsensiblen Daten im

Strafprozess offenbart werden müssen, während die Mandanten von Ärztinnen, Rechtsanwältinnen und Steuerberaterinnen sich darauf verlassen dürfen, dass ihre »Geheimnisse« auch in Strafverfahren sicher sind.

Steht den Beratern ein Zeugnisverweigerungsrecht zu, so liegt es in ihrem Ermessen, ob sie aussagen oder das Zeugnis verweigern. Weder der Angeklagte noch etwa ein an der Geheimhaltung interessierter Zeuge können dem Zeugnisverweigerungsberechtigten vorschreiben, ob er von seinem Verweigerungsrecht Gebrauch macht (Kleinknecht/Meyer-Goßner 2001, Anm. 5f zu § 53 StPO; BGH, NStZ 1996, 348 für einen Arzt). Der Klient ist aber insofern »Herr seiner eigenen Daten«, als er den Zeugnisverweigerungsberechtigten von seiner Schweigepflicht entbinden kann. In diesem Fall muss der Zeugnisverweigerungsberechtigte mit Ausnahme der Geistlichen vor den Strafgerichten aussagen, § 53 Abs. 2 StPO.

Weigert sich ein Zeuge, auszusagen, ohne ein Zeugnisverweigerungsrecht zu besitzen, so werden ihm nach § 70 Abs. 1 StPO die durch die Nichtaussage verursachten Kosten auferlegt. Gegen ihn kann darüber hinaus ein Ordnungsgeld festgesetzt und, falls dies nicht beizutreiben ist, Ordnungshaft angeordnet werden. Nach § 70 Abs. 2 StPO kann ferner, um das Zeugnis zu erzwingen, bis zu sechs Monate Beugehaft verhängt werden. Man sieht: Der Strafjustiz stehen Instrumente zur Verfügung, renitente Zeugen, auch wenn sie triftige inhaltliche Gründe zur Zeugnisverweigerung besitzen, zur Aussage zu zwingen.

Bislang ist die Rechtslage noch so, dass nur ausnahmsweise Beraterinnen ein Zeugnisverweigerungsrecht in strafrechtlichen Verfahren besitzen.[1] Dieser Umstand ist für viele Beratungsverhältnisse bedrohlich, da er geeignet ist, das Vertrauensverhältnis zu den Klienten zu untergraben. In vielfältigen Beratungssituationen ist der Schutz des Vertrauensverhältnisses geradezu konstitutiv für den Erfolg der Beratung (so bereits Schilling 1976). Der Ausschluss der im psycho-sozialen Bereich beratenden Berufe aus dem Kreis der Zeugnisverweigerungsberechtigten ist aus mehreren Gründen nicht mehr zu vertreten:

- Zum einen ist durch die Ausweitung der Schweigepflicht und durch die Einführung umfangreicher datenschutzrechtlicher Regelungen die Bedeutung des allgemeinen Persönlichkeitsrechts in der »Informationsgesellschaft« gestärkt worden. Der Schutz anvertrauter Daten ist durch diese rechtliche Entwicklung erheblich aufgewertet worden.

---

[1] Ob sich aus § 35 Abs. 3 SGB I ein strafrechtliches Zeugnisverweigerungsrecht für die Mitarbeiter der öffentlich-rechtlichen Leistungsträger im sozialen Bereich ableiten lässt, wird von der h.M. abgelehnt. Zu den Argumenten, die für ein derartiges Zeugnisverweigerungsrecht sprechen, vgl. Papenheim (2000); Fieseler/Schleicher (Kunkel) (2002, Anm. 54 zu § 61 KJHG).

- Zum anderen haben sich die technischen Möglichkeiten der Strafverfolger entschieden verbessert. Ihnen steht inzwischen ein beeindruckendes technisches Arsenal zur Verfügung. Der Zeugenaussage kommt nicht mehr die Bedeutung zu wie in früheren Zeiten.

- Ein Weiteres ist zu bedenken: Die Aussagepflicht von Beratern wird zwangsläufig durch deren Wissenstand begrenzt. Was Ratsuchende Ihnen nicht anvertrauen, können sie nicht wissen. In einem Beratungsgespräch werden die Berater – das gebietet die professionelle Kompetenz – auf ihre Aussagepflicht hinweisen müssen. Der Ratsuchende wird ihnen daher nichts Verfängliches mitteilen, sodass der »Wert« der Berater als Zeugen ohnehin geschmälert ist.

Diese Entwicklung macht deutlich, wie überfällig ein Zeugnisverweigerungsrecht für beratende Berufe auch im Strafverfahren ist. Der Gesetzgeber sollte endlich tätig werden und ein Zeugnisverweigerungsrecht für die beratenden Berufe absichern. Möglicherweise könnten dann einige mit dem Strafgesetz in Konflikt Geratene nicht verurteilt werden. Demgegenüber würde in der sozialen Arbeit und für die beratenden Berufe ein Gewinn an Vertrauen stehen und könnten so langfristig größere Erfolgschancen und ein erhöhtes Maß an Professionalität garantiert werden.[1] Allerdings ist bislang die Gesetzeslage noch eindeutig: Die Strafprozessordnung verwehrt Fachkräften der sozialen Arbeit im Prinzip die Möglichkeit, im Strafprozess *selbstentscheidend* das Zeugnis zu verweigern.
Gleichwohl kennt die Strafprozessordnung Formen eines *abgeleiteten* Zeugnisverweigerungsrechtes, das in konkreten Konfliktfällen dazu beitragen kann, das Vertrauensverhältnis zu schützen.

### 6.2.1 Ein Zeugnisverweigerungsrecht unmittelbar aus der Verfassung

Das Bundesverfassungsgericht hat in den 70er-Jahren ein Zeugnisverweigerungsrecht für Drogenberater *unmittelbar aus der Verfassung* hergeleitet. Es ging um die Durchsuchung und Beschlagnahme von Klientenakten einer Drogenberatungsstelle. Das Bundesverfassungsgericht kam in die-

---

[1] Ein Arbeitskreis von Strafrechtslehrern hat einen Alternativentwurf zu den Zeugnisverweigerungsrechten und zur Beschlagnahmefreiheit vorgelegt. Danach soll Ehe-, Familien- und Jugendberatern ein strafrechtliches Zeugnisverweigerungsrecht zustehen, obwohl dadurch u.U. auch Verteidigungs- und Beschuldigteninteressen verkürzt werden könnten (Arbeitskreis 1996); zu dem Lösungsansatz des Ausbaus der aufgabenbezogenen Zeugnisverweigerungsrechte vgl. Feuerhelm (1999).

sem Fall unter Abwägung des Interesses an einer wirkungsvollen staatlichen Strafverfolgung und dem staatlichen Interesse an einer effektiven Gesundheitsvorsorge zu einem Zeugnisverweigerungsrecht aus verfassungsrechtlichen Gesichtspunkten (BVerfGE 44, 353; vgl. auch LG Hamburg, NStZ 1983, 182). Ein aus der Verfassung abgeleitetes Zeugnisverweigerungsrecht kommt aber nur in Ausnahmefällen und inhaltlich eingeschränkt zur Geltung (BVerfG, NJW 1988, 2945).

1996 hat das Landgericht Freiburg einer Psychologin, die in einer Anlaufstelle für sexuell missbrauchte Frauen beratend tätig war, jedoch ein solches Recht eingeräumt. Auch bei Anlaufstellen für die Opfer von Sexualdelikten besteht »ein – im Sozialstaatsprinzip angelegtes – Interesse der Allgemeinheit an ihrer wirksamen Arbeit. Die Diskussion über die oft lebenslangen einschneidenden psychischen und psychosomatischen Folgen von Sexualstraftaten, insbesondere wenn sie an Kindern begangen wurden, für die Opfer zeigt die Notwendigkeit therapeutischer Beratungsstellen im Rahmen der allgemeinen Gesundheitsfürsorge. Auch wenn die Opfer von Sexualstraftaten nicht wie die Betäubungsmittelabhängigen Gefahr laufen, im therapeutischen Gespräch über eigene Straftaten berichten zu müssen, so steht auch bei diesen Einrichtungen die Vertraulichkeit und deren Zusicherung als unabdingbare Voraussetzung für die therapeutische Arbeit jedenfalls solange außer Frage, als sich das Opfer nicht selbst zu einem strafgerichtlichen Vorgehen gegen den Täter entschließt« (LG Freiburg, NJW 1997, 813, 814). Im Falle der »Babyklappe« hat das LG Köln dagegen ein Zeugnisverweigerungsrecht aus verfassungsrechtlichen Gründen verneint (LG Köln, NJW 2002, 909).

### 6.2.2 Zeugnisverweigerung wegen fehlender Aussagegenehmigung

Für Angehörige des öffentlichen Dienstes bedarf es zu einer Zeugenaussage nach § 54 StPO der *Aussagegenehmigung* durch den Dienstherren. Nach den Beamtengesetzen, § 61 Abs. 1 BBG sowie § 39 Abs. 3 BRRG, muss die Genehmigung versagt werden, wenn die Aussage für das Wohl des Bundes oder eines deutschen Landes nachteilig wäre oder wenn sie die Erfüllung öffentlicher Aufgaben ernstlich gefährden oder erheblich erschweren würde. Im sozialen Bereich sind in diesem Zusammenhang die Vorschriften des Datenschutzes zu berücksichtigen. Der Dienstvorgesetzte darf eine Aussagegenehmigung wegen § 35 Abs. 3 SGB I in aller Regel nicht erteilen (Wiesner u.a. 2000, Anm. 15 zu § 35 SGB I, Anhang § 61 KJHG; Krahmer 1996, Anm. 8 zu § 73 SGB X; Fieseler/Schleicher [Kunkel] 2002, Anm. 55 zu § 61 KJHG; LG Berlin, NDV 1992, 417).
Das BayObLG hat dagegen entschieden, dass Angestellte im öffentlichen Dienst keiner Aussagegenehmigung ihres Dienstherren bedürfen, wenn sie

im vormundschaftsgerichtlichen Verfahren als Auskunftspersonen oder Zeugen gehört werden sollen (BayObLG, NJW 1990, 1857). Im Jugendamt sind für die Informationsweitergabe an die Justiz die §§ 61 ff. KJHG zu beachten. Sozialdaten, die zum Zwecke persönlicher oder erzieherischer Hilfen nach § 65 KJHG anvertraut wurden, dürfen nur mit Einwilligung, oder wenn die Voraussetzungen zu einer Weitergabe von Privatgeheimnissen vorliegen, übermittelt werden (DIJuF 2001, 343). Der verstärkte Schutz der Persönlichkeitsrechte durch die Rechtsprechung und die Datenschutzgesetze lässt den Schluss zu, dass eine Aussagegenehmigung nur in Ausnahmefällen zu erteilen ist.

Ist die behördliche Entscheidung ergangen, dass einer beratenden Fachkraft die Aussagegenehmigung nicht erteilt wird, dann ist sie bindend für alle Beteiligten, die Vernehmung des Zeugen verboten, selbst wenn das Gericht die Versagensgründe für rechtswidrig hält und der Auffassung ist, die Behörde hätte eine Aussagegenehmigung erteilen müssen (Kleinknecht, Meyer-Goßner 2001, Anm. 24 zu § 54 StPO).

Die Anwendung von § 54 StPO auf angestellte Mitarbeiter einer kirchlichen Körperschaft des öffentlichen Rechts wird vom OLG Köln bejaht. Es hat für die Zeugenaussage einer Sozialpädagogin bzw. einer Diplompsychologin, die bei einer Erziehungs- und Beratungsstelle der katholischen Kirche tätig war, die Genehmigung des Dienstvorgesetzten für erforderlich gehalten. Der Begriff des öffentlichen Dienstes sei weit auszulegen, er beschränke sich nicht auf den Bereich staatlicher und kommunaler Verwaltung. Beratung bei einer Vielzahl von Problemen sei eine öffentliche Aufgabe (OLG Köln, RsDE 1999, 107; vgl. auch OLG Zweibrücken, FamRZ 1995, 679, im Hinblick auf die Notwendigkeit der Aussagegenehmigung des kirchlichen Dienstvorgesetzten im Zivilprozess).

Ob diese Übertragbarkeit auch für die sonstigen privaten Träger zutrifft, ist umstritten. Die h.M. ist der Auffassung, dass § 54 StPO nur für den öffentlichen Dienst und für Einrichtungen, die unmittelbar kirchlich getragen werden, gilt (Ensslen 1999 m.w.N.). Die Ungleichbehandlung zwischen verschiedenen Trägern der sozialen Arbeit bzw. der Beratung ist verfassungsrechtlich jedoch problematisch (Papenheim 2000).

### 6.2.3 Zeugnisverweigerung als Hilfsperson

Unter bestimmten Voraussetzungen kann sich ein Recht, im Strafprozess zu schweigen, auch aus § 53a StPO ableiten lassen. Diese Vorschrift dehnt das Zeugnisverweigerungsrecht auf die Personen aus, die als Gehilfen oder als Auszubildende an der beruflichen Tätigkeit des Zeugnisverweigerungsberechtigten teilnehmen. Damit sind z.B. die für den Arzt tätige Arzthelferin und Sekretärin gemeint. Der Zweck dieser Vorschrift ist einleuchtend:

Stünde nur dem Arzt das Zeugnisverweigerungsrecht zu, könnte durch eine Zeugenvernehmung der Gehilfen sein Zeugnisverweigerungsrecht unterlaufen und ausgehebelt werden.

Wenn in einer Beratungsstelle eine Ärztin oder eine Anwältin tätig ist, sind dann die anderen beratenden Fachkräfte als »Gehilfen« zu betrachten, denen zumindest ein abgeleitetes Zeugnisverweigerungsrecht zusteht? Dies hängt davon ab, in welcher Weise der Begriff »berufsmäßige Tätigkeit« ausgelegt wird. Bei einer Ärztin, die hauptberuflich in einer Beratungsstelle tätig ist, besteht kein Zweifel an der berufsmäßigen Tätigkeit, sodass in derartigen Fällen auch allen Gehilfen die Rechte nach § 53a StPO zustehen.

### 6.2.4 Keine Beugehaft bei Verweigerung des Zeugnisses, wenn der Zeuge als Beweismittel völlig ungeeignet ist

Der Bundesgerichtshof hat noch einen anderen Weg gewiesen, auf welche Weise das Vertrauensverhältnis in der Beratung geschützt werden kann. Eine Diplomsozialpädagogin sowie eine Diplompädagogin, beide Mitarbeiterinnen des Sozialdienstes katholischer Frauen in Köln, sollten als Zeuginnen vor Gericht aussagen. An sie hatte sich die Mutter eines Opfers eines Sexualdeliktes gewandt, um sich beraten zu lassen. Die Zeuginnen weigerten sich und erklärten, sich weder von Ordnungsgeld noch von Beugehaft zur Aussage zwingen zu lassen. Dies schon deswegen, weil ihr Dienstvorgesetzter keine Genehmigung erteilt habe. Im Übrigen seien sie selbst zur Verweigerung des Zeugnisses berechtigt. Der Bundesgerichtshof kam zu dem Ergebnis, dass beide Zeuginnen als Beweismittel völlig ungeeignet seien, »weil sie unter keinen Umständen bereit waren, als Zeugen auszusagen« (BGH, NStZ 1999, 46). Allerdings ist hinzufügen, dass die völlige Nutzlosigkeit einer Zeugenaussage nach Auffassung des Bundesgerichtshofes nur ausnahmsweise anzunehmen ist.

> Den staatlich anerkannten Sozialpädagogen und Sozialarbeitern, den Psychologen, den beratenden Berufen, die von § 203 StGB umfasst werden, sowie allen anderen Schweigepflichtigen nach § 203 StGB steht das zivilprozessuale Zeugnisverweigerungsrecht zu, während ein strafprozessuales Zeugnisverweigerungsrecht nur für die in § 53 StPO genannten Berufsgruppen besteht. Aus der Verfassung kann nur ausnahmsweise ein derartiges Recht abgeleitet werden. Allerdings kennt die Strafprozessordnung abgeleitete Zeugnisverweigerungsrechte, die im Einzelfall helfen, das Vertrauensverhältnis in der Beratung zu schützen.

## 6.3 Beschlagnahmeverbote

Die strafrechtlich gebotenen Verschwiegenheitspflichten, die datenschutzrechtlichen Bestimmungen sowie die Zeugnisverweigerungsrechte in der sozialen Arbeit garantieren inzwischen einen geschützten Raum, der vertrauensvolle Verhältnisse zwischen der Fachkraft und dem Ratsuchenden zulässt. Wie aber, wenn Staatsanwaltschaft oder Gericht Akten und Unterlagen beschlagnahmen lässt und auf diese Weise die Vertraulichkeit empfindlich stört?

Nach § 94 StPO können Beweisgegenstände im Rahmen eines Strafverfahrens bzw. Ermittlungsverfahrens sichergestellt, d.h. beschlagnahmt werden, wenn sich die Gegenstände im Gewahrsam einer Person befinden, die sie nicht freiwillig herausgeben will.

Nehmen wir den Fall einer Erziehungsberatungsstelle, die von einem privaten Träger betrieben wird. Die Beratungsstelle besitzt Unterlagen, aus denen hervorgeht, dass in einer Familie Kinder geschlagen und gequält werden. Die Staatsanwaltschaft möchte diese Unterlagen erhalten, um ein Strafverfahren einleiten und erfolgreich abschliessen zu können. Die Beschlagnahme ist ein Eingriff in das durch das Grundgesetz geschützte Eigentumsrecht und muss daher grundsätzlich durch den Richter angeordnet werden. Die Staatsanwaltschaft oder die Polizei können bei Gefahr im Verzuge die Gegenstände in Verwahrung nehmen, § 98 Abs. 1 StPO. Widerspricht der Betroffene ausdrücklich der Beschlagnahme durch die Polizei, so ist die Polizei gezwungen, innerhalb von drei Tagen nach der Beschlagnahme eine Bestätigung durch den zuständigen Amtsrichter einzuholen, § 98 Abs. 2 StPO.

> § 97 StPO regelt die Beschlagnahmeverbote. Danach dürfen schriftliche Mitteilungen, Aufzeichnungen und andere Gegenstände nicht beschlagnahmt werden, soweit den Betroffenen ein Zeugnisverweigerungsrecht eingeräumt wird.

Nach § 53 Abs. 1 Ziff. 3b StPO haben ein Zeugnisverweigerungsrecht Berater für Fragen der Betäubungsmittelabhängigkeit sowie nach § 53 Abs. 1 Ziff. 3a StPO Mitglieder oder Beauftragte einer anerkannten Schwangerschaftsberatungsstelle über das, was ihnen in dieser Eigenschaft bekannt geworden ist. Insoweit ist rechtlich klargestellt, dass in diesen Beratungsstellen eine Beschlagnahme nicht in Betracht kommt. Das gilt auch für schriftliche Mitteilungen, Aufzeichnungen und andere Gegenstände der Berufshelfer nach § 53a StPO (Kleinknecht/Meyer-Goßner 2001, Anm. 44 zu § 97 StPO).

Darüber hinaus, so ein Kommentar zur Strafprozessordnung, gäbe es keinerlei Beschlagnahmeverbote. »Die *entsprechende Anwendung* der Vorschrift auf Personen, denen das Gesetz kein Zeugnisverweigerungsrecht einräumt, kommt nicht in Betracht« (Kleinknecht/Meyer-Goßner 2001, Anm. 2 zu § 97 StPO).
Das ist in dieser Allgemeinheit verkürzt. Für den sozialen Bereich ist im Einzelnen zu differenzieren.

Für die Sozialleistungsträger ergibt sich ein Beschlagnahmeverbot unter den Voraussetzungen des § 35 Abs. 3 SGB I. Diese Vorschrift bestimmt, soweit eine Übermittlung nicht zulässig ist, besteht keine Auskunftspflicht, keine Zeugnispflicht und keine Pflicht zur Vorlegung oder Auslieferung von Schriftstücken, Akten und Dateien. Der Gesetzgeber hat aber durch diese Vorschrift für die soziale Arbeit kein allgemeines Zeugnisverweigerungsrecht normieren wollen, denn Normadressat des § 35 Abs. 3 SGB I sind die Institutionen, nicht die Einzelpersonen (Mrozynski 1995, Anm. 17 zu § 35 SGB I; a.A. Fieseler/ Schleicher [Kunkel] 2002, Anm. 54 zu § 61 KJHG). Es fragt sich daher, ob jedenfalls die Sozialleistungsträger eine Beschlagnahme abwehren können.

Nach § 35 Abs. 3 SGB I besteht ein Beschlagnahmeverbot, soweit sich keine Übermittlungsbefugnisse aus den §§ 67 ff. SGB X ergeben. Für die Jugendämter hat die Rechtsprechung zunehmend anerkannt, dass Vertrauensverhältnisse nicht durch Beschlagnahmeaktionen zerstört werden dürfen (LG Braunschweig, NJW 1986, 258; LG Stuttgart, NStZ 1993, 552; LG Siegen, DVJJ 1996, 84).

Einem Fall, der vom Landgericht Berlin entschieden wurde, lag folgender Sachverhalt zu Grunde: Ein Jugendamt führt über ein 15 Jahre altes Mädchen und über seine Eltern eine Akte. Darin befinden sich nach Angaben des Jugendamtes Aufzeichnungen über Beratungsgespräche, die die zuständige Sozialarbeiterin mit der 15-Jährigen geführt hat. Die strafrechtlich Beschuldigten sind der Vater und der Bruder des geschädigten Mädchens. Wiederum geht es um das Verhältnis von Vertrauensschutz und die Effektivität der staatlichen Strafverfolgung. Das LG Berlin untersagte die Beschlagnahme mit dem Hinweis auf den Sozialdatenschutz.
»Eine Offenbarungspflicht nach den Vorschriften des Sozialgesetzbuches ist damit derzeit nicht gegeben. Das mag für die Strafverfolgungsbehörde unbefriedigend sein, entspricht aber dem hohen Stellenwert des Sozialgeheimnisses im SGB« (LG Berlin, NDV 1992, 417, mit zustimmender Anmerkung von Pirani 1992).

Ebenso äußerte sich das LG Hamburg. Danach verstößt die Beschlagnahme einer Jugendamtsakte mit einem ärztlichen Krankenbericht gegen das verfassungsrechtlich garantierte Recht des Betroffenen auf informationelle Selbstbestimmung und ist deshalb rechtswidrig, wenn nicht die Voraussetzungen vorliegen, unter denen der Arzt selbst offenbarungsbefugt wäre (LG Hamburg, NStZ 1993, 401 mit zustimmender Anmerkung von Dölling 1993; für ein Beschlagnahmeverbot von Krankenunterlagen LG Hamburg, NJW 1990, 780; vgl. auch OLG Celle, ZfF 1998, 229).

Auch in einem Strafverfahren wegen Verletzung der Unterhaltspflicht dürfen die entsprechenden Jugendamtsakten nicht beschlagnahmt werden (LG Saarbrücken, JAmt 2002, 202).

Für private Verbände, die nicht Sozialleistungsträger im Sinne des SGB I sind, gilt die Privilegierung des § 35 SGB I nicht, sodass zunächst auf den verfassungsmäßigen Grundsatz der Verhältnismäßigkeit zurückgegriffen werden muss (Proksch 1996, 202). So entschied auch das Bundesverfassungsgericht 1977 im Hinblick auf die Beschlagnahme von Klientenakten einer Drogenberatungsstelle der Caritas. Bei Abwägung von staatlichen Strafverfolgungsinteressen und des staatlichen Interesses an einer effektiven Gesundheitsvorsorge muss der Verhältnismäßigkeitsgrundsatz berücksichtigt werden. Dieser ist dann verletzt, wenn der verursachte Schaden in der Drogenberatungsstelle, nämlich der Verlust an Vertrauen, außer Verhältnis steht zu dem mit der Beschlagnahme angestrebten und erreichten Erfolg (BVerfGE 44, 353). Allerdings ist nur in Ausnahmefällen damit zu rechnen, dass ein Beschlagnahmeverbot bei privaten Verbänden rechtswidrig und daher unzulässig ist. Das ergibt sich ebenfalls aus einem Beschluss des Bundesverfassungsgerichts (BVerfG, NJW 1988, 2945). Das Gericht bestätigte einen Beschluss des Landgerichtes Mainz (LG Mainz, NJW 1988, 1744), dass eine – in einem Förderverein für Jugendliche – beschäftige Drogenberaterin kein Aussageverweigerungsrecht hat.

In diesem Zusammenhang ist jedoch zu bedenken: Wenn in Beratungsstellen der privaten Träger Geistliche, Ärzte, Anwältinnen, Psychologische Psychotherapeuten usw. tätig sind, denen das Zeugnisverweigerungsrecht zusteht, dann unterliegen schriftliche Mitteilungen, Aufzeichnungen und andere Gegenstände dem Beschlagnahmeverbot. Berufshelfer sind wiederum gleichgestellt.

## LITERATUR

**AGJ (1999):** Reform des Kindschaftsrechts, Stellungnahme der AGJ zu den Konsequenzen für die Jugendhilfe, in: ZfJ, 134.
**Altenhoff/Busch/Chemnitz (1993):** Rechtsberatungsgesetz, 10. Aufl., Aschendorff, Münster.
**Amelung/Eymann (2001):** Die Einwilligung des Verletzten im Strafrecht, in: JuS, 937.
**Arbeitskreis deutscher, schweizerischer und österreichischer Strafrechtslehrer (1996):** Alternativ-Entwurf Zeugnisverweigerungsrechte und Beschlagnahmefreiheit, München.
**Awenius, Gunter (2001):** Datenschutz im Jugendamt, in: JAmt, 522.
**Bäuerle, Wolfgang (1969):** Der Begriff der »Beratung« in der Jugendhilfe, in: Frommann/Haag (Hrsg.), Wolfgang Bäuerle, Jugendhilfe und Sozialarbeit, Frankfurt am Main, 1983.
**BAG LJÄ – Bundesarbeitsgemeinschaft der Landesjugendämter (1996):** Das Fachkräftegebot des Kinder- und Jugendhilfegesetzes, Kassel.
**Baier/Krauskopf u.a. (2001):** Soziale Krankenversicherung, Pflegeversicherung, Kommentar, München.
**Balloff, Rainer (1994):** Familien in Trennung: Von der Koordination zur kooperativen Vernetzung, in: ZfJ, 302.
**Balloff, Rainer (1995):** Beratung, Unterstützung und Mitwirkung im Scheidungsfall bei der Ausgestaltung der elterlichen Sorge und des Umgangsrechts im Allgemeinen Sozialen Dienst (ASD), in: ZfJ, 160.
**Balloff/Walter (1993):** Möglichkeiten und Grenzen beratender Interventionen am Beispiel der Mediation nach §§ 17, 28, 18 Abs. 4 KJHG, in: ZfJ, 65.
**Baltz, Jochen (1997):** Kindschaftsrechtsreform und Jugendhilfe, in: NDV 1997, 306, 341.
**Barabas, Friedrich (1992):** Recht und Krisenintervention, in: Ursula Straumann (Hrsg.): Beratung und Krisenintervention, Köln, 29.
**Barabas, Friedrich (1998):** Sexualität und Recht, Frankfurt am Main.
**Barabas, Friedrich (1998a):** Verrechtlichung von Beratung?, in: Gesprächspsychotherapie und Personzentrierte Beratung, 1/1998, 9.
**Barabas, Friedrich (2001):** Der rechtliche Rahmen beratender Tätigkeit, in: Ursula Straumann, Professionelle Beratung, 2. Aufl., Heidelberg, Kröning, 27.
**Barabas, Friedrich, K. (2001a):** Rechtsanspruch auf Beratung! Der § 17 KJHG und seine Konsequenzen für die Kommunalpolitik, in: Beratung Aktuell, 21.
**Barabas/Erler (2002):** Die Familie, Einführung in Soziologie und Recht, 2. Aufl., Weinheim, München.
**Barabas/Straumann (1996):** Beratung und Recht, Zu Inhalt und Methoden eines weiterbildenden Studienganges: »Personzentrierte Beratung und Krisenintervention«, in: Sozialmagazin, Heft 3, 42.
**Bartelheimer, Peter (2001):** Sozialhilfe als Dienstleistung – Widersprüche einer Dienstleistungsorientierung im Sozialamt, in: NDV, 188.

**Bartelheimer, Peter (2002):** Sozialberatung – eine EDV-Anwendung zur Dokumentation von Beratung in prekären materiellen Lebenslagen, in: NDV, 64.

**Bartelheimer/Reis (2001):** Beratung als Dienstleistung in der Sozialhilfe: das »Modellprojekt Sozialbüros«, in: NDV, 122.

**Bauer/Birk/Klie/Rink (1997):** Heidelberger Kommentar zum Betreuungs- und Unterbringungsrecht, Heidelberg.

**Baumbach/Lauterbach/Albers/Hartmann (2002):** Kommentar zur Zivilprozessordnung, 60. Aufl., München.

**Becker-Fischer, Monika (1997):** Sexuelle Übergriffe in Psychotherapie und Psychiatrie, Stuttgart.

**Beckmann, Elke (1998):** Datenschutz im Sozialamt, in: ZFSH/SGB, 92 ff. sowie 131 ff.

**Belardi, Nando (1999):** Beratung, eine sozialpädagogische Einführung, Weinheim, Basel.

**Bergmann, Alfred (1989):** Die Grundstruktur des rechtfertigenden Notstandes, in: JuS, 109.

**Bergschneider, Ludwig (2000):** Mediation in Familiensachen – Chancen und Probleme, in: FamRZ, 77.

**Berlit/Fuchs/Schulze-Böing (1999):** Thesen zu einem fachpolitischen Leitbild der Hilfe zur Arbeit, in: NDV, 28.

**Bieback, Karl-Jürgen (1997):** Stellungnahme zum Verbandspolitischen Forum der GwG, in: Gesprächspsychotherapie und Personzentrierter Beratung, 217.

**Bienwald, Werner (1999):** Betreuungsrecht, Kommentar zum BtG/BtBG einschl. BtÄndG, 3. Aufl., Bielefeld.

**Birk/Brühl/Conradis/Hofmann u.a. (1998):** Bundessozialhilfegesetz, Lehr- und Praxiskommentar, 5. Aufl., Baden-Baden.

**Bittner, Günther (2000):** Erziehungsberatung – »Kleine Psychotherapie« oder spezifisches Angebot der Jugendhilfe?, in: Informationen für Erziehungsberatungsstellen, Heft 3, 12.

**Bitzer-Gavornik, (2002):** Historische, rechtliche und inhaltliche Aspekte, in: Bitzer-Gavornik (Hrsg.): Lebensberatung in Österreich, Wien, 3.

**bke – Bundeskonferenz für Erziehungsberatung e.V. (1997):** Hinweise zu Kapazitäten und Kosten von Erziehungsberatungsstellen, in: ZfJ, 165.

**bke – Bundeskonferenz für Erziehungsberatung e.V. (1997a):** Rechtsfragen in der Beratung, Fürth.

**bke – Bundeskonferenz für Erziehungsberatung e.V. (1998):** Psychotherapie in Erziehungsberatungsstellen, in: Informationen für Erziehungsberatungsstellen 2/1998, 3.

**bke – Bundeskonferenz für Erziehungsberatung e.V. (2001):** Hilfe im Internet für Jugendliche und Eltern, in: Informationen für Erziehungsberatungsstellen 3/01, 12.

**bke – Bundeskonferenz für Erziehungsberatung e.V. (2001a):** Unkomplizierte Hilfe auch nach Trennung und Scheidung, Inanspruchnahme von Erziehungsberatung nach § 28 KJHG bei gemeinsamer elterlicher Sorge, in: Informationen für Erziehungsberatungsstellen 2/01, 3.

**bke – Bundeskonferenz für Erziehungsberatung e.V. (2002):** Zur Einführung des SGB IX, in: Informationen für Erziehungsberatungsstellen 1/02, 3.
**Blanke/Sachße (1987):** Wertewandel in der Sozialarbeit, in: Olk/Otto (Hrsg.): Soziale Dienste im Wandel, Band 1, Darmstadt, 251.
**BMFSFJ – Bundesministerium für Familie und Senioren, Frauen und Jugend (Hrsg.) (1997):** Gewalt in Ehe und Partnerschaft, 2. Aufl., Bonn.
**BMFSFJ – Bundesministerium für Familie und Senioren, Frauen und Jugend (Hrsg.) (1998):** 10. Jugendbericht, Bonn.
**BMFSFJ – Bundesministerium für Familie, Senioren, Frauen und Jugend (Hrsg.) (2002):** 11. Kinder- und Jugendbericht, Bericht über die Lebenssituation junger Menschen und die Leistungen der Kinder- und Jugendhilfe in Deutschland, Bonn.
**BMFuS – Bundesminister für Familie und Senioren (Hrsg.) (1993):** Familie und Beratung, Gutachten des Wissenschaftlichen Beirats für Familienfragen beim Bundesministerium für Familie und Senioren, Stuttgart, Berlin, Köln.
**BMFuS – Bundesministerium für Familie und Senioren (Hrsg.) (1994):** 5. Familienbericht, Bonn.
**BMJ – Bundesministerium der Justiz (1998):** Restschuldbefreiung – eine neue Chance für redliche Schuldner, Bonn.
**BMJFFG – Bundesministerium für Jugend, Familie, Frauen und Gesundheit (Hrsg.) (1990):** 8. Jugendbericht, Bonn.
**Böllinger/Stöver (Hrsg.) (2002):** Drogenpraxis, Drogenrecht, Drogenpolitik, Handbuch für Drogenbenutzer, Eltern, Drogenberater, Ärzte und Juristen, 5., vollst. überarb. Aufl., Frankfurt am Main.
**Boemke/Gründel (2002):** Haftung des Psychotherapeuten, in: Behnsen/Bell u.a. (Hrsg.): Management-Handbuch für die psychotherapeutische Praxis, Heidelberg.
**Bottke, Wilfried (1993):** Recht und Suizidprävention, in: R & P, 174.
**Bräcklein, Susann (2002):** Ratlos in Sachen Rechtsrat, in: ZRP, 413.
**Bringewat, Peter (2000):** Sozialpädagogische Familienhilfe und strafrechtliche Risiken, Stuttgart.
**Bringewat, Peter (2001):** Tod eines Kindes, 2. Aufl., Baden-Baden.
**Brühl, Albrecht (1998):** Rechtsbesorgung in Sozialhilfesachen durch Vereine, in: info also, 1/1998/3.
**Brühl, Albrecht (2002):** Mein Recht auf Sozialhilfe, 17. Aufl., München.
**Buchholz-Graf (2001):** Zur Praxis der Jugendhilfe bei Trennung und Scheidung nach der Kindschaftsrechtsreform, in: ZfJ, 209.
**Buchholz-Graf/Vergho (Hrsg.) (2000):** Beratung für Scheidungsfamilien, Das neue Kindschaftsrecht und professionelles Handeln der Verfahrensbeteiligten, Weinheim.
**Bürger, Ulrich (1995):** Zwischen Sparzwängen und Leistungsverpflichtungen – Tendenzen und Widersprüche der kommunalen Jugendhilfefinanzierung in einer reichen Gesellschaft, in: ZfJ, 447.
**Büttner, Helmut (1998):** Änderungen im Familienverfahrensrecht durch das Kindschaftsrechtsreformgesetz, in: FamRZ, 585.
**Bungart, Birgit (1988):** Zur Kooperation in der Schuldnerberatung, in: AnwBl, 40.

**Busch, Manfred (1997):** Der Schutz von Sozialdaten in der Jugendhilfe, §§ 61 – 68 SGB VIII, Stuttgart.
**Busse, Felix (1999):** Rechtsberatungsgesetz – ein Ärgernis?, in: NJW 1999, 1084.
**Busse, Angela (2001):** Anm. zum Urteil des OLG München vom 7.12.2000, in: NDV-RD, 49.
**Butzmann, Oliver (2000):** Die Voraussetzungen der Approbation als Psychologischer Psychotherapeut gem. § 2 II PsychThG – ein Fall der Inländerdiskriminierung, in: NJW, 1773.
**Caritasverband Frankfurt e.V. u.a. (Hrsg.) (2001):** Fremdsprachige psychosoziale Beratung in Frankfurt am Main, 2. Aufl., Frankfurt am Main.
**Chur, Dietmar (2002):** Bausteine einer zeitgemäßen Konzeption von Beratung, in: Nestmann/Engel (Hrsg.): Die Zukunft der Beratung, Tübingen, 95.
**Coeppicus, Rolf (1991):** Durchführung und Inhalt der Anhörung in Betreuungs- und Unterbringungssachen, in: FamRZ, 892.
**Coester, Michael (1985):** Zur sozialrechtlichen Handlungskompetenz des Minderjährigen, in: FamRZ, 982.
**Coester, Michael (1992):** Sorgerecht bei Elternscheidung und KJHG, in: FamRZ, 617.
**Crefeld, Wolf (1998):** Denn sie wissen nicht, was sie tun, in: BtPrax, 47.
**Cremer/Hundsalz/Menne (Hrsg.) (1994):** Jahrbuch für Erziehungsberatung, Band 1, Weinheim, München.
**Culemann/Maaß (2002):** Ideale Bedingungen für Kinder und Jugendliche, in: Informationen für Erziehungsberatungsstellen 1/02, 23.
**Cursiefen, Johannes (1989):** Zum Erfordernis einer Erlaubnis nach dem Heilpraktikergesetz bei psychotherapeutischer Behandlung durch Diplom-Psychologen, in: DVBl, 1188.
**DAJEB & BAG, Katholische Bundesarbeitsgemeinschaft für Beratung, (2001):** Regeln fachlichen Könnens für die Institutionelle Beratung, in: Beratung Aktuell, 229.
**Dalichau/Grüner (2002):** Gesetzliche Krankenversicherung, Kommentar, Starnberg.
**Degener, Theresia (1998):** Die Geburt eines behinderten Kindes als Schaden?, in: psychosozial, Heft 1, 37
**Deinert, Horst (1998):** Neue Zahlen zur Praxis des Betreuungsrechts, in: FamRZ, 934.
**Derleder, Peter (1995):** Anforderungen an eine interdisziplinäre Trennungsberatung, in: FuR, 208.
**Derleder, Peter (2000):** Das Jahrhundert des deutschen Familienrechts, in: KJ, 1.
**Deutsch, Erwin (1998):** Berufshaftung und Menschenwürde: Akt III, in: NJW, 510.
**Deutscher Städtetag u.a. (1988):** Kommunale Schuldnerberatungsstellen im Verhältnis zur Anwaltschaft, in: AnwBl, 49.
**Deutscher Städtetag u.a. (1997):** Empfehlungen für die Zusammenarbeit von Trägern der öffentlichen und freien Jugendhilfe bei der Erziehungsberatung, in: ZfJ, 5.
**Deutscher Verein (1992):** Empfehlungen des Deutschen Vereins zur Beratung in Fragen der Trennung und Scheidung und zur Mitwirkung der Jugendhilfe im familiengerichtlichen Verfahren, in: NDV, 148.

**Deutscher Verein (1994):** Empfehlungen des Deutschen Vereins zur Hilfeplanung nach § 36 KJHG, in: NDV, 317.
**Deutscher Verein (1995):** Stellungnahme des Deutschen Vereins zu den Entwürfen eines Gesetzes über die Berufe des Psychologischen Psychotherapeuten und des Kinder- und Jugendlichenpsychotherapeuten und zur Änderung des Fünften Buches Sozialgesetzbuch, in: NDV, 480.
**Deutscher Verein (1997):** Gutachten vom 8.8.1997, in: NDV, 331.
**Deutscher Verein (1997a):** Zum Verhältnis von dienstrechtlicher Gehorsamspflicht und strafrechtlicher Schweigepflicht, in: NDV, 22.
**Dewe/Scherr (1991):** Beratung oder Therapie, in: Blätter der Wohlfahrtspflege 1/1991, 6.
**Dickmeis, Franz (1995):** Keine Schweigepflicht der Ärzteschaft bei Gewalttaten an Frauen und Kindern, in: ZfJ, 474.
**Dickmeis, Franz (1998):** Das neue Kindschaftsrecht und seine Bedeutung für die sozialen Dienste, in: ZfJ, 193.
**Diederichsen, Uwe (1998):** Die Reform des Kindschafts- und Beistandschaftsrechts, in: NJW, 1977.
**DIJuF (2001):** Rechtsgutachten, Von der Behördenleitung zu beachtende Voraussetzungen bei der Erteilung einer Aussagegenehmigung für Jugendamtsmitarbeiter in Strafverfahren, in: JAmt, 343.
**DIJuF (2002):** Rechtsgutachten, Pflicht zur Erstattung einer Strafanzeige durch den Erziehungsbeistand, in: JAmt, 177.
**DIJuF (2002a):** Rechtsgutachten, Beratung nach § 18 Abs. 1 SGB VIII neben einer gesetzlichen Vormundschaft für das Kind einer minderjährigen Mutter gem. § 1791c Abs. 1 BGB, in: JAmt, 297.
**DIV-Gutachten (1992):** Sexueller Missbrauch von Kindern: Veranlassung der Strafverfolgung durch das Jugendamt, in: ZfJ, 641.
**Dodegge, Georg (1998):** Die Entwicklung des Betreuungsrechts bis Anfang Juni 1998, in: NJW, 2710.
**Dodegge, Georg (2000):** Das neue Gesetz über Hilfen und Schutzmaßnahmen bei psychischen Krankheiten/Nordrhein-Westfalen (PsychKG/NRW), in: FamRZ, 527.
**Dodegge, Georg (2001):** Die Entwicklung des Betreuungsrechts bis Anfang Juni 2001, in: NJW, 2758.
**Dodegge, Georg (2002):** Die Entwicklung des Betreuungsrechts bis Anfang Juni 2002, in: NJW, 2919.
**Dölling, Dieter (1993):** Anmerkung zum Beschluss des LG Hamburg vom 3.3.1992, in: NStZ, 402.
**Dörndorfer, Josef (1998):** Einführung in das neue Kindschaftsrecht, in: ZfJ, 202.
**Dörr, Gernot (1993):** Grenzen der »Herstellung«, in: DAngVers, 182.
**Dreifert, Barbara (1999):** Mehr Leid als Freud, in: Sozialmagazin, Heft 6, 16.
**Dröge, Michael (1998):** Die Betreuungsanordnung gegen den Willen des Betroffenen, in: FamRZ, 1209.
**Dünisch/Bachmann (1997):** Das Recht des Heilpraktikerberufs und der nichtärztlichen Heilkundeausübung, Starnberg.

**EAC – European Association for Counselling (1998):** Charter for Ethical Practice, Rugby Warwickshire.
**Ebsen, Ingwer (1987):** Der sozialrechtliche Herstellungsanspruch – ein Beispiel geglückter richterlicher Rechtsfortbildung?, in: DVBl, 389.
**Eisenberg, Ulrich (1997):** Rezension des Alternativ-Entwurfes Zeugnisverweigerungsrechte und Beschlagnahmefreiheit, in: StV, 331.
**Ellwanger, Dieter (1997):** Schwangerschaftskonfliktgesetz, Stuttgart, Berlin, Köln.
**Enders/Heekerens (1994):** Licht am Horizont – Neues zu »Soziale Arbeit und Psychotherapie«, in: np, 361.
**Engländer, Armin (2001):** Anm. zum Urteil des OLG Frankfurt am Main vom 5.10.1999, in: MedR, 143.
**Ensslen, Carola (1999):** Zur Schweigepflicht von Sozialarbeitern und Sozialpädagogen, in: NDV, 121.
**Erlenkämper/Fichte (1999):** Sozialrecht, 4. Aufl., Köln, Berlin, Bonn, München.
**Erler, Michael (1996):** Die Dynamik der modernen Familie, Empirische Untersuchung zum Wandel der Familienformen in Deutschland, Weinheim, München.
**Erler, Michael (2003):** Systemische Familienarbeit, Weinheim, München.
**Eser/Koch (2000):** Schwangerschaftsabbruch im internationalen Vergleich, Freiburg.
**Europarat (1998):** Empfehlung – Nr. R (98) 1 des Ministerkomitees an die Mitgliedstaaten über Familienmediation, in: ZfJ, 454.
**Everling, Ulrich (1990):** Welche gesetzlichen Regelungen empfehlen sich für das Recht der rechtsberatenden Berufe, insbesondere im Hinblick auf die Entwicklung in der Europäischen Gemeinschaft? Gutachten C für den 58. DJT, München.
**Falterbaum, Johannes (1999):** Gefahrenabwehr mit Hilfe des Jugendamtes?, Behördlicher Datenschutz als Garant für Sozial- und Rechtsstaatlichkeit, in: ZfJ, 99.
**Faltermeier/Fuchs (Hrsg.) (1992):** Trennungs- und Scheidungsberatung durch Jugendhilfe, Frankfurt am Main.
**Feuerhelm, Wolfgang (1999):** Überlegungen zum Zeugnisverweigerungsrecht in sozialpädagogischen Berufen, in: Sozialmagazin, Heft 5, 15.
**Feyerabend, Erika (2000):** Die Normalisierung von Tötungshandlungen, in: Frankfurter Rundschau vom 7.12.2000, 11.
**Fieseler, Gerhard (1989):** Anmerkungen zum Urteil des OLG Frankfurt vom 8.4.1988, in: NDV, 243.
**Fieseler, Gerhard (1997):** Jugendberufshilfe in freier Trägerschaft – Rechtsstellung junger Menschen. Ein Gutachten, in: ZfJ, 271 ff., 306 ff.
**Fieseler/Herborth (2001):** Recht der Familie und Jugendhilfe, 5. Aufl., Neuwied, Kriftel, Berlin.
**Fieseler/Schleicher (2002):** Kinder- und Jugendhilferecht, Gemeinschaftskommentar zum SGB VIII, Neuwied, Kriftel.
**Finger, Peter (1981):** Reform der Rechtsberatung, Königstein.
**Finis Siegler, Beate (1997):** Ökonomik Sozialer Arbeit, Freiburg im Breisgau.
**Francke, Robert (2000):** Wissenschaftlich anerkannte psychotherapeutische Verfahren nach § 1 Abs. 3 Satz 1 PsychThG, in: MedR, 447.

**Franke, Martin (2001):** Rat per Draht, in: Blätter der Wohlfahrtspflege, 1 + 2/ 2001, 14.

**Frenzke-Kulbach/Kulbach (1998):** Qualitätssicherung in der Beratungsarbeit, in: Soziale Arbeit, 195.

**Freund, Georg (1993):** Verurteilung und Freispruch bei Verletzung der Schweigepflicht eines Zeugen, in: GA, 49.

**Fricke, Astrid (1992):** Die Beteiligung der Personensorgeberechtigten sowie der Kinder und Jugendlichen bei der Hilfe zur Erziehung (Heimunterbringung, Vollzeitpflege) nach dem KJHG, in: ZfJ, 509.

**Friedrich, Walther (1995):** Wie erhalte ich Prozesskostenhilfe?, in: NJW, 617.

**Fröschle, Tobias (2000):** Maximen des Betreuerhandelns und die Beendigung lebenserhaltender Eingriffe, in: JZ, 72.

**Frommann, Matthias (1985):** Schweigepflicht und Berufsauftrag des Sozialarbeiters, in: Frommann/Mörsberger/Schellhorn (Hrsg.): Sozialdatenschutz, 159.

**Frommel, Monika (1993):** § 218: Straflos, aber rechtswidrig; zielorientiert, aber ergebnisoffen – Paradoxien der Übergangsregelungen des Bundesverfassungsgerichts, in: KJ, 324.

**Frommel, Monika (2001):** Nicht gegen ihren Willen, in: pro familia Magazin 4/24.

**Gerlach, Hartmut (2002):** Heilpraktikerrecht und Psychotherapie, in: Behnsen/Bell u.a. (Hrsg.): Management-Handbuch für die psychotherapeutische Praxis, Heidelberg.

**Geuter, Ulfried (1999):** Die Psychotherapie und die Politik, Anmerkungen zum neuen Psychotherapeutengesetz, in: Mabuse 117 (Januar/Februar), 62.

**Giebel/Wienke u.a. (2001):** Das Aufklärungsgespräch zwischen Wollen, Können und Müssen, in: NJW 2001, 863.

**Gleiniger, Jörn (2000):** Übergangsrechtliche Zulassung und Ermächtigungen approbierter Psychotherapeuten, in: NZS, 486.

**Giese, Dieter (1994):** Anmerkungen zum Urteil des VG Braunschweig vom 27.8.1992, in: RsDE 1994, 91.

**Giese/Melzer (1974):** Die Beratung in der sozialen Arbeit, Rechtsfragen – Methoden – Gespräche, Frankfurt am Main.

**Gola, Peter (1998):** Die Entwicklung des Datenschutzrechts in den Jahren 1997/ 98, in: NJW, 3750.

**Gramberg-Danielsen/Kern (1998):** Die Schweigepflicht des Arztes gegenüber privaten Verrechnungsstellen, in: NJW, 2708.

**Gröschner, Rolf (1990):** Öffentlichkeitsaufklärung als Behördenaufgabe, in: DVBl, 619.

**Gropp, Walter (1996):** Zur Freiverantwortlichkeit des Suizides aus juristisch-strafrechtlicher Sicht, in: Hermann Pohlmeier (Hrsg.): Selbstmordverhütung, Anmaßung oder Verpflichtung, 2. Aufl., Bonn, 13.

**Gross, Norbert (1989):** Die geschäftsmäßige Rechtsberatung, in: AnwBl, 155.

**Groß/Fünfsinn (1992):** Datenweitergabe im strafrechtlichen Ermittlungsverfahren, in: NStZ, 105.

**Großmaß, Ruth (1997):** Paradoxien und Möglichkeiten psychosozialer Beratung, in: Frank Nestmann (Hrsg.): Beratung, Tübingen, 111.

**Gründel, Mirko (2000):** Psychotherapeutisches Haftungsrecht, Berlin.
**Grüner/Dalichau (1995):** Kommentar zum Sozialgesetzbuch, Starnberg.
**GwG – Gesellschaft für wissenschaftliche psychotherapie (1998):** Entwurf für ethische Richtlinien, in: Gesprächspsychotherapie und Personzentrierte Beratung, 1/1998, 39.
**Haage, Heinz (1998):** Berufsrechtliche Beurteilung des neuen Psychotherapeutengesetzes, in: MedR, 291.
**Habermas, Jürgen (1992):** Faktizität und Geltung, Beiträge zur Diskurstheorie des Rechts und des demokratischen Rechtsstaats, Frankfurt am Main.
**Haffke, Bernhard (1992):** Legitimation von Mediation im deutschen Raum, in: Mediation in Familiensachen, 53.
**Hafke, Christel (1998):** Vertrauen und Versuchung. Über Machtmissbrauch in der Therapie, Reinbek bei Hamburg.
**Haft/Schlieffen (Hrsg.) (2002):** Handbuch der Mediation, München.
**Hager, Joachim (1990):** Das Zeugnisverweigerungsrecht im sozialen Bereich, in: Soziale Arbeit, 332.
**Hahlweg/Baucom/Bastine/Markman (1998):** Prävention von Trennung und Scheidung – Internationale Ansätze zur Prädiktion und Prävention von Beziehungsstörungen, Stuttgart, Berlin, Köln.
**Hansbauer, Peter (2000):** Vom Qualitäts- zum Partizipationsdiskurs?, in: ZfJ, 50.
**Hartmann, Christoph (2002):** Sicherung der Vertraulichkeit, in: Haft/Schlieffen (Hrsg.): Handbuch der Mediation, München, 712.
**Hassmer, Winfried (1996):** Über die absehbare Zukunft des Datenschutzes, in: KJ, 99.
**Heekerens, Hans-Peter (1992):** »… die Sozialarbeiter/-pädagogen werden manchen Gesichtsverlust hinnehmen müssen«, in: np, 442.
**Heinhold, Hubert (1997):** Asylrechtskundige Beratung durch Sozialarbeiter und Ehrenamtliche – ein Verstoß gegen das Rechtsberatungsgesetz?, in: ZAR 1997, 110.
**Heinhold, Hubert (2001/2002):** Rechtsberatung und Sozialarbeit – ein Scheinkonflikt?, in: info also, 2001, 197 sowie info also 2002, 12.
**Hessischer Datenschutzbeauftragter (1998):** 27. Tätigkeitsbericht, Wiesbaden.
**Höfling, Wolfram (2000):** Forum: »Sterbehilfe« zwischen Selbstbestimmung und Integritätsschutz, in: JuS, 111.
**Hoffmann, Susanne (2002):** Beratung als zentrales Element der Sozialhilfe im aktivierenden Sozialstaat, in: NDV, 86.
**Hoppe, Jürgen (1998):** Der Zeitpunkt der Aufklärung des Patienten – Konsequenzen der neuen Rechtsprechung, in: NJW, 782.
**Hottelet, Harald (1996):** Stichwort Beratung, in: Kreft/Mielenz, Wörterbuch der sozialen Arbeit, 4. Aufl., Weinheim, Basel.
**Huchting, Konrad (1998):** Sozialarbeiter dürfen keine Rechtsberatung erteilen?, in: Sozialmagazin, Heft 3, 42.
**Hundsalz, Andreas (1995):** Die Erziehungsberatung, Weinheim, München.
**Hundsalz, Andreas (1998):** Beratung, Psychotherapie oder Psychologische Beratung? Zum Profil therapeutischer Arbeit in der Erziehungsberatung, in: Praxis der Kinderpsychologie und Kinderpsychiatrie, 157.

**Hundsalz/Menne/Cremer (Hrsg.) (1999):** Jahrbuch für Erziehungsberatung, Band 3, Weinheim, München.
**Jens/Küng (1996):** Menschenwürdig sterben: ein Plädoyer für Selbstverantwortung, München, Zürich.
**Jopt, Uwe (1996):** Anmerkungen zum Referentenentwurf zur Reform des Kindschaftsrechts aus psychologischer Sicht, in: ZfJ, 203.
**Jordan, Erwin (2001):** Zwischen Kunst und Fertigkeit – Sozialpädagogisches Können auf dem Prüfstand, in: ZfJ, 48.
**Jürgens/Klüsener u.a. (2001):** Betreuungsrecht, Kommentar zum materiellen Betreuungsrecht, zum Verfahrensrecht und zum Betreuungsbehördengesetz, 2. Aufl., München.
**Kaiser, Eberhard (1971):** Zeugnisverweigerungsrecht der Diplompsychologen, in: NJW, 491.
**Kaufmann, Ferdinand (1990):** Die Jugendhilfe im Spannungsfeld zwischen Strafverfolgung und Erziehungshilfe; Rechtsfragen im Zusammenhang mit Straftaten, an denen Minderjährige als Täter oder Opfer beteiligt sind, in: ZfJ, 1.
**Kaufmann, Ferdinand (2000):** Erziehungsberatung zwischen formalen Hürden und unmittelbarem Zugang – juristische Standortbestimmung, in: ZfJ, 85.
**Kayßer, Marijon (1998):** Beratungszwang und strafrechtliche Rechtfertigung, in: Matthias Kettner (Hrsg.): Beratung als Zwang, Frankfurt am Main, 67.
**Keßler, Rainer (1997):** Die strafrechtliche Schweigepflicht des Berufspsychologen bei sexuellem Missbrauch, in: Praxis der Rechtspsychologie 7 (1), 67.
**Kettner, Matthias (Hrsg.) (1998):** Beratung als Zwang, Frankfurt am Main.
**Keupp, Heiner (1991):** Beratung und Therapie, in: Blätter der Wohlfahrtspflege 1/1991, 1.
**KGSt – Kommunale Gemeinschaftstelle für Verwaltungsvereinfachung (1994):** Outputorientierte Steuerung der Jugendhilfe, Bericht Nr. 9/1994, Köln.
**KGSt – Kommunale Gemeinschaftstelle für Verwaltungsvereinfachung (1995):** Bericht Nr. 11/1995, Köln.
**KGSt – Kommunale Gemeinschaftstelle für Verwaltungsvereinfachung (1996):** Integrierte Fach- und Ressourcenplanung in der Jugendhilfe, Bericht Nr. 3/1996, Köln.
**Kiehl, Walter (1990):** Die Rechtsstellung Minderjähriger und Sorgeberechtigter im neuen Kinder- und Jugendhilfegesetz, in: ZRP, 94.
**Kierdorf, Albert (1979):** Gedanken zum Rechtsberatungsgesetz, in: Theo Rasehorn (Hrsg.): Rechtsberatung als Lebenshilfe, Neuwied, Darmstadt, 69.
**Kinscher/Sedlak (1996):** Die Gewerbeordnung, 6. Aufl., Wien.
**Klann, Notker (2002):** Institutionelle Beratung – ein erfolgreiches Angebot: Von den Beratungs- und Therapieschulen zur klientenorientierten Intervention; Feldstudien zur Ergebnisqualität in der Partnerschafts- und Eheberatung, Freiburg.
**Kleine-Cosack (2000):** Vom Rechtsberatungsmonopol zum freien Wettbewerb, in: NJW, 1593.
**Kleinknecht/Meyer-Goßner (2001):** Kommentar zur Strafprozessordnung, 45. Aufl., München.

**Koch, Friedrich von (2000):** Auskunfts- und Beratungspflichten im Sozialrecht, Berlin.
**König, Hartmut (Hrsg.) (2001):** Rechtsberatungsgesetz in Gefahr, in: ZRP, 409.
**Kohl/Landau (Hrsg.) (2001):** Gewalt in sozialen Nahbeziehungen, Neuwied, Kriftel.
**Kohler, Mathias (1999):** Kindschaftsrechtsreform im Blickwinkel der Kinder, in: ZfJ, 128.
**Korczak, Dieter (2001):** Überschuldung in Deutschland zwischen 1988 und 1999, Stuttgart, Berlin, Köln.
**Krahmer, Utz (1996):** Sozialdatenschutz nach SGB I und X, Einführung mit Schaubildern, Köln, Berlin, Bonn, München.
**Kramer, Helmut (2000):** Die Entstehung des Rechtsberatungsgesetzes im NS-System und sein Fortwirken, in: KJ, 600.
**Kressel, Eckhard (1994):** Der Herstellungsanspruch in Vorsorgesystemen, in: NZS, 395.
**Kretschmer/von Maydell/Schellhorn (1996):** Gemeinschaftskommentar zum Sozialgesetzbuch – Allgemeiner Teil, 3. Aufl., Neuwied, Kriftel, Berlin.
**Kühne, Hans-Heiner (1998):** Anmerkung zum Beschluss des BVerfG vom 18.1.1996, in: StV, 356.
**Kunkel, Peter-Christian (1995):** Datenschutz in der Sozial- und Jugendhilfe nach der Neuregelung des Sozialdatenschutzes, in: ZfSH, 225.
**Kunkel, Peter-Christian (1997):** Wider einen »Perspektivenwechsel« in der Jugendhilfe, in: FamRZ, 193.
**Kunkel, Peter-Christian (1998):** Rechtsfragen der Hilfe zur Erziehung und des Hilfeplanverfahrens nach den Reformgesetzen, in: ZfJ, 205.
**Kunkel, Peter-Christian (2002):** Anzeige- und Auskunftspflicht, Zeugnisverweigerungsrecht und Datenschutz bei Straftaten an Kindern, in: StV, 333.
**Kurz-Adam, Maria (1998):** Modernisierung durch Recht, in: RdJB, 426.
**Kutzer, Klaus (1994):** Strafrechtliche Grenzen der Sterbehilfe, in: NStZ, 110.
**Lakies, Thomas (1998):** Das Recht der Pflegekindschaft im BGB nach der Kindschaftsrechtsreform, in: ZfJ, 129.
**Landesarbeitsgemeinschaft der Öffentlichen und Freien Wohlfahrtspflege in Nordrhein-Westfalen (2000):** Psychotherapie in Erziehungs- und Familienberatungsstellen, in: Informationen für Erziehungsberatungsstellen, Heft 2, 8.
**Landesjugendamt Hessen (1997):** Fachliche Empfehlungen zur Arbeit der Erziehungsberatungsstellen, in: Informationen für Erziehungsberatungsstellen, 3/1997/9.
**Langkeit, Jochen (1994):** Umfang und Grenzen der ärztlichen Schweigepflicht, in: NStZ, 6.
**Lasse, Ulrich (2002):** Psychotherapie in der Erziehungsberatung als Leistung der Jugendhilfe, in: ZfJ, 252.
**Laufs, Adolf (1998):** Schädliche Geburten – und kein Ende, in: NJW, 796.
**Lehmann, Karl-Heinz (2000):** Ist das Rechtsberatungsgesetz zeitgemäß?, in: NJ, 337.
**Lenz, Albert (2001):** Partizipation von Kindern in Beratung und Therapie, Weinheim, München.

**Lenz/Gmür (1996):** Qualitätsmanagement in der Beratung: Weiterentwicklung durch Evaluation, in: Bundeskonferenz für Erziehungsberatung e.V. (Hrsg.): Produkt Beratung, Materialien zur outputorientierten Steuerung in der Jugendhilfe, Fürth, 52.

**Lipp, Martin (1998):** Das elterliche Sorgerecht für das nichteheliche Kind nach dem Kindschaftsrechtsreformgesetz (KindRG), in: FamRZ 65.

**Lipp, Volker (2002):** Patientenautonomie und Sterbehilfe, in: BtPrax, 47.

**Longino, Marcus (1997):** Zur Verschwiegenheitspflicht von Psychologen und Sozialarbeitern in der Jugendverwaltung, in: ZfJ, 136.

**Losch/Radan (1999):** Die »Kind als Schaden«-Diskussion, in: NJW, 821.

**Lossen/Vergho (1998):** Familienberatung bei Trennung und Scheidung am AmtsG, in: FamRZ, 1218.

**Luhmann, Niklas (1989):** Vertrauen, Ein Mechanismus der Reduktion sozialer Komplexität, 3. Aufl., Stuttgart.

**Maas, Udo (1993):** Leistungen der Jugendhilfe als Sozialleistungen, in: NDV 465.

**Maas, Udo (1995):** Erziehungsberatung und Hilfe zur Erziehung, in: ZfJ, 387.

**Maas, Udo (1998):** Beratung nach § 14 SGB I im Bereich der Jugendhilfe, in: RdJB, 406.

**Maaß, Rainald (2001):** Die Entwicklung des Vertragsarztrechts in den Jahren 2000 und 2001, in: NJW, 3369.

**Mähler/Mähler (1997):** Streitschlichtung – Anwaltssache, hier: Mediation, in: NJW, 1262.

**Märtens/Petzold (Hrsg.) (2002):** Therapieschäden, Risiken und Nebenwirkungen von Psychotherapie, Mainz.

**Marburger, Peter (1971):** Therapie und Aufsichtspflicht bei der stationären Behandlung psychisch Kranker, in: VersR, 777.

**Marquard, Peter (2002):** Teilhabe und Beteiligung als politischer und fachlicher Standard, in: Jugendhilfe, 64.

**Marschner, Andreas (1997):** Neue Rechtsprechung des Bundessozialgerichtes zum sozialrechtlichen Herstellungsanspruch, in: ZFSH/SGB, 599.

**Marschner, Andreas (1998):** Sozialrechtlicher Herstellungsanspruch nach unterbliebener Hinweispflicht des Rentenversicherungsträgers, in: ZFSH/SGB, 521.

**Marschner, Lutz (Hrsg.) (1999):** Beratung im Wandel, Mainz.

**Marschner, Rolf (1997):** Unterbringungsgesetze der Länder, in: Deutscher Verein für öffentliche und private Fürsorge (Hrsg.): Fachlexikon der sozialen Arbeit, 4. Aufl., Frankfurt am Main, 977.

**Marschner, Rolf (2001):** Gewalt und Betreuungsrecht, in: R & P, 132.

**Marschner/Volckart (2001):** Freiheitsentziehung und Unterbringung, 4. Aufl., München.

**Maunz/Dürig/Herzog (2001):** Grundgesetz, Kommentar, München.

**Meier, Sybille (2001):** Handbuch Betreuungsrecht, Heidelberg.

**Menne, Klaus (1993):** Hinweise zu Rechtsfragen bei Kindesmißhandlung und sexuellem Mißbrauch, in: ZfJ, 291.

**Menne, Klaus (1994):** Aktuelle Probleme von Beratungsstellen – Ein Überblick, in: ZfJ, 470.

**Menne, Klaus (1996):** Zur Einleitung, in: Bundeskonferenz für Erziehungsberatung e.V. (Hrsg.): Produkt Beratung, Materialien zur outputorientierten Steuerung in der Jugendhilfe, Fürth, 7.
**Menne, Klaus (1996a):** Erziehungsberatung, in: Kreft/Mielenz (Hrsg.): Wörterbuch Soziale Arbeit, 4. Aufl., Weinheim, 173.
**Menne, Klaus (Hrsg.) (1998):** Qualität in Beratung und Therapie, Weinheim, München.
**Menne, Klaus (1999):** Finanzierungsbedingungen für Erziehungs- und Familienberatungsstellen, in: Hundsalz/Menne/Cremer (Hrsg.): Jahrbuch für Erziehungsberatung, Band 3, Weinheim, München, 239.
**Menne, Klaus (2001):** Aktuelle Entwicklungstendenzen in der Erziehungsberatung, in: Menne/Hundsalz (Hrsg.): Jahrbuch für Erziehungsberatung, Weinheim, München, 229.
**Menne, Klaus (2001a):** Erziehungsberatung und gemeinsame elterliche Sorge nach Trennung und Scheidung, in: ZfJ, 217.
**Menne/Cremer/Hundsalz (Hrsg.) (1996):** Jahrbuch für Erziehungsberatung, Band 2, Weinheim, München.
**Menne/Weber (1998):** Beratung in Fragen der Partnerschaft, Trennung und Scheidung (§ 17 KJHG), in: ZfJ, 85.
**Merchel, Joachim (Hrsg.) (1998):** Qualität in der Jugendhilfe, Münster.
**Merchel, Joachim (1998a):** Zwischen Effizienzsteigerung, fachlicher Weiterentwicklung und Technokratisierung: Zum sozialpolitischen und fachpolitischen Kontext der Qualitätsdebatte in der Jugendhilfe, in: Merchel (Hrsg.): Qualität in der Jugendhilfe, Münster 1998, 20.
**Merchel, Joachim (2000):** Qualitätsentwicklung durch Gesetz? Zur Bedeutung des KJHG für die Qualitätsentwicklung in der Jugendhilfe, in: ZfJ, 15.
**Merchel, Joachim (2002):** Kernfragen der Qualitätsentwicklung und Anforderungen an die professionelle Handlungskompetenz in der sozialen Arbeit, in: NDV 126.
**Meyer/Richter/Grawe/Graf v.d. Schulenburg/Schulte (1991):** Forschungsgutachten zu Fragen eines Psychotherapeutengesetzes, Hamburg-Eppendorf.
**Meysen, Thomas (2001):** Kein Einfluss des Strafrechts auf die sozialpädagogische Fachlichkeit, in: ZfJ, 408.
**Meysen, Thomas (2002):** Datenschutz im Fachteam bei der Hilfeplanung, in: JAmt, 55.
**Möhle, Andreas (1990):** Der sozialrechtliche Herstellungsanspruch und Sozialhilfe, in: ZfSH/SGB, 522.
**Mörsberger, Thomas (1987):** Schweigepflicht intern, Anmerkungen zu einem Urteil des Bundesarbeitsgerichts zur Telefondatenerfassung, in: NDV, 325.
**Mörsberger, Thomas (2000):** Datenschutz und Schweigepflicht als Hinderungsgrund für rechtzeitige Hilfe?, in: Verein für Kommunalwissenschaften e.V. (Hrsg.): Rechtzeitiges Erkennen von Fehlentwicklungen im frühen Kindesalter, Berlin, 46.
**Mörsberger/Restemeier (Hrsg.) (1997):** Helfen mit Risiko, Neuwied, Kriftel, Berlin.
**Molitor, Wolfram (1985):** Anmerkung zum Urteil des KG Berlin vom 26.5.1983, in: NDV, 55.

**Mollenhauer, Klaus (1965):** Das pädagogische Phänomen »Beratung«, in: Mollenhauer/Müller: »Führung« und »Beratung« in pädagogischer Sicht, Heidelberg, 25.
**Moritz, Heinz-Peter (1999):** Bedeutung des Elternvotums für den Abbruch der Schwangerschaft Minderjähriger, in: ZfJ, 92.
**Moritz, Heinz-Peter (2002):** Rechte des Kindes? (Teil 1), in: ZfJ, 405.
**Motzer, Stefan (2000):** Das Umgangsrecht in der gerichtlichen Praxis seit der Reform des Kindschaftsrechts, in: FamRZ, 925.
**Mrozynski, Peter (1995):** Kommentar zum Sozialgesetzbuch – Allgemeiner Teil (SGB I), 2. Aufl., München.
**Müller, Burkhard K. (1996):** Qualitätskriterien für das »Produkt« Beratung in der Jugendhilfe, in: Bundeskonferenz für Erziehungsberatung e.V. (Hrsg.): Produkt Beratung, Materialien zur outputorientierten Steuerung in der Jugendhilfe, Fürth, 35.
**Müller, Paul (1997):** Anmerkungen zum Urteil des LG Offenburg vom 25.10.1994, in: FamRZ, 553.
**Müller, Wigo (1999):** Das neue Insolvenzverfahren für »natürliche Personen«, in: ZfJ, 138.
**Müller-Dietz, Heinz (1980):** Rechtsberatung und Sozialarbeit, Königstein.
**Münder, Johannes (2001):** Rechtsfolgen bei Verletzung professioneller Standards, in: ZfJ, 401.
**Münder u.a. (1998):** Frankfurter Lehr- und Praxiskommentar zum KJHG/SGB VIII, 3. Aufl., Münster.
**Müssig, Peter (1997):** Falsche Auskunftserteilung und Haftung, in: NJW, 1697.
**Murgatroyd, Stephen (1994):** Beratung als Hilfe, Weinheim, Basel.
**Nefiodow, Leo (1996):** Der sechste Kondratieff, Wege zur Produktivität und Vollbeschäftigung im Zeitalter der Information, 2. Aufl., Bonn.
**Nestmann, Frank (1988):** Die alltäglichen Helfer, Berlin, New York 1988.
**Nestmann, Frank (1988a):** Beratung, in: Hörmann/Nestmann (Hrsg.): Handbuch der psychosozialen Intervention, Opladen, 101.
**Nestmann, Frank (1997):** Beratung als Ressourcenförderung, in: Frank Nestmann (Hrsg.): Beratung, Bausteine für eine interdisziplinäre Wissenschaft und Praxis, Tübingen, 15.
**Nestmann/Engel (2002):** Beratung – Markierungspunkte für eine Weiterentwicklung, in: Nestmann/Engel (Hrsg.): Die Zukunft der Beratung, Tübingen, 11.
**Neuenfeldt, Detlef (1999):** Schuldnerberatung, Weinheim.
**Neumann, Ulfrid (1988):** Der strafrechtliche Nötigungsnotstand – Rechtfertigungs- oder Entschuldigungsgrund?, in: JA, 329.
**Neumann, Volker (1982):** Freiheitssicherung und Fürsorge im Unterbringungsrecht, in: NJW, 2588.
**Nothacker, Gerhard (1996):** Therapiebegriff und therapeutische Leistungen im Kinder- und Jugendhilferecht, in: ZfSH/SGB, 225.
**Oberlies/Holler/Brückner (2002):** Ratgeberin: Recht. Für Frauen, die sich trennen wollen, und für Mitarbeiterinnen in Frauenhäusern und Frauenberatungsstellen, 3. Aufl., Frankfurt am Main.

**Oberloskamp, Helga (1996):** Sozial-Anwalt: ein neuer Beruf?, in: ZfJ, 371.
**Oberloskamp, Helga (1997):** Die Kompetenzen des Jugendamtes gemäß § 18 Abs. 1 KJHG, in: DAVorm, 65.
**Oberloskamp, Helga (1997a):** Sozial-Anwalt: ein neuer Beruf?, Neuwied. Kriftel, Berlin.
**Oebbecke, Janbernd (1994):** Beratung durch Behörden, in: DVBl, 147.
**Olk, Thomas (1996):** New Public Management für die Jugendhilfe? in: Evangelische Akademie Bad Boll (Hrsg.): Protokolldienst 2/96, 44.
**Olk/Rauschenbach/Sachße (1995):** Von der Wertegemeinschaft zum Dienstleistungsunternehmen, in: Rauschenbach/Sachße/Olk (Hrsg.): Von der Wertegemeinschaft zum Dienstleistungsunternehmen, Frankfurt am Main, 11.
**Ollmann, Rainer (1994):** Rechtliche Aspekte der Aufdeckung von sexuellem Missbrauch, in: ZfJ, 151.
**Ollmann, Rainer (1998):** Strafanzeige des Jugendamtes bei sexuellem Kindesmissbrauch, in: ZfJ, 354.
**Otto, Günther (1998):** Sozial-Anwalt: ein neuer Beruf?, in: FamRZ, 76.
**Palandt/Bearbeiter (2001):** Bürgerliches Gesetzbuch. 60. Aufl., München.
**Pape, Gerhard (1999):** Die Insolvenzordnung ist in Kraft getreten ..., in: NJW, 29.
**Papenheim, Heinz-Gert (2000):** Zeugnisverweigerungsrechte der Sozialarbeiter und Sozialpädagogen – unter besonderer Berücksichtigung verfassungsrechtlicher Gesichtspunkte, in: Lehmann (Hrsg.): Recht sozial, Erlangen, 241.
**Papenheim/Baltes/Tiemann (2002):** Verwaltungsrecht für die soziale Praxis, 16. Aufl., Frechen.
**Pardey, Karl-Dieter (1995):** Zur Zulässigkeit drittschützender freiheitsentziehender Maßnahmen nach § 1906 BGB, in: FamRZ, 713.
**Paritätischer Wohlfahrtsverband – Gesamtverband e.V. (1996):** Stellungnahme zur Sicherung und weiteren Entwicklung der Erziehungsberatung, in: ZfJ, 55.
**Peglau, Jens (1998):** Plädoyer für einen stärkeren strafrechtlichen Persönlichkeitsschutz, in: ZRP, 249.
**Pelz, Christian (1995):** Notwehr- und Notstandsrechte und der Vorrang obrigkeitlicher Hilfe, in: NStZ, 305.
**Pettinger, Rudolf (1998):** (Familienbezogene) Beratung im Kinder- und Jugendhilfegesetz, in: RdJB, 418.
**Pirani, Uta von (1992):** Anmerkung zum Beschluß des LG Berlin vom 19.2.1992, in: NDV, 418.
**Plagemann/Klatt (Hrsg.) (1999):** Recht für Psychotherapeuten, Psychotherapeutengesetz · SGB V · Zulassungsverordnung · Bundesmantelvertrag – Ärzte · Psychotherapeuten-Richtlinien · Ausbildungs- und Prüfungsverordnungen, Frankfurt am Main.
**Plagemann/Niggehoff (2000):** Vertragsarztrecht, Ein Leitfaden für Ärzte, Zahnärzte, Psychotherapeuten, Rechtsanwälte und Krankenkassen, 2., neubearb. Aufl., Frankfurt am Main.
**Proksch, Roland (1996):** Sozialdatenschutz in der Jugendhilfe, Münster.
**Proksch, Roland (1998):** Praxiserprobung von Vermittlung (Mediation) in streitigen Familiensachen, Stuttgart, Berlin, Köln.

**Proksch, Roland (2000):** Erste Ergebnisse der wissenschaftlichen Begleitforschung zur Umsetzung der Kindschaftsrechtsreform, in: Verein für Kommunalwissenschaften e.V. (Hrsg.): Die Reform des Kindschaftsrechts – eine Reform für Kinder?, 31.

**Proksch, Roland (2002):** Schlussbericht Begleitforschung zur Umsetzung der Neuregelung zur Reform des Kindschaftsrechts, in: http://www.bm.bund.de/images/11522.pdf.

**Pulverich, Gerd (1996):** Recht-ABC für Psychologinnen und Psychologen, psychologisches Berufsrecht in Stichworten, Bonn.

**Pulverich, Gerd (1999):** Kommentar zum Psychotherapeutengesetz, 3. Aufl., Bonn.

**Rasehorn, Theo (1979):** Außergerichtliche Rechtsberatung in einem »schwierigen Vaterland«, in: Theo Rasehorn (Hrsg.): Rechtsberatung als Lebenshilfe, Neuwied, Darmstadt, 7.

**Rasehorn, Theo (2000):** Zur Pönalisierung der informellen Rechtsberatung durch das Rechtsberatungsgesetz, in: DRiZ, 442.

**Rasmussen, Heike (1998):** Sozialdatenschutz in der Praxis von Sozialversicherungsträgern, in: VSSR 1/1998, 25.

**Rauscher, Thomas (1998):** Das Umgangsrecht im Kindschaftsrechtsreformgesetz, in: FamRZ, 329.

**Reinsch, Ursula (1998):** Streit hinter den Kulissen, Psychotherapeutengesetz vor schwierigem Start, in: Soziale Sicherheit, 321.

**Reis, Claus (1997):** Hilfevereinbarungen in der Sozialhilfe, in: ArchsozArb, 87.

**Reis, Claus (2002):** Personenbezogene Dienstleistungen als Element der Sozialhilfe, in: NDV, 284.

**Reis/Bartelheimer u.a. (2000):** Endbericht Modellprojekts »Sozialbüros« in NRW, Düsseldorf.

**Renn, Heribert (2001):** Rechtsberatung in der sozialen Arbeit, in: Sozialrecht aktuell, 202.

**Rennen/Caliebe (2001):** Rechtsberatungsgesetz mit Ausführungsverordnungen, 3. Aufl., München.

**Richtlinien (1984):** Richtlinien zur Durchführung des Heilpraktikergesetzes vom 6.2.1984, in: Hessischer Staatsanzeiger 1984, 546.

**Ricker, Reinhart (1999):** Das Rechtsberatungsgesetz im Konflikt mit den Grundrechten aus Art. 5 I GG, in: NJW, 449.

**Riekenbrauk, Klaus (1992):** Sozialdatenschutz im Strafverfahren, in: StV, 37.

**Rosenbaum-Munsteiner, Inge (1998):** Psychotherapeutengesetz: Psychologische Gewinner oder: ist der Rest Schweigen?, in: Psychotherapie Forum, No. 2.

**Roxin, Claus (1994):** Die Mitwirkung beim Suicid als Problem des Strafrechts, in: Hermann Pohlmeier (Hrsg.): Selbstmordverhütung, Anmaßung oder Verpflichtung, 2. Aufl., Bonn, 75.

**Rüfner, Wolfgang (1996):** Kommentar zu § 14 SGB I, in: Georg Wannagat (Hrsg.): Kommentar zum Recht des Sozialgesetzbuches, Erstes Buch (I), Allgemeiner Teil, Köln, Berlin, Bonn, München.

**Salgo, Ludwig (1993):** Der Anwalt des Kindes, Köln 1993.

**Salgo, Ludwig (1996):** Zur gemeinsamen elterlichen Sorge nach Scheidung als Regelfall – ein Zwischenruf, in: FamRZ, 449.

**Salgo, Ludwig (2001):** »Helfen mit Risikominimierung« für das Kind, in: Sozialpädagogisches Institut im SOS-Kinderdorf e.V. (Hrsg.): Jugendämter zwischen Hilfe und Kontrolle, München, 23.

**Sander, Klaus (1998):** Personzentrierte Krisenintervention und Konfliktberatung. Modell eines integrativen Beratungskonzepts, in: Gesprächspsychotherapie und Personzentrierte Beratung 1/1998, 13.

**Sanders, Rudolf (2001):** Partnerschule: Ein Weg zur Gewaltprävention in Ehe und Familie, in: Beratung Aktuell, 159.

**Sans, Reiner (1995):** Finanzierung von Schuldnerberatung, in: NDV, 99.

**Schade, Ulf (1998):** Anmerkungen zum Psychotherapeutengesetz, in: Gesprächspsychotherapie und Personzentrierte Beratung, 2/1998/78.

**Schellhorn/Fischer (2000):** Das Kinder- und Jugendhilfegesetz (KJHG), Ein Kommentar für Ausbildung, Praxis und Wissenschaft, 2. Aufl., Neuwied.

**Schellhorn/Schellhorn (2002):** Kommentar zum Bundessozialhilfegesetz, 16 Aufl., Neuwied, Kriftel, Berlin.

**Scherer, Inge (1997):** Schwangerschaftsabbruch bei Minderjährigen und elterliche Zustimmung, in: FamRZ, 589.

**Scherer, Inge (1998):** Stellungnahme zur Anmerkung von Richter am AmtG Eckhardt Siedhoff, in: FamRZ, 11.

**Schiersmann/Thiel (1998):** Innovationen in Einrichtungen der Familienbildung, Bonn.

**Schilling, Georg (1976):** Strafprozessuales Zeugnisverweigerungsrecht für Sozialarbeiter, Sozialpädagogen und Psychologen, in: JZ, 617.

**Schirmer, Horst Dieter (1998):** Eingliederung der Psychologischen Psychotherapeuten und Kinder- und Jugendlichenpsychotherapeuten in das System der vertragsärztlichen Versorgung, in: MedR, 435.

**Schlund, Gerhard (1998):** Das Psychotherapeutengesetz – ein Überblick, in: NJW, 2722.

**Schneider, Egon (1976):** Zur Notwendigkeit einer verfassungskonformen Auslegung des Rechtsberatungsgesetzes, in: MDR, 1.

**Schneider, Johann (2001):** Gut und Böse – Falsch und Richtig. Zu Ethik und Moral der sozialen Berufe, 2. Aufl., Frankfurt am Main.

**Schöch, Heinz, (1996):** Strafrechtliche Verantwortlichkeit von Ärzten bei Suizidhandlungen, in: Pohlmeier u.a. (Hrsg.): Suizid zwischen Medizin und Recht, Stuttgart, 81.

**Schöch, Heinz (1998):** Das Gesetz zur Bekämpfung von Sexualdelikten und anderen gefährlichen Straftaten, in: NJW, 1257.

**Schönke/Schröder (2001):** Kommentar zum Strafgesetzbuch, 26. Aufl., München, Berlin.

**Schomberg/Korte (1990):** Zur Notwendigkeit der Verbesserung der Rechtsstellung des nach § 138 StGB Anzeigepflichtigen, in: ZRP, 417.

**Schoreit/Dehn (2001):** Beratungshilfe, Prozesskostenhilfe, Kommentar, 7. Aufl., Heidelberg.

**Schröder, Jan (1999):** Wettbewerb in der Kinder- und Jugendhilfe, in: NDV, 201.
**Schrödter, Wolfgang (1997):** Zum Konzept von Beratung als integrativer Bestandteil der psychosozialen Versorgung, in: Frank Nestmann (Hrsg.): Beratung, Tübingen, 71.
**Schrödter, Wolfgang (1998):** Verstehen, Selbstaktualisierung und Selbstorganisation – Schlüsselkonzepte für Beratung und Supervision?, in: Straumann/Schrödter (Hrsg.): Verstehen und Gestalten, Beratung und Supervision im Gespräch, 63.
**Schulin/Gebler (1992):** Rechtliche Grundlagen und Probleme des Beratungswesens, in: VSSR, 33.
**Schulte-Kellinghaus, Thomas (1994):** Jugendämter und Rechtsberatung, in: FamRZ, 1230.
**Schultze, Nils-Günther (1998):** Kostenminderung durch Erziehungsberatung – ein Berliner Projekt, in: ZfJ, 493.
**Schulz-Rackoll/Groth (1986):** Schuldnerberatung und Rechtsberatungsgesetz, in: ZRP, 105.
**Schumacher, Gabriele (1997):** Kinder haben Rechte – Rechtsberatung für Kinder und Jugendliche – Erfahrungsbericht, in: ZfJ, 124.
**Schumacher, Silvia (2002):** Mehr Schutz bei Gewalt in der Familie – Das Gesetz zur Verbesserung des zivilrechtlichen Schutzes bei Gewalttaten und Nachstellungen sowie zur Erleichterung der Überlassung der Ehewohnung bei Trennung, in: FamRZ, 645.
**Schuschke, Winfried (1979):** Rechtsfragen in Beratungsdiensten, 2. Aufl., Freiburg im Breisgau.
**Schwab, Dieter (1998):** Elterliche Sorge bei Trennung und Scheidung der Eltern, in: FamRZ, 457.
**Schwab/Wagenitz (1997):** Einführung in das neue Kindschaftsrecht, in: FamRZ, 1377.
**Schwabe, Jürgen (1998):** Der Schutz des Menschen vor sich selbst, in: JZ, 66.
**Schwede, Joachim (1998):** Die Aufklärung und Beratung von Sozialleistungsberechtigten, in: ZFSH/SGB, 207.
**Schweer, Martin K.W., (1997):** Vertrauen und soziales Handeln, Neuwied, Kriftel, Berlin.
**Schwerdtner, Eberhard (1999):** Mehr Rechte für das Kind – Fluch oder Segen für die elterliche Sorge?, in: NJW, 1525.
**Sickendiek/Engel/Nestmann (2002):** Beratung, 2. Aufl., Weinheim, Berlin.
**Siedhoff, Eckhardt (1998):** Schwangerschaftsabbruch bei Minderjährigen und elterliche Zustimmung, in: FamRZ, 8.
**Simitis, Spiros (1975):** Zur Situation des Familienrechts, in: Simitis/Zens (Hrsg.): Familie und Familienrecht, Frankfurt am Main, 15.
**Simitis, Spiros (1997):** Daten- oder Tatenschutz – ein Streit ohne Ende?, in: NJW, 1902.
**Simitis, Spiros (1998):** Datenschutz – Rückschritt oder Neubeginn?, in: NJW, 2473.
**Sonnenfeld, Susanne (1997):** Die Rechtsprechung zum Betreuungsrecht – Übersicht 1992–1996 , in: FamRZ, 849.

**Sonnenfeld, Susanne (2002):** Bericht über die Rechtsprechung zum Betreuungsrecht seit Inkrafttreten des Betreuungsrechtsänderungsgesetzes, in: FamRZ, 429.

**Specht, Friedrich (1993):** Zu den Regeln des fachlichen Könnens in der psychosozialen Beratung von Kindern, Jugendlichen und Eltern, in: Praxis der Kinderpsychologie und Kinderpsychiatrie, 113.

**Spellbrink, Wolfgang (1999):** Die Rechtsstellung des Psychotherapeuten nach dem Psychotherapeutengesetz – zugleich eine Einführung in das Psychotherapeutengesetz, in: NZS, 1.

**Spindler, Helga (2002):** Rechtliche Rahmenbedingungen der Beratung in der Sozialhilfe, (Teil 1), in: NDV, 357; (Teil 2), in: NDV, 386.

**Stähr/Hilke (1999):** Die Leistungs- und Finanzierungsbeziehungen im Kinder- und Jugendhilferecht vor dem Hintergrund der neuen §§ 78a bis 78g SGB VIII, in: ZfJ, 155.

**Stange, Albrecht (1997):** Das Sozialgeheimnis im Strafverfahren, in: ZfJ, 97.

**Stascheit, Ulrich (Hrsg.) (1995):** Sozialrecht studieren. Ein neuer Studiengang, Frankfurt am Main.

**Statistisches Bundesamt (1994):** Sozialleistungen, Fachserie 13, Jugendhilfe – Institutionelle Beratung, Einzelbetreuung und sozialpädagogische Familienhilfe 1992, Wiesbaden.

**Statistisches Bundesamt (1998):** Sozialleistungen, Fachserie 13, Jugendhilfe – Institutionelle Beratung, Einzelbetreuung und sozialpädagogische Familienhilfe 1996, Wiesbaden.

**Staudinger/Bearbeiter (1992):** Kommentar zum Bürgerlichen Gesetzbuch, 12. Aufl., Berlin.

**Staudinger/Bearbeiter (1995):** Kommentar zum Bürgerlichen Gesetzbuch, 13. Aufl., Berlin.

**Straumann, Ursula (1992):** Personzentrierte Beratung und Krisenintervention unter integrativen und kooperativen Aspekten – Ein Weiterbildungskonzept, in: Ursula Straumann (Hrsg.): Beratung und Krisenintervention, Köln, 12.

**Straumann, Ursula (Hrsg.) (1994):** Materialien zum weiterbildenden Studium »Personenzentrierte Beratung und Krisenintervention«, Frankfurt am Main.

**Straumann, Ursula (1996):** Personzentrierte Gesprächsführung/Personzentrierte Beratung und Krisenintervention, Lehrmappen für Studium und Weiterbildung, Frankfurt am Main.

**Straumann, Ursula (1998):** Supervision auf der Grundlage fachlich bestimmer Beratung, in: Straumann/Schrödter (Hrsg.): Verstehen und Gestalten, Beratung und Supervision im Gespräch, 117.

**Straumann, Ursula (2001):** Professionelle Beratung, 2. Aufl., Heidelberg, Kröning.

**Struck, Norbert (2000):** Partnerschaftliche Kooperation oder marktwirtschaftlicher Wettbewerb?, in: ZfJ, 57.

**Taupitz, Jochen (1991):** Der Heilpraktiker aus der Sicht des Haftungsrechts: »Arzt«, »Mini-Arzt« oder »Laie«?, in: NJW, 1505.

**Taupitz, Jochen (1993):** Professionalisierung der Berufsberatung für Europa, in: RdA, 327.

**Taupitz, Jochen (1998):** Anmerkungen zum Urteil des LG Verden vom 25.6.1997, in: MedR, 184.
**Thien, Franz (1998):** Der Verbraucherkonkurs – Chance oder Risiko für Schuldner und Schuldnerberatung?, in: ZfF, 155.
**Thiersch, Hans (1992):** Laienhilfe, Alltagsorientierung und professionelle Arbeit, in: Müller/Rauschenbach (Hrsg.): Das soziale Ehrenamt, 2. Aufl., Weinheim, München, 9.
**Tittelbach, Rudolf (2001):** Art und Umfang der Teilnahme der nach Übergangsrecht zugelassenen Psychologischen Psychotherapeuten an der vertragsärztlichen Versorgung, in: SGb, 364.
**Trenczek, Thomas (1999):** Kinder haben Rechte – Kinderrechtskonvention und Kinderrechtshäuser, in: ZfJ, 170.
**Trenczek, Thomas (2002):** Garantenstellung und Fachlichkeit – Anmerkungen zur strafrechtlich aufgezwungenen aber inhaltlich notwendigen Qualifikationsdiskussion in der Jugendhilfe, in: ZfJ, 383.
**Tröndle/Fischer (2001):** Kommentar zum Strafgesetzbuch und Nebengesetze, 50. Aufl., München.
**Verrel, Torsten (2001):** Strafrechtliche Haftung für falsche Prognosen im Maßregelvollzug?, in: R & P, 182.
**Vogl, Dagmar (2002):** Lebens- und Sozialberatung in Österreich, in: Bitzer-Gavornik (Hrsg.): Lebensberatung in Österreich, Wien, 5.
**Vollmoeller, Wolfgang (2001):** Was heißt psychisch krank?, 2. Aufl., Stuttgart.
**Wabnitz, Reinhard (1999):** Qualitätsentwicklung als gesetzliche Aufgabe, in: ZfJ, 123.
**Wagenitz, Thomas (1998):** Betreuung – Rechtliche Betreuung – Sozial(rechtlich)e Betreuung, in: FamRZ, 1273.
**Wallerath, Maximilian (1998):** Herstellungsanspruch in der Sozialhilfe?, in: NDV, 65.
**Wallerstein/Lewis (2001):** Langzeitwirkung der elterlichen Ehescheidung auf Kinder – Eine Längsschnittuntersuchung über 25 Jahre, in: FamRZ, 65.
**Wallerstein/Lewis/Blakeslee (2002):** Scheidungsfolgen – Die Kinder tragen die Last, Eine Langzeitstudie über 25 Jahre, Münster.
**Weichert, Thilo (1993):** Kindesmißhandlung und Datenschutz, in: ZfSH, 301.
**Wessels/Hettinger (2001):** Strafrecht Besonderer Teil/1, 25. Aufl., Heidelberg.
**Wiesner, Reinhard (1994):** Die Stellung der Erziehungsberatung in freier Trägerschaft, in: Cremer/Hundsalz/Menne (Hrsg.): Jahrbuch für Erziehungsberatung, Band 1, Weinheim, München, 109.
**Wiesner, Reinhard (1997):** Konsequenzen der Reform des Kindschaftsrechts für die Jugendhilfe, in: ZfJ, 29.
**Wiesner, Reinhard (1998):** Kinderrechte – Zur rechtlichen und politischen Bedeutung eines Begriffes, in: ZfJ, 173.
**Wiesner, Reinhard (1999):** Die Neuregelung der Entgeltfinanzierung in der Kinder- und Jugendhilfe, in: ZfJ, 79.
**Wiesner, Reinhard (1999a):** Zur Garantenpflicht des Jugendamtes in Fällen der Kindeswohlgefährdung, in: Verein für Kommunalwissenschaften e.V. (Hrsg.): »... und schuld ist im Ernstfall das Jugendamt«, Berlin.

**Wiesner, Reinhard (2001):** Die Bedeutung des Neunten Buches Sozialgesetzbuch – Rehabilitation und Teilhabe behinderter Menschen – für die Kinder- und Jugendhilfe, in: ZfJ, 281.

**Wiesner, Reinhard u.a. (2000):** Kommentar zum SGB VIII, Kinder und Jugendhilfe, 2. Aufl., München.

**Wigge, Peter (1996):** Arztrechtliche Fragen des Unterbringungsrechts, in: MedR, 291.

**Will, Annegret (1998):** Der Anwalt des Kindes im Sorgerechtsverfahren – Garant des Kindeswohls?, in: ZfJ, 1.

**Wolfslast, Gabriele (1987):** Die Haftung des Psychotherapeuten, in: R & P, 2.

**Wolter, Jürgen (1995):** Datenschutz und Strafprozessrecht, in: ZStW, 793.

**Zacher, Hans, F. (1984):** Verrechtlichung im Bereich des Sozialrechts, in: Friedrich Kübler (Hrsg.): Verrechtlichung von Wirtschaft, Arbeit und sozialer Solidarität, Baden-Baden, 11.

**Zettner, Robert (1993):** Der Umfang der Trennungs- und Scheidungsberatung nach dem neuen KJHG, in: FamRZ, 621.

**Zimmermann, Walter (2001):** Ratgeber Betreuungsrecht, 5. Aufl., München.

**Zöller/Greger (2002):** Kommentar zur Zivilprozessordnung, 23. Aufl., Köln.

**Zuck, Rüdiger (1999):** Wie verdient der Anwalt im sozialhilferechtlichen Mandat sein Geld?, in: AnwBl, 190.

## STICHWORTVERZEICHNIS

### A

Abstinenzgebot 203, 205
Akademisierungsgrad in den
  Beratungssystemen 169
Alltagsorientierung 159
Amtshaftung 188
Amtspflichtverletzung 190, 203
  – durch unrichtige Gesetzes-
    auslegung 190
  – durch unvollständige
    Auskunft 190
Anonymisieren von Sozial-
  daten 260, 265
Anrufungspflicht 272
Anzeige
  – Recht zur 273
Anzeigepflicht 269, 272
  – bei drohendem sexuellem
    Missbrauch 270
  – bei Kindesmisshandlung 270
  – keine bei abgeschlossenen
    Straftaten 270
Approbation 145
Aufsichtspflichten
  – in Psychiatrie und Therapie 231
  – Verletzung 232
Ausfallbürge 160
Auskunft für Behinderte 52
Aussagegenehmigung durch den
  Dienstherren 286
Aussagezwang vor den
  Strafgerichten 283

### B

»Babyklappe« 286
»Bastelbiografie« 28
behördeninterne Kontrolle 173
Belastungssituationen 30
Beratergesetz 179
  – subjektive Zulassungsvoraus-
    setzungen 180
  beraterische Qualifikation 162

Beratung 256
  – Abstinenzgebot 205
  – als ökonomischer Wachstums-
    faktor 32
  – als Produkt 170
  – Angebote 23
  – Ansprüche im KJHG (Überblick) 54
  – Ansprüche nach SGB I 41
  – Begriff 159
  – bei der Inobhutnahme 87
  – bei Schulden 47
  – bei Schwangeschaftskonflikt 90
  – bei Trennung und Scheidung 65
  – Datenschutz 274
  – Ergebnisqualitätssicherung 172
  – fachliche Qualität 43
  – fachliche Standards 161, 164
  – fachliche und methodische
    Standards 157
  – Familie 60
  – fehlerhafte 185
  – Funktion 124
  – funktionale 123
  – Grenzen 44
  – Haftung 185, 187
  – Haftung freier Träger 195
  – historische Entwicklung 123
  – im Hilfeplanverfahren 88
  – im Kinder- und Jugendhilfegesetz 132
  – im Rahmen der Bewährungshilfe 93
  – in allgemeinen Fragen der
    Erziehung 61
  – in der Jugendgerichts- und
    Bewährungshilfe 100
  – in der Jugendgerichtshilfe 94
  – in Fragen der Partnerschaft, Trennung
    und Scheidung 63
  – in Fragen der Sozialhilfe 47, 48
  – in Konflikt- und Notlagen 85
  – in sonstigen sozialen Angelegen-
    heiten 47
  – Inanspruchnahme 23
  – individuelle und umfassende 41
  – institutionelle 23, 123
  – Internet 25

- Kosten 32
- nach dem Kinder- und Jugendhilfegesetz 53
- Nachfrage 23
- Pflicht zur 42
- präventive Aspekte 31
- Prinzip der Ganzheitlichkeit 97
- Professionalisierung 136
- psycho-soziale 122
- Qualität 161, 186
- Qualitätsanforderungen 159
- Qualitätsentwicklung 164
- Qualitätskriterien 170
- Qualitätssicherung 136
- Qualitätssicherung durch Dokumentation, Praxisreflexion, Selbstevaluation 171
- Rechtsansprüche auf 34
- schriftliche 45
- telefonische 25
- und Psychotherapeutengesetz 128
- unfreiwillige 89
- unter Vorbehalt 44
- Unterstützung bei der Ausübung der Personensorge 71, 73, 87
- Verletzung ethischer Standards 203
- Vertrauensschutz 248
- von Fachkräften und ehrenamtlichen Personen 59
- von Kindern und Jugendlichen 80
- von Ziel- und Problemgruppen 54
- Zeugnisverweigerungsrecht 278
- zur Überwindung besonderer sozialer Schwierigkeiten 50
- zur Vermeidung oder Überwindung der Sozialhilfe 48

Beratungsansprüche 35
- nach dem Bundessozialhilfegesetz 46
- nach dem Sozialgesetzbuch I 41

Beratungsausbildung 136
Beratungsbedarf 19
Beratungsbescheinigung
- bei Schwangerschaftskonflikt 91

Beratungsformen
- Abgrenzung 122, 124

Beratungsformen, spezielle gemäß
- Arbeitsförderungsgesetz 45
- Krankenversicherungsgesetz 45
- Pflegeversicherungsgesetz 45
- Sozialgesetzen 80
- Unfallversicherungsgesetz 45

Beratungsführer 21
Beratungshilfe 99
Beratungspflicht 42
Beratungssysteme 26
- Akademisierungsgrad 169
- expandierende 26

Berufsberatung 123
Berufsbezeichnung
- geschützte 148
- Zusätze 149

Berufsbezeichnung Heilpraktiker 155
Berufsgruppen
- der Jugendhilfe 168

Beschlagnahmeverbote 278, 289
- Drogenberatungsstelle 291
- Jugendamt 290
- Schwangerschaftsberatungsstelle 289
- Sozialleistungsträger 290

Bestellung eines Betreuers 213
Betäubungsmittelgesetz 94
Beurteilungsspielraum 272
Bewährungshilfe 93
Budgetierung 169
Bürgernähe 159
Bundesärztekammer 147

**C**

Controlling 169

**D**

Datenschutz 248, 253, 274
- als aktiver Persönlichkeitsschutz 255
- Anonymisieren von Sozialdaten 260, 265
- nach dem Kinder- und Jugendhilferecht 255, 256, 275
- Normadressat 275

Delegationsverfahren 147
Dezentralisierung 159
Dienstleistungsorientierung 160
Dokumentation 172

## E

Eheberatung 64
ehrenamtliche Tätigkeit 174
Einsichts- und Urteilsfähigkeit 263
Einwilligung 275
Einwilligung in Offenbarung
– durch Minderjährige 263
– freiwillige 261
– stillschweigende 262
Elternautonomie 67
Elternrecht 81
Elternschaft
– nacheheliche 68
Ergebnisqualitätssicherung 172
Erlaubnis
– nach dem Heilpraktikergesetz 153
Ermessen 36, 39
– freies 39
– Grenzen 157
– pflichtgemäßes 35
Ermessensausübung 39
Ermessensentscheidungen 40
Ermessensfehler 40
ermessensfehlerhaft 41
Ermessensspielraum 39, 157
Ersatz des Vertrauensschadens 196
erzieherischer Bedarf 133
Erziehungsberatung 31, 61, 75, 76, 163
– Aufgabenfeld 77
– Kosten 79
– Psychotherapie 134
– Sozialleistung 79
– Zugangsvoraussetzungen 77
Erziehungsberatungsstellen 75, 79
– Anzahl 76
Experten-Klienten-Machtgefälle 160

## F

Fachberatung 157
Fachberatungsstellen 49
fachbezogene Beratung 158
Fachkompetenz 163
Fachkräfte 159, 168
– der Jugendhilfe 166, 167
– der Sozialhilfe 166, 167

Fachkräftegebot 135, 169
Fachkundenachweis 153, 154
fachliche Kompetenzen 161
Fachlichkeit 165
Fachlichkeitsprinzip 167
Fahrlässigkeit 192, 197
– grobe 192
Familie
– Erosion der 27
Familienberatung 60
Familiengericht 272
Familienpsychotherapie 147
Familientherapie 133
»freie« Daten 274
»Freiheit zur Krankheit« 219
funktionale Beratung 123

## G

Ganzheitlichkeit 159
Gebot der Abstinenz 203
Gefälligkeit 195
Gefahr
– der erheblichen gesundheitlichen Selbstgefährdung 215
– der Selbsttötung 214
– konkrete 218
Gefahr für die Volksgesundheit 154
Geheimnisbegriff 259
Geheimnisschutz 253
genetische Beratung 186
Gesetz zur Ächtung der Gewalt in der Erziehung 28
Gesprächsführung 163
Gestalttherapie 147
Gesundheitsamt 154
Gewalthandlungen 30
gewerbliche Lebensbewältigungshilfe 176
Gleichberechtigungsgesetzgebung 60
Gutachten 226

## H

Haftung 187
– bei Amtspflichtverletzungen 188
– bei Beratung 185

– bei Beratung durch freie
  Träger 195
– bei Bruch des Vertrauensverhältnisses 198
– bei psycho-sozialer Beratung 197
– bei Therapie 185
– in Psychiatrie und Therapie 231
– persönliche 188
Haftungsrecht 185
haftungsrechtlicher Beamtenbegriff 189
Handlungsfähigkeit des Minderjährigen 81
Handlungskompetenz 162
Hausfrauenehe 28
Heilberufe 144
Heilkunde 128, 153
– Ausübung 129, 149
heilkundliche Psychotherapie
  125, 129
Heilpraktikergesetz 128, 149,
  153, 155
Herstellungsanspruch 193

## I

immaterieller Schaden 201
Individualisierung 26
Individualsphäre 199
Infektionsschutzgesetz (IfSG) 272
informationelle Selbst-
  bestimmung 262
Informationskonflikte 253
Insolvenzordnung 94
Insolvenzverfahren 95
institutionelle Beratung 23, 123
– Anlass und Schwerpunkte 24
Integrationsmodell 150
Internet 25
Internetberatung 25
Intimsphäre 199, 200, 257

## J

Jugendamt 31, 36, 110, 160, 162, 271
– als sozialpädagogische
  Fachbehörde 272

– Amtspflichten 192
– Aufgaben 71
– Kindeswohlgefährdung 271
– Kompetenzen 73
– Qualifikationsniveau des
  Personals 162
– Trennungs- und Scheidungs-
  beratung 110
Jugendhilfe 53, 178
– Ansprüche auf therapeutische
  Leistungen 132
– Ausfallbürge 160
– Berufsgruppen 168
– Chancengleichheit 132
– Fachkräfte 166, 167
– Fachkräftegebot, Tätigkeits-
  anforderungen 169
– Handlungsfähigkeit der
  Minderjährigen 82
– Perspektivenwandel 53
– Perspektivenwechsel 160
– Qualifikationsprofil 168
– Therapiebegriff 133
– Zielsetzung 159
Jugendwohlfahrtsgesetz 160

## K

Kannvorschriften 39
Kinder- und Jugendlichen-
  psychotherapeuten 144
– Ausbildung 146
Kindeswohl 133
Kindeswohlgefährdung 271
Kindschaftsrechts-
  reform 28, 54, 60, 66, 71
Klinifizierungsprozesse 135
Körper-Psychotherapeuten 149
Körperpsychotherapie 147
Kommunale Gemeinschaftsstelle
  für Verwaltungsvereinfachung
  (KGSt) 169
Konkurrenz der Träger 164
Krankenversicherungsrecht 150
Krankheit 130
Krankheitsbegriff 130
Krisenintervention 138, 209
Kunsttherapie 147

## L

Lebens- und Sozialberater
  in Österreich 183
Lebensbewältigungshilfe
  – gewerbliche 176
  – nichtgewerbliche 177
Lebenspartnerschaftsgesetz 29
Lebensweltorientierung 159, 160
Leistungsträger 42

## M

Masterstudiengang »Beratung und
  Sozialrecht« 138
  – Integrationsworkshops und
    integrative Supervisionen 141
  – kollegiale Gruppenarbeit 142
  – Lehrberatung 142
  – Master Thesis und Abschluss-
    prüfung 142
  – Module 141
materieller Schaden 201
Mediationsverfahren 69, 110
Mehrfachnotlagen 21
Musiktherapie 147

## N

nacheheliche Solidarität 68
Naturalrestitution 185
Notstand
  – rechtfertigender 266, 268
Notstandshandlung 267
Notstandslage 266

## O

Offenbaren 259, 260
  – freiwillige Einwilligung 261
  – rechtfertigender Notstand 266
  – stillschweigende Einwilligung 262
Offenbarungsbefugnisse 261, 275
Open-Door-System 231
Ordnungsgeld 284
Ordnungshaft 284

## P

Paarkonflikte
  – und Mediation 69
Partizipation 159
Partnerschaftskonfliktberatung 65
persönliche Haftung 188
Persönlichkeitsschutz 255
Personalplanung 165
Personenkompetenz 163
personzentrierte Beratung 138
Pflegegeld 191
Pflichtberatung 89
Prävention 31, 159
Privatsphäre 199, 257
Produkt Beratung 170
Produktdefinierung 171
Professionalisierung 137
Professionalisierung der
  Ausbildung 137
Prozesskostenhilfe 99
Psychoanalyse 147
Psychologische Psychotherapeuten 144
  – Ausbildung 145, 146
psycho-soziale Beratung 122
  – Abgrenzung 122, 124
  – Definitionen 124
  – Eigenständigkeit 124
  – fachliche Standards im KJHG 158
  – Merkmale 126
psycho-soziale Versorgung 128
  – und rechtliche Entwicklung 128
Psychotherapeutengesetz 128, 143
  – berufsrechtliche Regelungen 144
  – Kritik 150
Psychotherapie
  – Ausübung 145, 146, 149
  – heilkundliche 122, 125
  – und Heilpraktikergesetz 153

## Q

Qualität der Beratung 186
Qualitätsentwicklung 169, 172
Qualitätsmanagement 164
Qualitätssicherung 136, 137
  – durch gesetzgeberische
    Aktivitäten 176

# R

Recht auf informationelle Selbstbestimmung 262
Recht zur Anzeige 273
rechtfertigender Notstand 266
– als letztes Mittel 268
Rechtsansprüche auf Beratung 34
Rechtsberatung 97, 105
– altruistische 118
– bei Trennung und Scheidung 110
– durch Behörden und Körperschaften des öffentlichen Rechts 108
– durch private Initiativen, Vereine und Selbsthilfegruppen 116
– durch Verbände der nichtkirchlichen, freien Wohlfahrtspflege 115
– einmalige Gefälligkeiten 106
– Geschäftsmäßigkeit 106
– Grenzen 119
– in einer privaten, selbständigen Beratungspraxis 118
– Kirchenprivileg 108
– nach dem KJHG 112
– Privatpersonen 118
– Schuldnerberatung 112
– Wiederholungsabsicht 106
Rechtsberatungsgesetz 102, 116
– »Einschüchterungsgesetz« 97
– Entstehungsgeschichte 103, 115
– große Anfrage 97
– Reform 113
– Schutzzweck 114, 121
– Verfassungsbeschwerde 97
– verfassungsrechtliche Aspekte 104
Rechtsberatungsmonopol 104
Rechtszersplitterung 14
Reflexion der Praxis 172
Reform des Kindschaftsrechts 54
Reorganisationsmodell 65
Restschuldbefreiung 94
Richtlinienverfahren 147

# S

Schadensersatzansprüche
– bei Verletzung von Aufsichtspflichten 232
Schadensersatzleistungen 185
Schadensersatzpflichten 201
Scheidungen
– Anzahl 63
Scheidungs- und Scheidungsfolgenrecht 29
Scheidungsfolgenvereinbarungen 110
Schmerzensgeld 204
Schuldenbereinigungsverfahren 95
Schuldnerberatung 47, 100, 112, 113
– nach der Insolvenzordnung 94
Schutz
– aufgezwungener 221
– der Intimsphäre 200
– der Privatsphäre 199
– strafrechtlicher 206
Schwangerenhilfeergänzungsgesetz, Bayerisches 91
Schwangerschaftsberatung
– fehlerhafte 187
Schwangerschaftskonfliktberatung 90
– Beratungsqualität 161
– Bescheinigung 91
– für Minderjährige 92
Schwangerschaftskonfliktgesetz 89, 159
Schweigepflicht 248, 253, 261
– Anonymisierung 265
– bei privaten Trägern und in privaten Praxen 277
– Geheimnisbegriff 259
– in internen Supervisionen 264, 266
– in Teamkonferenzen 264, 266
– innerbehördliche 264
– Offenbarung von Geheimnissen 259
– Pflicht zur Anzeige 269
– rechtfertigender Notstand 266
– Strafantrag bei Verletzung der 273
– strafrechtliche 257
– Verletzung der 268
Schweigepflichtige 258
Selbstevaluation 171, 172
Selbstgefährdung 214, 222
– Gefahr der erheblichen gesundheitlichen 215
Servicestellen SGB IX 51
Sexual- und Lebensberatungsstellen 123
Sexualstrafrecht 270

sexuelle Handlungen 203
sexueller Missbrauch 205
– in Beratungs-, Behandlungs- oder Betreuungsverhältnissen 205
Sollvorschriften 38
Sorgerecht
– gemeinsames 66
Sorgerechtsgesetz 28, 60
Sorgfaltspflichten 197
Sozialdatenschutz 254, 256, 274
– verlängerter 277
Sozialgeheimnis 255, 274
Sozialhilfe 46
– Fachkräfte 166, 167
Sozialleistungen 35, 36
Staatshaftung 188
Sterilisation 187
Steuerungsmodelle in der Verwaltung 169
Störungen mit Krankheitswert 129
Strafantrag 273
Strafanzeige 276
Suizid 209, 231
Suizidgefahr
– akute 214, 215
Supervision 248, 250, 251, 253

T

Teamkonferenz 264, 265
therapeutische Leistungen 132
»therapeutisches Arbeitsbündnis« 232
Therapie
– Haftung bei 185
– im Kinder- und Jugendhilfegesetz 132
– Zeugnisverweigerungsrecht 278
Therapie statt Strafe 94
Therapieweisungen 93
tiefenpsychologisch fundierte Psychotherapie 147
Titel
– Heilpraktiker 155
– Psychotherapeut 155
Titelschutz 148
trägerinterne Kontrolle 173
Trennung und Scheidung
– Beratung 63, 65
– Mediationsverfahren 110

– Mediationsverfahren bei 69
– nacheheliche Solidarität und Verantwortungsgemeinschaft 68
– Rechtsberatung bei 110

U

Umgangsrecht 71, 72, 87
Unterbringung 209
– bei Alkoholsucht 216
– bei Fremdgefährdung 222
– bei Gefährdung von Rechtsgütern Dritter 224
– bei Gesundheitsgefahren 223
– bei Selbstgefährdung 222
– bei Suizidgefahr 223
– bei Vorliegen einer konkreten Gefahr 218
– freiheitsentziehende 211
– Gefahr der Selbsttötung 214
– Genehmigung 225
– Gutachten eines Sachverständigen 226
– nach den Landesgesetzen 222
– öffentlich-rechtliche 211, 220
– persönliche Anhörung 227
– Schadensersatz 230
– Schmerzensgeld 230
– Überwachungs- und Sicherungsmaßnahmen 231
– »unzulässige« zivilrechtliche 219
– vorläufige behördliche 228
– vorläufige gerichtliche 226
– zivilrechtliche 211, 213
Unterbringungsgesetze 211
Unterbringungsgründe 216
Unterbringungsrecht 210
Unterbringungsverfahren 225
Unterhaltsvorschussgesetz 192

V

väterliche Autorität 27
väterliches Alleinentscheidungsrecht 28
Verbraucherschutz 177, 178
Verfahrensfragen 225
Verhaltenstherapie 147

Verletzung des Persönlichkeitsrechts 201
Verrechtlichungsprozess 98
Verrechtlichungstendenzen 84
vertragsärztliche Versorgung 150
Vertrauensbruch 198
Vertrauensschutz 248
 – bei privaten Trägern und in privaten Praxen 277
 – in der Beratung 248
 – in der persönlichen und erzieherischen Hilfe 255
Vertrauensverhältnis 253
Vormundschaftsgericht 87, 210, 211, 213, 217, 218, 225, 226, 229, 271, 272, 275, 280
Vorsatz 192

## W

weiterbildendes Studium 138
Werbung
 – irreführende 149
 – sittenwidrige 149
WHO 33
Wirksamkeit der Gesprächpsychotherapie 147
Wissenschaftlicher Beirat 147
Wohl des Kindes 53

## Z

Zeugnisverweigerungsberechtigte 283, 287
Zeugnisverweigerungsrecht 278, 279
 – Aussagegenehmigung 286
 – der Berater in Drogenberatungsstellen 282
 – der Beraterinnen einer anerkannten Beratungsstelle nach dem Schwangerschaftskonfliktgesetz 282
 – der ehrenamtlichen Berater in einer Selbsthilfegruppe 282
 – der Gehilfen 287
 – der Kinder- und Jugendlichenpsychotherapeuten 279
 – der psychologischen Psychotherapeuten 279
 – freies Ermessen 284
 – im Strafprozess 282
 – im Zivilprozess 279, 280
 – in anderen Gerichtsverfahrensarten 282
 – in einer Anlaufstelle für sexuell missbrauchte Frauen 286
 – unmittelbar aus der Verfassung 285
zivilrechtliche Unterbringung 219
Zwangsberatung 89
Zwangsbetreuung 213
Zwangstherapie 89

**DER AUTOR**

Friedrich K. Barabas, Dr. jur., ist Professor für Recht am Fachbereich Sozialpädagogik der Fachhochschule Frankfurt am Main. Arbeitsschwerpunkte: Familien-, Kinder- und Jugendhilferecht sowie Berufsrecht der sozialen Arbeit.
Publikationen zu Theorie und Praxis der sozialen Arbeit sowie zum Familien- und Berufsrecht.